エドマンド・S・フェルプス

なぜ近代は繁栄したのか

草の根が生みだすイノベーション

小坂恵理訳

みすず書房

MASS FLOURISHING

How Grassroots Innovation Created Jobs, Challenge, and Change

by

Edmund S. Phelps

First published by Princeton University Press, 2013

なぜ近代は繁栄したのか▒目次

はじめに　vii

序　章　近代経済の出現　3
重商主義の時代における経済知識　6　経済知識が爆発的に増加した徴候　10　経済知識の源を発見する　15

第Ⅰ部　近代経済という経験

第1章　近代経済はいかにしてダイナミズムを獲得したか　29
過去の近代経済の内部構造　34　社会制度　56

第2章　近代経済のおよぼす物質的影響　63
豊かな物質的利益　65　バラ色の生活ではない　77

第3章　近代的生の経験　83
もうひとつの世界——仕事とキャリアの変化　86　近代経済の経験は芸術や文学にいかに反映されたか　94　まとめ　115

第4章　近代経済はいかに形成されたのか　117
経済制度——自由、財産、金融　123　政治制度——代表民主制　140　経済文化——違いと変化　145
足りないピース——人口と都市　158　第I部のまとめ　163

第II部　近代経済への反動——社会主義とコーポラティズム

第5章　社会主義の魅力　169
近代への不満　171　社会主義というアイデア　175　社会主義は実行可能か？　180　社会主義の奇妙な一面　196　社会主義への不安　199

第6章　第三の道——コーポラティズムによる左からの攻撃　201
コーポラティズムによる近代経済の告発　202　二〇世紀はじめのコーポラティズム　212　戦後のコーポラティズムの進化　234　新しいコーポラティズム　246　コーポラティズムの影の側面　249
第7章　ライバルたちの主張を秤にかける　251
社会主義——主張と証拠　252　コーポラティズム——主張と証拠　262　イノベーションの不足　274
第8章　国家ごとの満足度　285
職務満足度の格差　289　格差の制度的原因　296　格差の文化的原因　305
第Ⅲ部　衰退と復活——一部のダイナミズムはどのように失われ、それを取り戻すためになぜ努力すべきなのか

第9章　一九六〇年代以後の衰退を示す徴候　319
業績の縮小に関する早期のデータ　320　降下——包摂、格差、職務満足度　330

第10章　一九六〇年代後の衰退について理解する　345
衰退の原因　350　大企業、ミューチュアル・ファンド、銀行の構造的欠点　351　「マネー文化」、うぬぼれた行動や思考　358　国と経済の結びつきの範囲の拡大　366　第二の変容　385

第11章　善き生——アリストテレスと近代　391
善き生についての人間主義者の概念　395　善き生についてのアリストテレスの概念　399　プラグマティスト（現実主義者）と善き生　401　ヴァイタリストの考える善き生　407　善き経済の持つ意味　422

第12章　善と正義　425
近代経済における正義　431　多様な人間性のなかでの正義　435　不公平ではない自由なシステム　442

エピローグ　近代の回復　457

謝辞　481

参考文献　19
年表　モダニズムとモダニティ　7
索引　1

はじめに

はじめてロサンジェルスを目にしたとき、そのありのままの姿を誰も描いてこなかったことに気付いた。

――デイヴィッド・ホックニー

一九世紀に一部の国で市場経済が発達すると、人類史上初めて天井知らずの賃金上昇と雇用拡大が実現し、仕事から満足を得る人たちのすそ野が広がった。この現象を引き起こしたのは何だったのだろう。ところが、二〇世紀が進むうちに多くの国で、いや、今となってはすべての国で、そのすべてが失われてしまったとしか思えない。その背景には何があったのか。この稀に見る繁栄の盛衰を理解することが本書の目的である。

国家の豊かさとは何かという問題に、本書は従来とはべつの角度で取り組む。豊かさを中心で支えるのは繁栄だという視点に立ち、愛着心、挑戦、自己表現、個人的成長といった要素に注目する。たしかに収入が得られれば繁栄につながるかもしれないが、金銭的な収入そのものが繁栄をもたらすわけではない。新しい経験を積み重ねることによってこそ、個人の繁栄は実現するものだ。新しい状況や新しい問題や新しい洞察を経験し、新しいアイデアを発展させ、他人と共有していかなければならない。同様に、国家規模での豊かさは大衆の繁栄によって支えられるもので、人々がイノベーションのプロセスに広く関与することによって実現する。新しい方法や製品が考案・開発され普及していくうちに、地域イノベーションは草の根にまで浸透していくのだ。この仕組みについての理解が不十分で、見当違いの目的を追求する制度が定着すると、せっかく生まれたダイナミズムは衰え弱体化するおそれがある。さらに、正しい制度という上物《うわもの》だけを準備してもダイナミズムは成長しない。ダイナミズムが広い範囲で躍動するためには、正しい価値観が原動力として機能しなければならず、他の価値観によって力をそがれてはならない。

革新的な活動が広く深く普及すれば国家は豊かになるという点を、国民が正しく認識することが非常に重要だ。この理解が不十分な国家では、ダイナミズムが弱体化されかねない。たとえば入手可能な証拠から判断するかぎり、今日のアメリカでは一九七〇年代までと比べ、イノベーションのスピードも職務満足度も衰えてしまった。しかし豊かになる見通し――ジョン・ロールズの用語では自己実現の見通し――は、みすみす失われてもよい権利ではない。過去一〇〇年間、各国政府は失業者に職を提供することでかつての豊かさを取り戻そうとしてきたが、これからの課題はもっと大きい。今後は、就業者のあいだで失われた豊かさを復活させる必要がある。そのためには「需要」や「供給」の拡大とは無関係な分野で、法律や規制の整備に取り組まなければならない。斬新なイノベーションのメカニズムや発想について理解したうえで、イニシアチブを発揮していくのだ。これは政府にとって決して実現不可能な課題ではない。実際、いまから二世紀前にはイノベーションへの道を切り開いた政府もあった。このようなことを考えながら、私は新しい本に取り組む決心を固めていった。みなが何も認識していないこと、それが唯一の問題に思えたからである。

しかし結局、問題は他にもあることに気付き始めた。それは、近代的価値観や近代的生に対する抵抗だ。豊かさを支える価値観は、繁栄を妨げたり損なったりする価値観と衝突するものであり、そうなると、豊かさは大きな打撃を受ける。そもそも、人々の生活にはどのような社会や経済が最もふさわしいのだろうか。たとえば今日のアメリカでは、ヨーロッパで古くから親しまれてきた伝統的な目標を追い求める傾向が強く、社会保障、社会の調和、官主導による国益追求などが重視されている。かつてヨーロッパの大半はこれらの価値観に支えられ、中世的・伝統的な視点、すなわち「コーポラティズム（協調組合主義）のレンズ」をとおして国家を眺めたものだ。あるいは、共同体や家族の価値観を重視する傾向もあるが、その一方、近代的生がどれほどの繁栄をもたらしたかという点には、ほとんど意識が向けられていない。いまやアメリカでもヨーロッパでも、大衆の繁栄がいかなるものだったのかはまったく理解されなくなった。たとえば一世紀前のいわゆる狂騒の二〇年代にはフランスで、半世紀前の一九六〇年代前半にはアメリカで素晴らしい社会が実現したが、当時の広範な繁栄はもはや忘却の彼方へ消え去った。国家がイノベーションを進める際には苦しみを伴うものだ。まったく新しい価値を創造して新製品の開発に打ち込んでも、努力のかいなく新しい挑戦が失敗に終わるケースは多く、そうなると同じプロセスを繰り返さなければいけない。物質主義的な社会が誕生した当時、このようなプロセスは生みの苦しみと見なされ、国民の所得を増やして国力を充実させるためには耐え忍ぶべきものとして評価されたが、いまでは我慢する風潮がどんどん弱くなっている。変化、挑戦、独創性、新しい発見、他人との違う生き方などは、もはや繁栄に欠かせない要素として重視されなくなった。

このような風潮に対する私なりの答えが本書だ。近代になって誕生した人間中心主義が、どれだけ大きな繁栄をもたらしたか評価していきたいと思う。また本書は失われたものを取り戻すことだけでなく、近代社会に大きな繁栄をもたらした近代的価値観を手放さないことの大切さも訴えていきたい。

本書では先ず西洋の豊かさについて取り上げ、それがどこでどのような形で実現し、程度の差こそあれ、最終的にどうして様々な国で次々と失われていったのかを解説していく。私たちが現在を理解するためには、結局のところ過去のピースを組み合わせていく作業が欠かせないからだ。同時に、現状についての国別データも分析していきたい。

なかでも特に、一九世紀の未曾有の豊かさについては重点的に取り組む。このとき実現した豊かな社会では想像力が解き放たれ、労働環境が一変した。やりがいのある仕事に打ち込む風潮のなかで、先ずイギリスとアメリカに広範な繁栄がもたらされ、やがてそれはドイツとフランスにも広がっていった。豊かになった国では女性が徐々に束縛から解放され、アメリカでは奴隷制度の廃止がさらなる豊かさをもたらした。豊かな社会のなかで新しい方法や新しい製品が次々に考案され、それに歩調を合わせて経済も大きく成長していったのだ。ところが二〇世紀に入ると、繁栄も成長のスピードも衰えてしまった。

種明かしをすれば、一八二〇年代（イギリス）から一九六〇年代（アメリカ）にかけての繁栄は、地域イノベーションの広い普及が原動力になっていた。国家の経済に根ざした地域色の強いアイデアから新しい方法や財が生まれ、それが採用された結果として繁栄がもたらされたのである。パイオニア的な国家では意欲や能力を持つ人々が地域密着型のイノベーションを興し、そこからダイナミズムあふれる経済が生まれた。この経済を私は近代経済と呼ぶ。この近代経済の後に従った経済には、恩恵がもたらされたものだ。これは従来の見解とはかなり異なる。たとえばアルトゥール・シュピートホフやヨーゼフ・シュンペーターは、「科学者や探検家」の発見に触発された企業家たちがイノベーションを「目に見える形で」実現したと主張した。しかし近代経済は従来の重商主義経済の延長ではなかった。まったく新しいものが創造されたのである。

近代経済の理解は近代的な概念の理解から始めなくてはならない——独創的な発想から生まれた斬新なアイデア、すなわち個人のユニークな知識や情報や想像力から生み出されたアイデアがそれだ。近代経済は、経済活動に様々な段階で関わる人たちの様々なアイデアを原動力にしていた。しかし関わっているのは、アイデアマン、企業家、資本家、マーケティング担当者、パイオニア的なエンドユーザーなど、ほとんど注目される機会のない人たちばかりなので、アイデアの独創性やそれに伴う不確実性が見えづらい。一九二〇年代から一九三〇年代にかけて、フランク・ナイト、ジョン・メイナード・ケインズ、フリードリヒ・ハイエクら近代の経済学者が実像を僅かに描き出した程度だ。

本書では、イノベーションのプロセスとそれに伴う繁栄が人間にいかに素晴らしい経験をもたらすものかを強調していく。近代経済が十分に機能してイノベーションが順調に進行すると、人々にはかけがえのない恩恵がもたらされる。誰もが精神を刺激され、問題解決に挑戦し、新たな洞察を獲得するうちに、貴重な経験を積み重ねていく。このような経験に恵まれた経済のなかで仕事や生活に打ち込めればどんなに素晴らしいか、私は何とか伝えたいという思いを募らせてきた。しかもこれまで誰も、近代経済という大きなカンバスに具体的な姿を描こうとしなかった。だから先ずは私が、この素晴らしい試みに挑戦してみたい。

ダイナミズムという現象は様々な経済的自由によって支えられており、これらの自由は西洋民主主義によって生み出されたものだと私は認識している。ビジネスのニーズに応じて生まれた様々な諸制度も重要ではある。ただし経済が近代化していくためには、法的権利が確立され行使されるだけでも、種々の商業・金融制度が設立されるだけでも十分ではない。さらに私はこのダイナミズムにおいて科学の進歩の重要性を否定するわけではないが、科学を豊かさと結びつけることはしない。近代経済のダイナミズムの源は、人々の態度や信念だと考えている。個性や想像力、理解や自己表現が文化によって守られ育まれてこそ、国家規模の地域イノベーションは大きく発展していく。

国家の経済がほぼ近代化されると、なじみ深い財やサービスばかり生産する段階を卒業し、従来とは異なる物事に関してアイデアを考案するようになってくる。これまで生産可能とは見なされず、想像もしなかったような財やサービスの創造が試みられていく。しかし近代経済が後退すると、斬新な制度や規範は否定され、規制による妨害や反対陣営による禁止行為が目立つようになり、アイデアの流れが先細りする。経済が近代化に向かうか、それとも従来の路線にとどまるかによって、労働環境は根本的に異なってくる。

要するに、これから本書で紹介していく西洋の歴史はある大きな戦いの歴史でもあるが、それは資本主義と社会主義の戦いではない——ヨーロッパではすでに数十年前、私有財産制度がアメリカと同レベルまで発展したからだ。あるいは本書は、カトリックとプロテスタントの間の緊張に焦点を当てるわけでもない。この大きな戦いは、近代的価値観と従来の保守的価値観の間で繰り広げられる。ルネサンスの人間中心主義から始まり、啓蒙主義、実存哲学へと文化が進化していくと、その積み重ねによって近代の様々な新しい価値観が創造され、独創性の表現、自己探求、個人的な成長が重視されるようになった。やがてこれらの価値観を土台にして、イギリスとアメリカで近代社会が誕生したのである。流れはさらに続き、一八世紀には近代民主主義が、一九世紀には近代経済が生まれ、それが史上はじめてのダイナミズム経済となった。こうして文化が進化すると、大陸ヨーロッパにも近代社会がもたらされ、民主主義が発展する環境が整った。しかし、新たに生まれた近代経済が国内に引き起こしかねない社会的な分裂は、古い伝統にとって脅威としか思えなかった。しかも伝統的な価値観——個人よりもコミュニティを優先させ、進歩するよりも遅れないことを重視する姿勢——は非常に強力だったため、大体において近代経済の前進が妨げられてしまった。近代経済が深く浸透した場所、あるいはその恐れのありそうな場所では（戦間期には）国家が強制的に介入し、（戦後には）規制が加えられた。

本を執筆する際には、世間一般の通念から解放されるために多大な努力を強いられるものだ。私も例外ではなく、近代経済とその創造物や価値について語るために、賛同しかねる記述やふさわしくない理論の数々を断ち切る必要があった。たとえばシュンペーターによる古典的な定式化によれば、イノベーションは外生的な発見によってのみ促されるものであり、ネオ・シュンペーター学派の推論によれば、イノベーションの原動力は科学研究の進歩のみだという。このふたつの見解は、近代社会は近代経済の存在なくして十分に機能できることを前提にしている。（資本主義の社会主義化をシュンペーターが予測したのも無理はない）。あるいはアダム・スミスは、人間の「幸福」は消費と娯楽からのみ引き出されるもので、経済活動にそれ以外の目的はないと見なし、経済活動の経験そのものには重要性を見出さなかった。そしてケインズの新古典派的な福祉主義においては、挑戦や冒険には何の人間的価値もないどころか、それが引き起こす失敗や動揺は深刻な現代病であり、退治しなければならないと考えられた。その後に登場し、今日のビジネススクールで優勢な新・新古典派においては、ビジネスはリスク・アセスメントと原価管理に尽きるという見解が定着しており、曖昧さや不確実性、探究や戦略的ビジョンの入り込む余地はない。ほかには、国家の制度について頭を悩ませる必要はないという楽観的な見方もあった。社会の進化は最も必要とされる制度を生み出すものだから、どの国家にも最善の文化が自ずと育つというのだ。本書が少しでも真実に近づくためには、このような骨董品のアイデアは誤りであり有害でしかない。

本書では、近代経済が参加者にいかに素晴らしい経験を提供するものか、多くのページを割いて紹介していく。結局のところ、近代経済は近代という時代の驚異的な産物である。では、それほど素晴らしい近代経済がもたらした近代的生を、ほかの生き方と比較したらどうだろう。そこで最後から二番目の章では、近代経済の特徴と思われる繁栄が、実は善き生という古代ギリシアの概念と共通していることを紹介する。善き生については様々に解釈されてきたが、基本的には、世界との積極的な関わりを通じて知的成長を遂げ、先の見えない状況で創造力と探究心を働かせながら道徳的に成長していくことが求められる。もうおわかりだろう、近代経済によってもたらされる近代的生は、善き生という概念とぴったり一致する。先ずこの点を認識すれば、機能の優れた近代経済を正当化するための第一歩を記したことになる。近代経済は善き生の実現に奉仕するのだ。

ただし、近代経済がいくら素晴らしいものであっても、それが正当化されるためには解決すべき障害が待っている。たとえすべての参加者に善き生を提供することを目的とする経済だとしても、そのためのプロセスで不正が引き起こされたり、善き生が広く普及しなかったりすれば、正しい経済と見なすことはできない。近代経済が進むべき方向の判断を誤り、二〇〇〇年代の住宅ブームのような狂騒が発生すれば、恵まれない立場の人たちはおろか、すべての参加者が被害をこうむってしまう。労働者は職を失い、企業家は会社倒産の憂き目に遭い、家族は財産の大半を失う。あるいは、近代経済の恩恵――その第一は善き生をまっとうすることだ——を政府が適切に分配できず、弱者の立場が守られない可能性もある。（ただしこれは、近代経済というよりは政府の落ち度だろう）。

最後の章では、近代的であると同時に、才能や経歴の点で他人よりも恵まれない人たちにも善き生の見通しを提供する経済という概念を描写する。近代経済が正しく機能していれば、経済的正義を語る際に欠かせない概念、たとえば最も恵まれない人たちへの配慮が行き届くものだ。その結果、すべての人が善き生を追求できる環境が整えば、それを手に入れるために誰もが大きなリスクを厭わなくなるだろう。実際、公正に機能する近代経済は、公正に機能する伝統経済——伝統的な価値観に基づいた経済——よりも様々な状況に適応しやすい。では、一部の参加者が伝統的な価値観にとらわれている場合にはどうすればよいか。新しいものを探究するうちに、ある時点で立ち止まらざるを得ない人も出てくるだろう。心配はいらない。ひとつの国家の中で伝統的な価値に基づいて独自の経済を実現させたい人は、自由にそうすればよい。一方、善き生を望む人たちには、近代経済のなかで束縛を受けず自由に活動する権利が与えられる。伝統主義的経済に制約されず、変化や挑戦を恐れず、独創的な態度で新しい発見に専念していけばよい。

将来に何が起きるかわからないような経済を国家が支持したり、その発展を奨励したりするのは矛盾しているような印象を受けるかもしれない。大きな失敗や混乱や動揺が付き物で、人々が「拠りどころを失い」、「恐怖におびえる」可能性のある経済を擁護できるものだろうか。しかし、新たな洞察を得ることによる満足感、課題に挑戦するスリル、独自の人生を歩む喜び、そしてこのようなプロセスを経て成長したときの達成感——要するに善き生——には、まさにこれが必要なのだ。

なぜ近代は繁栄したのか

序章　近代経済の出現

たしかに、近代性の芽生えは一七八〇年代だった。……［しかし］近代世界の基盤は一八一五年から一八三〇年にかけてほぼ形成された。

——ポール・ジョンソン『近代の誕生』

人類が誕生して以来、経済知識——何をどのように生産するかについての知識——がひとつの社会の経済主体によって拡大された時代はほとんどなかった。西欧経済の黎明期でさえ、過去の慣習が断ち切られ、新しい知識によって新しい慣習やイノベーションが生み出される展開は稀だった。たとえば古代ギリシアやローマでは、水車場や青銅の鋳造法などのイノベーションが実現している。しかし「古代西洋経済」で目立つのはむしろイノベーションの欠如のほうで、アリストテレス以後の八世紀の間は特にその傾向が強い。ルネサンス期には科学や芸術の分野で重要な発見が相次ぎ、王族に富がもたらされた。しかし、その結果として得られた経済知識はおそまつなもので、日常生活に注目した歴史学者フェルナン・ブローデルによれば、一般の人々の生産性や生活水準を向上させるまでには至らなかった。慣れ親しんだことや決まりきった事柄が、これらの経済での習慣だった。

結局のところ、これらの経済主体は過去の慣習からの離脱を望まなかったのだろうか。いや、必ずしもそうとは言えない。人類は一〇〇〇世代も以前から、想像力を働かせ独創性を発揮してきたことが明らかにされている。(1) 初期経済の参加者には、創造意欲が欠けていなかったと仮定しても間違いない。ただし何かを発明しては試してきたものの、それは個人的な目的に限られていた。社会全体に役立つ新しい方法や製品を開発し、提供する能力は欠けていた。初期経済には、イノベーションを促し可能にする制度や考え方が整っていなかったのである。

初期経済における最大の成果は、国内での商業の発展と外国貿易の普及だった。ふたつの有名な都市国家、一四世紀のハンブルクと一五世紀のヴェネツィアで発達した商業は、ハンザ同盟の貿易ルートやシルクロード、遠洋航路を経て遠くの都市や港にまで広がった。やがて一六世紀に新世界が植民地化されると、国民国家のなかで商業が発達し、外国貿易が拡大していった。そして一八世紀になると、特にイギリスとスコットランドにおいて、ほとんどの人たちが家族や地域のためではなく、「市場」のために財を生産するようになり、遠方の市場との輸出入を積極的に手がける国が増えていった。商売が物づくりである点は以前と同じでも、そこに流通や貿易という新たな要素が加わったのである。

当時はまだ存在していなかった言葉を使うなら、これはもちろん資本主義であり、正確に言えば、商業資本主義である。富裕な者が商人になり、馬車や船に投資して、価格の高い場所に物資を輸送するシステムである。一五五〇年頃から一八〇〇年頃にかけて、このシステムはスコットランド人の言うところの「商業社会」の原動力になった。少なくともスコットランドとイングランドでは、商業社会は多くの人たちから無条件に賞賛されたが、なかには「英雄的精神」の欠如を感じる人たちもいた。(2) ただし、重商主義の時代の社会が攻撃性に欠けていたわけではない。商人が製品の供給や市場シェアを巡って争う一方、国家は競うかのように植民地の建設を進め、軍事衝突も頻繁に発生した。おそらく英雄的精神は一般庶民の心に訴えず、彼らの経済活動を大きく飛躍させる力になり得なかったため、軍事行動にはけ口を求めたのだろう。

中世には慣れ親しんだものや決まりきった事柄が重視されたが、重商主義の時代の経済活動では、その傾向がかなり少なくなった。新しい市場を発見して参入すること――逆に発見され参入されること――によって、新しい経済知識が時折わずかに提供される機会が生まれたと考えて間違いない。商業が拡大すると、国内の生産者にも海外の競合相手にも新しい機会が頻繁に創出され、ひいては何を製造すべきかについて、新しい知識が獲得されていった。それが公の知識となって「商売を営む」人たちの手にわたるケースもあれば、苦労して手に入れた知識が公表されないケースもあっただろう。ただし、まだ製造されていないものを作りたいという願望が、製造方法の進歩を具体的に後押しした事例はそれほど多くなかったかもしれない。実際のところ重商主義の時代には、経済知識がどれだけ増えたのだろうか。

1　テュービンゲン大学の研究者らは最近、三万五〇〇〇年前のヨーロッパに定住した穴居人が骨を材料にして製作したフルートを発掘した。ニコラス・コナードらは、この発見について二〇〇九年に科学誌『ネイチャー』で報告している。

2　アダム・スミスはその『法学講義』（一七六二―六三年）で、「商業主義的な精神」の「不都合な点」について、「人々の精神は収縮し……教育はさげすまれるか、少なくともおろそかにされ、英雄的精神はほぼ消滅してしまう」と記述している。(Smith, 1978, vol. 5, p. 541)。一七七六年に出版された古典『国富論』には、「未開の社会では……全員がさまざまな仕事を行なうので、自分の能力を最大限に発揮しなければならない……［したがって］創意工夫の才がいつも発揮される」と記されている（p. 51）。アダム・ファーガソンは以下で「私は戦士であり、商人ではない」というアメリカ・インディアンの酋長の発言を賞賛して引用している。Adam Ferguson, *Essay on the History of Civil Society*, 1767.

重商主義の時代における経済知識

ここではイングランド経済の過去のデータを参考にしてみよう。製造するものについての知識が増えて、それ以外の要素に変化がなければ、労働の投入量に対する産出量の割合、すなわち生産性は向上する。したがって、個人的な知識にせよ公の知識にせよ、重商主義の時代に取引関係者が手にする知識が確実に増えていれば、その結果として、一五〇〇年から一八〇〇年頃にかけて労働の投入量に対する産出量の割合は大きくなっているはずだ。生産性の改善がほとんどまったく見られなければ、重商主義の時代に生産のノウハウが大きく飛躍したという説を疑わなければならない。では、実際の証拠は何を示しているだろう。

アンガス・マディソンの『世界経済』は信頼できる資料だが、その二〇〇六年版に掲載されている推定によれば、一五〇〇年から一八〇〇年にかけてイングランドでは労働者一人当たりの生産高がまったく増加していない。しかし人口、すなわち労働力は同じ時期に大きく増加しており、一三〇〇年代の腺ペスト、すなわち黒死病による激減から回復している。かりに知識の増加によって労働者一人当たりの生産高が増加しても、人口の増加によって収穫逓減の法則がはたらき、増加分が打ち消されたとも解釈できる。しかしグレゴリー・クラークによる一〇年単位の推定を見るかぎり、どうもその解釈はあやしい。人口が腺ペスト発生以前のピークよりもまだそれほど落ち込んでいない一三三〇年代から一三四〇年代にかけてと、人口がかつてのピークに近づいた一六四〇年代を比べると、労働者一人当たりの生産高は変わらないのだ。僅かに残されているミクロデータも、同じ傾向を示している。農民一人当たりの生産高は一七九〇年代になっても、一三〇〇年代の水準に達していない。べつの研究結果によれば、この期間の増加率は、およそ三〇パーセントになっている。[3] こうなると、実用的な農業技術は五世紀ちかくにわたって改善されなかったと結論するのが妥当だろう。（ただし、労働者一人当たりの生産高を製品別に測定するだけでは全体像がわからない。価格や生産性の高いところに労働力は移行していくもので、それが労働者一人当たりの総生産高の増加につながる。それを確認するためには、賃金に注目するほうがよい）。

労働者一人当たりの実質賃金――消費財バスケットの平均賃金――は、何をどのように生産するかについての知識の普及度を何よりも反映している。新しい方法や製品を開発するために始められたプロジェクトは雇用を創出し、やがては賃金の上昇を促す。さらにプロジェクトから新たに考案された方法にも、賃金を上昇させる傾向が備わっている。だから重商主義経済で賃金が大きく上昇していれば、経済知識が増加している何よりの証拠になるだろう。イギリスの農業においては、一人当たり生産高と同様に実質賃金が、重商主義時代の前半に該当する一五〇〇年から一六五〇年にかけて落ち込んでいる。これは疫病のあとに人口が回復したことの影響である。つぎに一六五〇年から一七三〇年にかけて賃金は上昇しているが、その半分は一八〇〇年までに失われ、結局のところ一八〇〇年の賃金は一五〇〇年よりも低くなっている。たしかに一三〇〇年と比べれば、一八〇〇年の賃金はおよそ三〇パーセント高く

3　イングランドのラムゼイ・エステートの穀物生産高についての研究によれば、一二九三年から一三四七年にかけての一人一日当たりの生産高平均は、「イングランドの労働者の一八〇〇年までの最良推定値を上回るか、それに匹敵している」という。以下を参照。Karakacili, "English Agrarian Labour Productivity Rates" (2004, p. 24).

範囲を広げた研究では、脱穀や収穫や草刈りに必要とされる労働が減少していない点が報告されている。しかし全体的な生産性に関する数字を見ると、農業労働者を最も効率的に利用する方法に関する知識は、四世紀半のうちにいくぶん増加していることがわかる。一三〇〇年代のはじめ、延べ三〇〇人当たりの生産高は五八ブッシェルだったが、一七七〇年代には七九ブッシェルになっている。ただし長期間のわりには、増加は微々たるものだ。クラークが二〇〇五年に発表した以下のワーキングペーパーを参照。Clark, "The Long March of History," figure 3 and table 6. このクラークの報告書の図八からは、労働者一人当たり生産高が一六四〇年代から一七三〇年代にかけて上昇線を描き、およそ二〇ブッシェル増加していることがわかる。

なった。しかしこれは、製品や方法のイノベーションがイギリスで進行し、経済知識が増えたことの証拠だと言えるほど高い数字だろうか。そもそも実質賃金が大幅に上昇したのは、輸入消費財の価格が減少したからで、クラークが二〇〇七年の著書で紹介している記録（四二ページ）によれば、「砂糖、胡椒、レーズン、お茶、コーヒー、タバコなどの新商品が海外から入ってくるようになった」おかげだ。そうなると実質賃金の三〇パーセント上昇は、イギリスでイノベーションが進行している徴候というより、探検家や植民地入植者による精力的な発見の証拠ということになる。そしてもうひとつ、一三〇〇年は、一世紀にわたって続いた賃金の減少が底を打った年だったことに注目してほしい。クラークの著書の表四からも明らかなように、一八〇〇年の実質賃金は一二〇〇年と比べても低い！　だからここは「プラスマイナスゼロ」ということで、中世から啓蒙主義の時代にかけてイングランドでは賃金がほとんど上昇しなかったという説に落ち着くのが妥当だろう。[4]

そうなると、重商主義経済は一五〇〇年から一八〇〇年にかけての全盛期においてさえ、経済知識にほとんど進化をもたらさなかったと結論しなければならない。一八世紀になると人口が急激に増え始め、一九世紀の大半においてその勢いはさらに加速され、毎年のように記録を更新していった。そのため土地に備わった不変性が障害となり、経済知識の増加が生産性の向上に結びつかなかったと仮定することもできるかもしれない。しかしイギリスでは人口が急増するにつれて経済の構成に変化が生じ、製造や貿易やサービスなど、農業ほど土地を必要としない分野の比重が大きくなっていった。だから賃金の上昇や労働者一人当たりの生産高にとって、人口の増加は深刻な阻害要因になり得ない。人口の増加が生産性や賃金の伸びを妨げ大きく制約した結果、経済知識の増加が牽制され阻止されたという発想には説得力がなくなる。賃金や一人当たり生産高の上昇は、何かほかのものに阻まれていたのだ。

重商主義の世界では経済の発展がどこも驚くほど似通った経過をたどっているので、何が成長を促し何が妨げになったのか理解しやすい。一人当たりの生産高や労働者一人当たりの賃金に関して、重商主義の時代には一一カ国（後に国家になった地域を含む）が同じ傾向を持っていたことがいまでは知られている。オーストリア、イギリス、ベルギー、デンマーク、フランス、ドイツ、オランダ、イタリア、ノルウェー、スウェーデン、スイスの一一カ国だ。（一二〇〇年代から一三〇〇年代のはじめにかけて、イギリスは一般に思われているほど大陸ヨーロッパに遅れをとっていたわけではない）。一八〇〇年までには、この集団にアメリカも加わる。これらの国は足並みを乱しながらも、同じドラムに合わせて行進を続けた。各国は独自の変動を経験しつつ、おおよそ同じ道を歩んだ。一五〇〇年にはイタリアが先導役を務め、一六〇〇年までにはオランダがそれに代わって台頭した（その役目は一八〇〇年代のはじめまで続いた）。少なくともこの仲良しクラブのなかでは、ゆるやかな上昇傾向が貿易の後押しによって生み出され、世界中にほぼ平等に普及したと考えられる。各国家に独自の力が働いたわけではない[5]。

当時の人たちは、つぎのように予測したかもしれない。いったん商業化が広く普及した後、各国の経済は以前よりもグローバルな傾向を強めながらも従来の型通りの行動に立ち返り、落ち着くだろうと。ところが、少なくとも世界の先進国にとって、重商主義の時代は経済の発展の最終段階ではなかった。商業社会の一部では経済が通商や貿易に従事しながら、ほどなく新しい特徴を備えた。当時としてはめ

4　一二〇〇年には後から考えられないほど土地が豊富だったため、賃金や（労働者一人当たり生産高）が一三〇〇年のレベルをやや上回った可能性が考えられる。当時、ロビン・フッドは森全体を独り占めすることができた。しかし一三〇〇年にも土地は目に見えて減ったわけではない。どちらの時代にも、労働は土地を圧迫しなかった。したがって、十分な賃金が支払われていた一二〇〇年を比較の基準年から排除することには、説得力のある根拠が存在しない。

5　以下に基づいた概算が、標準ソースになっている。Maddison, *The World Economy* (tables 1b and 8c).

ずらしい何かが発生し、それがすべてを変えてしまったのだ。

経済知識が爆発的に増加した徴候

一五〇〇年から（始まりを一二〇〇年とする評価もある）一八〇〇年まで世界では驚くほどの無風状態が続いたが、それは僅か数十年で一変した。一八二〇年代から一八七〇年代にかけて、イギリス、アメリカ、フランス、ドイツがつぎつぎと集団から抜け出していった。これらの国のふたつの指標――一人当たり生産高と平均実質賃金――が、世界史上かつてなかった驚くべき軌跡を描き始めたのである。

今日の測定結果によれば、一八一五年にナポレオン戦争が終わるとイギリスでは一人当たり生産高が順調に上昇を始め、右肩上がりの成長が続いた結果、一八三〇年代から一八六〇年代にかけて目覚ましい成長が達成された。同様にアメリカでも、一人当たり生産高が一八二〇年代ごろから持続的な上昇を始めたという見解がいまでは一般的だ[6]。フランスとベルギーでは一八三〇年代から浮き沈みを伴いながらも上昇が始まり、一八五〇年代にはドイツとプロイセンが後に続いた。この驚異的な上昇に最初に注目したのが、アメリカの経済史家ウォルト・W・ロストウである。強烈な印象を受けた彼は、この現象を持続的経済成長に向けた離陸と解釈し、テイクオフ（離陸）と呼んだ[7]。

テイクオフのあとには、大体において平均実質賃金の上昇が続いた。入手可能なデータを見るかぎり、イギリスでは労働者一人当たり生産高のテイクオフが始まってほどなく、一八二〇年頃から手工業の日給が着実に上昇を始めている。アメリカでは、賃金のテイクオフは一八三〇年代末から見られる。どの国でも生産高が爆発的に増加すると、引き続き賃金が爆発的に上昇するパターンを踏襲している。（第2章ではこうした上昇傾向を数値で確認していく）。賃金のテイクオフは一九三〇年代、ポーランド生まれのドイツ人経済史家ユルゲン・クチンスキーによって発見された。彼は過激なマルクス主義者で、変容を遂げた経済では「労働条件が悪化」して「窮乏化」が進むと考えた。しかし、クチンスキーのデータからは本人による調整後も、実質賃金のテイクオフを読み取ることができる。研究の対象になっているすべての国、すなわちアメリカ、イギリス、フランス、ドイツでは、一九世紀半ばまでに賃金が順調にテイクオフしている[8]。

各国はお互いに刺激し合った。先頭を走る四カ国で一人当たり生産高と賃金が急上昇すると、集団のほかのメンバーも急成長を始めた。先頭を走る諸国との貿易を継続・拡大し、従来とは異なる状況にうまく対応するだけで、つまりクジラの後ろを泳ぐ魚のように行動するだけで、上昇気流に乗ることができた。

近代経済史の分野でガリレオ的存在ともいえるクチンスキーとロストウのふたりが賢明にもテイクオフに注目した結果、一九世紀を出発点とする西洋の尋常ならざる旅路が具体的な形で明らかになった。

6　一八〇〇年代から始まった上昇は無残な結果に終わった。一八〇七年までは急成長が続いたが、まもなくそのすべてが失われるどころか、それを上回る損失をこうむり、一八一八年まで回復はかなわなかった。対照的に、一八三〇年代半ばから一八四〇年代半ばにかけて成長は減速したが、それ以前の利益が失われることはなかった。ポール・デイヴィッドが一九六七年に発表した以下の論文を参照。Paul David, "The Growth of Real Product in the United States before 1840."

7　主要な著作は以下。Rostow, *The Process of Economic Growth*, 1953〔邦訳『経済成長の過程』酒井正三郎・北川一雄訳、東洋経済新報社、一九五五年〕。以下も参照。Rostow, *The Stages of Economic Growth*, 1960〔邦訳『経済成長の諸段階――1つの非共産主義宣言』木村健康・久保まち子・村上泰亮訳、ダイヤモンド社、一九六一年〕。テイクオフの原因についての記述は「リンケージ」も含めて内容が難しく、仲間の経済学者の賛同を得られなかった。（テイクオフに関する説明はここでの説明と似ていないし、同じ結論に至るとも考えられない）。一九六〇年代に政府の職に就いた後、彼はハーヴァードに呼び戻されなかった。しかし、テイクオフに注目したことだけでも、彼はもっと認められる価値がある。

そうなると歴史学者や経済学者にとって、この未曾有の現象は何を起源にしているのかという問題が浮上してきた。そして経済学者は、伝統的な経済思想に目を向けた。

従来の経済学者の多くは、資本ストックの増加に答えを見出そうとした。たしかに一九世紀、農家や工場では生産設備が急激に増えた。しかし一九世紀半ばから二〇世紀にかけてアメリカで一人当たり生産高が上昇した原因が——たとえ部分的にも——資本の形成だったというのは納得できる説明にはならない。実際、資本や土地の利用が増えたといっても、それは成長全体の七分の一を占める程度でしかない[9]。一八世紀のように生産性が少しずつ断続的に向上している状態ならば、その成長を資本の増加だけで説明することも十分可能だったかもしれない。たしかに一九世紀に入って資本は急激に増加したが、それでもやはり、この時代の生産性と賃金の大きな上昇の原動力にはなり得ない。収穫逓減の法則がはたらくので、たとえ資本が持続的に増加しても、労働者一人当たりの生産高や平均実質賃金を押し上げることはできない。

そこで、従来の経済学者の一部は規模の経済に回答を求めた。労働力と資本が増加すれば、労働者一人当たり生産高（と資本の単位当たり生産高）の上昇につながると考えたのである[10]。しかしアメリカとイギリスでは一八二〇年から一九一三年にかけて、生産性が三倍ちかくも上昇している。いくら労働力と資本が拡大したといっても、これほど急激な増加の推進役としては十分ではない。そもそも、この時代に労働力と資本の拡大が本当に奇跡を行なったとすれば、一六四〇年代から一七九〇年代にかけて発生した同様の現象は、なぜ効果を匹敵できるほどに、いや、まったく生み出さなかったのか。さらに、規模の経済が本当に生産性と賃金を著しく上昇させたのならば、なぜ同じ効果がイタリアやスペインにはおよばなかったのだろう。これらの国の余剰人口は、より良い経済機会を求めて南北アメリカ大陸へ逃避した。そしてもうひとつ、二〇世紀に入ると、テイクオフを経験した経済で規模の経済が新たに達成されるには困難な状況が発生したと考えられる。労働力の増加とそれに続く資本の増加が沈静化し、新しい規模の経済を促すことができなくなったのである。それにもかかわらず労働者一人当たり生産高と賃金は二〇世紀の大半を通じて着実に上昇し、一九七〇年代のはじめまでその傾向は続いた。（一九三〇年代の大恐慌の時期も含め、生産性は一九二五年から一九五〇年にかけて上昇し、一九五〇年から一九七五年にか

8　クチンスキーの初期の研究は以下にある。Kuczynski, *Labour Conditions in Western Europe*（1937）; *A Short History of Labour Conditions*（1942–1945, vols. I–IV). サスペンス映画さながらの人生を送った彼は、論争を恐れなかった。賃金に関して編纂した生データにいくつか奇抜な修正を加えており、後の研究者はそれを再現することができない。しかし、失業による損失時間を「差し引いた」実質賃金でさえ、一八四九年から一八五八年にかけての「景気循環」で記録した五七という数値から、一八九五年から一九〇三年にかけての景気循環では九九にまで上昇している（vol. I, part I, p. 67）。ただし、本文での推計は以下の現代の情報源――ジェフリー・ウィリアムソンらによる国際比較表、ブローダス・ミッチェル、ポール・ベイロック、グレゴリー・クラーク、ディートリッヒ・ザールフェルトによる表――に基づいている。（クチンスキーの計算では、研究対象の国の賃金レベルが最初はきわめて不平等で、一世紀が経過した頃にはほぼ平等になっている。これは技術の「移転」と労働者の移動によるものだ。ウィリアムソンによる計算ではこれほどの収斂はなく、むしろ四カ国では若干の分岐が見られる）。

9　分析の対象になっている期間、すなわち一八六九年から一八七八年までと一九四四年から一九五三年までは、当時の研究者にとって、アメリカに関する最も古いデータだった。今日では一八四〇年からの概算が可能だが、結果に大した変化は生じない。以下を参照。Abramovitz, "Resource and Output Trends in the United States since 1870," 1956.

イギリスに関する歴史的な研究の結論によれば、一八世紀には知識ではなく資本が成長の最大部分を占めたが、一九世紀にはその傾向がなくなった。以下を参照。Crafts, "British Economic Growth, 1700–1831," 1983, p. 196. 後から引用されているマクロスキーの発言は、この論文に登場している。

10　この主張は、往年の重要な経済理論家ジョン・ヒックスが以下で展開したが、あまり注目されなかった。John Hicks, *A Theory of Economic History*, 1969〔邦訳『経済史の理論』新保博・渡辺文夫訳、講談社学術文庫、一九九五年〕。統合された市場が規模の経済を実現させる仕組みについては以下が先駆となった。Paul Krugman, *Geography and Trade*, 1992〔邦訳『脱「国境」の経済学』北村行伸・高橋亘・妹尾美起訳、東洋経済新報社、一九九四年〕。

けてふたたび上昇している)。

従来の経済学者の一部は、国内での商業活動や国家間の貿易の拡大に回答を求めた。一九世紀の大半、人々は自給自足の状態から抜け出し、新たに運河や鉄道を建設して市場を結びつけた。もちろん地平線が広がれば、テイクオフ経済などの状況下で何をどのように製造すべきか、新しい知識が加わるだろう。しかし、このような現象は過去にもあった。そして、中世のヴェネツィアやブルッへから一八世紀のグラスゴーやロンドンにいたるまで、商業化や貿易の発達は例外なく、一人当たり生産高や賃金の上昇を実現させることができなかった。それを考えれば、一九世紀に商業や貿易が拡大したときだけ生産性と賃金が大きく向上したとは信じがたい。さらに、急成長する経済で商業や貿易が重要な役割を果たしたとしても、生産高や賃金の天井知らずの上昇をいつまでも支えることはできない。成長の牽引役としての貿易は、グローバリゼーションが十分に普及すれば燃料切れになってしまう。

結局のところ、社会には絶対に確実なものなどまず存在しない。テイクオフの始まった国に生産性と実質賃金の急上昇をもたらしたものは、経済知識——何をどのように製造すべきかについての知識——以外にはあり得ないのではないか。ディアドラ・マクロスキーは「禁欲よりはむしろ創意工夫が決定的な影響力を与えた」というが、貿易よりはむしろ創意工夫だと表現してもよいだろう。

近代主義者は新しい知識が常に登場するものだという前提に立ち、知識が増加することの重要性を強調した。やがて彼らの見解は、資本や規模、商業や貿易に注目する従来の見解を凌駕していった。では、知識はどこからやって来たのだろう。誰の「創意工夫」だったのか。

経済知識の源を発見する

ロストウの後にテイクオフという現象に取り組んだ歴史家のほとんどは、心のなかで新しいアイデアが創造され、そこから新しい知識が生まれる可能性を躊躇なく受け入れた。未来の社会に引き起こされる結果について、歴史から予め決定的な知識を得られるとは考えず、社会の行く末は過去に立脚しているという発想を拒んだ。たとえばカール・ポパーは一九五七年の著書で「歴史主義」を批判し、未来は歴史的な流れの延長線上にあるという見解に反論している。

しかし、歴史決定論を批判した歴史家たちも、自分たちの時代の経済――テイクオフの時期を含む一九世紀の経済――についての見解は、スミス、マルサス、デイヴィッド・リカードと受け継がれた一八世紀の概念の影響を受けている。古典的な概念においては、「市場経済」が常に均衡に向かって動くものと見なす。そして均衡状態の市場経済には、経済の機能に役立つ知識のすべてが全世界から取り込まれてくるものと考える。世界で何か新しい発見があれば、それはただちに市場経済に取り入れられ、活用されるというわけだ。そうなるとこの見解においては、国家の経済の内部で新たな発見が行なわれる余地がない。いわゆる地域イノベーションが進行し、経済知識が国内で発達する展開は期待できない。なぜなら、経済はすでに豊富な知識を身につけているからだ。新しい経済知識をもたらしてくれる何か新しいアイデアや発見を手に入れるためには、国内外の共同体（民主制であれ王制であれ）や民間非営利機関など、経済の外に目を向けなければならない。その論法でいくと、一九世紀に入って生産性と賃金が途切れず上昇し始めた現象は、経済そのものに新しい力が備わったというよりも、外から何らかの力が働いたことの反映になる。

経済史に対するこのような見解は、ドイツ歴史学派の最後の世代の著作に顕著に表れている。彼らにとって、国家の物質的進歩の原動力は科学のみで、国家経済の外側での「科学者や探検家」の発見に支えられていた。神々しい人物たちの存在を抜きにして、物質的な進歩をはじめ驚嘆すべき成果は考えられないのだという。才気煥発なオーストリア人経済学者ヨーゼフ・シュンペーターは、まだ三〇歳前だった当時、この学派のモデルにひとつだけ新しいアイデアを加えた。新しい科学知識によって実現可能になった新しい方法や商品を開発するためには、企業家の存在が必要だと提唱したのである。[11] 一九一一年にオーストリアで出版され、後に非常に大きな影響力を持つようになった著書のなかで、彼はドイツ歴史学派のドグマを紹介している。それを簡潔に説明すると以下のようになる。

現時点で知りうる経済知識は、すでに知れ渡っている。したがって、もはや経済のなかで独創性はあり得ない。新しい方法や商品の開発を可能にするのは、経済の外側での発見である。発見される可能性はすぐに「浮上」するが、それを実現したり遂行したりするためには、過酷なプロジェクトに取り組む意思と能力を備えた企業家の存在が欠かせない。資本を調達し、必要な新興企業を立ち上げ、新たな可能性のある製品を開発し、「やるべき仕事をこなさなければならない」。たとえプロジェクトは困難でも、新製品が商業的に成功する可能性――「イノベーション」が興る可能性――は、既存の製品が成功する見込みと同じくらいに認識しやすい。詳細に調査・分析すれば、誤った判断はまず考えられない。専門知識を持つ企業家がプロジェクトを受け入れる決断を下し、ベテランの銀行家がそれを支援して事前準備を周到に行なえば、素晴らしい結果につながる。もちろん後から不運に見舞われれば失敗するが、幸運に恵まれれば尋常ならざる利益がもたらされるだろう。[12]

このようにシュンペーターは、古典派経済学からほとんど離れることなくイノベーションについて考える方法を提案した。科学万能主義を信奉するシュンペーターと歴史決定論を掲げるマルクスという、ふたりの笛吹きに踊らされた結果、歴史家も一般大衆も大きく道をそれてしまった。二〇世紀の大半、経済学では古典派経済学が非常に優勢になった。

この考え方はすぐに限界にぶつかった。なぜならテイクオフが始まるまでには、偉大な探検家はほとんどの航路を発見し尽くしていたのだ。ドイツ学派の理論に頼る歴史学者は、その現実を認識せざるを得なかった。そこで彼らは「科学者」に頼ることにした。一六二〇年から一八〇〇年にかけての科学革命の時代に科学的発見が急ピッチで進んだ点に注目し、それをテイクオフと結びつけて考えようとした。

11　この学派がヨーロッパとアメリカで有名になり影響力を持ったのは、景気動向にとって最も重要なのは制度だという基本テーマのおかげだ。このテーマはヴィルヘルム・ロッシャー、さらにはマルクスにまでさかのぼる。一九〇〇年代はじめ、この学派のリーダーだったドイツのアルトゥール・シュピートホフとスウェーデン人の後継者グスタフ・カッセルは、最後のメンバーであるヨーゼフ・シュンペーターによって主役の座を奪われた。（ほかにはヴェルナー・ゾンバルト、マックス・ヴェーバー、カール・ポランニーなどの著名人がいた）。しかしシュピートホフは間違いなく重要人物だった。かの偉大な経済学者ジョン・メイナード・ケインズは、シュピートホフの退官記念論文集の出版を祝うため、一九三二年にミュンヘンを訪れている。これはシュンペーターが企画したものだ。

12　ここに記されている意見は以下の中心テーマを表現している。Schumpeter, *Theorie der wirtschaftlichen Entwicklung*, 1912（*The Theory of Economic Development*, 1934）〔邦訳『経済発展の理論』塩野谷祐一ほか訳、岩波書店、一九八〇年〕。したがって、一九〇〇年代のシュンペーターの理論的傾向を知るための手がかりとしてふさわしい。一九〇〇年代と言えば、ハイエクに代表される戦間期の「近代人たち」が登場する一〇年から二〇年前に当たる。やがてハイエクの研究に影響されたシュンペーターは以下のなかで、高等法院や大学の科学者だけでなく、民間部門の企業もまた、独創性を発揮してイノベーションを考案し、成功させることができると考えるようになった。Schumpeter, *Capitalism, Socialism and Democracy*, 1942〔邦訳『資本主義、社会主義、民主主義』中山伊知郎・東畑精一訳、東洋経済新報社、一九九五年〕。ただしそのためには、産業研究所を設立して科学者を雇う必要があると考えていた。

この時代には啓蒙運動も始まり（一六七五年から一八〇〇年頃までと定義されている）、科学的発見の一部は伝説になっている。一六二〇年にはフランシス・ベーコンの『ノヴム・オルガヌム』が発表され、アリストテレスの『オルガノン』（論理学）に代わる新たな論理として注目された。一六二八年には、ウィリアム・ハーヴェーが「血液の循環」に関する画期的な分析を行なった。一六七五年には、アントニ・ファン・レーウェンフックが微生物を発見する。一六八七年にはアイザック・ニュートンがニュートン力学を発表し、一七八五年頃にはピエール＝シモン・ラプラスが数学の分野で成果を残す。一七九五年には、エウジェニオ・エスペーホが病原体に関する研究結果を発表した。ただし、ロンドンやオックスフォードなど、ごく限られた場所での一握りの科学者による発見と研究が爆発的なテイクオフを促し、持続的な成長をもたらしたとは考えにくいのではないか。

実際、疑う理由には事欠かない。啓蒙運動の間とその後に行なわれた科学的な発見は応用範囲が計り知れないほど広く、テイクオフの始まった国家の生産性と実質賃金を一世紀足らずで三倍に上昇させたというが、これは明らかに言い過ぎだ。しかもその現象が一部ではなく、ほとんどの産業で見られたというが、過去を振り返ってみれば、発見が生産性の上昇につながった事例は世界のどこにもない。そもそも、新しい科学的発見と言っても、すでに蓄積されている膨大な発見への付け足しにすぎない。ニュートン自身、自分も含めすべての科学者は、「巨人たちの肩に乗っている」だけだと主張している。さらに、新しい発見が経済に取り入れられ、生産に応用される機会は乏しかったとも考えられる。科学者による発見から新しい製品や方法が生まれたのは、偶然の出来事だったと考えたほうがよい。しかも、最も革新的な分野、すなわちファッションや旅行など娯楽産業は、科学とは大きくかけ離れている。そして科学との距離が近い場所でも、往々にして知識よりもイノベーションが先行している。蒸気機関は熱力学に先行した。歴史家のジョエル・モキアによれば、企業家は科学をある程度理解した時点で行動に移り、直観をはたらかせて試行錯誤を繰り返しながらイノベーションに挑戦するという。

シュンペーターの提唱する科学万能主義は、一九世紀に一貫して経済知識が増加したのは科学のおかげだと主張する。しかし、ほかの証拠に照らしてみれば、この発想はやはり問題があると言わざるを得ない。重要な科学的知識が新たに発表されたときは、学術刊行物でかならず確認することができる。しかもその費用はゼロかそれに近い。科学的知識が公共財と呼ばれる所以だ。要するに、科学的知識はどの国にもほぼ均等に行き渡る傾向を持っている。そうなると、テイクオフを経験した国で経済知識が増加した現象について、科学的知識の急激な増加と結びつけることには無理がある。一九世紀に入ると（一八二〇年にはほぼ平等だった）経済知識に関し、不均衡が拡大の一途をたどった現実の説明がつかない。いわゆる大分岐だ。最初に先頭を走っていたイギリスは長続きせず、つぎにアメリカがリーダーとしての地位を盤石にし、それに続いてベルギーとフランスが躍進を遂げ、ゲームの終盤になってドイツが加わった一連の流れを説明するためには、その場しのぎの説明をあれこれ考えなければならない。そもそもアメリカがフランスを置き去りにして、やがてベルギーを追い抜いて最後はイギリスからトップの地位を奪うことができたのはなぜか、科学万能主義の観点からどのように説明するのか。なぜならアメリカは科学的な環境が最もおそまつで、ほかの国からは遠く離れた場所にあり、科学的発見とはいちばん縁のない国だったのである。そして、当時は科学の先端をゆくオランダとイタリアが出走ゲートにとどまり続けた理由は、さらに説明が困難だ。（シュンペーターの流れを汲む歴史家は、このふたつの国に企業家精神と金融の専門知識が欠けていたと仮定するかもしれない。しかし、シュンペーター本人はそれを疑っていたとしても、その事実を公にできなかっただろう。なぜなら彼は、科学的知識に通じた企業家の熱意と資本家の知恵を土台に理論を構築していたのだから、このふたつの要素に欠けた国は出走ゲートにさえ立てなくなってしまう)。

そうなると、一九世紀に経済知識が爆発的に増えた現象の原動力として、科学の進歩はあり得なかったという結論を導かなくてはならない。

それでも一部の歴史家は科学にこだわり、啓蒙時代に台頭した応用科学の分野において、素晴らしい発明が相次いだことが経済の急成長につながったと指摘する。いわゆる第一次産業革命には、たしかに目を見張るような発明が続いた。たとえばイギリスでは一七六二年、リチャード・アークライトによって水力紡績機が発明された。一七六四年になると今度はランカシャーで、身分の低い職工のジェームズ・ハーグリーブズが複数の紡錘から成るジェニー紡績機を発明し、一七六九年にはボールトン・アンド・ワット商会によって蒸気機関の設計に改善が加えられた。一七八〇年代には、コート・アンド・ジェリコーの製鉄所で、銑鉄から錬鉄を製造する方法が発明される。そして一八一四年には、ジョージ・スティーブンソンによって蒸気機関車が発明された。アメリカでは、一七七八年にジョン・フィッチが蒸気船を考案した。しかし実のところ、歴史家が人目を惹く発明だけに注目すべき根拠はない。記録には残らない小さな進歩の積み重ねからもイノベーションは誕生するものであり、派手に取り上げられる発明と比較して、生産高や賃金の上昇への貢献度はこちらのイノベーションほうがはるかに大きい。産業革命の時代の歴史家が目立つ発明について詳述するのは、一七六〇年代からイギリスで目覚ましい発明が目白押しだった事実を強烈に印象づけたかったからだとも考えられる。しかしこうした一連の華やかな発明は、本当に科学的知識の進歩を後押しした原動力として解釈できるものだろうか。知識が象牙の塔から解放され、大衆の間に定着したのはそのおかげなのだろうか。ひいてはそれが、一九世紀に経済知識の爆発的増加をもたらしたのだろうか。

この主張への反論の根拠としては、発明家のほぼすべてが訓練を受けた科学者ではなかったという事実が挙げられる。それは脚光を浴びた発明家も例外ではなく、ろくな教育さえ受けていなかった。ワットはむしろ例外だ。アークライトは実業家といっても前身はかつら職人で、科学者でもエンジニアでもなかった。ハーグリーブズはランカシャーの織工という卑しい身分で、通常なら紡績機の発明など考えられなかった。偉大なるスティーブンソンは読み書き能力がゼロに等しかった。大体の発明家は貧しい生まれで、教育を受ける余裕がほとんどなかったとポール・ジョンソンは述べている。だから独創力と頭をはたらかせるしかなかった。

スティーブンソンが少年だった一七八〇年代に始まった産業革命は、労働者にとって恐怖の時代だったと表現されることが多い。しかし実は、貧しくても頭脳と想像力に恵まれた人物にとって、これほど大きなチャンスが与えられた時代は歴史上なかった。有能な人材が台頭したスピードには驚かされる。[13]

有名な発明家に対するこうした評価は、様々な方法を進化させたその他大勢の発明家にも当てはまる。小さな成果が注目されなかったとしても、その価値はあなどれない。歴史家が派手な発明や発明家に注

13　Johnson, *The Birth of the Modern*, p. 188（邦訳『近代の誕生』別宮貞徳訳、共同通信社、一九九五年）。この博識家が専門分野で下した判断に疑問を抱く人はまずいないだろう。しかし、第一次産業革命の始まりを一七六〇年代ではなく一七八〇年代だったと考えるのはかなり常軌を逸しているし、一八二〇年代まで延長して考えるのも普通ではない。（第二次産業革命の最も重要な発明とそれに続くイノベーションの一部は、ベッセマー製鋼法とジーメンス・マルタン法すなわち平炉法から始まり、科学を大きな基盤としている。しかしここでも、科学の進歩は概して発明の原動力ではなく、イノベーション全体の発展に大きく寄与したとは考えられない）。

目し、彼らの考案した新しい科学的知識が一九世紀経済の豊かな土壌を育んだと考えるなら、残念ながらそれは間違っている。そもそもこのような科学万能主義では、爆発的な発明が一九世紀はじめから始まり、それ以前でも以後でもなかったのはなぜか、そしてこの現象が所得の高い国の一部に限られていたのはなぜか、理由を説明できない。

才能ある発明家は訓練を受けなくても、機械をいじくり回しているうちに発明を思いつき、それが新しい科学的知識を生み出したという考え方も一部にはあるだろう。しかし、こうした発明家は科学的な知識を創造しなかった。新しいドリンクを発明するバーテンダーが、化学的な知識を創造しないのと同じで、そもそものための訓練を受けていない。訓練を受けた理論家が発明の仕組みについて理解してはじめて、新たな科学的知識は加わる。（バッハのカンタータがどのように「構成されているか」理解するのは、音楽研究家の仕事だ）。同様に、発明が概念実証の段階を経て具体的に開発され採用されると、ようやくイノベーションとなり、経済の知識が創造されるのだ。（あるいはイノベーションの可能性が証明されなくても、何らかの知識は加わる。何が機能しないかについて、経済知識が得られるからだ）。

発明は経済に外生的な力として作用すると考え、経済知識を増やす原動力だと見なすのは無理がある。（偶然の発見でも、時と場所に恵まれさえすれば、影響をおよぼしてしまうことになる）。発明のあとに素晴らしいイノベーションが続くと脚光を浴びるが、発明は決して中心的な要素ではない。経済のシステムの外側から、イノベーションは降って湧いてこない。ビジネスのニーズが認識されると、あるいは企業や消費者の願望に触発されると、それをきっかけにイノベーションは生まれる。ビジネスの世界でイノベーターが経験や推量を積み重ねた結果、創造されていくものだ。ジェイムズ・ワットは根っからのエンジニアだったが、パートナーのマシュー・ボールトンは、蒸気機関を広く活用するために知恵を絞った。

結局のところ、発明もそれを支える好奇心や才能もこの時代に新しく登場した要素ではない。何かほかの変化が人々を刺激して後押しした結果、大衆レベルでの発明が史上初めて実現し、とてつもない影響をおよぼしたのだ。

派手に取り上げられるイノベーションが、経済という山を動かす展開は滅多にない。イギリスでは一八世紀、織物工業で目覚ましいイノベーションの数々が実現し、労働者一人当たりの生産高は大きく増えた。しかし織物工業は経済の微々たる部分だったため、イギリス経済全体の生産高向上には大して貢献しなかった。(その証拠に、一七五〇年から一八〇〇年にかけて、労働者一人当たりの生産高はほとんど上昇していない)。経済史家のロバート・フォーゲルもこれと同じ発想の持ち主で、アメリカ経済は鉄道がなくても発展していただろうと論文で指摘して仲間の歴史家を狼狽させた。産業革命の果実はすべてが一度かぎりのもの、単発的な出来事であって、大きなシステムやプロセスの一環として出現したわけではなかった。したがって、それがイギリスやその後に続く各国のテイクオフを後押ししたという説明には無理がある。「産業革命には古典的な意味で、持続的な経済成長を生み出すほどの力がなかった」とモキアは書いている(14)。

一九世紀に西ヨーロッパや北アメリカのテイクオフ経済で生産性と賃金の大幅な上昇が続いた原因は、航海による驚きの発見でもなければ、科学の世界での素晴らしい発見とそれに続く華々しい発明でもな

14　彼は以下のように書き足している。「欧米の経済では一七五〇年から一八〇〇年にかけてスロッスル(羊毛や綿を精紡する機械)、錬鉄、コークス製錬、定置蒸気機関の製造などの技術が実現したが、それが経済の発展に大きく貢献しなかったことは容易に想像できる。これは、一五世紀に発明が相次いだときの状況に似ている。当時は印刷機、三本マストの船、鋳鉄の技術がドミナント(標準化された)デザインとなったが、やがて改良のプロセスはスローダウンして先細った」。以下を参照。Mokyr, Max Weber Lecture, "The Industrial Revolution and Modern Economic Growth," 2007, p. 3.

かった。むしろ、一九世紀に経済知識が爆発的に増えたのは、まったく新しい経済が出現したおかげだ。このシステムが機能し続けるかぎり、内部では地域イノベーションが何十年たっても生み出される。新しい経済の構造が出来上がり、そこで地域の独創性が発揮された結果、イノベーションへの道が開け、いわゆる「地域イノベーション」が始まった。そのときはじめて、国家は持続的な急成長を実現したのだ。もしも土台をなす「発明」があるとすれば、それは独創性や直観に頼る経済の形成であり、この独創性と直観はイノベーションを追求する力として経済内部にあるものだった。こうして世界最初の近代経済は生まれた。この経済のダイナミズムが近代の驚異の数々を生み出したのである。

物理では暗黒物質や暗黒エネルギーの存在を推測するが、ダイナミズムに関しては、その存在の有無を生産性の伸びについてのデータから推測するまでもない。経済がテイクオフした社会で進行する革命は、持続的な——そして明らかに持続可能な——成長をもたらしたが、さらに大きな成果も達成した。新しい流れのなかでは進取の気性に富む企業家が増え続け、最終的には商人よりも大きな存在感を持つようになった。その結果、大勢の人たちが新しい方法や製品について知恵を絞り、新しいものの創造に取り組むようになり、仕事環境も様変わりした。小売業から織物業、ポピュラー音楽業界まで、大衆があちこちで新しいものの考案や創造、評価やテストに携わり、その経験から学ぶようになったのである。

こうして見ると、近代経済はある意味でスミスの期待した「英雄的精神」を社会にもたらした。群衆のなかから立ち上がり、難題に挑む風潮が出来上がったのである。この近代経済は、普通の人々に恩恵をもたらした。ユニークな才能があれば、身分に関係なく豊かになるチャンスが誰にでも与えられた。努力すれば個人的な成功をおさめ、達成感を得ることができた。さらに、特別な才能に恵まれない人々——かろうじて仕事に就けるだけの能力の持ち主——にも、頭を使って知恵を絞る経験が提供された。

チャンスを逃さず問題解決に取り組めば、誰でも新しい方法や物事を考案できるようになった。要するに、ダイナミズムがあちこちで発生した結果、近代の生活が創造されたのである。

このような近代経済は過去や現在においてどのような恩恵やコストをもたらし、台頭するためにどのような前提条件が必要とされたのだろう。その一部はなぜどのように表舞台から退場したのか。そして、生き残ってきた部分も今日では弱体化しているのはなぜか。本書はこれらの問題を主題としている。

第Ⅰ部

近代経済という経験

彼は……自分自身と同じような人間、自分自身の時代、ヨーロッパ人、そして夢と希望に満ちた栄光の歴史に対する郷愁のとりこになっていた。

——ウィラ・キャザー『大司教への死の訪れ』

第1章

近代経済はいかにしてダイナミズムを獲得したか

素晴らしい生産性を実現するための秘訣は、常に新しい問題を発見し、新しい定理がひらめくことだろう。そうすれば、新しい結果や関連性への道が開ける。新たな見解の創造を顧みず、新たな目標を置かず、論理的な定理の証明に厳密にこだわるだけでは、数学はじきに輝きを失い、中身が枯渇して停滞していくだろう。ある意味、厳密な証明能力よりは直観力に優れた人によって、数学は進化を遂げてきた。

――フェリックス・クライン『クライン――一九世紀の数学』

史上初の近代経済は、一九世紀はじめに西洋で誕生した近代社会の中核を成していたことを第I部では紹介する。近代経済の未曾有のダイナミズムは、社会のほかの領域のダイナミズムに反映された。この活気あふれる近代経済が生活や労働の水準だけでなく、生活の質そのものにまでどのような変化を起こしたのか、ここでは解説していく。そのうえで、この画期的な経済がなぜ、どのようにして誕生したのかについても取り上げていきたい。

本書に登場する近代経済という言葉は、現代の経済という意味では使われていない。ダイナミズムが躍動する経済のことであり、イノベーションを進める意志と能力と意欲が満ち満ちている。では、近代経済を近代たらしめているものは何だろう。現代音楽を現代たらしめているものは何か、問いかけたくなるときと同じ疑問がわいてくるだろう。経済の制度や経済的心性の網の目状の複合体、すなわち経済文化が一国の経済だとするなら、これらの要素がどのような形で近代経済を構成した結果、ダイナミズムが吹き込まれて勢いづいているのだろう。ところで、ダイナミズムと成長はしばしば混同される。そこで先ず、ダイナミズムの概念ならびに成長との関係について明確にしておかなければならない。

最初に、世界のどこかで新たに実践になった新しい方法や新しい製品がイノベーションであることを強調しておきたい(1)。新たな実践は一国のなかで誕生してから外に広がるケースもあれば、国境をまたいだコミュニティで誕生するケースもある。どのような形にせよ、イノベーションには新しいものの構想を練って開発を行なう創造と、それを先駆的な形で採用する段階のふたつが含まれる。したがって、イノベーションはシステムに依存することになる。革新的な人や企業はきっかけに過ぎない。専門知識と経験を備えた人材が存在し、新しいものの開発に取り組むべきか、提案されたプロジェクトには資金を投じる価値があるか、新しい製品や方法が開発されたときには試してみる価値があるか、賢明に判断するような状況が生まれれば、イノベーションは社会で円滑に進行していく。

つい数十年前まで、イノベーションのシステムは国家経済のなかで完結するものとされ、一国が開発も採用も手がけることが必要とされた。しかしグローバル経済の時代になると、よその国の開発に国家経済が門戸を開放し、開発と採用がべつの国で進められる可能性が出てきた。ただし、ある国によって創造されたイノベーションをよその国が採用した場合、その行為はグローバルな視点からはイノベーションの採用と見なされない。これは模倣である。しかし模倣するにしても、国内で支持されそうな外国製品を選ぶためには、新しい構想のなかから開発に値するものを選別するときと同様の鋭い洞察力が必要とされる。模倣はイノベーションと根本的に異なるが、両者の境界線は曖昧だと言える。

ではつぎに、経済のダイナミズムのコンセプトに話を移そう。ダイナミズムとは、イノベーションを背後からしっかり支える勢力と設備の複合体であり、物事を変えようとする意欲、それを支える才能、新しいものへの受容性、そしてこれらの要素を機能させる制度から成り立つ。したがって、ここで使われているダイナミズムという言葉には、現在の状況や障害にとらわれずにイノベーションを進めていく意欲や能力という意味が込められている。これは、通常は活力と呼ばれるものと対照的だ。活力は、機敏な判断力と行動力、そして（シュンペーターいわく）「最後までやりとげる」情熱によって構成される。イノベーションの標準的な量はダイナミズムによって決定されるが、ほかの決定要因、たとえば市場状況によって結果を左右される。そして、作曲家に好不調の波があるのと同じで、新しいアイデアが浮かばないときや、逆にどんどん浮かんでくるときもある。したがって、イノベーションの標準的な傾向であるダイナミズムに変化がなくても、実際のイノベーションのペースは大きく変動する可能性が考えられる。第二次世界大戦後、ヨーロッパでは一九六〇年代になるとビキニ、ヌーヴェルヴァーグ、ビートルズなど、イノベーションがちらほら生み出された。しかし一九八〇年代になると、所得に対する国富の

1　この用法は一般的ではないが、使われる機会が増えている。一例は以下。Denning and Dunham, *The Innovator's Way*, 2010. シュンペーターが一九一二年に『経済発展の理論』を発表して以来、経済学者にとって、イノベーションは単に新しい開発ではなく、新しい実践を意味するようになった。（シュンペーターにとって、何かを開発することと採用することの間には連動性があり、両方があってこそ価値を発揮すると考えた）。これに対し、科学者は新しい方法や製品の発明をイノベーションと呼ぶ傾向があり、新しいものを購入してくれる人の有無にはこだわらない。

割合は以前のレベルまで回復したが、イノベーションは後退してしまった。新しい証拠の数々からは、ヨーロッパのダイナミズムが部分的にも戦間期の健全なレベルに戻らなかった実態が明らかになっている。

ダイナミズムを測定するためには、いま触れた勢力や設備、すなわちダイナミズムを生み出す投入の値を求めるのがひとつの方法だ。あるいは、推定産出量を測定するアプローチもある。この場合は近年のイノベーションの年間平均量、すなわち資本や労働の成長に起因しないGDP全体の成長に注目し、例外的な市場状況を斟酌し、ほかの国から模倣した「偽りのイノベーション」を差し引いたうえで値を求める。イノベーションのプロセスに関わる人たちの一〇年間の所得平均を観測できれば、「産出」のおおよその数字は把握できる。あるいは、あちこちから状況証拠を集めてもよいだろう。新しい会社の設立件数、従業員退職率、最大手二〇社の離職率、小売店の離職率、製品のユニバーサル・プロダクト・コード（全世界共通の商品コード）の平均寿命などが対象になる。

一国の経済成長率は、ダイナミズムを測定する手段として役に立たない。ダイナミズムを備えた単独または複数の国によって牽引されるグローバル経済においては、ダイナミズムに乏しい経済はおろか、まったく存在しない経済でさえ、景気の良い近代経済と同じように成長し、生産性や実質賃金といった経済指標の成長率が同じになることがめずらしくない。好調な経済との貿易が成長率を押し上げることは、原因のひとつとして考えられる。しかしいちばんの原因は、ダイナミズムはなくても活力に富んだ国が、近代経済で生み出された独創的な製品を模倣して採用することである。良い例がイタリアだ。一八九〇年から一九一三年まで、イタリアのひとり一時間当たりの産出はアメリカと同じ割合で伸びたが、順位表（生産性、すなわち労働時間当たりの産出と実質賃金の相対レベルを示した国別ランキング）を見ると上下どちらにも変動がなく、アメリカよりも四三パーセント低い場所にとどまっている。これではイタリア経済に大きなダイナミズムが備わっていたと指摘する経済史家はいないし、アメリカと同レベルだったなど、とんでもない話だ。

近代経済においては、ダイナミズムに乏しい国がダイナミズムにあふれる国よりも一時的に高い成長率を達成する可能性があり得る。活力やダイナミズムが低いレベルからやや低いレベルに上昇するなど、経済の様々な分野で構造的な変化が進行すれば、決して不可能ではない。この場合、経済は順位表を上昇して、部分的に近代経済に「追いつき」、世界標準に一時的なものを加えた率で成長する。しかしこの一時的な成長は、ゴールが近づいてくると消滅していく。そして、一国の経済成長率が世界最高を記録しても、ダイナミズムが躍動している証拠にはならないし、ましてやダイナミズムに関して世界一だとは評価できない。良い例がスウェーデンだ。一八九三年から一九一三年まで、スウェーデンの生産性の成長率は世界一だった。新しい企業がつぎつぎ立ち上げられ、そのうちの数社は努力のすえ有名になった。しかしそれでもアメリカ、いやドイツと同レベルのダイナミズムさえ、備わっていたようには見えない。案の定、以後数十年のうちに同国の成長率はアメリカよりも低くなり、一九二二年から今日に至るまで、株式取引所でトップテンにランク入りした新興企業はひとつもない。あるいは、一九五〇年から一九九〇年にかけての日本の高度成長にも注目したい。当時の日本でダイナミズムが躍動していたとする測定も多いが、実際には国全体が高度に近代化されたわけではなかった。近代経済が何十年もかけて開拓してきた実践が、国内に導入され模倣されたことによる、たまたまの結果だったのだ。最近では、一九七八年以降の中国の記録的な成長が挙げられる。中国には世界レベルのダイナミズムが備わっていると世間では見られているが、実際のところ中国人は、地域イノベーションに欠かせないダイナミズムをいかに手に入れたらよいか苦慮している。さもなければ、急成長を継続していくのは厳しいだろう。

要するに国家の「ダイナミズム」とは、国家の生産性の成長を表現するための新しい言葉ではない。世界のほかの場所にダイナミズムが存在していて、それを模倣できるだけの活力さえあれば成長は実現する。しかしダイナミズムの生まれた国が小さすぎると、国境を越えて十分に影響をおよぼすことができない。ダイナミズムが世界各地に波及してはじめて、グローバルな成長は達成されて各国はその恩恵にあずかる。ダイナミズムの躍動する近代経済は、一九世紀も今日もグローバル経済の成長の牽引役として貢献している。

そうなると、経済の一カ月や一年間の生産性の成長率、つまりひとり一時間当たりの産出は国家のダイナミズムの指標にならないが、生産性のレベルを海外と比較した数字ならば指標として採用できるかもしれない。たしかに僅かな例外を除き、生産性がトップレベルかそれにきわめて近い経済は、大きなダイナミズムのおかげでその地位を獲得している。しかし、生産性のレベルが低い国の場合には、乏しいのがダイナミズムなのか、活力なのか、あるいはその両方なのかわからない。したがって、生産性の相対的なレベルもまた、経済のダイナミズムの安全な指標として全面的には信用できない。

経済のダイナミズムをもっと正確に測定するためには、経済構造の何がダイナミズムを育んだり妨害したりするのか、中をじっくり覗いてみる必要がある。

過去の近代経済の内部構造

断続平衡〔短期間の急激な変化と長期間の安定からなる進化〕という概念を標榜する古典派にちかいシュンペーターの理論は、近代経済に関するあらゆる考察を拒んだ。近代経済が優れた才能や洞察を発揮しながら、イノベーションの原動力となる事業を支えることについて考えようとしなかった。しかも彼の理論には圧倒的な影響力があり、それは今日にまでおよんでいる。その証拠に政策立案者も評論家も、経済が近代的か、あまり近代的ではないか、まったく近代的ではないかという点を区別しない。モダニティの手本のような経済も含め、すべての国家経済は製品を作り出す機械だと見なし、生来のハンディや政策に伴う犠牲については考慮するものの、どこでも大体同じように機械は効率よく動くと考える。

しかしじっくり覗いてみなくても、近代経済を構成する独特の要素は見えてくる。それはアイデアだ。国民所得統計で具体的に表される「財やサービス」は、ほとんどが過去のアイデアを具体化したものである。近代経済ではイノベーションを目指す活動が大きな比重を占め、その活動のプロセスは以下のような段階を踏んで進行していく。

- 新しい製品や方法の構想を立てる
- 構想の一部を具体的に開発するための提案を準備する
- 提案から一部を選んで資金を確保する
- 選ばれた製品や方法を開発する
- 新しい製品や方法のマーケティングを行なう
- エンドユーザーの評価を受け、できれば試用してもらう
- 一部の新製品や方法を本格的に採用する
- 試用者や初期利用者の声を反映して新製品を修正する

規模が十分な経済では、アダム・スミスの提唱する分業を通じて専門知識を生かす場が提供される。それはイノベーションに関わる活動も例外ではない。新製品の考案とデザインを担当するチームに参加してフルタイムで働く人もいれば、金融会社で新しい融資先企業を探す人もいる。企業家と一緒に新製品の開発に取り組む人もいれば、新しい方法の評価が専門の社員もいる。あるいはマーケティング専門の社員などもいるだろう。さらにダイナミズムの備わった経済では、現在の実践の見直しにほとんどの参加者が一定の時間を費やす。もっと良い方法やもっと良い製品を実現するための新しいアイデアはないか、知恵を絞るのである。このように様々な活動の寄せ集めが、いわば発想セクターを構成している。ダイナミズムが躍動する経済においては、アイデア関連の活動が一人の一時間当たりの仕事量全体の一〇分の一を占めることもある。新しいアイデアや新しい実践に投資する活動は、従来の投資活動の一部を締め出してしまうかもしれない。しかしその一方、新製品の製造に使われる新しい設備を創造するために、おびただしい数の投資活動が促される可能性も備わっている。その結果、雇用には非常にポジティブな影響がおよぶ。(イノベーション関連の活動は特に、投資活動は概して、消費財の製造に比べてはるかに労働集約型で、大きな資本が必要とされない。たとえば食品の生産では、鉄条網などの資本やエネルギーが大量に使われる。そしてエネルギーの製造にも、油井やダムや風車など、多くの資本が費やされる(2)。

このような近代経済は一九世紀から二〇世紀にかけてどのように機能したのか。先ずは、一八六二年に出版されたヘンリー・グレイの『解剖学』に倣い、機能的側面から考察していくのがよいだろう。近代経済においては、イノベーションに向けた活動が複合的に発生しており、様々な活動が並行して進行し、アイデアが競うように提案される。そして経済がかなりの規模に達すると、主に企業のなかで新しい商業的アイデアが毎日考案されていく。概してアイデアを開発段階に進めるためには、正しい専門知識を備えた企業の存在が不可欠だ。ただし、企業家がプロジェクトをいかに熱心に提案しても、そのすべてが資金援助を受けられるわけではない。企業家と金銭的支援者の双方から高く評価されないかぎり、資本はプロジェクトに流れていかない。おまけに、プロジェクトが先に進んだとしても、アイデアから生まれた製品が適正な価格で市場に送り込まれるケースは限られている。そして市場に送り込まれた後には、率先して採用するリスクに値することが現場責任者や消費者などエンドユーザーから評価されなければ、販売や注文に結びつかない。さらにそのなかでも、幅広く支持され生産が続き、増産を通じて支出が相殺されたり利益を生み出したりするのはごく僅かだろう。この選別メカニズムによって、最初は何千もあったアイデアのなかからひとつが頭角を現す。（マッキンゼーの研究によれば、一万のアイデアから一〇〇〇件の会社が創設され、そのうちの一〇〇社がベンチャーキャピタルの資金援助を受け、二〇社が最初の株式公開で資本を調達し、そのなかから二社が市場のリーダーになるという）。

社会主義経済においても、似たような競争が進行するところは思い描くことができる。この場合、「企業」は国有で、国家開発銀行から資金援助が得られる。あるいはコーポラティスト経済でも、同様の競争は想像できる。この場合の企業は民間でありながら国家の統制下にあり、国営の銀行によって資金が配分される。しかし、過去に登場した近代経済は、このような構造を所有していない。過去二世紀の間に誕生した近代経済、それも主にイギリス、アメリカ、ドイツ、フランスの経済は、近代資本主義の見本であり、程度の差はあっても、いまだにその形をとどめている。

これらの実在の近代経済においては――そしていかなる近代資本主義経済においても――イノベーシ

2　新しい経済的知識の創造を目標とする産業の重要性について、オーストリア生まれのフリッツ・マハループは早くから研究に取り組み、測定を行なった。上記の見積もりは正確な計算ではないが、単なる印象でもない。

ョンへの出発点で資本を提供するかどうかの決断が、投資家、資本家、私有財産の拡大を狙う株式購入者、民間金融会社の経営陣によって主に下される。これらの「資本家」の富は非常に小さなケースもあるが、それぞれからの投融資がまとまると、経済が進むべき方向が決定される。するとつぎに、新しいアイデアを考案し、開発に必要な資金援助を求めるために率先して行動すべきか否かは、主に生産者——経営者の肩書を持つ生産者——によって決断され、民間ベンチャーの立ち上げや既存の民間企業のなかでの活動が始まる。新しいプロジェクトを始める生産者と既存製品の生産者を区別するなら、前者は企業家と呼べる。企業家は概して、新規事業にある程度の資本を持ち込む。どんな形であれプロジェクトが金銭的な見返りを生み出せば、プロジェクトを立ち上げた企業家も資本家も共に利益を得られるが、見返りがマイナスならば損失をこうむる。もちろん、見返りを得られるかどうかは、ひとつの要素だけで決定されない。このようなプロジェクトはお互いに競合するものであり、その結果として個人的な利益が押し下げられたり、地代や労働者の賃金が押し上げられたりする可能性がある。将来の暮らしや生活水準がかかっているのだから、投資家や企業家にとって、大きな賭けに対する金銭的な見返りは決してあなどれない。そもそも勝てる見込みがなければ、家族から精神的な支援を得られないだろう。

新規事業を始めるかどうか決断する際には、企業家も投資家も収益に関して予め予測を立てる。しかし、債権者に支払いを済ませた後に共有する利益だけが考慮されるわけではない。企業家にしても大口投資家にしても、想像力をかきたてエネルギーをつぎ込めるようなプロジェクトを好むし、コミュニティや国家の開発に貢献したいという願いを持っているかもしれない。[3]（一部の企業家や資本家は金銭的な見返りに加え、社会貢献から得られる満足感に大きく後押しされて企業を立ち上げる。このような「社会的企業家」は、国から資金援助を受けているか否かにかかわらず、従来の企業家との共存が可能だ。この並列的なシステムにダイナミズムが備わっているかぎり、近代経済はその名に違わず機能する）。

投資先が船と工場のどちらかといった些細な事柄を除き、近代資本主義と商業資本主義（初期資本主義、商業社会としても知られる）との違いについてほとんど議論されてこなかったのは残念なことだ。もちろん近代資本主義は初期資本主義の土台の上に築かれている。初期資本主義は財産権を確立し、利息や利益や財産形成を受け入れさせ、自己責任の社会的価値について教えた。さらに商業資本主義は（ヴェネツィアやアウクスブルクにおいて）、企業への資金の貸し付けや投資を手がける銀行を誕生させた。しかしイノベーターと商人が同じではないように、近代資本主義と商業資本主義も異なる。商業経済の目的は、製品を消費者に分配することである。（少し誇張すれば、男女を問わず人々が自然の恵みを収穫し、過剰に供給された分を市場に提供し、ほかの供給過剰な収穫物と交換する仕組みである）。近代資本主義は資本主義にイノベーションを持ち込み、企業家は商人を凌駕した。新しい実践がつぎつぎ生まれてくると、中世に設立されたギルドの多くは標準化を強制できなくなった。国家がさかんに特許状を発行しても、爆発的に増加する需要に追い付くのは不可能になった。

さらに残念なのは、世界のあちこちで、密なつながりを持つ組織への参入を制限し、イノベーションをスムーズに促す行動をとらず、結果として競争を抑制するような経済が、主体者からも犠牲者からも

3　企業家は概して大きな非金銭的収益を得られるのだろうか。その点に関してシュンペーターは懐疑的だ。企業家として成功しても上流社会に受け入れられるわけではないと痛烈に指摘している。さらに彼は、企業家の平均実現金銭収益は標準以下だとも考えた。あまりにも楽天的で、楽しむために高い代価を払ってしまうのだという。しかし今日では、殺伐とした二〇世紀においてさえ、近代の企業家は全体として見れば大きな非金銭的見返りを獲得していたという合意があるようだ。「またとない楽しいひと時」を過ごしていたと指摘する向きもある。おそらくそこにはキャッシュフローに何らかのコストが伴ったはずだが、それは近代経済の機能に何ら問題を生じない。

資本主義の実例として見られていることだ。（アメリカは資本主義の「例外的」ケースだという）。北アフリカでは、政治家とエリートと軍部が親密で閉鎖的なグループを形成し、ビジネス部門を独占している。新たに業界に参入して既存の企業と競争したくても、部外者にはそれが許されない。このような経済が「資本主義」と言われるのは、「資本」すなわち支配一族による寡頭政治を支える富が関わっているからだ。しかし資本主義の特質は、資本家が独立した存在で、調整を受けずにお互いに競い合うことだ。君主にも少数の独裁者にも支配されない。さらに近代資本主義の特質は、新しいアイデアを持った部外者が資金提供者になってくれそうな資本家に新しいアイデアを提案することを許可し、奨励する点にある。正確を期するなら、少数の独裁者に支配される形の経済は一種のコーポラティズムと見なされるべきだ。コーポラティズムのもとでは、ビジネス部門が何らかの形で政治の支配下から抜け出せない。

本章は、近代経済にダイナミズムが「吹き込まれ勢いづいた」背景にはどんな構造があったのか、問いかけるところから始まった。ここまでは、近代経済が新しいアイデアの一部を選別し、開発に取り組み採用していく仕組みについて明らかにしてきた。では、新しいアイデアの創造を勢いづかせているものは何だろう。

二〇世紀の学問の世界は科学万能主義に支配されるようになったが、この科学万能主義に魅せられた多くの人たちは、新しい経済的なアイデアという概念自体に抵抗感を持った。歴史主義がいっさいの新しいアイデアという概念を拒んだのは言うまでもない！　序章でも記したが、ドイツ歴史学派は新しいアイデアが科学者によってのみ創造され、アイデアはしばしば試行を経て科学的知識に加えられるものだと考えた。しかしこの理論はまったくうまく機能しなかった。コロンブスの時代からアイザック・ニュートンの時代のあいだにイノベーションはほとんど存在しなかったし、その逆に、蒸気機関から電力までのあいだに科学の画期的な進歩は見られなかった。ところが理論が機能しなくても、支持を失うことはなかった。処女作の発表からおよそ三〇年後にシュンペーターは、アイデアを創造できるのは科学者だけだと改めて主張し、デュポンのような大企業の研究室でアイデアは育まれるものだと指摘した。(4) そして今日有力な新ドイツ学派の説によれば、新しいテクノロジーの「プラットフォーム」を考案する才能豊かな人物によって、アイデアは提供される。ワールドワイドウェブを創造したティム・バーナーズ＝リー、マイクロチップを発明したジャック・キルビーとロバート・ノイス、コンピューターの生みの親のチャールズ・バベッジらが土台となる斬新なアイデアを考案したおかげで、様々な応用が相次いで実現したと考えられている。この科学万能主義に世論はすんなり説得されたため、そもそも科学者やエンジニアはどこから「アイデアを手に入れる」のか、誰も問いかけなくなってしまった。研究室での観察や研究ジャーナルに掲載された論文の中身から、アイデアは見つけてくるものだと理解された。研究者や実験者は科学や工学の分野に没頭するが、同様に企業家や資本家は自分たちの専門分野に没頭するものと見なされた。

しかし実際には、近代経済の到来をきっかけに変化がもたらされた。近代経済においては、経済の近

4　以下を参照。Schumpeter, *Capitalism, Socialism and Democracy*, 1942〔邦訳『資本主義・社会主義・民主主義』〕。一九一二年にシュンペーターの名を世に広めた著作〔『経済発展の理論』塩野谷祐一訳、岩波書店、一九七七年〕では、研究対象について精密機械という言葉で表現している。つまり、独創性は欠如しているが、利益を生み出す投資の機会があると見ればすかさず飛びつき、その判断に間違いはない機械だ。キャリアの最後に執筆された一九四二年の著作ではさらに踏み込み、企業経営者は技術が進歩する機会を瞬時に確実にとらえることができると結論している。そのうえで、企業経営者にできることならば、国家機関や社会主義企業にでも可能ではないかという疑問を抱いた。そのためシュンペーターはキャリアの晩年、西洋の世界は容赦なく「社会主義に突き進んでいる」という思いを深めたとも考えられる。

くにいる人たちが新しい商業的アイデアを思いつき、それをきっかけに研究や実験に携わるようになり、イノベーションのプロセスに開発段階から関わり、多くのケースでは採用も手がける。（従来の役割は逆転し、科学者やエンジニアは技術的な問題に関して支援を求められる）。実際、あらゆる立場の人たちが「アイデアマン」に、資本家が思想家に、生産者がマーケティング担当者に、エンドユーザーがパイオニアへと変貌を遂げる。過去二世紀に興隆した近代経済では、このような経済システムが原動力になってきた。言うなれば、経済の制度と経済の文化の双方から構成されるシステムで、これこそが近代経済のダイナミズムを生み出している。通説で指摘されるように、有名人が生み出しているわけではない。

近代経済は広大なイマジナリウム〔空想の世界が実在すると思えるような現実離れした場所〕だと言ってもよい。新しい製品や方法について思い浮かべ、それらがどのように作られ、使われていくか想像する空間である。このイノベーションのプロセスにおいては、前近代の経済で顧みられなかった人材が活用される。シュンペーターの理論によれば、前近代では前近代的な企業家が開発の担い手だった。経済の外側での発見を土台に、能力のある企業家がプロジェクトを進め、「最後までやり抜く」意欲と決意に満ちた人材が現場で仕事をこなせばよいと考えた。一方、近代経済の理論を提唱する学者によれば、近代の企業家は事業主や経営者で、ミクロにせよマクロにせよ、専門知識を大して持ち合わせていない。しかしそれでも、マーク・カソンが一九九〇年に発表した論文によれば、「正しいモデルや決定則が明確に存在せず」、また存在し得ない「状況で見事な決断力」を発揮していく。この能力を企業家や資本家が身につけるためには、判断力あるいは推察と呼ばれる資質――まだ見えない可能性について判断する能力――そして見識――想像すらできないような力、すなわち未知の未知を意識できる能力――のふたつが必要とされる。そして判断する際には、代わりの行動がもたらす結果についても想像力をはたらかせながら予測していく。企業家には、このような近代の企業家精神の能力が備わっている。しかしそれだけでは、劇的な変化はおろか、斬新さの源にさえならない。企業家精神はイノベーターシップと決して同じではない。イマジナリウムで地域イノベーションが進行していくプロセスでは、従来とは異なった人材の組み合わせが活用される。基本となる資質は想像力すなわち独創力で、ほかの企業が開発やマーケティングを考えないような事柄を考案する能力が求められる。べつの方法やべつの目標の存在を想像できなければ、あるいは有益な結果をもたらす可能性のあるチャンスについて想像できなければ、現在の知識から大して飛躍することはできない。想像力は、変化が成功するうえで基本的な要素だ。デイヴィッド・ヒュームは示唆に富んだ著書のなかで、この能力が近代にとって欠かせない要素だと記している。(5)一方、革新的能力を発揮するためには、洞察力も必要とされる。まだ知られていない欲求やニーズを満たしてくれる新たな方向を洞察する能力で、戦略的ビジョンと呼ばれるときも多い。説明の不可能な直観に基づき、ほかの企業が同じ戦略を採用するかどうか勘を働かせていくのだ。スティーブ・ジョブズの途方もない成功は、独創力と深い洞察力によるところが大きい。ほかには未知の領域を探究する好奇心や、従来とは異なる事柄に挑戦する勇気も大事な要素として指摘しておかなければならない。

しかし、人々がイノベーションを起こす意欲を促されず奨励もされず、イノベーションを進める立場にいられないような経済にはイマジナリウムが存在しない。存在するためには、このシステムが金銭的

5　ヒュームの壮大なテーマ、すなわち新たな発見や変化にとっての想像力の必要性、人間の決定における感情あるいは「情熱」の重要性と妥当性、過去のパターンから外れず未来を描くことの危険性は、一七四八年に出版された代表作『人間知性研究』でひととおり指摘されており、来るモダニティを予想しているとも考えられる。近代においては想像力が自由気ままに発揮され、知識があちこちで成長し、未来はほとんど認識不可能になると見なされた。

な動機と非金銭的な動機の両輪によって動かされなければならない。当然ながら、金銭的な報酬の威力は大きい。かなりの金額が手に入る見込みがあれば、これから始める行動を支援してくれるように家族を説得しやすい。結局のところ、商業的なアイデアを合法的かつ自由に収益化できる環境が整っていなければ、アイデアを考案して開発段階に進む市場参加者はまずいないだろう。企業家に売り込んで利益の一部を得られなければ、あるいは特許取得が可能なコンセプトの場合には、特許権使用料を獲得したり誰かに特許を販売したりできないかぎり、開発への意欲はわいてこない。そして企業家や投資家も状況は変わらない。合法的かつ自由に会社を立ち上げ、新しい業界に参入し、会社の株式の一部を売却し(今日では新規株式公開が行なわれる)、買い手が現れなかった場合には店じまいできなければ、アイデアから何かを開発しようとはしない。潜在的なエンドユーザーが現在利用している方法や製品を自由な環境で捨て去り、新しい方法や製品と運命を共にしてくれることが、企業家にはわかっていなければならない。たとえ非金銭的な見返りがあろうとも、こうした金銭面での保護や誘因が働かないかぎり、ほとんどの企業家は積極的な行動を控えてしまうだろう。

一方、近代経済が機能するためには非金銭的な動機や原動力も重要であり、むしろ決定的に重要だと言ってもよい。金銭的な誘因のほかに、刺激的な経済文化の存在が不可欠だ。社会に大きなダイナミズムが備わるためには、チャンスに注目する姿勢や強い信念が人々に備わっていなければならない。斬新さに胸を躍らせ、神秘性に魅せられ、新たな障害に挑戦し、新しい展望に期待を膨らませる人材が求められる。ビジネスに関わる人たちは、想像力や洞察力を働かせながら、新たな方向へと踏み出さなければならない。企業家は世間に名を残すことを願い、ベンチャーに投資する人たちは第六感を頼りに行動していかなければならない(「彼女の服装が気に入った」という具合に)。そして消費者であれ生産者であれ、多くのエンドユーザーが、海の物とも山の物とも知れない新しい製品や方法を率先して採用する姿勢が大切だ。このような行動は、野心、好奇心、自己表現などを原動力としている。システム全体が大きなダイナミズムで躍動するためには、あらゆる部分が大きなダイナミズムを備えていなければならない。(6)

ほかには、鋭い観察眼と個人的な知識もイノベーションの原動力として役に立つ。ビジネスの一定の分野をじっくり観察するようでなければ、ビジネスのアイデアを思い浮かべることはできない。ビジネスの機能について色々と学び、その分野に新製品を導入するにはどの程度の規模の市場が必要か検討し、もっと良い製造方法はないか知恵を絞る人材が欠かせない。ビジネスからかけ離れた場所にいる人からは、現実的なビジネスのアイデアはまず思い浮かばない。ビジネスの特定の分野に所属していれば貴重な知識を得られるし、さもなければ気づかず、存在すら知らなかったような機会に注目することができる。

小売スペースの使い方や荷物を配達するためのルートを改善するためのアイデアを思いつくことは、厳密にはここで取り上げているイノベーションに該当しない。しかし、ビジネスについての細かい知識は投資に関して新しいアイデアを生み出す源になるだけでなく、ビジネスのイノベーションにつながる

6　この主題に関しては、様々な観察者が記述を残している。サマセット・モームが一九二九年に発表した短編『会堂守り』では、失業したばかりの男性が近所にたばこ屋がないことに気づき、たばこ屋を開いて人生を再出発させようという気持ちを駆り立てられる。しかしこの場合、たばこ屋のダイナミズムをエンドユーザーも共有することが肝心だ。一九六六年に発表されたイノベーションの採用に関するネルソン＝フェルプス・モデルは、イノベーションのプロセスにおけるエンドユーザーの役割に注目した初期の例だ（たとえば農家がリスクをとって新しい種や肥料を採用する例など）。このモデルでは特にエンドユーザーの教育の重要性に焦点が当てられた。アマル・ビーディーも二〇〇八年の著書で「大胆な」エンドユーザーの重要性を指摘している。

アイデアを生み出す可能性も秘めている。(同様に、投資に関する新しいアイデアを思いつくために役立つ心構えは、イノベーションに関する新たなアイデアを思いつくためにも役立つ)。

そうなると、ビジネス関係者がイノベーションに関するアイデアをどこから見つけてくるのかという質問には、明確な回答が得られたと言ってもよい。答えはビジネス部門である。ビジネス関係者は個人的な観察結果や知識だけでなく、誰もが共有できる公の知識(経済学など)を利用しながら概念化に努め、「役に立ちそうな」新しい方法や製品の実現を目指す。実験データと専門知識、それに科学の一般的な知識を備えた科学者が、定式や仮説に到達し、それが検証されて、科学の新たな知識として加わるのと同じプロセスだ。ビジネス関係者も科学者もどちらも、個人的な観察に基づいた知識に加え、自分が所属するコミュニティで共有される知識を利用する。(しかし科学者は、ビジネス関係者がビジネス以外の場所からアイデアを獲得すると信じ続けるだろう。作曲家は音楽以外の場所から着想を得るものだと、ほとんどの人が語るのと同じだ。この一般的な錯覚の誤りを指摘するため、ロバート・クラフトは報道関係者とイーゴリ・ストラヴィンスキーのやりとりを紹介している。「マエストロ、あなたはアイデアをどこで手に入れるのか教えていただけますか」という質問に、「ピアノだよ」とストラヴィンスキーは答えた)。

オーストリア生まれの経済学者でオーストリア学派の重鎮だったフリードリヒ・ハイエクは、いま述べたような立場から経済をとらえた最初の経済学者だった。一九三三年から一九四五年にかけて発表された一連の注目すべき著作のなかでは、周囲の複雑な経済のなかで活動する生産者や購入者に注目し、何をどのように製造するのが最善かについて、彼らが現実的で貴重な知識を持ち合わせているものと見なした。こうした知識は概して地域が限定されるだけでなく連動的で、しかも目まぐるしく変化するので、部外者には容易に獲得されず伝えられず、関係者のあいだでのみ共有される。(たとえそのすべてに対して費用をかけずにアクセスが可能で、公の知識になり得るとしても、吸収することはむろん、理解するだけでも途方もない作業になってしまう)。したがって、知識は経済の参加者の間に分散した後はそこにとどまるので、各産業では独創的な知識が充実し、各参加者は自分ひとりや一握りの人間しか理解できない知識を増やしていく。そしてここからは、ふたつの命題が導かれる。先ず、複雑な経済は市場から大きな利益を得られる。個人や企業は財やサービスをお互いに交換すればよいのだから、実用的な知識の専門化がどんどん進み、広く浅い知識を持つ何でも屋は不要になってしまう。そしてひとつの産業で新しい知識が獲得されたときには、それは価格の低下などの市場メカニズムを通じて社会に「伝えられていく」。第二に、このような経済は妨害されないかぎり、何をどのように製造すべきかという経済的知識をいつまでも有機体のように獲得し続ける。(その一方、役に立たなくなった古い知識はどんどん処分されていく)。すると、そのプロセスのなかで正しい価格が「発見される」。どの企業も参加者もいわば前線観測員や偵察アリのような存在で、地域に何らかの進展が観察され、分析結果が明らかになれば、それに合わせて製造のレベルや方向を調整しながら慎重に対応していく。もしも何らかの製品の生産高が増加すれば、それを受けて市場価格は低下して、以前よりもコスト安になったという合図が社会に送られる。(7) これを

7　この研究は一九三七年にロンドン・エコノミック・クラブで行なわれた「経済学と知識」というタイトルの会長講演から始まり、一九四五年に発表されて引用される機会の多い「社会における知識の利用」というタイトルの論文で終わる。後者は「変化する環境」という概念を含んでいる。これらの論文は『個人主義と経済秩序』(一九四八年)と銘打った論文集に含まれており、一九二〇年代から一九五〇年代に近い時期までを対象にしている。ちょうど多くのヨーロッパ人経済学者によって、社会主義とコーポラティズムが盛んに議論された時期と重なる。ただし本章では、ハイエクの見解が近代資本主義の理解にどのように貢献したかに焦点を当てている。第5章では社会主義を巡る論争について、第6章では近代経済とコーポラティズムとの戦いについて取り上げる。

ハイエクは知識経済と呼んだ。

しかしハイエクの研究はイノベーションに注目していない。経済の参加者の独創性から新しいアイデアが生まれ、それが地域イノベーションを育んでいくような展開を思い描いているわけではない。一九四五年に発表されて引用される機会の多い論文では、自分が適応について論じていることを明らかにしており、「変わりつつある状況」への「適応」という表現を使っている。こうした適応のプロセスでは、すでに紹介した近代企業家の人的資源、すなわち判断力、見識、功名心が必要とされる。

ただし、適応には予測可能性が備わっている点がイノベーションと異なる。直感による飛躍は認めず、やがて訪れる波及効果に注目し、それを邪魔する変化の発生を食い止める。万が一、「状況」の「変化」がやんでしまえば、適応のプロセスは長続きしない。そのため破壊的な要素は含まれず、わざわざ混乱を引き起こす代わりに、混乱の収拾に努める。対照的にイノベーション（ラテン語で「新しい」という意味の nova に由来する）は現在の知識に基づいて既定されておらず、予測することができない。従来は思いもよらなかった新しい存在だと言ってもよい。ところが多くのビジネス関係者は、顧客の求めているものを見つけ出すのがイノベーションだと勘違いをしている。ウォルター・ヴィンセンティは、イノベーションは予測可能だという誤解をつぎのように批判している。

引込脚は「技術的要請だった」というのは……あとから考えた結論にすぎない。当時の設計者は、予測できなかったと証言している。……自分はどこを目指したいのか、そこに到達するためにどんな手段を提案すべきか、イノベーターはきちんと理解している。しかしアイデアが斬新なので、果たしてそれがうまく機能するかどうか、すべての要件を満たすことができるかどうか、確信を持って予測するのは不可能だ。(8)

予測不可能なイノベーションは破壊的な傾向を伴う。新しいジグソーパズルが創造され、そこに適応する新しいピースがはめ込まれていく。つまりイノベーションにおいては、「適応」という行為が適応していくことが求められる。（大きな適応が思いのほか速く実現すると、破壊的な結果がもたらされる可能性がある）。そしてイノベーションは束の間の出来事かもしれないが、将来のイノベーションのほとんどは今日のイノベーションを土台としている。すべてが積み重なると、経済の「実践」を動かす力となり、以前は思いもよらなかった寄港地への道が開ける。したがってイノベーションは適応に比べ、高いハードルを越えていかなければならない。

イノベーションにおいては想像力や洞察力といった知的能力をはたらかせて新たな目標を思い描く必要があるが、それと同時に、未知の領域へと踏み込み、仲間やメンターとは異なった方向に歩み出す大胆さも求められる。そうなるとイノベーターはヒーローで、快適さよりも独創的な行動を優先し、失敗や損失を恐れないものだと考えたくなるかもしれない。しかし、イノベーターはリスクを好むと考えるべき理由は存在しない。ミネソタのイノベーターであるハロルドとオーウェンのブラッドレー兄弟はイノベーションについて、ビジネスや世界に関する新しいモデルを考案することから生まれるものだと語っている。そうなると、企業の創設者にせよ才能あるＣＥＯにせよ、あるいは先駆的なエンドユーザーにせよ、イノベーターとは自分の理解の素晴らしさを自らや他人に誇示する内面的欲求に突き動かされた存在だと考えてもよいだろう。

8　Vincenti, "The Retractable Airplane Landing Gear" (1994, pp. 21–22).

車の大量生産を追い求めたヘンリー・フォードは、イノベーションの典型と呼べる事例だ。「ユーレカ」というタイトルの二〇一一年の講演で、ハロルド・エヴァンスはつぎのようなストーリーを紹介している。

多くのアメリカ人はヘンリー・フォードが車を発明したと信じている。もちろん彼はヨーロッパよりも、アメリカのほかの地域の人たちよりも、あるいは地元デトロイトの誰よりも先行していた。それでもつぎのように語っている。「私は何かを発明したわけではない。他人の発明品を組み立てて車に仕上げただけだ」。しかし実際のところ、彼は驚くほど斬新なことをしている。たしかに自動生産ラインを考案したわけではない。工場の生産を五倍に増加させた組み立てラインは、一七九五年にオリヴァー・エヴァンスによって発明されたものだ。……ヘンリー・フォードを天才たらしめたのはアイデアである。誰もが車を所有するべきだという平等主義的なアイデアは、それまで誰にも思いつかなかった。

本人も含め、一部の人たちはフォードの革新性を高く評価しないが、彼の素晴らしいところは新しい生活様式を思い描く先見の明であり、それが実現可能であることを証明した点だ。もうひとつ、アメリカの栄光ある横断鉄道に関して教訓的なストーリーを紹介しよう。エヴァンスは二〇〇四年の著書『彼らがアメリカを作った』でつぎのように論じている。

サクラメントのセオドア・ジュダは、企業家として、そしてエンジニアとしてアメリカで最初の大陸横断鉄道を実現させる勇気を備えていた。妻のアンナは「あの人のなかには……途方もないことや大胆なことを理解できる資質があった」と書いている。なかには、アイデアは何年も前からあって、鉄道が建設されるのは「時間の問題」だったと中傷する人たちもいた。

エヴァンスが指摘しているように、ジュダのエンジニアとしての偉業は十分に予測可能で、イノベーションとして評価できないと考える人たちもいた。しかし「単に時間の問題」だったのは建設を試みることであり、成功は約束されていなかった。カリフォルニア北部に直結する鉄道が実現可能ではないと考えるエンジニアは多く、工事の成功は決して予測できなかった。ジュダは驚くべき直感にしたがい、自分の正しさを証明したのだ。

なかには偶然に実現したイノベーションもある。トマス・エジソンは煤とタールを混ぜ合わせたものを手に持っているとき、いつのまにかフィラメントを創り出した。アレキサンダー・フレミングはシャーレに蓋をかぶせるのを忘れ、その結果としてペニシリンが発見された。経済においても、夢想もしなかったイノベーションの事例は数えきれない。「B面」や予算の少ない大穴が、想像もしなかったようなヒットをとばすケースは常に存在している。ピクサー社は新しいコンピューター技術を開発するために創設されたが、この技術を使えば動画を作成できることを訪問者に披露すると、誰もが大喜びした。その反応を見て閃いた関係者は、会社をアニメスタジオに転換させたのである。こうした偶然のイノベーションは非常に斬新で、考案した本人でさえ、まさか新製品を開発できるとは考えていなかった。

実際、ほとんどすべてのイノベーションは偶然あるいは予測不能な要素を備えている。新製品を開発し、しかも採用されて商業生産にまでうまく持ち込めるかどうかは、運に左右される部分もある。テレビインタビュアーの象徴的存在であるラリー・キングは、超有名人のゲストたちが例外なく、大成功は思いがけない幸運に恵まれたおかげだと語っていることを一度ならず指摘している。しかしイノベーションへの挑戦の成否は、手元にあるコインを放り投げて吉か凶か占うようなものではない。イノベーターは未知の領域への航海に乗り出すようなもので、その途中には既知の未知もあれば未知の未知もあるだろう。したがって、たとえ幸運に恵まれたとしても、自分たちの独創性や直感が常に望みどおりのイノベーションにつながるという保証はないのだ。一九六一年にようやくイノベーションというテーマにたどり着いたハイエクは、アメリカ人経済学者ジョン・ケネス・ガルブレイスの仮説を知って困惑した。企業は自社の新製品が成功する見込みを理解しているというのだ。ハイエクからすれば、新しい車の設計が利益と損失のどちらを生み出すか、その確率を知ることなどできない。小説家がベストセラーを出すチャンスについてわからないのと同じだった。

　おかしなことに経済学者は、発案者でもないハイエクに基礎理論の完成を任せてしまった。彼は理論のきっかけを与えただけである。一九六八年にハイエクは、経済——明らかに近代経済に言及している——について、いわゆる発見手続きという方法を通じた「知識の増加」だと指摘した。この発見手続きは、想像した製品や方法が開発可能かどうか、そして開発された場合には採用されるかどうかを決定するプロセスから成り立つ。内部でのトライアルや市場でのテストを通じ、何が製造可能でどんな方法が機能するかだけでなく、何が受け入れられないか、何が機能しないかについての知識が近代経済に付け加えられていくのだ。[9] ほかには、科学の知識と違って物理的な世界の制約を受けないので、近代経済においてはビジネスの知識の進歩に限界がないという点を付け加えてもよいだろう。発見に終わりが来ることを心配する必要があるのは科学者のほうだ。

　さらに、多少の制約はあるものの、この知識は修正によっても増加していく。結局のところ、現在の知識の多くは特定の製品というミクロのレベルでも、あるいは経済全体というマクロのレベルでも不正確なものだ。[10] したがって条件や構造的な関係は、思いもよらない方法で変わっていく傾向を持っている。(ノースロップ社は風洞を使った実験において、引込脚の代わりに固定脚を使っても、それによって加わる抵抗は取るに足らないと考えた。はるかに高速で飛ぶ飛行機では、新たに加わる抵抗が深刻な問題になることに気付かなかった)。おまけに、経済の観察は対照実験で結果を求めるときとは違う。経済に関する知識(や誤解)が変化するにつれて、データそのものが絶えず変化していく。経済においては、他人の間違いを洞察する余地が残されているのだ。

近代経済は「新たな可能性を発見または発明し、それを上手に活用していく問題」に取り組むとブライアン・ロスビーは書いている。経済がこの活動に打ち込めば打ち込むほど、近代的傾向は強くなっていく。外部での発見によって新たな商業的機会が開かれたとき、精力的に何かを考案し、勤勉に評価を下し、熱心に活用する能力が経済に備わる。ここまではシュンペーターも観察して可能だと考えた。しかしこのような形の経済には、内部の条件や展開に応じて自ら新しい商業的アイデアを考案できる独創性や、その独創性を確実な方向に導くビジョン(や直観)も備わっている。独創性とビジョンは資源であり、人間が営むすべての経済に存在している。ところが歴史を振り返ってみると、独創性やビジョンをうまく活用する能力や意思のない国、あるいは最初は利用してもあとからやめてしまう国が少なくな

9　ハイエクは一九六一年、以下の論文を発表する(一九六二年に増刷)。"The Non Sequitur of the 'Dependence Effect'". 後の論文としては、一九六八年に発表された以下のものを指摘しておきたい。"Competition as a Discovery Procedure."(英語版は一九七八年に発表)。一九四六年の論文には、ハイエクの思想における新しい時代の萌芽が記されている。

10　「変化する信念」という概念は、ハイエクの『科学による反革命』に登場する。社会現象を本当に理解するためには、「関係者が何を考えているのか」を知る必要があると指摘されている。

い。これに対し、近代経済では独創性やビジョンが自由に発揮されながらも、企業家の専門知識、資本家の判断、エンドユーザーの進取の気性とそれがうまく結びつけられている[11]。

近代経済の基礎――イノベーションのシステムの機能――はこのようにして築かれたのである。しっかりした土台に支えられ、経済主体はそれぞれ所属する産業や職業に深く打ち込み、じっくり観察を続けたすえ、新しい商業的なアイデアを考案する。すると、つぎに新しい方法や製品の開発プロセスに、様々な金融機関が関わる。エンジェル投資家、スーパーエンジェルファンド、ベンチャーキャピタリスト、マーチャントバンク、商業銀行、ヘッジファンドなどだ。新興企業や大企業とその子会社など、様々な生産者も関わってくる。さらに、マーケティング戦略や広告など、マーケティング活動が多岐にわたって展開される。一方、エンドユーザーの側には、斬新な方法を他に先駆けて評価する企業経営者や、新製品の利用を決断する消費者がいて、どちらも新しい方法や製品を採用してはその利用法をどんどん学んでいく。こうして一九世紀半ばには、近代経済の基礎的要素が先ずイギリスとアメリカで、つぎにドイツとフランスで生まれたのである。

財産を所有する権利、ビジネスを行なう権利、国家に反対する権利を享受し、そのうえ契約法によって守られている企業家が大勢存在していた。これらの企業家は自分が設立した会社や個人事業のなかで、新しい方法を考案したり新しい製品を思い描いたりする作業に深く没頭した。実績のない企業家は銀行から滅多に資金の貸与や投資を受けられず、企業家がプロジェクトをスタートさせる際には、家族や友人がしばしば「エンジェル投資家」として貢献した。新興企業が拡大していくためには、収益を投資しなければならないケースが多かった。やがてイギリスでは、地方銀行が企業家に短期間の信用を供与するだけでなく、信頼できる代理人が顧客からあずかった預金を企業家に長期間貸し出すようになった。時には個人がベンチャーのパートナーになり、特許権を買い上げるための資金を融通した。何世紀も前の南ドイツのフッガー家のように、一部の銀行は実質的に事業を始め、あらゆる産業で助言や投資を行なうところも出てきた。一方、アメリカでは地方銀行はもっと企業家精神にあふれていた。ニューイングランドの企業が銀行業に進出するのはめずらしいことではなく、リスクの高い事業の資金を調達するため銀行株を売却するところもあった。なかには家族や友人に貸し出す銀行もあった。（こうしたベンチャーキャピタリストの先駆け的存在は、今日のベンチャー企業と違って簡単に資本参加することができなかった。それが可能になったのは、株式を発行できるジョイント・ストック・カンパニーを企業家が設立するようになってからだ[12]）。

近代経済は広大で絶え間のないプロジェクトであり、何が機能するか、何が好まれるかについてのアイデアが常に考案され、開発や試行が行なわれた。そしてこれは、仕事や社会に対して重大な結果をもたらした。それ以前の重商主義経済では、仕事はほとんど提供されず、賃金など僅かなものが与えられる程度だった。家計にはそれで十分だったかもしれないが、これでは退屈きわまりない。それに比べて

11　独創性や判断力を幅広く効果的に活用できる経済においては、比較的よく機能する「自由企業」や「資本主義」システムが十分に活用されていると指摘しても問題ないだろう――社会や政治に関してどのような制度が採用されているかにかかわりなくだ。唯一の事例かどうかはともかく、これらの事例は近代経済の素晴らしさを証明する歴史的事例だった。ただし、資本主義がよく機能していても、何らかの新しい形の近代経済に取って代わられる可能性はあり得る。

12　システムがどのように機能するかについての知識は二世紀ちかくの間ほとんど失われてしまったが、その後、新しい文献がつぎつぎと登場した。最前線で大きく貢献したのがケンブリッジ大学出版局である。近代経済の歴史的由来に関して取り上げる本書の第4章では、その一部について紹介する。上記の段落で金融パズルのピースをうまくはめ込んでいるのは、故ジョナサン・クルーガー、私の二〇一〇年のコロンビア大学での教え子だ。

近代経済では、仕事はほぼ普遍的に存在し、重商主義の時代に比べて経済的包摂がはるかに広くなっている。その結果、仕事は人々の経験、特に精神生活にとって欠かせない要素となり、人間的成長に貢献している。要するに、近代経済は生活様式を設定しているのだ。二〇世紀には経済制度を巡る激しい戦いが頂点に達したが、それは近代経済とともに到来した人間的経験を巡るものであり、古い制度は敗れ去ったのである。

社会制度

革新的なアイデアのほとんどは、考案者や企業家だけでなく、それ以外の人たちも関わることを想定している。そして企業家精神に富んだ様々なプロジェクトは、常に同時進行している。近代の制度が躍動感にあふれ、時には複雑極まりないのは、住人がひとりだけの孤島ではなく、社会で機能しているからだ。多彩な経済主体が好き勝手に行動する結果、経済学者の言う非常に大きな不確実性が加えられていく。アメリカの大物経済学者のフランク・ナイトは、手に持っているコインを放り投げるときの既知のリスクとの比較を行なっている。普段見慣れたコインであればリスクもある程度予測できるが、知らないコインを放り投げるときのリスクは知り得ない。これを彼は不確実性と呼び、ナイト的な不確実性がビジネスには蔓延していると考えた。このような不確実性を、経済の特質として彼は評価しているようだ。[13]

新しい製品を目指す企業家のプロジェクトの最終結果に伴う不確実性は、言うなればミクロの不確実性で、エンドユーザーが果たして新製品を気に入って購入してくれるかといった点が注目される。エンドユーザーは自分たちの製品を気に入るだろうか、それともほかの企業家の新製品のほうが好まれるだろうか、企業家は不安を抱きながら暮らしている。（無人島にいるロビンソン・クルーソーは、自ら開発した新製品が自分の気に入るかという点だけ心配すればよかった）。あるいは、ほかの企業家の手がけたベンチャーの結果が自分のベンチャーに影響をおよぼす心配もあるだろう。（ほかの製品が好まれるのではないかというミクロの不確実性が膨らむと、生産高や収入が損なわれないかと不安になり、さらにその結果、新製品のエンドユーザーは製品を購入する余裕があるだろうかというマクロの不確実性にまで発展してしまう）。したがってジョン・メイナード・ケインズが最初に注目したように、近代経済で企業家が進めるプロジェクトには統一感がないので、未来がどのような規模と形で展開していくのか非常に曖昧になってしまう。遠い未来など、ほとんど知ることができない。未来についてケインズは「まったくわからない」と書いている。ひとつの世代が終われば、先行世代には想像もできなかった形の経済が出来上がっている可能性もあるのだ[14]。

ケインズにとってもハイエクにとっても、経済の歴史の原動力が新しいアイデアだということは大前

13　ナイトの過激な著書『危険・不確実性および利潤』は、第一次世界大戦の影響で数年遅れて一九二一年にボストンで出版された。（不確実性に関してはもうひとつ、そこまでの影響力はないが優れた著作として、ケインズの『確率論』が挙げられる。これもやはり、同じ理由で一九二一年まで出版が持ち越された）。特異な思想家だったナイトは、不確実性の存在なくして企業は真の利潤を獲得できないという命題に魅力を感じた。不確実性がなくても通常の利益は得られるかもしれないが、債権者に競争的水準の利息を支払うだけで終わってしまう。

14　一九三六年に出版されたケインズの『一般理論』を参照。プラトンの「アニマル・スピリッツ」について言及されている。（発見手続きに関して取り上げたハイエクの一九六八年の論文も同様の点を指摘できたはずだが、あえて回避している）。アイデアはケインズの頭から決して離れなかったようだ。「世界は発想によって支配されており、ほかのものはほとんど関わりない」というすばらしい一節は、優勢な政策的発想が国家におよぼす影響力について論じた際に語られた。そしてケインズ自身のキャリアからも、新しい政策的発想が時として入り込んでくることがわかる。同様に、企業においても金融においても、古い発想と新しい発想の双方がビジネスの世界の進む方向や変動に影響をおよぼしている。

提唱だった。たとえばトマス・ホッブスやカール・マルクスが提唱する硬直的な決定論とは対照的で、ケインズもハイエクも新しいアイデアは予測不能だという点を理解していた。（そもそも予測できるようでは新しいとは言えない）。そして予測不能だからこそ、歴史に独自の影響をおよぼすと考えた。しかも未来がわからなければ、今日アイデアを開発してもどのような結果が導かれるか定かではない。したがって近代経済においては、経済の発展の軌跡を妥当な形で予測することがまったく不可能になってしまう。ダーウィンの進化論が、進化の道筋を予測できないのと同じだ。しかしそれでも、「知識の増加」プロセスやイノベーションの過程を研究すれば、いくばくかの真実を学ぶことはできる。たとえば、失敗したアイデアもまったく価値がないわけではない。むしろ、それ以上は試すべきではないという点を教えてくれる。一方、成功したアイデア、すなわちイノベーションは、さらなるイノベーションを促して好循環が際限なく続く。独創性は再生可能エネルギーのようなもので、思いもよらない方法で未来を導き、新たな未知や新たな間違い、新たな独創性の領域が創造されていく。こうして経済のなかで大きなダイナミズムが創造されるためには、肥沃な土壌が欠かせない。それについてここで少し学んでおこう。

近代のシステムは社会の多様性を糧にしている。イノベーションを進める意志や能力、すなわちイノベーションを促す経済のダイナミズムが社会に備わるかどうかは、新しいアイデアを考案する人たちの状況や背景やパーソナリティの多様性に確実に左右される。（音楽業界に一九二〇年代にはユダヤ人が、一九六〇年代には黒人が参入したことの影響はよく知られている）。しかし、国のダイナミズムにとっては、投資家の見解の多元的共存も欠かせない。アイデアが十分に理解されて正当に評価される機会が増えるほど、良いアイデアが資金援助を受けられない可能性は小さくなっていく。（資金援助の対象となる独創的なプロジェクトをすべて国王に選ばせれば、単一的な国家を創造するために格好のレシピが出来上がるだろう）。ダイナミズムにとって何よりも大切なのは、企業家の多様性だ。そのなかから、新しいアイデアを具体化させるだけでなく、効果的な方法や製品に結びつけてくれる準備が最も整っている人材を選んでいくのだ。さらに、エンドユーザーの多様性も確実に重要である。同じような人ばかりだと、全員から気に入ってもらえるイノベーションを見つけ出す作業は精密爆撃さながら困難になってしまう。

このようにあらゆる場所での多様性が重要だとすれば、ここまで先送りにしてきた質問への回答が得られたことになる。過去の歴史を見るかぎり、いま述べてきたような独創性やビジョンに支えられたシステムが発達し、知識やイノベーションが増加した結果、爆発的な成長が実現するのは民間部門での現象だった。公共部門ではない。では今後、公共部門においても匹敵するようなシステムが発達し、知識やイノベーションが増加していく可能性はあるのだろうか。投資家や経営者や消費者の多様性が重要だとすれば、それは考えられない[15]。

さらにこのシステムの成功は、組織内部での相乗効果にも左右される。新しい製品を思い描くプロジェクトは、大体において独創的なチームの編成から始まる。新たに考案された製品を開発し、商業生産やマーケティングにまで持ち込むためのプロジェクトは、多くのスタッフを擁する企業を創設するところから始まる。グループで活動した経験のある人なら誰でも、概して単独よりグループで取り組むほうが、はるかに優れた洞察を得られることを理解している。在宅でも良いキャリアを築くのは可能だと信じる社会評論家もいるが、彼らは他人のアイデアや疑問から刺激を受けることの大切さをおろそかにし

15　本当に大きな公共部門が存在しているときには実際にどうなるのか。防衛や環境などの目的のために国家が財やサービスを大量に買い上げ、GDPの半分を占めるような状態は、経済の独創性や判断力を大きく損ない、イノベーションや知識の増加に深刻な悪影響をおよぼすのだろうか。それに関しては、本書の第Ⅱ部と第Ⅲ部で取り上げる。

ている。賞賛と信頼の対象になる人たちからは特に多くを学べるだろう。企業が大勢の社員を自宅など孤立した場所に配置すれば、イノベーションにコストがかからないという考え方もあるが、これもまた休憩室やランチミーティングでの思いがけない交流の重要性を見逃している。

そして交流は個々の力の強化にもつながる。アムステルダム・コンセルトヘボウ管弦楽団の首席ホルン奏者は演奏レベルの高さを賞賛されたとき、オーケストラの仲間との交流なしには不可能だったと答えた。チーム、少なくとも良く機能しているチームは、古典派経済学者が指摘するように優れた才能の持ち主を集めることで生産性を向上させるだけでなく、経営理論の用語を使うなら、「超生産性」を達成している。経営哲学者のエサ・サーリネンによれば、疑問をぶつけ合い、そこから洞察を得て、お互いに刺激し合うことで、メンバー全員が才能を大きく育んでいくのだ。

さらに、距離や時間を超えた相乗効果も見逃せない。社会のなかでアイデアは結合し、増殖していく。新しいアイデアを生み出す豊かな資質は、自分の所属する経済、最近ではグローバル経済によって創造される最新のアイデアに触れることで、さらに磨かれていく。もしも孤立していれば、いったん間違ったアイデアを考案したあとで限界にぶつかってしまう。小説『ロビンソン・クルーソー』のなかで著者であり経済学者でもあるダニエル・デフォーは、インスピレーションの源である社会から切り離されたクルーソーが、気の毒なほどアイデアを考え出せないことを教えてくれる。あるいは、アルゼンチンのような国が繁栄を最大化させるためには、都市化するよりは農業国にとどまるべきだという指摘もある。羊の飼育など、恵まれた自然環境を生かすべきだというのが根拠だが、この場合、田舎の生活は知的刺激に欠け、独創性を生み出す多彩な交流が期待できないという事実が見逃されている。(16) 多彩な目的を追求する人たちから成る都市に誰もが積極的に参加してまとまってこそ、システムの独創性はさらに拡大していくのである。

本章では、近代経済、具体的には一九世紀から二〇世紀にかけて誕生した近代経済の構造と機能について取り上げてきた。最初の数十年、新しいシステムの要素が存在して急速に発達している実態を、なかにいる参加者はほとんど感じ取れなかった。しかし、自らが体験している近代のシステムについて次第に認識するようになると、そこから思いもよらない可能性が開かれることを意識するようになってい
った。つぎのふたつの章では、このシステムが生産性の向上や生活水準の改善、すなわち物質的な恩恵をどのような形でもたらし、仕事の性質や人生そのものの意味をいかに充実させていったのか、まだほとんど知られていないストーリーを紹介していく。

16　一九四〇年代の論争で、アルゼンチンの経済学者ラウル・プレビッシュは、農産物に対する税金と製造業者に対する輸入関税の導入を提唱した。この提言は、シカゴ学派の経済学者ジェイコブ・ヴァイナーの反対に遭った。ヴァイナーは古典的な自由貿易と自由放任主義を提唱していた。プレビッシュもヴァイナーも視点があまりにも古典的で、都市化によって実現が期待できるイノベーションの恩恵に注目する余裕がなかった。ふたりに共通の立場からは、近代経済で発揮されるはずの独創性や情熱や個人的成長は存在し得ない。存在するのは資源や技術や嗜好、そしてこれらに支えられた消費と余暇のみである。

第2章　近代経済のおよぼす物質的影響

バビロンには空中庭園が、エジプトにはピラミッドが、アテネにはアクロポリスが、ローマにはコロセウムがある。そしてブルックリンには橋がある。

――ブルックリン橋が一八八三年に開通したとき掲げられた横断幕

国家の経済がその構造によって識別されることは前章で述べたが、真の意味は経済が生み出す結果にこそ表れる。近代経済の到来は早くも一九世紀、いくつかの国に生産性の持続的成長という重大な結果をもたらした。カール・マルクスは周囲で発展しつつある制度に反対していたが、それでもこの持続的成長が重要でないとは考えなかった。近代経済が絶好調になる以前の一八四八年、ある程度は生産性を念頭に置きながら、マルクスは眼前で展開する近代経済の「進歩」に言及している。[1] 第1章でも指摘したが、生産性の成長は世界的に大きな意味を持っていた。新しい方法や製品はほかの国での導入や利用が可能で、近代とは大きくかけ離れた多くの国も恩恵にあずかることができたからだ。たしかに近代経済が早い時期に到来した国の一部では、二〇世紀に入ると近代的な要素が確実に薄れてしまった。たとえばフランスは、第二次世界大戦後にダイナミズムの多くを失ったと評価しても過言ではない（ドイツなど数カ国は、一九三〇年代に近代とは異なる、あるいは反対の方向に近づいた）。しかしなかには近代色をさらに強めた国もあり、カナダや韓国は注目に値する。全体として見れば近代経済は生き続けており、市場環境はともかくイノベーションへの努力を惜しまない国は、成功をおさめている。

本章では、近代経済を十分に機能させているダイナミズムの力と効果について、おおよそ理解してもらいたい。地球にやって来た火星人には、どんな現象が何に起因しているのかほとんど見当がつかないだろう。しかし、斬新さに欠けていた時代に、近代経済は奇跡のごとく到来した。その結果、一八世紀までの生活は一九世紀に入ると様変わりして、それが近代の誕生を促したと考えられる。近代の幕開けに起因した物事のとてつもない規模について調査すれば、研究室での実験に匹敵する結果が得られるだろう。その際には、たとえ高いレベルに到達しても、そこで成長がとまっては意味がないという点を忘れないでほしい。（かつて映画業界では、作品をこきおろすときに「前回の出来栄えと変わらない」と言われたものだ）。どん底から這い上がることだけが成長ではない。

私たちが根本的に興味を持っているのは、近代経済が人間の生活におよぼす結果、より正確を期するなら、人々が社会で営む生、すなわち社会的生にもたらす影響だ。労働者一人当たりの生産高や平均賃金についてのデータは無味乾燥で、近代経済のもとで営まれた生活の実態を知る手がかりにはならない。つまり、僅か数十年間のうちに生産高や賃金が（向上）すると何を獲得できるようになり、この新しい経験がどんな恩恵をもたらしたのか、きちんと推測することはできない。しかし私たちは、近代経済が仕事を変え、その結果、生にどのような変化を引き起こしたのかについて知りたい。近代経済の参加者にはどれだけの便益と費用がもたらされたのか、広い範囲で詳しい調査結果が得られれば理想的だ。

本章と次の第3章では、近代経済ならびにそれがもたらしたモダニティの普及が、大体において良い影響をおよぼしたことを紹介していく。先ず本章では近代経済の有形の効果、すなわち「物質的な楽しみや関心事」について取り上げる。そして第3章では、無形の効果、すなわち形はなくても人々の生きる拠りどころになっているものに対し、近代経済がおよぼした広範な影響について紙面の多くを割いて解説していきたい。

豊かな物質的利益

近代経済によってもたらされた労働者一人当たり生産高の上昇、いわゆる労働生産性、もしくは単に生産性の向上は、時代を問わず持続性を特徴とする。質的な観点から見れば、近代経済の到来した国（そして時期は様々でも、グローバル経済と結びつくようになったそれ以外の国）では、それまで停滞していた経済が一気に急成長を始め、国境を越えて成長が波及していった。生産性の成長が一年に〇・五パーセントまたはそれ未満だったら、成長が広く注目されることはなかっただろう。これでは、労働者一人当たり生産高が倍増するまでには一四四年もかかってしまう。しかし近代経済は国境なき成長だけでなく、

1　マルクス、エンゲルス『共産党宣言』。マルクスとエンゲルスが、当時の資本主義を「進歩的」だと表現しているのはこの冊子においてだ。商業資本主義やそれ以前の原始資本主義が「進歩的」でなかった点は明確に指摘しておくべきだろう。少なくとも、世代ごとに感じ取れるような進歩ではなかった。『共産党宣言』以来、社会主義を除いたすべてのシステム――フィリピン、アルゼンチン、アラブ諸国、ヨーロッパとユーラシア大陸のすべての経済――が資本主義と呼ばれるようになった。実際のところ、ほとんどの国は「進歩的な」状態から明らかに程遠いにもかかわらずだ。繰り返すが、本書で近代という言葉を使うときには、地域イノベーションが慢性的に存在している経済を対象にしている。たとえば一九世紀にヨーロッパや北米を一変させた経済などであり、その一部はいまだに近代の要素を多少残している。

急速な成長ももたらした。

いわゆるロングセンチュリー（第一次世界大戦勃発の前年に当たる一九一三年に終了）には、労働者一人当たりの生産高は驚異的なペースで上昇した。一八七〇年には、西欧全体の一人当たり総国内生産高は一八二〇年のレベルよりも六三パーセント上昇した。一九一三年には、一八七〇年のレベルよりもさらに七六パーセントの伸びを記録した。同じ時期、イギリスでは八七パーセントと六五パーセント、米国では九五パーセントと一一七パーセントの成長を経験している。（一九八〇年から二〇一〇年にかけての中国の目を見張るような成長を目撃している今日の読者は、この程度では大して強い印象を受けないかもしれない。しかし中国は生産に関する大量の知識を海外から取得して採用する機会に恵まれていた。それに比べて当時のヨーロッパやアメリカには、当てにできるような第三の場所がなかった）。

テイクオフが始まった時点から一九一三年までの間に成長は累増し、イギリスでは三倍ちかく、アメリカでは四倍にまで跳ね上がり、その結果、一八世紀には不可能だとしか思えなかった生活水準が庶民の手に入るようになった。生活水準の変化には社会を変容させる効果があり、その一部に関してはあとから紹介していく。一方、間接的な効果も見られた。経済の総生産高が際限なく増加し、それに伴って所得が際限なく増加していくと、所得に対する家計資産の割合に変化が生じるのだ。かつて経済が停滞していたときには、人々は貯蓄にせっせと励む余裕がなかった。ところが爆発的な成長が始まると、一八世紀よりも貯蓄する金額は増え始め、たくさん稼いでたくさん貯蓄しようとする傾向が強くなった。所得の増加に貯蓄の増加が歩調を合わせていったのである。こうして見ると、近代経済への参加率は重商主義経済よりもはるかに高かったと予想してもおかしくないが、残念ながら正しさを確認できるデータが存在しない。

大した相続財産を持たない人や、その見込みのない人が経済に参加することによって得られる物質的な恩恵を測る指標として重要なのは、生産性ではなく賃金である。適切な賃金の確保は時代を問わず、大切な利益を獲得するための第一歩である。今日では傾向が弱まっているが、特に一九世紀において、普通の賃金労働者がどんな基本財を購入できるかを決定する主な要因は賃金だった。基本財は、雨風から身を守る住居や医療など基本的な有形財だけではない。ほぼすべての人が切実に必要とする非有形財も対象であり、命の危険のない仕事に就き、家族を持ち、コミュニティライフにアクセスできることなどが含まれる。

生産性が向上しなくても賃金は増加するかもしれないが、逆に生産性が向上しても、賃金の増加は保証されない。序章でも紹介したが、戦後期の卓越したフランス人歴史家フェルナン・ブローデルはつぎのような事実に注目した。一六世紀には偉大な探検家や植民地開拓者が山のような銀を支配者のもとに持ち帰ったが、このような収入は賃金の上昇につながらなかった。[2] 労働者一人当たり賃金と労働者一人当たり生産高のあいだには関連性があるが（経済においては、あらゆるものが少なくともふたつの方法で関係し合っているという指摘も過去にはあった）、何らかの特別な要因がはたらくと、生産性の向上から賃金の増加へと至る経路が変更されてしまうのだ。しかしここでは、そのような展開は当てはまらない。銀の蓄えとは違い、近代経済は労働者の賃金を押し上げた。

序章で賃金に関して論じた箇所からも推測できるが、ブローデルが観察した悲観的なパターンは近代経済の到来によって破られた。（イギリスで賃金が低下したのは、すでに指摘ずみの一六世紀、そして一七五〇

2　地中海世界を取り上げて一九七二年に刊行された著書のなかでブローデルは、王族は銀をヨーロッパの労働者によって作られた製品ではなく、極東の香辛料や絹と交換したと記している。

年から一八一〇年にかけての一八世紀のことで、近代すなわち近代経済の時代ではない。いずれにせよ、これに関してはデータがそろっている）。残されたデータを見るかぎり、イギリスの手工業においては一八二〇年ごろから労働者一人当たりの実質日給と購買力が持続的な成長を始めた。これはちょうど、労働者一人当たりの産出が向上し始めた時期とほぼ一致している（アメリカの場合、こうした早い時期のデータはほとんど存在していない）。ベルギーでは、一八五〇年ごろから同様の上昇傾向が始まった。まもなくフランスも後に続き、一九一四年までイギリスと抜きつ抜かれつの関係が続く。ドイツの都市では一八二〇年代はじめから一八四〇年代にかけて、賃金がローラーコースターのように急上昇したかと思うと一気に急降下を始め、一八四八年の蜂起の引き金になった。持続的な上昇は一八六〇年から、あるいはべつのデータによれば一八七〇年から始まった。つまり近代経済の時代において、建築、工場、農業関連の労働者の実質賃金は、生産性の上昇と同時に上昇を始めたのである。

そうなるとここでは、労働者一人当たりの産出と同じく、賃金の上昇にも勢いがあったかどうかという点が問題として浮上する。おそらく賃金は生産性に遅れをとっていたのではないか。製品が進歩すれば、労働が占めるシェアは少なくなっていくからだ。ところが現実には、「資格を持たない平均的な都市居住男性」の場合、地域通貨で表される名目日給の上昇は一人当たり生産高の貨幣価値に遅れをとらないばかりか、勢いが増していた。一八三〇年以降のイギリスにおける生産性と賃金の上昇率を比較してみると、一八四八年（ドイツと同様に悪い年として記録されている）まで賃金の上昇はやや遅れをとったが、一八六〇年代には追いつくどころか逆転した。一八七〇年代にふたたび衰えるが、一八九〇年代になると本格的に勢いづき、その傾向は一九一三年まで続いた。フランスも同様のパターンをたどった。ドイツの場合、一八七〇年から一八八五年にかけて賃金の上昇は順調で、一八九〇年代に入るとやや衰えたが、一九一〇年代には大きく勢いづき、戦争が始まるまでその傾向が続いた。しかもこれらのデータは、労働者が賃金で購入するのは国内総生産の対象製品だけではないという点を見逃している。輸入された消費財の購入に充てられる部分が大きく、その価格は供給の増加と輸送費の減少によって大きく低下していた。あるイギリスの研究は、「長引いた停滞の後に実質賃金は……一八二〇年から一八五〇年にかけてほぼ倍増した」という結論に達している。(3) こうなると近代経済において、賃金がそれ以外の所得ほど上昇しなかったとは考えられない。しかし、同じ経済のなかでも立場の弱い人たちや特権に恵まれない人たちの賃金は事情が異なる可能性が考えられる。

世間では、一九世紀に登場した新しいシステムはありがたいものではなく、運に恵まれず、工場や炭坑での労働や単純労働に駆り立てられる人々にとって、経済は最悪だったように思われた。一世紀後に社会主義のアイデアがヨーロッパに変化を引き起こし、ニューディールがアメリカの様相を変えるまで、社会情勢はほとんど改善されなかったと一部では信じられている。そして文学作品からもそのような印象を受けるかもしれないが、実際のところ、年代に関して勘違いされているケースは多い。ヴィクトル・ユーゴーの『レ・ミゼラブル』は、ルイ゠フィリップの王政時代の一八一五年から一八三二年に発

3　Lindert and Williamson, "Living Standards," 1983, p. 11. 生産性と賃金の上昇率の比較に関する結果は、以下からの引用である。Bairoch, "Wages as an Indicator of Gross National Product," 1989. これらがそれほど不正確なデータではないとすれば、べつの学者はどうして異なった結論を引き出したのだろう。たとえばつぎのような結論もある。「［一八一五年から一八五〇年にかけての］生活水準の向上は、ほとんど認識不能だ。七世紀のあいだにたびたび発生した小さな変動のひとつにすぎない。一八一五年から一八五〇年にかけての進歩はサイクルの一環、しかも小さなサイクルであり、傾向とは呼べない」(Allen, "The Great Divergence in European Wages and Prices," 2001, p. 433)。これは、アレンが調査対象とした一〇以上の都市のなかで、その時代に近代経済が台頭したと評価できるのは二カ所のみ、具体的にはロンドンとパリのみだったからだ。ロンドンもパリも、どちらでも賃金は急上昇した。

生した社会不安に焦点を当てたもので、その数十年後のフランスに到来した近代経済の問題点に注目したわけではない。一九世紀半ばの注目すべき作品も誤解を招いた。ディケンズは一八三九年に発表された小説『オリバー・ツイスト』のなかでロンドンの貧困について事細かく記し、画家のオノレ・ドーミエは一八七〇年まで続いたパリ労働者の苦しみを鮮やかな筆で描写している。そのため、生産性が上昇を始めると賃金の減少が続き、生産年齢の人たちの多くが悪影響をこうむり、少なくとも、保証もなくみじめで満たされない状態が長らく続いたような印象が強調されてしまう。しかし、この見解の正しさは確認しておかなければならない。

そのためには、近代経済が確立されて効果を発揮しつつあるとき、いわゆる労働階級の賃金、すなわちブルーカラーが手作業や肉体労働によって獲得する賃金が停滞していないか（さらには落ち込んでいないか）調べてみるのがひとつの方法だ。では実際のところ、ブルーカラーの仕事の賃金は停滞したり落ち込んだりしたのだろうか。一九世紀に機械化が進むと非熟練労働者の賃金は落ち込んだという印象を持つ人は多い。少なくとも熟練労働者の賃金に比べ、低くなったと思われている。

しかしこれもまた誤解だ。すでに紹介したイギリスでの調査によれば、一八一五年から一八五〇年にかけて、労働者一人当たりの平均賃金はブルーカラー労働者の賃金をおよそ二〇パーセント上回っていた。しかしそれは、農業において肉体労働の賃金が停滞したことが大きな原因であり、農業の困難な状況を近代部門の評価に反映させるべきではない。むしろほかのデータによれば、イギリスの非農業部門ではこの時期、すべての熟練労働者の平均賃金の上昇率は、非熟練労働者の平均をほんの僅か——七パーセント——上回る程度だったという[4]。イギリスの建築業における熟練した職人の日給と「助手」の賃金を比べてクラークが二〇〇五年に発表したデータによれば、助手の賃金は一七四〇年代以降、上昇や下降の傾向のない状態が続いた後、一八一〇年代に入ると熟練労働者の賃金に押され始めた。しかし同じデータからは、一九世紀も半ばになると流れが変わったことがわかる。一八九〇年代になると助手は以前の地位を回復し、つぎの一〇年間ではさらに勢いを増した。しかも当時すでに、この現象は実感されていた。あらゆる部門の賃金労働者から政府が十分な税収を確保している状況のなかで、グラッドストーン首相は下院でつぎのように発言した。

もしもこの驚くべき成長が裕福な階級に限定されたものだと確信できるようなら、私はいまの状況を前にして心にいくばくかの痛みを感じ、不安を募らせるはずです。……しかし、金持ちがますます豊かになる一方、貧困層は少しずつ貧困から抜け出している現状を見るにつけ、心の底から深い安堵の気持ちがわいてきます……農民、炭坑夫、熟練工、職人など、イギリスの様々な労働者の平均的な暮らしに目を向けてみると、この二〇年間で生活手段にたくさんのものが加わったことは紛れもない事実で、様々な証拠がそれを裏付けています。どの国のどの時代においても、このような事例はかつてなかったと断言してもよいでしょう。(5)

そうなるとイギリスでは、近代経済が賃金格差を構造的かつ永久に拡大させたとは言えない。しかしマルクスはデータからあえて目をそらし、グラッドストーンが注目した事実を認めようとしなかった。一九世紀の経済に関してはいくつも誤解があるが、労働者が全般的に資本家よりもふるわなかったと

4　Jackson, "The Structure of Pay in Nineteenth-Century Britain."
5　Hansard (1863, pp. 244–245).

いう説もそのひとつである。最近入手されたデータでは、一人当たり国民産出量に対する雇用労働者一人当たりの日給の比率が明らかにされている。それによると、イギリスでは日給の比率が下がるどころか上昇しているのだ。一八三〇年ごろには一九一だった数値が一九一〇年ごろには二三〇になっている。フランスでは一八五〇年ごろの二〇二から一九一〇年ごろには二一三に上昇し、ドイツでは一八七〇年代はじめに一九九だった数字が一九一〇年代はじめには二〇八になった。[6] このように定型化された構図は、一八八七年にロバート・ギッフェンによって導き出された。ジャーナリストでありイギリス政府の主任統計官だったギッフェンは、一八四三年にイギリスで所得税の導入と共に集計され始めた個人所得に関するデータを使い、分析を行なった。「富裕層」の総所得は四〇年間で倍増したが、人数もまた倍増していることがデータからはわかる。一方、肉体労働者の総所得は二倍以上に伸びているが、人数はほとんど増加していない。

富裕層の人数は増えているが、個人個人が豊かになっているわけではない。「貧困層」は……個人的なレベルに関しては、五〇年前よりも平均して二倍も豊かになっている。つまり、過去五〇年間の目覚ましい物質的な進歩の恩恵は、貧困層がほぼ独占しているわけだ。[7]

一九世紀には数十年間にわたり、非熟練労働者の相対的賃金が低迷する時期が続いた。しかしそれでも実質賃金の動向は好ましく、それが社会的価値を伴ったふたつの恩恵をもたらし、広く普及させたと考えられる。まず、賃金の一般的水準の上昇は自由をもたらした。低賃金の領域に閉じ込められていた人たち——通常は非熟練労働者と呼ばれる——が、従来の仕事を放棄して、自分の好きな仕事に乗り換えることができるようになったのだ。「家事経済」で主婦として、あるいは他人の家の有給の使用人として働いてきた人が、それほど社会から孤立していない職に移れるようにもなった。地下経済の部門で働いていた人は合法的な経済で世間体の良い職を獲得し、かつての制約から解放された。企業経済においては、自発性や責任や交流の機会を伴い、やりがいのある仕事に移ることが可能になった。つまり賃金の上昇は、いわゆる経済的包摂をもたらしたのだ。以前よりも多くの人たちが社会の中心的なプロジェクトに参加して貢献し、このような関与からしか得られない見返りを手にするようになった。経済的包摂にはどのような価値があるのか、詳しく説明して確認するためには次章のような視点が必要だろう。本章だけでは十分に論じられない。

　賃金の上昇は社会的便益の充実にもつながり、貧困層や極貧層が減少した。当時のふたりの著名な経済学者の観察からは、一九世紀に台頭したすべての近代経済において貧困が大きく減り始めたことが確認されており、データも残されている。イングランドとスコットランドの傾向に関して、ギッフェンは一八八七年に、(債務を抱えた)貧困者の数は着実に減少し、人口全体に占める割合は、一八七〇年代前半の四・二パーセントが一八八八年には二・八パーセントになったと記録している――記録的な最も大きな人口増加にもかかわらずだ。そしてもうひとつ、これもギッフェンからの引用になるが、近代経済の到来が遅れたアイルランドでは、「人口の減少と同時に貧困者の数が増えた」。一方、一八九〇年代に

6　以下を参照。Bairoch, "Wages as an Indicator of Gross National Product," 1989. この比率の測定に使われる見慣れない単位は、無視してもよい。

7　以下からの引用。"The Material Progress of Great Britain." ギッフェンはアルフレッド・マーシャルのテキスト『経済学原理』(一九三八年)のなかに登場する「ギッフェン財」でよく知られる。これは価格が上昇するほど人々が購入するようになる財のことを指す。しかしギッフェンの研究にこの概念を明確に見出した研究者はいない。

アメリカについての著述を残したデイヴィッド・ウェルズは、「貧困」に関して数ページを割いてつぎのように記している。「全人口に対する貧困層の比率は概して減少傾向が続いている。しかも貧困を食い止めるうえで……大きな障害が立ちはだかって……アメリカは毎年、ヨーロッパから大量の貧困層を受け入れているにもかかわらずだ」[8]。近代経済が大衆を苦しめたという主張の妥当性を評価するもうひとつの方法としては、伝染病や栄養状態、そしてその結果である死亡率に関するやや意外な証拠に目を向けてみるとよい。すでに紹介した事例と同じく、こちらも単純な展開ではない。一八世紀の試行錯誤の後、一九世紀に入って社会は繁栄を始めた。ここで注目してほしいのが、幼児を中心にした天然痘の犠牲者が、一七世紀から、一八世紀半ばの商業経済の全盛期まで増え続けたという事実だ。一八世紀半ばの時点では、すべての子どもの三分の二が五歳の誕生日を迎えることなく天に召された。そうなると、近代経済が機能したことによって天然痘の蔓延が引き起こされたとは言えない。当時はまだ、ほとんど機能していなかったのだから。本当の原因は国際交易の台頭である！「世界貿易の発展とともに毒性の強い細菌が国内にどんどん持ち込まれるようになったのだ」。やがて天然痘による死者の数は減少し始め、一九世紀後半になると幼児の死亡率は三分の二も低下した。そうなると、一八一〇年代に近代経済が始まった結果として天然痘は収束したとも言える。一七七〇年代に産業革命の第一段階が進行していたこととは関係ない。すでに記したが、その当時の人々は短い生涯のあいだひとつの産業の束縛から抜け出せなかった[9]。実際のところ近代経済が一九世紀に勢いを増すにつれ、天然痘は衰えていく。ウェルズの報告によれば、「一七九五年から一八〇〇年にかけて、ロンドンにおいて天然痘による年間の死者の平均は一万一八〇人だった。それが一八七五年から一八八〇年までの時期には、僅か一四〇八人にまで減少している」[10]。

子どもよりも大人のほうが犠牲になる伝染病も一九世紀には大きく減少した。ウェルズの記述によれば、「ペストとハンセン病は［イギリスとアメリカから］ほとんど消滅した。かつてはロンドンを大いに苦しめた発疹チフスは、町からすっかり姿を消した」。その結果、死亡率は一気に低下する。「ロンドンでは、一八六〇年代には一〇〇〇人のうち平均で二四・四人だった死亡率が、一八八八年には一八・五人にまで落ち込んだ。ウィーンでは、死亡率が四一人から二一人に低下した。ヨーロッパ諸国のあいだでは三分の一から四分の一の減少幅が見られた。アメリカ全体に関しては、一八八〇年の死亡率が一〇〇〇人につき一七ないし一八人だった」[11]。

これはすべて科学のおかげなのだろうか。専門家の意見はそうではないようだ。ロンドンで流行したすべての伝染病――天然痘、「熱病」（チフスや発疹チフス）、「激しい発作」（下痢や胃腸病）――に言及したラゼルとスペンスは、所得の増加が公衆衛生や衛生手段の改善につながった点を指摘している。これらはほとんどが不衛生な環境によって引き起こされる病気だ。［死亡率の低下は］富裕層のあいだでも

8　以下より。Wells, p. 344. 当時の博識家の例に漏れず、ウェルズはアマースト大学を卒業後、ボストンで博物学者のルイ・アガシーと共に科学を研究し、布地を織る機械を発明した。しかもアメリカの政策立案の分野においては、ベストセラーを世に送り出す以前から有名だった。彼は経済に関して物質的な側面のみを理解していたようで、物質的な進歩は科学の応用によってのみ実現すると考えた。

9　以下を参照。Razzell and Spence, "The History of Infant, Child and Adult Mortality," 2007, p. 286. 一七七〇年―一七八九年の時期から一七九〇年―一八一〇年までの時期と比べ、一七九〇年―一八一〇年から近代に該当する一八一〇年―一八二九年までの時期のほうが、子どもの死亡の減少率は大きいことがデータからわかる。

10　Wells, p. 349.

11　Wells, p. 347.

それ以外の階層のあいだでも同じように観察される。……環境の変化が多くの病気に影響をおよぼした可能性は大いにあり得る。……毛糸の下着はリネンやコットンの衣類に取り換えられた。……衣服は煮沸され、洗濯の方法が改善された――ノミやチフス菌が徐々に駆除されたのは、おそらくそのおかげだろう。(12)

ウェルズは所得の増加に伴い食事が改善された点を指摘している。

衛生に関する知識が増えて規制が強化されたことが、こうした結果に貢献しているのは事実である。しかし大きな原因は、食料品が安く大量に手に入るようになったことである。そしてそれが実現したのは、九分九厘、生産や流通の方法が改善したおかげだ。……アメリカ人は明らかに体のサイズが大きくなり、体重も増えた。大衆が貧困へと後退するような事態が発生していたら、このようにはならなかっただろう。(13)

このようにして、近代経済は病気の減少と死亡率の低下に役立った。経済活動によって日々の生産性が向上すると、家族やコミュニティには個人的な対策や公衆衛生対策を通じて病気を撲滅する手段が提供されるようになった。病院では消毒薬を使用するなど従来の実践が改善され、多くの伝染病の発生が食い止められる。しかも、近代の病院は近代経済の一部である。病院で洞察や教訓が得られ、それらが保健業界全体に普及したことは、近代経済における知識の爆発的増加の重要な部分を占めている。

近代経済が発達し、生産性の向上がほかの様々な国に波及していくと、世界では好循環が始まった。死亡率の低下は若年人口の増加につながり、新しい考え方の発明や開発や実験に関わる人材が増え、それがさらに賃金を上昇させ、死亡率を低下させていった。

バラ色の生活ではない

近代社会の賃金に関する非常に良いニュースに驚いた読者は、新たに始まった近代経済における雇用や失業の記録からも、従来の見方が修正されると期待するかもしれない。二〇〇九年、イギリス人ジャーナリストのメイヴ・ケネディは、英国図書館がオンライン上で公開した一世紀分のイギリスの新聞に目を通し、つぎのように指摘している。「政治スキャンダル、戦争、金融危機、失業の激増、飲酒で凶暴になった若者など、今日の深刻な社会問題に圧倒されている人たちも、一九世紀に目を向ければ安心するだろう。戦争、金融危機、政治スキャンダル、失業の激増、酒癖の悪い若者は、当時からすでに問題だった」。しかし大量失業という現象はそれ以前に発生していた。一八世紀、商業経済の時代に最初の大都市が創造されたことがきっかけである。普段は自給農業に携わり、時々「賃金労働」で報酬を獲得しているかぎりは、誰も失業とは縁がなかった。ところがそんな人たちが農業を捨てて都会での生活を始めると、賃金労働の確保は死活問題になった。食べものや住居を確保する手段はそれ以外に考えられないのだ。余裕があるときには、失業時に備えて所得の一部を貯蓄に回し、自分で自分の身を守る必要があった。その余裕のない場合、職人は互助組織（フェライン）に加盟すれば援助を受けることができた。そして多くの人は家族や友人に頼った。国による失業保険プログラムによって救済が行なわれるようになったのは、フランスでは一九〇五年、イギリスでは一九一一年になってからだ。

12　Razzell and Spence, pp. 287, 288.

13　Wells, pp. 347, 349. 肉体労働者が日給の僅かな部分を費やせば良い食事をとることは可能だと彼は計算している。そして熱帯のフルーツや北太平洋の新鮮な魚の輸入が過去一〇年間で激増している現実に驚嘆している。

一九世紀に近代経済が広まると都市の数は増え続け、それと共に失業者の人数も増えていった。失業者を抱える都市が国土に占める割合が拡大し、能力以下の仕事に従事する人たちから成る農村地帯が縮小していくと、必然的に国全体の失業は増加した。ただしそれを悪い傾向だと決めつけることはできない。都会の住人が失業のリスクを抱えていたのは事実だ。しかし人々がこぞって都会へと移住したのは、何らかの恩恵に浴するチャンスがあったからだ。多くの人たちが農業を捨てて都会の生活を選んだのは、犠牲を払ってもそれ以上の見返りが得られると判断したからである。

近代経済のおかげで、既存の都市の平均失業率が一世紀前の平均よりも押し上げられてしまったのかどうか、確認できるだけのデータは不足している。しかし入手可能なデータを見るかぎり、一九世紀には（女性のあいだで）労働力率が増え続け、現代、たとえば一九七五年以降ほど失業率は高くなかった。フランスを対象にした最近の研究によれば、「方向性の変化は一八五〇年代に初めて兆候が認められ、生産年齢人口の増加が頭打ちにも［かかわらず］、労働者［の人数］は目覚ましい勢いで増加した」[14]。フランスでは近代経済の到来をきっかけに、生産年齢の人たちのあいだで非農業部門に参入する傾向が強まったが、それを後押しするような力は農業部門で確認されていない。イギリスに関しては、インフレと失業の関係をテーマにしたA・W・フィリップスの名著のなかで一八六一年にまでさかのぼるデータが紹介されている。これらのデータを見るかぎり、その後の数十年間で近代経済の制度が広がって、新しい知識や変化を創造する力が大きくなっても、失業が拡大に向かっている証拠は見られない。さらに、早い時期（たとえば一八六一年から一九一〇年）の失業率の推移を見ても、一九七一年から二〇一〇年、すなわちイギリスが知識や発明の分野でほかの国に先頭を譲った時期と比較して高い水準とは思えない。そこからは知識、ひいては生産性と賃金の急成長が単独もしくは複数のルートを通じて失業を抑え込んだという結論が得られる。その後のイギリスの独創性や創意工夫に欠けた経済では、同じ展開の再現はむずかしい。多くの助成金や政府機関の支援によって低賃金労働者の失業率はうまく抑えられているが、流れを逆転させるまでには至っていない。

ではなぜ、近代経済には悪い評判が付きまとうのか。一九世紀に台頭し、後に花開いた経済のどこに問題があるのだろう。詩人ウィリアム・ブレイクが一八〇四年、美しい風景のなかに点在する工場に注目し、「闇のサタンの工場」〔イギリス愛国歌「エルサレム」の一節〕と表現したことは、悪いイメージの定着に一役買った。工場がものすごい勢いで建設されるようになるのは、その一〇年後のことだ。苦労ばかりで報われない農作業から解放されても、新たに労働の中心を占めるようになった工場での作業の多く、いやほとんどは単調で、職場環境は汚くて騒々しいのが特徴だった。チャーリー・チャップリンが一九三七年に発表した映画『モダン・タイムス』には組立ラインが登場するが、そこからは抑圧的というよりは愚かなイメージを受ける。ただし、工場は一九世紀から二〇世紀前半にかけての近代経済に特有のものではない。同様の、あるいはもっとひどい工場が、近代経済から最もかけ離れた経済の一部、たとえばレーニンやスターリンの時代のロシアや鄧小平の時代の中国に登場している。さらに、近代経済が誕生するために、工場の建設が絶対条件というわけでもない。これから近代国家の仲間入りをする国家が工場の段階を省略し、オフィスやインタラクティブなウェブ放送の段階にいきなり入っていく可能性は高い。

ほかの説明も考えられる。一九世紀に誕生した近代経済のもとでは都市が急速に発達したが、その環境汚染のひどさには、二一世紀に暮らす私たちでさえ愕然とする。ただしそこだけに注目すると、良い

14　Caron, *An Economic History of Modern France*, 1979, table 1.7, p. 19.

面を評価できない。一九世紀になると、イギリスやアメリカ、フランスやドイツではほとんどの人が中世の低賃金から解放され、二倍から三倍の所得を確保できるようになった。たしかに所得は生命のない抽象的な事柄ではあるが、所得が増えれば貧困の発生が抑制されるのもまた事実である。

近代経済が到来した国にとって、場合によっては到来しなかった国にとっても、この新しい経済は計り知れない物質的な恩恵をもたらしてくれた。賃金率が上昇した結果、自立が可能になった大勢の人たちが尊厳を持つようになり、従来の束縛から解放されて社会に進出する機会が与えられた。そして田舎での暮らしに代わり、都会で生活するチャンスが開けた。所得が増えると、ごく基本的な部分で生活水準が向上する。たとえば乳幼児の死亡率は減少し、成人した後は新しい生活水準を楽しめるようになった。新たに誕生した中間層は外食に出かけ、スタジアムや劇場に足を運び、子どもが芸術と触れ合う機会を作った（アメリカでは、すべての応接間にピアノがあったようだと言われる）。

今となっては、こうした「持続的成長」はもはや重要には思えないだろう。消費活動も健康状態もレベルが低かった時代と比べ、今日では所得の増加は以前ほど重要ではなくなった。その証拠に、一八六〇年代から一九六〇年代にかけて一日や一週間の労働時間は大きく短縮されている。近代経済では、賃金率や給与の上昇傾向を生活の最重要事項と見なさない人が増えてきているというのが、本書の中心的なテーマである。一〇年前に実施された「幸福」に関する調査からは、べつの面が浮かび上がった。世帯調査データから得られた結論によれば、所得階層のある点に達すると、より高い「幸福」レベルを申告する人がいなくなる。仏教徒さながら、これ以上の消費も娯楽も望まないというわけだ。所得が増えれば大きな責任を与えられ、活動範囲が広がるのだが、その点には関心が持たれない。（その後の研究者は同様のデータに基づいて、この結論は正確ではないと主張している）。いずれの傾向が真実にせよ、「お金で幸福を買えない」ことは常に理解されてきた。幸福は所得に束縛されない。高収入は「幸福」には分類されない満足を得るための手段である。さもなければ、幸福度が増えないのに高収入を目指したりしないだろう。ただし収入の不足が、重要な目標——自己啓発や満ち足りた生活——を達成するための障害になるのは事実だ。非物質的な目標の達成を支える所得の少なさに悩む人が少なくなってきたのは、近代経済の長い歴史における大きな成果だと言える。

もちろん、西洋で近代経済が台頭せず、バロック時代の商業経済だけが残っていたとしても、結局は何らかの新しい経済が誕生し、科学の進歩が外からの力となり、結果として賃金率や所得は増えていたかもしれない。ただし、賃金も所得もそれほど急には増えなかっただろう。もしも科学による外からの力が一九世紀に一部の西洋諸国の経済を成長させた主な牽引役で、そのおかげで急成長が実現したのだとすれば、科学の進歩はすべての国の水準を引き上げていなければおかしい。たとえば一九世紀が幕を開けた当時、オランダやイタリアは生産性も技術も比較的高い水準だった。一八二〇年ごろにはすべての西洋諸国が同じスタートラインに立っていたのだが、一部の国は抜きんでた物質的な成果を挙げたというのが実際だ。これは近代経済の圧倒的な偉業に他ならない。

最後に総括しよう。本章では、近代経済の到来によって一部の国にもたらされた急成長が、具体的な数字によって証明されることを紹介した。しかし成果はそれだけに限定されない。近代経済が定着した国では新しい経済知識が絶え間なく創造され、それが生活における物質的条件を様変わりさせたこともまた事実だ。近代経済がこれだけの偉業を達成できたのは、ある目標に挑戦して成功できるだけの構造を備えていたからだ。その目標とは、大衆を巻き込んだイノベーションである。(15) 大衆がイノベーションの原動力となっている国では、ボトムアップが実現する。そして草の根のレベルでのイノベーションという特徴にふさわしく、これまで進歩から取り残されていた人たちにも所得など、一部の恩恵が平等にもたらされた。健康や寿命などの恩恵は、ほとんどが立場の弱い人たちの手に行き渡った。この展開が最近のアメリカの歴史におよぼした影響からもわかるように、これは経済の「革命」であり、「多くの点でアメリカの大衆にもたらされた最高の贈り物だった[16]」。

ただし、近代経済の偉業は物質的な変化に限定されない。非物質的で実体のない世界、すなわち経験、野心、精神、想像力などにおいても、同様の激しい変化を体験する人が増えていった。それについては次章で紹介する。

15　一八一五年から一九一四年にかけての「一〇〇年間の平和」に言及し、著名なマイケル・ポランニーの兄カール・ポランニーはつぎのように指摘している。内乱や戦争がこの時代に少なくなったのは、資本や生産性が累積的に増えたことと大いに関係がある。『大転換』（一九四四年）を参照。ただしこれは事実だけ見ても奇妙な主張だ。アメリカは南北戦争、イギリスはクリミア戦争とボーア戦争を抱え、フランスとドイツは戦っていたのだ。こうした戦争にもかかわらず平和が続いたのだから、その分かえってモダニティの成果は注目に値する。イノベーションに挑戦して打ち込む傾向が、長期にわたる平和には大きく関わってくるはずだが、彼の視点からはそれを理解できなかった。彼の著作は重要な点で本書と正反対である。

16　以下を参照。H. W. Brands, *American Colossus*, 2010, p. 606.

第3章　近代的生の経験

一八六〇年から一九三〇年にかけてのヨーロッパは、都会生活という新たな経験によって変化を遂げた。ペースが速く理解不能な世界に放り込まれた人たちは、疎外感や高揚感を抱いたものだ。このような気持ちを視覚的に表現したのが表現主義だった。

——ジャッキー・ヴォルシュレガー『フィナンシャル・タイムズ』

若いアメリカは……新しいものに対して大きな情熱——完璧なまでの熱狂——を抱いている。

——エイブラハム・リンカーン「発見と発明に関する第二講演」

近代経済と共にまったく新しいものが到来した。近代的生である。前章で指摘したように、近代的生は消費や余暇や寿命に対して非常に大きな影響をもたらし、時には人々の行動を様変わりさせた。長寿を期待できるようになると、大きな投資が必要なキャリアに思い切って挑戦することも可能になった。

ただし、このような物質的な利益は生活（そして仕事）の水準を変えたかもしれないが、生の様式すなわち「生き方」を根本的に変えるまでには至らなかった。たとえば乳幼児死亡率の低下によって、子どもを持つことに伴う心の痛みや不安が軽減されたのは事実で、それは物質的な利益の成果として大いに評価できる。しかしそれでも、出産や子育ての経験に根本的な変化を引き起こしたとは言えないのではないか。

新たな近代経済が都市や国家におよぼした大きな影響は、むしろ非物質的な結果のなかに見られる。大勢の人たちが近代経済にどんどん取り込まれながら、仕事やキャリアを変化させていった。そのため、生き方が激変したと言ってもよい。近代経済に参加して新しい仕事や都会での生活を経験するようになると、生活水準はむろんのこと、生活の性質にまで変化が引き起こされた。もちろん十分な効果が表れるまでには時間がかかるもので、そのタイミングは職種によってばらつきがあり、まったく恩恵を受けられないケースもあった。したがって、早い時期の観察者が効果に注目できなかったとしても驚くにはあたらない。後の観察者は、新しい時代の傾向を見逃しようがなかったのだ。

当時、生産年齢人口の生活において就労経験が中心的な要素になっていた点を、近代の偉大な経済学者の一部は認識するようになった。一八九〇年から四半世紀にわたってイギリスの大御所経済学者として君臨したアルフレッド・マーシャルは、近代の企業で雇用された人にとって、解決すべき問題のほとんどは経済での労働中に発生するものだと強調している。

概して心が最善の状態のときには、生計の手段となる仕事のことで頭がいっぱいになる。こうして……仕事について……あるいは仕事仲間との関係について考えるうちに性格は形成されていく。[1]

これは、イギリス人特有の控えめな発言だと考えたほうがよい。実際のところマーシャルは周囲を観察したうえで、仕事によって精神が刺激され鍛えられる点を大いに評価している。その数十年後、スウェーデンの経済学者グンナー・ミュルダールは、常日頃の率直な物言いでつぎのように強調している。

経済においては消費が生産の唯一の目的だと……よく言われる。……人は生きるために働くと言い換えてもよい。しかし働くために生きる人が大勢いるのも事実だ。……まずまずの暮らしが可能な人たちのほとんどは、消費者としてよりも、むしろ生産者としてより大きな満足感を手に入れている。……出来るだけ多くの人たちがこのような状態で暮らすことが、社会の理想だと定義する人は多い。(2)

経済活動——より良い生産方法についての理解に努め、何を生産すべきか思案する——が心を占める人が増加する傾向を認識した点で、マーシャルとミュルダールは正統派経済学と一線を画している。マーシャルとミュルダールの観察はふたつの点で際立っている。先ず、仕事の精神的側面をこれだけ

1　八つも版を重ねた『経済学原理』で有名なマーシャルは、一八九二年に刊行されて評判をよんだ『経済原論』の二ページ目でこのように記した。一八四二年に誕生したマーシャルはケンブリッジで出世の階段を上り、その時代では最も成功した多作の経済学者である。ケインズ、アーサー・セシル・ピグー、デニス・H・ロバートソンら彼の教え子は、つぎの世代のケンブリッジを代表する経済学者になった。マーシャルはロンドンのなかでも都市化が進んでいたクラパムと呼ばれる地域で成長した。おかげでオックスフォードやケンブリッジの名士のなかではめずらしく、一九世紀後半の労働環境をじかに目で見て感じる機会に恵まれた。

2　Myrdal, *The Political Element in the Development of Economic Theory*, 1953, p.136〔邦訳『経済学説と政治的要素』山田雄三・佐藤隆三訳、春秋社、一九八三年〕。一九三二年に刊行されたドイツ語版からの翻訳。

強調しているのは、かつてはそれがほとんど顧みられなかった事実を理解していたからだろう。人々――ほとんどの人々――は、子育てなどの家事で終わる一生から大した刺激や課題を見いだせない（もしも世界のどこを向いても精神的な刺激や課題で満ち満ちていたら、職場で同様のものを発見しても、わざわざ注目するほどの価値はなかっただろう）。さらに二人は、これがまったく新しい現象だという点も理解していたと考えられる。かつて仕事に打ち込む人は少なく、権力に執着する国王は例外的なケースだったと暗に仮定しているのだ。それに比べて近代経済に参加すれば、労働に伴う精神的な刺激や知的な挑戦が心を満足感で豊かにしてくれる。これは、従来の経済を支えてきた農作業からは得られない経験だ。職場への知的関与の深まりについて、マーシャルもミュルダールも暗黙のうちに理解していたのである。ただし、刺激や課題の具体的内容については明言していない。

もうひとつの世界――仕事とキャリアの変化

近代経済が独自の経験を伴うのは、新たに考案されたアイデアから商品が開発され、マーケティングを展開して成果を試すまでの活動が刺激的だからだ。かつての伝統的な経済では、仕事の経験はどれも同じようなもので変わりばえがしないのが特徴だったが、近代経済では変化、挑戦、独創性が強調されるようになった。ちょっと観察するだけでもヒントはころがっている。それをじっくり解釈すれば、近代に入ってどのような経験が可能になり、それがどのようなカテゴリーに分類されるのか、すべてとは言わないが、一部を確認することができる。おそらく、これらの経験を無条件に恩恵と呼ぶことはできないだろう（あとの部分を参照）。さらに――公正な経済は恩恵を生み出さなければならないが――十分に機能する近代経済が明確な形で恩恵を生み出したとしても、かならずしも公正な経済として評価できるわけではない（第7章と8章を参照）。しかし話を先へ進める前に、近代経済から得られた経験について紹介しなければならない。

モダニティは絶え間ない変化を特徴としており、それは伝統的な経済のもとでの変わりばえのしない退屈な仕事とは著しく対照的だ。会社の外から絶えず変化がやって来て、関係者は知的な刺激を受ける。新しい製品が登場すれば、ユーザーや潜在的なユーザーも刺激される。その結果、これまで見逃されてきた何らかの方法で新しい製品を利用すれば、何らかの利益が得られるだろうかと考え出すだろう。一方、生産者も刺激され、製品の機能を改善したり変化させたりする方法はないかと知恵を絞る。たしかに伝統的な経済の既存の製品にも新たな用途や改善の余地はあるし、まだ利用されていない可能性は残されているだろう。伝統的な状況からもある程度の刺激は見いだせるかもしれない。しかし、新製品がひっきりなしに登場する状況のほうが、刺激は確実に強い。

さらに近代経済においては、内部から変化を引き起こす際に新たな問題が生じるので、それを解決するためのプロセスで従来とは異なった経験ができる。古代から中世にかけて、職人や農民は古くからの障害を少しずつ克服してきた。しかし一六世紀から一七世紀、一八世紀へと時代が進むにつれて、障害も解決策も明らかに底を突いてしまった。過去にもシュンペーター的な発見がいくつか実現した時期はあり、以後もそのような時期は散発的に見られる。ただし、国が大きく発展して新たな機会が創出されるためには、重大な発見が頻繁に行なわれなければならない。その点、近代経済においては新しい問題がつぎつぎ創造されるので、労働年齢の人たちには挑戦しがいのある仕事が提供される。その結果として「才能が拡大」し、哲学者の言うところの自己実現や自己達成がもたらされ、潜在能力が十分に発揮されるのだ。経営者から見れば従業員の意欲が育まれ、誰もが新たな展開に刺激され、目の前の問題の解決に打ち込んでいく。マーシャルとミュルダールは、近代の仕事にこのような資質が備わっていたことを理解していたと考えられる。

一方、仕事を通じて職場の同僚と交流することによる社会的経験も見逃せない。たしかに、人的交流にせよ、問題の提起と解決にせよ、家庭でも決して不可能ではない。たとえば、親は子どもやほかの親と交流するだろう。しかし近代の職場においては古くからの交流が何度も繰り返されるのではなく、新しい交流が絶えず提供される。この違いは大きい[3]。そして近代経済においては、職場の外での交流も発達する。企業は競合するよりも、お互いに製品を購入し合い、労働力や資本を共有するなど、合併や協力の道を選んだほうが活動しやすい。あるいは従業員は、職場の外で仕事の話をすれば色々な面で多くの情報を得られる。業界のうわさ話の出所にアクセスしやすい企業のほうが、何を生産すべきでないかについて良いアイデアが浮かぶものだ。

さらに、斬新な行動にリーダーとして、あるいはメンバーとして参加することも、この時代の新たな経験として挙げられる。企業家やチームリーダー、あるいはチームの一般のメンバーにとって、斬新なプロジェクトは自らの独創性や判断力を意思決定に生かせる絶好の機会で、自己表現や自己肯定のチャンスが与えられる。このような活動は多くの人々にとって、単なる問題解決よりも大きな達成感につながる。重商主義の時代やそれ以前の伝統的な経済では、仕事は主に同じことの繰り返しで、時々火を消さなければならない事態が発生する程度だった。イニシアチブを発揮する機会も必要性も大きく限定されていた。

そしてもうひとつ、近代ならではの経験と呼べるものがある。近代経済に参加してキャリアを築こうとすれば、曲がりくねった道を探検しながら進んでいくことをほぼ強制され、何もないところに飛び込んでいかなければならない。想像もできないような経験にとまどい、難問にぶつかるときもあるが、それがキャリアのなかで最も貴重なエピソードになるのだ。これは間違いなく、近代経済によって提供される最も貴重な恩恵だと言える。過去の経済において発見の旅と言えば、マルコ・ポーロの中国への旅やレイフ・エリクソンのヴィンランドへの探検のように、例外的なものだった。商業資本主義下の商業経済においては、あちこちの未開の地に飛び込んでいく特権が一握りの人たちに限られていた。これに対して近代経済では、自己発見のチャンスが誰にでも与えられることが特徴である。

仕事やキャリアから得られる最終的な結果も、近代経済に伴う非物質的な報酬の一部に数えられる。近代経済においては、参加者が成果をはっきりと明確な形で挙げることができる。このような成功から得られる満足は、近代経済の恩恵として決してあなどれない。商業時代の重商主義経済をはじめとする伝統的な経済では、こうした満足はごく少数の人たち以外には手が届かなかった。なぜなら以前は、並はずれた成果が頻繁に得られたわけではなかったからだ。物資を交換する距離が長くなっていったぐらいだろう。ただし、具体的な成果という側面をあまりにも強調しすぎてはいけない。一部の世帯調査によれば、人々は決して達成感の得られそうな仕事ばかり求めているわけではなく、個人的な経験や内面

3　問題解決ならびにその際のチームワークが人々にもたらす価値は、プラグマティズムを代表するアメリカの思想家と切り離せない問題である。たとえばチャールズ・パース、ウィリアム・ジェイムズ、ジョン・デューイといった哲学者で、特にデューイには注目すべきだ。（のちの世代としてはスタンフォードのリチャード・ローティやハーヴァードのアマルティア・セン）。デューイの莫大な著作のなかには、戦艦の建造に当たって問題解決に取り組む造船技師のチームについてのイメージが登場する。デューイは反共産主義者であると同時にアメリカ資本主義にも批判的で、企業に関しては社会主義とビジョンを共有している。それによれば、意思決定は経営陣や工場長の権限ではなく、労働者の集会やコンセンサスによって行なわれる。労働者の決定は上司の決定と同様に優れているとデューイは考えた。

の成長を大切にしている。

それから、近代経済では自由も経験することができる。近代経済の優れた制度や刺激的な文化がもたらす物質的な恩恵を評価したうえで、物質的な恩恵が生み出される環境の自由まで評価するのは、古典派経済学者から見れば、二重計算を行なっているような印象を受けるかもしれない。しかし現実の近代経済は理論モデルと違い、現在も未来もすべてお見通しというわけではない。どんなチャンスや危険があるのか、誰にでも手に入る知識はほとんど存在しないのだから、勘をはたらかせて判断していかなければならない。ユニークな知識や判断力や直感に基づいて個人が行動する自由（あるいは行動しない自由）は、人々が充足感や尊厳を手に入れるために欠かせないものだと言ってもよい。この見解に立てば、率先して行動する自由や間違える自由は基本財そのものであり、しかもきわめて重要である。

ところで成果という概念は、近代の仕事から得られる報酬について論じる際に何度か取り上げられる。ただし物質的な成果の一部、たとえば個人が蓄積した富などは、近代経済への参加がもたらす最終結果のなかに含まれない。本質的に、富は様々な利益を得るための手段である。なかでも特に前章で取り上げた物質的利益を得るために利用されるし、仕事上の様々な経験を積む手段でもある。（家庭に貯蓄があれば、当座は給料が低くてもあとから貴重な経験が得られる仕事を選択する余裕も生まれる）。一方、名誉や影響力など非物質的な成果にも問題はある。これらは特権的財であり、他人が同じものを持っていないからこそ価値が生まれるからだ。（ノーベル賞受賞者の幸せよりは、次点になった人物の不幸せのほうが勝ると言われる）。しかし、社会が人々の成果を評価しないと思い込むのは不当だ。成果を追求するとリスクや犠牲をいとわなくなり、その結果、すでに紹介したような非物質的な恩恵がもたらされることぐらいしか評価できないと考えるべきではないだろう。

では、近代経済の実現した国での暮らしはどのようなものか。特に一九世紀に誕生し、二〇世紀に入っても本来の姿をとどめ続けた近代経済に参加するのは、どんな気分だったのか。この質問に答えるため、私たちは多少の想像力を働かせなければならない。仕事やキャリアにおける経験の重要性については、判断に必要な証拠が明確な形で存在しているわけではないのだ。しかし実のところ、目を凝らせば証拠はあちこちに散らばっており、なかには直接観察できるもの、いや測定可能なものさえある。その一方、不確実な情報に基づいた状況証拠もあるだろう。これらを十分に生かしながら、ここでは経験の重要性に焦点を当てていきたい。経験が本当に重要だとすれば、人々から評価されているはずだ。

近代の仕事は人的交流を特徴とするが、それについては人口統計学上の直接的な証拠が残されている。重商主義経済においては、ひとつの町や地域に集中する産業は例外的だった。新しいアイデアに追いつくことがまだ喫緊の課題ではなかった時代、ほとんどの産業は国土全体に広がっていった。やがて一九世紀に入り、新しいアイデアの導入が意思決定に欠かせなくなってくると、情景はがらりと変わった。人々はアイデアのある場所まで出向くようになり、集中化が進んだ。同じ業界の企業は一カ所にまとまる。フランスの織物業者はリヨン、イギリスの金属加工労働者はバーミンガム、イタリアの衣料メーカーはナポリに集まった。後に二〇世紀になると、ドイツの映画産業はベルリン、アメリカの自動車メーカーはデトロイトといった具合に集中していく。農村地域では過疎化が進行し、都市があちこちに誕生した。ドイツでは一八〇〇年、都市と呼ぶにふさわしい町が四つしかなかった。以後、人口がほとんど増加しなかったにもかかわらず、一九〇〇年にはその数が五〇ほどにまで跳ね上がった。アメリカでは一九二〇年までに、農村中心の生活から都市中心の生活へと移行していた。歴史上はじめて人類にとって、商売のため、あるいは専門的な事柄などを話し合うために便利な交流が可能になったのである。さらに人々は新しい状況を巧みに利用した。一九世紀には（それ以前から認められるが）イギリスでもフランスでも、人々が集う居酒屋やカフェの軒数が爆発的に増えたのだ。マルクス主義者は過密な状態が都市の窮乏につながると考えたが、このように視点を変えてみれば都市は労働や資本にとっては好都合で、批判が全面的に正しいとは言えない。（喜んで働いてくれる人材の豊富な都市から離れる企業はなかった。インターネット関連企業が都会から脱出するようになったのは、この数十年間のことだ）。

近代を特徴づけるもうひとつの経験、すなわち新しいものとの出会い、特に新しい問題に直面して解決することから得られる満足感に関しては、直接の臨床的証拠が存在している。精神的な刺激や問題解決を切望する気持ちは、そもそも霊長類に共通しているのだ。動物園の飼育係は自分たちの発見についてこう語っている。

かつてブロンクス動物園の動物たちは手持無沙汰で退屈な日々をおくっていた。小さな檻のなかをうろうろ歩き、皿にのせて与えられる餌を食べていた。おかげで何事にも無関心な動物が生み出されてしまった。やがて野生生物や動物の行動についての研究が進むと、退屈さが動物の健康をむしばむことが明らかになった。……そしていまでは、動物たちは退屈な暮らしを免れている。一九九〇年代半ばから、ニューヨークの各動物園では動物の世話の定義を拡大し、精神面まで考慮するようになった。……基本的にこれは退屈さを回避することが目的だが、科学者にはもっと大きな目標がある。ニューヨーク水族館の上級研究員であるダイアナ・ライス博士はつぎのように語る。「私たちはこう考えた。動物たちに……選択のチャンスを与えたらどうかと。課題に取り組み、問題を解決して頭を使わせたらどうか。自分で学習する方法を教えたらどうなるだろう」……そして動物園の飼育係は作業や難問をどのように再現すればよいか、いろいろな方法を試している。……そのために動物たちは野生の状態に放り出される。たとえば実験では様々なおもちゃを使ったり、食べ物を隠したり……「目先の変わったものを提供してやることが非常に重要だ」とリチャード・ラティス博士は説明する。博士はニューヨークの五つの動物園と水族館を経営する野生動物保護協会の会長を務める。何が問題かといえば「新しいことを発明し続けなければならない。古くなったおもちゃをいつまでも使っていると動物たちは退屈してしまう(4)」。

同じ実験が人間を対象に行なわれたわけではないが、精神的な刺激や問題解決を求める気持ちを人間が少なくとも同程度持ち合わせていることはかなり確実だ。数十年前に実施された刑務所の改革がそれを物語っている。チェスなどのゲームを楽しんだり、書物を研究したりすることを許された受刑者は感情面でも身体面でも健康になったという。たとえば一部の国は仕事の大幅な削減の実験に取り組んでいる。大陸ヨーロッパでは男性の半分が五五歳までに引退し、女性の場合はさらに年齢が早くなっているが、働かなければ変化や挑戦や独創性とは無縁になってしまう！　ある医師の報告によれば、患者の死亡率は退職後の数カ月で跳ね上がるという。

統計による証拠も存在している。二〇〇二年に実施された総合的社会調査によると、同年に労働時間が一〇時間以上に達したアメリカの成人一〇人のうち九人が、仕事に「非常に満足している」か「まず満足している」と回答した。もちろん、中身の乏しい仕事に従事する人たちのあいだでは仕事への満足度がもっと少ない。それでも自分を労働者階級と見なす人たちでさえ、八七パーセントが仕事に

4　Stewart, "Recall of the Wild: Fighting Boredom, Zoos Play to the Inmates' Instincts," 2002, p. B1.

「満足している」と回答している。たとえ精神や知性の面での見返りがなくても、人間は仕事で体を動かして疲れるだけで幸せになれる可能性も、論理的には捨てきれないかもしれない。これは極論だろうか。かりに調査対象の労働者が仕事に満足していないと回答していれば、仕事がきつくても精神や知性の面での見返りのほうが勝ると論じるのは難しいだろう。しかし実際には、人々は疲労やストレス、厄介な状況、緊張した対人関係にもかかわらず、仕事にかなり満足していることが報告されているのだ。（そうなると、元労働長官ロバート・ライシュの過激な発言は間違っていることになる。二〇〇六年一〇月、彼はラジオ番組のなかで私に向かって「アメリカ人は仕事を嫌悪している」と語った）。

以上のような事柄が史上初めて観察されるようになったのだから、近代経済の到来は人々にとって天の賜物だったと考えても理に適っている。かつては一握りの幸運な人たちしか得られなかったもの——従業員の働く意欲、知的満足、時おり訪れる発見の喜び——が、誰にでも手に入るようになったのだ。ではつぎに、近代経済の到来をべつのレンズを通して眺めてみよう。

近代経済の経験は芸術や文学にいかに反映されたか

近代経済が労働生活、ひいては生活そのものに大きな変化を引き起こした証拠はほかにもあるだろうか。近代経済の時代にも芸術や文学は存在している。私たちは文学に対し、自分たちの時代の生活のあまり意識されない側面に光を当ててくれることを期待するものだ。共感できる作品に対しては、「そう、そうなんだよ」と反応を示す。そもそも一部の人たちが小説の執筆や交響曲の作曲に携わっているという事実だけでも、生活を激変させるような制度の到来に人々が興奮し、理解したうえで表現しようとする情熱に駆られていた証拠になると、バルガス・リョサは発言している。したがって、近代経済の誕生と共に生活がどのように変化したか知る手がかりとして、この時代の名作フィクションに注目するのは理に適っている。もちろん、自分の時代の仕事やキャリアからどのような経験が得られるか、具体的に記している作家はほとんどいないが、内容は示唆に富んでいる。

冒険をテーマとした作品を執筆する作家は常に存在するもので、世界各地で冒険がほとんど行なわれなかった時代も例外ではない。バロック時代の主役とも言える国々では重商主義経済が採用され、探検家は国の支援を受けていた。したがって作家が変化や挑戦や独創性について経験したうえで、それをテーマに作品を執筆する状況ではなかった。スペインでミゲル・デ・セルバンテスが一六〇五年に発表した小説『ドン・キホーテ』は、文学的な視点からは、一部の人気作家が大衆に売り込もうとしたロマンスへの風刺だと考えられる。しかし見方を変えれば、挑戦や独創性を奪われた生活というテーマが浮かび上がってくる。スペインの荒野をさまようキホーテは、近代の仕事やキャリアを経験できない。そこで自らを伝説の騎士と思い込み、「従者」のサンチョ・パンサと共に騎士道精神を発揮できる挑戦や動機をあれこれ創造した。寝たきりになったキホーテから冒険は終わったと聞かされると、サンチョはわっと泣き出す。彼もまたファンタジーを必要としていたのだ。一方、イギリスのダニエル・デフォーは、経済学の素養がありながらも豊かな想像力に恵まれていた。彼はイノベーションに興味をそそられるが、それをテーマとする作品にユニークな舞台を選んだ。一七一九年に発表された小説『ロビンソン・クルーソー』の舞台は航路から大きくそれた場所にある無人島だ。難破した船の水夫だったクルーソーは、ここに二八年間も閉じ込められる。しかし彼は、まだほとんど前近代的な当時のイギリスではまず不可能な行動を起こす。はじめは生き残るためにイノベーションの生活を始め、やがてその面白さにのめり込んでいく。手始めに何カ月もかけてボートを建造するが、これは重すぎて海岸まで運べなかった。

かわからずに返してしまう)。デフォーが一七二二年に発表した小説『モル・フランダーズ』では、女スリが馬を盗んだ挙げ句、どうすればよいかわからずに返してしまう)。デフォーは失敗や困難や挫折を描く詩人と呼ばれた。

近代経済が急に出現しても、それについて熱心に伝えようとする作家はほとんどいなかった。ただし、きわめて重要な出来事が進行中であることを示唆している点で、三つの小説は際立っている。先ず一八一八年、メアリー・シェリー(メアリー・ウォルストンクラフト・ゴドウィンとして生まれる)が『フランケンシュタイン、あるいは現代のプロメテウス』を発表する。イギリスのロマン派の詩人や芸術家にとってプロメテウスという英雄は、自由意思、創造力、破壊の能力を象徴していた。プロメテウスを題材としたもののなかでは、彼女の『フランケンシュタイン』が最も影響力の大きい作品になった。(5) 著者は近代経済を予測することも警告することもできなかったが、近代経済が勢いを増すにつれて、ますます多くの読者がこの小説に惹きつけられていった。そしてヴィクター・フランケンシュタインが創造した怪物と、起業家たちが創造する革新的な企業とのあいだに間違いなく共通点を見出した。一九三一年にジェイムズ・ホエールが製作した映画のなかで、怪物が動くところを見たフランケンシュタイン博士は「こいつ、生きている!」と叫ぶ。これはイギリスやアメリカで誕生しつつあった近代経済に向けられた言葉だとも考えられる。怪物は普段はおとなしいが、同じように企業も概して顧客や従業員にやさしい。そして怪物が恐れられるように、企業も恐れられる。しかし実際、この小説はプロメテウスのような行動を非難しているのだろうか。そして近代経済を攻撃しているのだろうか。妻の小説が新たな時代への警告と見られることを憂慮した詩人のパーシー・シェリーは、この本の序文でそのような解釈に反対している。しかし彼が心配するにはおよばなかった。この本はイノベーションを攻撃しているわけではない。怪物を受け入れられないフランケンシュタインや市民の姿勢を嘆いている。そのうえで、人間の精神の創造力を科学はそっくり再現できないと主張しているのだ。

ロマン主義の時代の小説で、近代経済の指標となるもうひとつの小説が、一八四七年にエミリー・ブロンテが発表した『嵐が丘』だ。この悲劇のラブストーリーは都会と田舎の緊張関係が背景になっている。キャサリンは田舎の生活に閉じ込められ、一方ヒースクリフはキャリアアップが可能な大都会の魅力に抗えず、引き寄せられていく。(6) もちろん田舎にとどまる若者もいたが、一九世紀の半ばになると、ロンドンのダイナミズムは若い世代の想像力をとらえて離さなくなった。往年の名画『嵐が丘』でヒースクリフが嵐が丘を離れる場面では、キャサリンが興奮を抑えきれず――あるいはおそらく恋人の興奮を感じ取って――つぎのような台詞を語る。「さあ、ヒースクリフ。逃げてちょうだい。いつか私を迎えにきて！」(7)

5　オリジナルの悲劇『縛られたプロメテウス』は古代ギリシアのアイスキュロスによる作品で、プロメテウスが全能のゼウス（ジュピター）に捕われ、最後に解放されるまでが描かれている。一八二〇年には、『鎖を解かれたプロメテウス』という劇詩がパーシー・ビッシュ・シェリーによって発表される。ここでのプロメテウスは、ジュピターに対する恨みから解放されることによって自由の身となり、その瞬間にジュピターは力を失い、世界には混乱状態がもたらされた。パーシーやバイロン卿と同居していたメアリーは、一八一八年の夏にスイスで怪奇小説の執筆を始めたが、その年の九月にパーシーの劇詩について手紙で取り上げている。プロメテウスをモデルにした彼女の粗筋はある意味、ミュリエル・スパークの言葉を借りるなら「理性的人文主義」への反動であり、無神論者の父親ウィリアム・ゴドウィンと、キリスト教徒の恋人で後に夫となるパーシーに向けたものだと言ってよいだろう。若い頃、パーシーはヴィクターと呼ばれていた。

6　ジプシーの血をひくヒースクリフも商才がものをいうロンドンにおいて、田舎の古い伝統にとらわれることなくチャンスが提供されると感じたのかもしれない。一九世紀半ばのロンドンは、経済のダイナミズムだけでなく経済的包摂の中心だったと思われる。

7　これは一九三九年の映画のことだ。ハリウッドの黄金期の作品で、製作はサミュエル・ゴールドウィン、監督はウィリアム・ワイラー、脚本はベン・ヘクトとチャールズ・マッカーサーによる。マール・オベロンとローレンス・オリヴィエが主役を務めた。

一方チャールズ・ディケンズが労働の世界に関して抱く見解は、広く評価されているよりも複雑だった。彼の作家としての力量は抜群で、極度の貧困に苦しむ孤児、あるいは技能のいらない退屈な単純労働ばかり押し付けられる工場労働者に対し、世間の同情を掻き立てた。その代表作が一八三九年の小説『オリバー・ツイスト』と一八五四年に発表された小説『ハード・タイムズ』である。ディケンズ自身は一二歳のとき、ロンドンの工場でつらい作業を体験させられた。そのおかげで、技能を持たない労働者の厳しい境遇を深く洞察できるようになったのである。しかしやがて、彼はイギリス社会の幅広い領域の問題に関心を持つようになった。

『ハード・タイムズ』でさえ、女流作家ミセス・トロロプが克明に描写した労働者の苦しみに関心を向けていない。……この小説の風刺は産業界というより……想像力に富んだ生活を望む個人を押さえつける力に対して向けられている。スティーヴン・ブラックプールの問題は産業化の結果として生じたわけではない。……(第一に)議会やエスタブリッシュメントに象徴される体制が、彼の結婚を巡る問題にうまく対応できなかったからだ。そして(第二に)もうひとつの非人間的な制度、すなわちスラックブリッジの労働組合に個性を埋没させることを拒んだからである。(8)

工業化に関するディケンズの見解も変化している。一八五〇年代になると、伝統的な生活にノスタルジアを抱き、恵まれない人たちにこれ以上ないほどの同情を寄せる一方、イギリス全土で新たな雇用機会が誕生しつつある状況を喜ぶようになった。彼はロンドンでの夜の散歩を好み、そこで目撃するバイタリティや多様性に大いに魅せられた。「大都市はまったく落ち着きがない。眠る間際まで動き回る」

と記している。そして一八三六年の作品『ボズの素描集』のなかでは、活動の始まりが遅い都市の様子を描いている。小売店主も弁護士も、事務員も新たな職種の人たちも、一一時になってようやく職場にやって来るという。「通りは様々な人たちであふれかえっている。楽しそうな人やみすぼらしい人、金持ちや貧乏人、怠け者や働き者、あらゆる人たちの喧騒で通りが熱気を帯びるなか、正午になると活動が開始される」。そしてバーミンガムの工場への見方を改め、つぎのように書いている。「[ここの]工場や職場では……働く人たちへの配慮が行き届いている。……それは結果にはっきり表れている。本能のまま行動しながら、工員たちの態度はバランスがとれていて素晴らしい。卑屈なところも、うぬぼれたところも認められない(9)」。ジョージ・オーウェルはディケンズが「状況をまるで理解しないまま」問題解決を図っていると指摘したが、実際にはそれほど世間知らずではなかった。たとえば彼は、個人的な利益や政治的な目的を追求するため、工場労働者の利益を犠牲にしている労働組合活動家に警告を発している。

ディケンズはキャリアについて、個人が成長するための唯一の手段ではなくても、手段のひとつとして考えるようになった。一八五〇年に発表した小説『デイヴィッド・コパフィールド』では、子どもから大人へと成長していくデイヴィッドをたたえ、彼の宿敵で口先のうまい立身出世主義者ユライア・ヒープの戦略と対比させている。

8　Schlicke, *The Oxford Reader's Companion to Dickens*, 1999, p. 294.

9　最初の引用は『無商旅人』の「夜の散歩」、二番目は『ボズの素描集』の「街角――朝」から、三番目は一八五三年一月六日にバーミンガムで行なわれた講演を文字に起こした『講演、書簡、発言』からの引用。いずれの引用も以下に掲載されている。Andrews, *Dickens on England and the English*, pp. 98, 84, and 69.

ヒープは自己中心的な性格ゆえ、本当の解放や自己肯定を実現するための手段として仕事を見ることができない。しかし……デイヴィッドの生活には意味がある。彼にとって仕事は目的とアイデンティティを与えてくれる手段になっているからだ。デイヴィッドは作家としての職業を通じて自己実現を達成するが、そこからは、ディケンズ自身が仕事の価値を是認していることがわかる。……ディケンズが多くの小説で反対している抑圧的な状況においては、労働倫理が曲解されてしまう。……一九世紀には、やりがいのある仕事を通じて成功をつかめるようになったが、[ディケンズは]お手本として最もふさわしいモデルだ。仕事は概して良いものであり、労働者は個性や固有の価値を尊重されるべきだという基本的な前提に彼は共感している。(10)

ディケンズの作品において、デイヴィッドは自分の生活をうまく管理している多くの登場人物のひとりにすぎない。ディケンズは普通の人々のあいだに見出した豊かさや勇気に強い印象を受けている。その意味では、シェイクスピアやセルバンテスにおとらぬヴァイタリストだ。

一九世紀半ばの小説家、たとえば一八一六年に生まれたシャーロット・ブロンテの作品を一八世紀の小説家、たとえば一七六四年生まれのジェーン・オースティンの作品と比べてみれば、一九世紀のイギリスでいかに大きく生活が変化したかについて洞察を得られるだろう。ブロンテが一八四七年に発表した小説『ジェーン・エア』は、「「自立」に成功した女性のストーリー」として読むことができる。ジェーンはひとりで勇敢に人生を切り開き、最初は家庭教師として、つぎは教師の資格をとってフリーで働き、キャリアを築いていく。……本の最後になると彼女の「成長は目覚ましく、若い時期の大半を苦しめた貧困や逆境と戦い、生まれや有力者からの支援にまったく恵まれない状況を克服していった」[11]。対照的に、オースティンの作品に登場する女性の経験は家庭に限定され、ヒロインにとっては結婚が経済的成果の目標になっている。基本的にお金は生活水準や社会階級を向上させるための手段だが、オースティンの時代、女性はお金に対する法的な権利を持っていなかったのである。『分別と多感』（一八一一年）に登場するエリナーとマリアンのダッシュウッド姉妹は、一年間に必要な経費について議論を交わす。今日では多くの人たちが、そして当時もイギリスのサミュエル・コールリッジやアメリカのソースティン・ヴェブレンなどが、一九世紀半ばから末にかけての物質主義を嘆いているが、金儲けのゲームに人々が取り付かれたのが実は一八世紀だったことは証拠からも明らかだ。一八世紀に活躍したウィリアム・ブレイク、フェミニストの作家メアリー・ウルストンクラフト、トマス・カーライルは、全員が当時の物質主義を批判している。一八世紀はじめのオースティンの時代には、地主階級でさえ土地から得られる利益の拡大に熱心だった。そしてオースティンの最後の小説『マンスフィールド・パーク』では、金儲けには知性を刺激する魅力が備わるようになった。ヘンリー・クロフォードは、「世界で最も面白いのは金儲けだ。いい収入をさらに増やしていく方法を工夫するのは刺激的だ」と語っている（二

10　Bradshaw and Ozment, *The Voices of Toil*, 2000, p. 199. そうなると、ディケンズが一九世紀の近代資本主義と同様、一八世紀あるいは一七世紀の資本主義についても書いているという見解は間違いだろう。

11　Rick Rylance, *The Cambridge Companion to the Brontës*, 2002, pp. 157–158. 前掲書は、一八四〇年代のヴィクトリア朝時代のイギリスにおける「進歩」という言葉の意味について論じている。この言葉は人生での成功という意味で使われ、「精力的に経済活動を行ない、社会的な地位が固定されない企業家」という新たに誕生した階級全体に適用される。ちなみに彼は、文学は新しい経済の制度そのものに反対するわけではないが、経済で進行中の革命が人々の気質に引き起こした変化に批判的なようだという興味深いコメントを残している。

二六ページ)。

もちろん近代経済が誕生したほかの国でも、新しいビジネスライフを反映した文学作品は出版されている。フランスでは一九世紀にバルザックが、大きな社会現象になったカフェを著書のなかで好意的に取り上げ、エミール・ゾラはパリで当時進行中の変化について描写している。ドイツでは自己成長をテーマとするパイオニア的な小説家のヨハン・ヴォルフガング・フォン・ゲーテが、一八二〇年代にライン川一帯が経験した経済の近代化について記している。彼は新たな展開に注目しているものの、過去への思いを断ち切れていない。一九〇一年に初版が発行されたトマス・マンの小説『ブッデンブローク家の人々』は、ある一族を四代にわたって取り上げた作品で、商売で財を成した人物の話から始まっている。ここでは、若い世代になるほどビジネスの世界からかけ離れ、バイタリティが失われていく軌跡が描かれている。

アメリカでは新しい経済生活が国民のあいだに瞬く間に広がったのだから、それをテーマにした文学がつぎつぎ登場したと考えられるかもしれない。アメリカ人は猛烈な勢いで新しいものを築き上げ、新しい場所に定住し、冒険に乗り出し、自分を試しながら成長し、先へと進んだ。しかしまさにそのせいで、自分が参加するようになった新しい生活について文章に残したいと思う人はそう多くなかったのである。そもそも大した需要もなかった。ヨーロッパと同じだけの新刊がアメリカで発売されていたとしても、それをわざわざ購入し、時間をかけて読もうとする人はほとんどいなかったはずだ。しかし一九世紀アメリカの文学界で最大の巨匠ハーマン・メルヴィルの小説からは、台頭しつつあるビジネスの世界の潮流が感じられる。

メルヴィルのふたつの代表作は、自信や信頼や不安について取り上げている。一八五七年に発表された小説『詐欺師』はフィデル号が舞台で、企業家と潜在的なパートナーのどちらに金を預ければよいか、登場人物は大いに頭を悩ませる。「金はだましとればいいのさ。……良いことだし、人間性を象徴する行為だ」とメルヴィルの友人は語っている。一八五一年に発表されたメルヴィルの傑作『白鯨』では、捕鯨のプロセスの描写に何ページも費やしながら、そこに巻き込まれることによる高揚感を暗示するだけでなく、危険が内在する点についても指摘して、定量化できない事柄に私たちの目を向けようとしている。船乗りが巻き込まれる致命的な「捕鯨ロープ」は、経済に関わる人たちが悲惨な展開に巻き込まれていく様子を暗示している。[12] 経済活動——良きにつけ悪しきにつけ——や多くの職業の誕生にディケンズは強烈な印象を受けたが、アメリカの観察者のほうは詩的な表現を使って新しい生活の魅力と不安を描いた。

ワシントン・アーヴィングが一八二〇年に発表した『スケッチブック』はイギリスでもアメリカでも評判を呼んだ。これは都市に引き起こされた大きな変化について取り上げた作品集である。そのなかの短編『スリーピー・ホローの伝説』はニューヨークからハドソン川を四〇キロメートルほど遡ったスリーピー・ホローが舞台で、この町はアメリカを席巻する経済の変化から孤立している。「ここは人口もマナーも習慣もまったく変わらない。いまや国中で人の移動が絶えず、それが落ち着きのない国に継続的な変化をもたらしているが、この町ではそれがまったく観察されない」という。比較的学問のある男

12 この部分の議論全般に関しては、リチャード・ロブの研究を参考にした。コロンビア大学の講義で、彼は「捕鯨ロープ」を比喩として使いながら、近代経済の特徴である大きな不確実性のなかでは、決断に危険が伴うことを見事に説明している。『詐欺師』に関しては、引用されているメルヴィルの友人とはエヴァート・ダイキンクである。彼は一八五〇年、詐欺師に付け込まれた人々に関する新聞記事について定期刊行物の『リタラリー・ワールド』でコメントしている。

性イカボット・クレーンはこの「生気がなく静まり返った」町にやって来て、教師として働くが、結局は迷信深くて頑固な住民から相手にされない。この作品でアーヴィングは、「頭脳労働について何もわかっていない」人たちへの批判的な見解を暗に表現している。怠惰を勤労と大きく対比させながら、アーヴィングは怠惰が機会の喪失や変化からの孤立につながることを指摘しているのだ。

近代経済の台頭は文学だけでなく、絵画にも変化を引き起こした。一九世紀までの絵画は概して静的で、美しい趣があった。クロード・ロランやトマス・ゲーンズボロの牧歌的な風景画、ジョシュア・レノルズやディエゴ・ベラスケスの家族の肖像画、さらにはウィラード・スピーゲルマンが（残念ながら）「アクション・ペインティング」と呼ぶ絵でさえ、静かな雰囲気を共有していた。

アクション・ペインティングと呼ばれる作品が神話、宗教、歴史のどれをテーマに選ぼうと、あるいは内容が暴力的であろうと、本当のエネルギーに欠けた作品がほとんどを占めていた。一七世紀のニコラ・プッサンのゴージャスな色使いや調和、一八世紀のジャック゠ルイ・ダヴィッドの硬質で崇高な画風、一九世紀はじめのドミニク・アングルによる顔料のユニークな運用方法は、ロマン主義の猛烈な勢いにすべて押し流されてしまった。(13)

フランスでは、一八二〇年代にロマン主義運動が始まるが、その先陣を切ったのがテオドール・ジェリコーの作品、嵐の場面を描いた『メデューズ号の筏』だった。スピーゲルマンの言うように、風を受けながら波に翻弄される生存者は救援の船に目を向けながら、「熱望、歓喜、猜疑心、［そして］ヒステリー」など、様々な表情を浮かべている。それからほどなく、ウジェーヌ・ドラクロワの大作が発表される。E・H・ゴンブリッチは、一八三四年の作品『アラブの騎馬戦』について、「アウトラインがはっきり描かれていないし、モデルが行儀よくポーズをとっているわけでもない。……愛国心に訴えたり、大衆の啓発を試みたりしているわけでもない。作者は見る者をきわめて刺激的な瞬間に誘うことだけを狙っている。その場面の動きと躍動から感じ取った喜びを他人と共有したいと願っている」と書いている。(14) イギリスではJ・M・W・ターナーの活躍が目立つ。一八〇一年の『嵐の中のオランダ船』、一八四二年の『吹雪』、一八四四年の『雨、蒸気、速度』など画期的な作品は、近代の冒険的事業の危険や刺激を明らかに喚起させた。

> ターナーは、不安の画家であり、止むことなき動揺の画家だ。彼の描く世界は一見すると、ライバルの巨匠たちが描こうとした産業革命以前の時代と変わらない。しかし実際のところ世界は、戦争や産業や革命によって足元を揺さぶられている。
>
> 　このロマン主義は……大波に翻弄されるコルクのように人々を押し流していく。……［一七世紀の画家］ヴァン・デ・ヴェルデが海を描いた作品『荒れ狂う突風』では……荒海で浮き沈みする船の様子が忠実に

13　Spiegelman, "Revolutionary Romanticism: The Raft of the Medusa," 2009, p. W14.「メデューズ」というのはモーリタニアで座礁したフリゲート艦の名前で、一五〇人が筏で漂流した。テオドール・ジェリコーによるこの絵画は、一九世紀ロマン主義のアクション・ペインティングの最も初期の作品と位置づけられている。

14　Gombrich, *The Story of Art*, p. 382〔邦訳『美術の物語』田中正之他訳、ファイドン、二〇〇七年〕。ただしゴンブリッチは一九世紀の絵画における「革命」を歓迎しており、「ジョン・コンスタブルとターナーの二人の可能性」について述べている。そして「コンスタブルの後に続き、詩的情緒の想起より視覚世界の探求を試みた者は、より永続的で重要な成果を達成した」と書いている。もちろん自尊心のある美術研究家なら誰でも、芸術はそれ自体が主題であって、社会科学の一部であるとは考えたがらないだろう。しかし、一部の偉大な画家の作品の精神が、自分の活動している社会の精神を反映しているのは事実だ。

描かれているが、［嵐の中のオランダ船］を見たあとでは、おもちゃの風車のような印象を受ける。……ターナーは波の動きや脅威を詳細に描き出した。だから海の絵というよりは、海そのものに見える。描く対象やエネルギーに物としてのリアリティが備わっているのだ。……それにひきかえ、ヴァン・デ・ヴェルデのほうはコンピューターの画面に仮想の自然を創造しているようなものだ。

ターナーの絵を見ていると、足元の地面が動き出してくるような思いにとらわれる。彼の描く地球はコペルニクス以前の不動のプラットフォームではなく、宇宙を旋回する球体である。……彼を擁護するジョン・ラスキンによれば、ターナーはまさに「近代画家」の定義にふさわしい。(15)

海や汽車はこの世紀に誕生したある種の経済のシンボルになった。力強く危険で予測できず、制御するのは不可能だが、同時に魅力とスリルに満ちた経済である。

こうして芸術の世界で展開したロマン派の運動は、一八世紀の新古典主義を特徴づけた秩序ある均衡状態を、機械的で個性がないものとして切り捨てた。ロマン主義においては個人的な経験が重視され、個人の想像力や野心が注目された。経済に引き起こされた変化とのあいだの共通点は明白だ。一八世紀の経済では、生産や投資や仕事の時間経路はほぼ決められており、展開をおおよそ把握することができた。伝染病の流行や新大陸の発見といった外因性のショックが時折例外的に発生する程度だった。ところが近代経済に移行すると、生産可能なものがイノベーションによって絶えず発見されるようになり、何を作り何に投資するか、企業家は想像力を働かせるようになった。ただし共通点はそこまでだ。一八五〇年までの絵画のなかでは、台頭する近代経済で働くことから得られる情熱や深い満足感が表現されているだろうか。望みどおりの仕事に就いたときや、新しい商業的アイデアの価値を証明したときの幸せな瞬間を反映しているだろうか。明らかにそうではない。しかし、新しい時代がもたらした機会や危険に伴う興奮はキャンバスから確実に漂ってくる。

かつての画家は経済活動を上手に描き出せなかったが、表現主義はその試みに挑戦した。表現主義の先駆者で、近代芸術の創始者のひとりに数えられるヴィンセント・ファン・ゴッホは、アルルでの情熱的な活動を通じ、日常生活から取り上げた題材にあふれんばかりの感情を持ち込んだ。『夕日と種まく人』『タラスコンへの道を行く画家』『夜のカフェテラス』は、いずれも一八八八年の作品だ。『夜のカフェテラス』では、夏の戸外のカフェも夜空も、どちらも明るい調子で描かれている。自分もそこに行き、友人とおしゃべりしたり、飲んだり食べたりしたい気分になってくる。弟に送ったたくさんの手紙からは、ファン・ゴッホが近代経済についてある程度理解していたことがうかがえる。自ら大胆なイノベーターだった彼は、人々がイノベーションによって何かを創造して足跡を残したいと願う気持ちを理解していた。さらにプロの画家として、他人の革新的な行動をじっくり観察して学び、そこからインスピレーションを得なければ成功はおぼつかないという現実も理解していた。

人は幸せになるためにこの地球に存在しているわけではない。単に正直であるために存在しているのでもない。社会を通じて大きな成果を達成するために存在している。(16)

ファン・ゴッホの後に続いた表現主義者たちは、急速に拡大していく都会生活に魅せられた。それ以

15　Jones, "Other Artists Paint Pictures, Turner Brings Them to Life," 2009.
16　Van Gogh, *The Letters*, 2009, p. 57.

前の絵画、たとえばフランツ・クルーガーが一八二二年に発表した『オペラ広場でのパレード』は、王族を描くという伝統的な主題をとりながらも、普通の市民や名士から成る「近代の群衆」のイメージを強調した。(17) これに対し、表現主義の画家のエルンスト・ルートヴィヒ・キルヒナーは一九一三年から一九一五年にかけて、ベルリンの街を描いた一連の大作を発表し、一九世紀末の新しい都会生活に伴うバイタリティや魅惑や雑踏を新たな画風で表現した。しかし後にオスカー・ココシュカとジョージ・グロスは悲惨な第一次世界大戦や一九二〇年代の動乱を生き残った経験から、身の回りで展開する近代の生活に非常に悲観的な目を向けた。一方、地中海地域ではこの時代の明るい側面が描かれる。イタリアの未来派の画家たちが、速いペースで変化していくイタリアの生活に注目したのだ。早い時期の傑作としては、一九一二年にジャコモ・バッラが発表した『鎖につながれた犬のダイナミズム』が挙げられる。その後にはジーノ・セヴェリーニが一九一五年の作品『村を通る赤十字列車』のなかで、イタリアに導入された近代的な汽車の驚異的なスピードや流線型のデザインを表現している。(これとは対照的に、ポール・セザンヌやキュビスムの偉大な画家たちはコンスタブルの後を引き継ぎ、経済活動や都会よりも空間や遠近画法に興味を抱いた)。

ただし視覚芸術においては、近代経済によって実現した生活の重要な一面がほとんど表現されていない。かつての経済活動はもっぱら英雄的な行為ばかりで、言うなれば、ヴァイキングが「船で大海原に乗り出す」ようなものだった。これに対し、近代経済の生活はもっぱら思考行為ばかりで、「ちょっと屋根裏で考えてみる」というようなものになったのである。それでも一部の絵画や彫刻は、新しい時代のこのような精神生活について多少表現している。たとえば一九〇〇年ごろにフィラデルフィアの芸術家によって描かれた肖像画には、明らかに考え事に没頭しているビジネスマンが登場している。あらゆる彫刻のなかで最も有名な『考える人』は、一八八九年にオーギュスト・ロダンによって制作された。彼は近代彫刻の創始者であり、普通の男女をモデルに選んだことで広く評価されている。おそらく『考える人』は神話のプロメテウスだったろう。「プロメテウス的」という言葉は近代経済の特徴を表現するために使われてきたもので、実際のところ、近代経済が始まる前にこのような彫刻は制作されなかった。近代彫刻は近代経済と共に始まったとも言える。

一方、一九世紀に入ると内面の満足や充足感が生まれ、社会に広く普及していったが、この点を文学や視覚芸術ではあまり積極的に表現していない。哲学者のマーク・C・テイラーは『よその場所のフィールドノート』のなかで人生の奥深くまで覗き込み、最後から二番目の章では「幸福について書くのはなぜこうもむずかしいのか」と問いかけている。彼は言う。作家はとかく幸せなときは書こうとしない。そして、常にそうであるように、幸せが過ぎ去ると、幸福について書くことで不幸と折り合いをつけるのだと。おそらくこのような形をとれば、不幸から抜け出すことができるのだろう。結局のところ、喜びや歓喜や恍惚の瞬間は特定の文脈内で表現できるかもしれないが、計画に参与することから得られる日常的なささいな満足や喜びは、その計画が一人のものであれ他人のものであれ、言葉や絵で表現しにくいのではないか。

対照的に、音楽は内なる感情や経験の心理的側面の多くにうまく共鳴できるようだ。問題に出会ったときの経験、あるいは障害の克服や創造の喜びを、音楽はうまくとらえてきたように思われる。おそらくそれは、絵画はひとつのフレームのなかで描かれるのに対し、楽曲は一〇〇のスタンザや何千もの小

17　Foster-Hahn et al., *Spirit of an Age*, 2001.

節で成り立つからではないか。そもそも能力が違う。

音楽は、他人の独創性やイノベーション、それに伴う戦いでの敗北や勝利を単に描写するのではなく、自己表現を目指す。例外はあるが、決して社会的な何かを表現しているわけではない。作曲家が表現するのは創作に取り組むときに抱く感情であり、運が良ければその音楽がイノベーションを引き起こす。つまり、音楽で表現された成果や努力に聴き手がたまたま「共鳴」してくれれば、作品は商業的に成功することができる。

一九世紀のヨーロッパとアメリカは音楽が盛んで、時代が進むにつれてその傾向は強くなった。もはや音楽は、ヨーロッパの司祭や王族しか楽しめない宝物ではなくなった。いわゆるシリアス音楽は経済界を支える中間層によって支持され、大衆音楽には労働階級もアクセスできた。アメリカでは、音楽を支える聴衆の力は強かった。一八四二年にはウィーン交響楽団を支援するためにウィーン楽友協会が設立されたが、アメリカでは同じ年、レベルの高いオーケストラを創造するためにニューヨーク・フィルハーモニック協会が設立される。しかしそれでも一九世紀、シリアス音楽にせよ大衆音楽にせよ、大物作曲家は全員がヨーロッパ人だった。やがて二〇世紀に入るとアメリカはポピュラーソングの作曲でリードするようになり、一九三〇年代になると、コンサートホールで演奏される音楽にも優れた作品が登場した。

この時代の生活と和声を関係づける重要な何かが、音楽の世界で進行していたことは間違いない。そしていままでは、それが何だったのかはっきりしている。一七世紀から一八世紀にかけてのバロック時代や古典時代の作曲家は、すでに存在している民衆音楽のなかから題材を選び、常に決まりきったやり方で主旋律を展開した。決まり通りに処理していくプロセスは、当時の重商主義経済と変わらない。この様式で作曲家のヨーゼフ・ハイドンは一〇〇以上の交響曲を創作できたのである。それに続く時代は、従来のルールをことごとく破壊した。何年か前の調査で、音楽評論家にあらゆる時代で最も偉大だと思う作曲家を三人挙げてもらった。選ばれたのはルートヴィヒ・ヴァン・ベートーヴェン、リヒャルト・ワーグナー、イーゴリ・ストラヴィンスキーだった。（四人目については意見がばらばらだろう）。近代経済が台頭し、その結果としてビジネスでイノベーションが興隆した傾向と合わせるかのように、一八〇〇年から一九一〇年のあいだに三人は全員が作曲のルールを破っていった。

ベートーヴェンは曲の展開を予めある程度決めないという革新的な方法を導入した。それが最も顕著に表れているのが一八〇四年に発表された交響曲第三番（英雄）だ。これはイノベーションの可能性が企業家や資本家に開かれているため、進路を予め決定できない近代経済と通じるところがある。ベートーヴェンは新たな旋律にいきなり入っていく。たとえば交響曲第二番の最終楽章では、激しい弦楽器は混沌のようだし、交響曲第九番ではルールを破って秩序のない状態を表現している。これは企業家がいきなり新しい製品の開発を始めるのと似ている。もちろんベートーヴェンは商業の分野で大きく花開いたイノベーションに刺激されたわけではない。当時は近代経済が生まれたばかりで、ビジネスにおけるイノベーションの試みが成果を挙げ始めた段階だった。おそらくベートーヴェンの交響曲を聴く経験が、経済活動で自分のイノベーション（多くの場合、他人のイノベーションだが）を経験している人たちの琴線に触れたから、彼はその後の数十年でとてつもない成功を収めたのだろう。教育を受けたブルジョア階級が彼を大きく評価したのである。ベートーヴェンはブルジョア階級を賞賛していないが、彼らのほうはベートーヴェンを賞賛した。

つぎの世代の作曲家は、英雄を熱烈に賛美するようになった。ロベルト・シューマンのマンフレッド序曲には、シェリーの詩の影響がうかがわれる。そして猛烈なスピードで演奏されるピアノ四重奏曲変ホ長調の推進力は、どんどん変わっていく時代を見事に表現している。一方、フランツ・リストは前奏曲（ラマルティーヌによる）で新たな境地を開いた。従来の方針に従わない構造の管弦楽曲を彼は「交響詩」と呼んだ。このタイトルは、詩人アルフォンス・ド・ラマルティーヌの頌歌からとったものだと考えられる。それは、出版された総譜の冒頭の解説からもうかがわれる。

一連の前奏曲がない人生とはどんなものだろう。……幸福から得られる当初の喜びが何らかの嵐によって中断されず、心地よい幻想が打ち砕かれることがない運命とはどんなものだろう。……魂は……このような嵐を経験すると、静かで穏やかな生活にじっくり落ち着くことができなくなってしまう。ところが人間は長いあいだ、心地よい静止状態から得られる喜びをほとんど手放そうとしなかった。いったん自然の懐に抱かれると、穏やかな環境に甘んじてしまった。……しかし「トランペットが警鐘を鳴らす」と、それがいかなる戦いであろうとも、急いで危険な戦場に駆けつける。召集に応じて戦いに身を投じ、自我に完全に目覚め、エネルギーをすっかり回復するのだ。
（衝撃的なトランペットの音で、聴衆は「回復」の時期の到来を知る）

リヒャルト・シュトラウスの交響詩『英雄の生涯』は、自身が若い時期に経験したキャリアの浮き沈みからインスピレーションを得た作品だ。そして最後のオペラ『カプリッチョ』は、ビジネス、具体的には劇場ビジネスを舞台に展開される。登場人物のひとり、劇場支配人のラ・ロッシュを通じてシュトラウスは、虚栄心が強い大物の姿を説得力のある形で包み隠さず描き出すことに成功している。しかしこの作品をはじめ一部のオペラにおいて、シュトラウスは自己認識を追求するヒロインをドラマチックに描写するほうに大きな関心を寄せている。男性だけでなく女性も世の中に出て、自分を発見しなければならないと考えていた。シュトラウスの時代になると近代経済は文化や心理の面でも革命を引き起こし、長年立ちはだかってきた性別の壁まで崩し始めたのである。

一九世紀のオペラは、人々が自由や自己表現を切望するようになった新たな傾向を反映している。どちらも一八一三年に生まれたリヒャルト・ワーグナーとジュゼッペ・ヴェルディは、近代の社会生活によって引き起こされる緊張や感情を作品に反映させた。ワーグナーの作品ではヒロインが中心で、恋愛などの情熱が人生に意味を与えている。それが最も顕著なのが四部作『ニーベルングの指環』で、一八六九年に初演された。ワーグナーはビジネスに情熱が存在しないとか、ビジネスの世界での挑戦や実験や探究には意味がないと主張しているわけではない。しかし指環四部作は、物質的な富や専制的な権力の追求に熱心なあまり、歯止めのきかなくなった状態には意味がなく、最後は転落する可能性を訴えている。追い求められる指環は呪われているのだ。さらにこのオペラは、産業国家の到来と神聖ローマ帝国の終焉によって、王族や教会の古い秩序が破壊される予兆についても表現している。アルベリヒがラインの乙女から盗んだ指環を奪い取った世界の覇者ヴォータンは、古い条約や義務をすべて反故にして、何もかも独占してしまう。しかしワーグナーは悲観論者ではない。四部作の最後の作品における神々の凋落は、ワーグナーによれば近代世界の始まりを象徴するという。人類は以前よりも自由になり、自らの運命を形作っていくのだ。そして才能と勇気を備えた芸術家の名に恥じず、ワーグナーは社会保守主義者ではなかった。ある程度微妙なレベルでは社会主義者だったかもしれないが、コーポラティストではない。唯一の喜劇『マイスタージンガー』では中世のギルドに愛情深い敬意を表しているが、それでも彼は集団よりも個人の味方で、新しいものに開放的な姿勢を貫いた。
やがてイタリアのオペラ、特にヴェルディの『椿姫』、その後はジャコモ・プッチーニやピエトロ・マスカーニのヴェリズモ・オペラによって、抑圧や弾圧からの解放という近代のテーマは劇的に表現された。二〇世紀に入ると、モーリス・ラヴェル、ダリウス・ミヨー、ジャック・イベールが作曲した奇抜な作品が、当時のフランスに近代的生がもたらした自由と純粋な喜びを祝福する。一九二〇年代にはニューオーリンズとシカゴでジャズが誕生し、個性や創造力に富んだ精神を表現した。

近代音楽と歩調を合わせて近代バレエも進化を遂げ、オペラで強調されるヒロイズムや復讐とは一線を画した。フランスのダンサーのマリウス・プティパはアメリカとヨーロッパで活動した後、最終的にはサンクトペテルブルクに落ち着いた。そしてピョートル・イリイチ・チャイコフスキーと協力しながら、目を見張る跳躍や回転運動を取り入れた近代バレエを創造したのである。『白鳥の湖』の一八七七年のオリジナル版では、正直で従順なオデットと魅惑的で開放的な女性オディールの対立が中心に据えられている。オデットは悪魔によって白鳥に姿を変えられ、そんな彼女と恋に落ちた王子を悪魔の娘のオディールは誘惑する。近代的生に付き物の道徳的な緊張がこのバレエで表現されているのは間違いない。この時代、献身には新たな危険が伴うようになったのだ。ただし、高潔な生き方にも報酬は与えられるもので、ことわざにもあるように、徳はそれ自らが報いである。そしてバレエは、近代的な傾向を確実に推し進めていく。その原動力になったのが、やはりロシア人のジョージ・バランシンだ。サンクトペテルブルクからパリ、ロンドン、ニューヨークへと、彼は活動の拠点を移した。一九二八年に初演された『アポロ』（いわく「自分にも簡素な表現ができることを学んだ」という）、一九二九年の『放蕩息子』、一九五七年の『アゴン』、あるいは一九七二年の『ストラヴィンスキー・バイオリン・コンチェルト』

などの革命的な作品の振り付けで、彼は近代的生の要素を見事に表現した――近代的生は目的地のない旅のようなもので、それは従来にはない経験であり、気分を高揚させてくれる。たしかに当時のロシアの経済は近代とは程遠く、その状態は未だに続いている。しかし、ストラヴィンスキーやバランシンは若い頃から西洋の近代都市の精神を吸収してきたため、近代の巨匠になったのだ。

一九六〇年代に入ると近代アートや音楽は衰え始める。エズラ・パウンドの「新しく!」の代わりに、フィリップ・グラスの無限ループやポップアートのアイロニーが幅を利かせるようになった。経済のダイナミズムの衰退はすでにヨーロッパにおいて明らかで、アメリカのあちこちでも目立ち始めていた。それは探究やイノベーションという理想への関心の喪失を象徴しているのだろうか。

まとめ

西洋世界の大半で始まった近代経済は、時代風潮に深い足跡を残した。芸術や文学でモダニティが進んだのは、一部の国で近代経済の精神が誕生し、その勢いが維持されたおかげだと考えて間違いない。しかし、両者の関係は双方向で成り立っている。近代は早い時期に、音楽や哲学の分野で明確に表現された。それが新しい精神の発達を予感させ、おそらく人々の心に火を付けたのではないだろうか。さもなければ近代経済の台頭は不可能だったかもしれない。芸術や哲学の分野で大きな躍進が実現し、それが来る近代経済の前触れになったのである。しかしその反面、一九世紀から二〇世紀前半にかけて芸術の世界にイノベーションの巨大な波が押し寄せたのは、近代経済が生活にもたらした新たな一面の反映であり具体的な成果だった。概して芸術は社会に批判的で厳しいものだが、近代的生については肯定的で、生き方に新たな一面が加わったことを祝福している。(経済のモダニティによるプラス効果とコストをどのように評価するのが理に適っているかについては、本書の最後のふたつの章で取り上げる）。

ここまで来れば読者も今後の寄港地についてある程度見当がつき、船がどこに向かっているのか理解できるのではないだろうか。第Ⅰ部の最後となる第４章では近代の台頭に焦点を当て、経済や政治における制度の進化、さらには一九世紀に近代経済の誕生を促した経済文化の問題に取り組んでいく。そしてつぎの第Ⅱ部では、二〇世紀に近代経済を巡って展開された戦いや論争について紹介する。その影響で近代の制度は、良かれ悪しかれ修正されたのである。

第4章　近代経済はいかに形成されたのか

ボルシェビキは、文化が人々に［およぼす］強い影響力を理解していた。……共産主義者の息子たちすら資本家や企業家になりたいと願うようになったとき、自分たちの計画は失敗に終わったことを［彼らは］理解したのである。

――ジョーゼフ・ヤニチェク「チェコのビロード革命」（『ニューヨーク・タイムズ』）

一九世紀半ばには西洋の大半の地域で近代経済が広く普及した。独創性が評価され、実験が奨励され、イノベーションが育まれた結果、人類の経験は様変わりした。それゆえこの時代は、世界史のなかでも重大な転機となった進歩として位置付けられた。では、その起源はどこにあるのだろう。これは歴史家にとって大きな問題だ。経済のモダニティにはどんな条件が必要で、それはどのように満たされたのか。ほかの場所、そしてほかの時代にはなかったどんなものが存在していたのだろう。

概して歴史家はこの問題に取り組んでこなかった。「西洋の台頭」というタイトルのもとで書かれているのは、国家や民主主義の誕生についての年代記である。出来事は一四四四年、グーテンベルクが活版印刷術を発明したところから始まり、一五〇〇年代のヨーロッパ君主制の拡大へと続き、一五一七年にはルターが「九五カ条の論題」でローマ・カトリックに挑み、一六〇〇年代に入るとマグナ・カルタが徐々に認められたことへと記述は進む。たしかに注目すべき出来事ばかりだが、この時代の経済についてはほとんど触れられない。一三五〇年から一七五〇年にかけて、遠隔地貿易が発達していったことが取り上げられる程度だ。

西洋の複数の国で経済が台頭したことについては、少数の歴史家や社会学者らが取り上げている。見出しはもっぱら「資本主義の台頭」だ。ジャレド・ダイアモンドは生態学関連の著書のなかで、豊かな作物や動物に恵まれて都市が発達したユーラシアでは、サハラ以南アフリカやオーストラリア、アメリカ大陸に比べて労働の専門化が実現可能になったと指摘している。だからユーラシアはほかの地域よりも豊かになったのだという。しかしこの主張はイノベーションの台頭について説明していない。当然ながら、それがなぜイギリスやベルギー、フランスやドイツで発達し、オランダ、ポルトガル、アイルランド、ギリシア、スペインが蚊帳の外に置かれたのかという理由も明らかにされていない。経済制度と文化の影響が大きかったのではないか(1)。

社会学者のマックス・ヴェーバーはある文化的な変化に特に注目し、それが資本主義の繁栄に重要な役割を果たしたと指摘している。カルヴァン主義とルター主義の誕生だ。それが倹約と勤労を尊ぶ経済文化の発達につながったおかげで、ヨーロッパ北部のプロテスタント国家では資本主義が成功したのだという。ヴェーバーの論文は広く受け入れられたが、その一方でプロテスタントを信仰しない一部の国、たとえばイタリアなどでは、個人の貯蓄も純資産のレベルもドイツより高く、週労働時間もドイツより長い点を指摘する批判もある。しかし何よりも問題なのは、ヴェーバーの語彙には実験、探究、大胆さ、不可知など、地域イノベーションの特徴の入り込む余地がない点である。たしかにヴェーバーの考え方でも、一部の国で投資型の活動の総計水準が向上した点についてうまく説明できるかもしれない。しかし、高貯蓄は高イノベーションにかならずしも必要な条件ではない。（革新的な活動への財源としては、貯蓄を増やす以外に、革新性に乏しいプロジェクト――住宅や従来型の企業投資――にこれまで向けられてきた貯蓄の流れを一部変更し、イノベーションに活用する方法もある。ほかには海外の貯蓄を利用してもよい）。高貯蓄だけでイノベーションが十分に発達する展開はあり得ない。[2]

何人かの学者は、ウォルト・ロストウが指摘した一九世紀の「持続的成長へのテイクオフ」という問

1　ダイアモンド『銃・病原菌・鉄』（一九九七年）では、ヨーロッパ諸国でイノベーションが発達した理由について取り上げ、国土が小さいためイノベーションに頼らざるを得ず、さもなければ国同士の奪い合いで人口が減少していたという説を紹介している。それに比べて広大な領土を持つアジアの帝国はイノベーションへの進出が遅れたのだという。しかしフランスとドイツは大陸で最も面積が大きいが、イノベーションが最も発達していた。

2　ヴェーバーのこの著作は英語圏においては、タルコット・パーソンズの翻訳で知られる。最初ドイツ語では以下で出版された。*Die protestantische Ethik und der Geist des Kapitalismus, Archiv für Sozialwissenschaft und Sozialpolitik*, 1904/1905. それ以来、この著作はあらゆる社会学者に読まれてきたが、「企業家精神」という言葉の考案者として誤解されるシュンペーターも読者のひとりだったはずだ。しかしこの論文はヴェーバーの社会思想のハイライトではない。一九二二年の大作『経済と社会』――英語訳は一九七八年に *Economy and Society* というタイトルで出版――では、社会科学のいくつかの基本的な問題に関する素描が初めて示されている。国家、企業、官僚政治、合理性、合法性などのトピックは、その後一世紀にわたって社会科学の分野を活気づけた。彼の最も深い洞察は、（やさしく言い換えるならば）つぎのようなテーマで表現される。地球の経済を遠い宇宙からぼんやり眺めているだけでは、人々の行動は理解できない――伝統経済で毎年同じリズムが繰り返されるなら別だが（彼の表現は、アルフレッド・ヒチコックの『めまい』やミケランジェロ・アントニオーニの『欲望』といった映画作品の謎めいた行動のように難解だ）。要するに中身を伴った分析を行なうためには、対象の意図や信念に関して十分な情報を手に入れたうえで、いわば経済に自分の身を置いて考えなければならない。これは物理学では直面しない難しさだ。

題に取り組んできた。フランスの政治思想家アレクシ・ド・トクヴィルは、一八三七年にアメリカ人を鋭い目で観察し、アメリカ人が非常にエネルギッシュな企業家になったのは豊かな天然資源に恵まれたからだと考えた。しかし一八〇〇年代はじめ、イノベーションはアメリカと同じくイギリスでも花開いた。一方、アルゼンチンなど資源に恵まれた国の一部は、経済のダイナミズムを発達させることに失敗している。それどころか、天然資源が「呪い」になった（可能性も）考えられる。イギリスの歴史家アーノルド・トインビーは、ド・トクヴィルと反対の立場をとった。イギリス人が最初にイノベーションに乗り出したのは、気候にも天然資源にも恵まれなかったため、うまく成功すればそれだけ利益が大きかったからだという。危険を冒さなければ、何も得られない[3]。ただし、豊かな天然資源がトインビーの考えるような障害だとすれば、アメリカ人は全体的に企業家精神もイノベーションへの意欲も欠けていなければならないが、それでは現実と正反対になってしまう。もちろん、トインビーの考え方——（「困難を克服して栄光を獲得する per aspera ad astra」）——にも評価すべき点はある。たしかに金持ちの子どものあいだには、大きな成功に欠かせない集中力や頑張りが長続きしない傾向が見られる。しかし、この場合には例外が顕著であることもまた事実だ。

以上四人の歴史に共通する問題は、どれも肝心な点に触れていないことだ。ほかの国よりも労働需要が大きいケース（ダイアモンドとド・トクヴィル）や供給が大きいケース（ヴェーバーとトインビー）を観察したうえで、いきなり論理を飛躍させ、高レベルの労働や貯蓄や富によって、大きなリスクを厭わぬ意志が育まれたという結論に達している。しかし労働が増えて、それが富の拡大や挑戦意欲につながったとしても、そこからイノベーションのプロセスが始まるわけではない。経済のダイナミズムは豊かな天然資源や偶発的な出来事が原動力だという考え方が正しければ、国のなかで経済制度を構築する必要はないし、商業イノベーションに有利な経済文化を有しなくてもよい。新しいシステムは利用されるのを待っていることになる。たしかに独創的な行動や斬新さを受け入れる態度を通じて自己表現しようとする姿勢は、先史時代からほとんどすべての民族のあいだで存在してきたように思える。しかし、一部の国は政治や文化の面で有利だったので、イノベーションの円滑な進行に役立つ制度が特定されたうえで構築され、実験や探究心や想像力を大切にする姿勢が育まれ、人々は触発され刺激されたのではないか。その可能性を排除するのはおかしい。良い例がアフガニスタン地方だ。いまでは後進国の代名詞になっているが、ここには一〇〇〇年前、ほかの地域が想像できないほど華やかな都市が建設され、科学的な発見も行なわれた。ただし、自然の恩恵を受けたこの地は経済制度を発達させることができず、経済的近代性への道を開いてくれるはずの経済文化の要素も育まれなかった。ほとんどすべての人々がビジネスのキャリアを開花させ、人間として達成感を得られるような展開には至らなかったのである(4)。

近代という新しい部門を誕生させ、封建時代を追いやり、重商主義から輝きを奪った因果関係、条件、

3　ド・トクヴィル『アメリカの民主主義』は、一八三五年にフランスで初版が発表された。経済生活について色々な観察が行なわれているが、主にアメリカの政治生活が取り上げられている。一方、トインビーのライフワークで全一二巻から成る『歴史の研究』は、一九三四年から一九六一年にかけて出版された。何もないところから富が生まれて次第に蓄積され、最後は大きく転落していく軌跡がテーマになっている。この転落のプロセスのモデルは、一七七六年から一七八九年にかけて出版されたエドワード・ギボンの『ローマ帝国衰亡史』、あるいは一九二六年に出版されたシュペングラーの『西洋の没落』と並んで評価されている。ただしトインビーのモデルでは、イギリスが投資や帝国の版図を拡大しすぎ、ついには維持不能になってしまった理由をうまく説明できない。たしかにイギリスは第二次世界大戦中の巨大な損失を回復したが、海外の資本や帝国は以前のレベルに戻らなかった。同様の逆説的な展開は、金融危機が発生するたびに見られる。そのため銀行は短期債務を増やしすぎた挙げ句、進退きわまってしまう。

4　以下を参照。Starr, "Rediscovering Central Asia."

メカニズムをきちんと理解するためには、経済のイノベーションのプロセスを進めることを可能にする力と条件を把握しなくてはならない。もちろん、私たちが語る主張に誤りがないとは思わないし、完全ではないことも認識している。近代経済に参加する人たちは、現在の行動が未来にもたらす効果について不完全な知識しか持ち合わせない。新しい事柄が多すぎるし、あまりにも多くの参加者がいっせいに斬新な行動に踏み出しているからだ。同様に、過去に様々な信念や制度や文化が蓄積されてきたとしても、現在の独創性やイノベーションをそれがどのように支えているのか、近代経済の理論家は完全には把握できない。おまけに近代経済が台頭した国々では、この数十年間、いや数世紀のあいだにあまりにも多くの展開が見られたので、何が問題解決の特効薬なのか確信をもって特定できない。だから私たちは、抜け目のない金融業者のように判断力と想像力をはたらかせなければならない。アイデアが競い合う状況は、ひとつの主張、つまり近代の創造という「神話」よりもはるかに望ましい。

もちろん、これらの主張は重要だ。ある国の近代化への試みの成功や失敗についての主張は、何が近代化に貢献し、何が出遅れの原因になったのか、国家がどの程度理解していたか把握するうえで参考になる。このような主張を続けていけば、国家が行動を決断して正しかった事柄、逆に行動しなくて正しかった事柄について理解できるようにもなるだろう。したがって、これらの主張のすべてとは言わないが、一部はきわめて大きな影響力を持つことになる。経済学者のポール・サミュエルソンは生前つぎのように語ったとき、このような影響力を念頭に置いていたはずだ。自分自身の主張展開を振り返りながら、「私は誰が国の法律を書いているかに興味がない。……その国の経済学の教科書さえ書ければ十分だ」という発言を残している。もちろん、主張は影響力を持つだけでなく、真実であるべきだ（サミュエルソンもその点は見落とさなかった）。ほかに比べて内容が理解しづらいのは困るが、やはり真実に近い主張のほうが価値は大きい。過去の成功や失敗についての理解が深まれば、国家が新たに近代経済へと向かう道や、すでに実現している近代経済を脱線させないための方法を見つけるのに役立つ。物語が真実に近ければ、すでに語られている主張の核心的なアイデアを利用しやすくもなるだろう。そして私たちの物語では、イノベーションの台頭を中心に据えなければならない。そのおかげで一部の国の経済は近代化を加速させ、さらなる発展を遂げたのだ。

経済制度――自由、財産、金融

揺籃期にせよ成熟期にせよ、長期にわたってイノベーションが台頭していく過程では、様々な経済制度――コンテキストフレームワークとも呼ばれる――の創造と進化が部分的に関わっている。イノベーションに必要な環境が守られ活動が促進されていくためには、何らかの経済制度の存在が必要になる。もちろん、すべての制度が不可欠というわけではないが、概してどんな制度の存在も経済の能力を高め、イノベーションが発生しやすい状況の整備に役立つ。

西洋で比較的早い時期に確立された一定の個人の自由が、勝ち取った人たちにとって大切だったのは当然だ。アダム・スミスは「尊厳」の、ジョン・ロールズは「自尊心」の重要性について記している。財やサービスを他人と交換する自由など、経済活動において様々な自由が出現した結果、人々が互恵の機会を実感できるようになったのも当然だ。さらに、モノを交換するための契約の多くは破られる可能性があったため、国家によって契約が強制されることを人々は期待した。そうすれば経済の自由が守られ、安心して契約を交わすことができる。このようにして、たとえばバーター取引を行なったり収益を受け取ったりする自由が獲得されるうちに、アダム・スミスが指摘するように経済の効率の悪さが取り除かれた。しかし、ダイナミックな経済の台頭について研究するためには、経済のダイナミズムが獲得される際に個人の自由が果たした役割を考えていかなければならない。

イノベーションのプロセスが進行していくために、経済の自由はきわめて重要だった。ここで肝心なのは、みんなで協力するほうが良い結果は生まれるという事実だ。社会の大多数が参加できなければ、国家経済のなかでイノベーションが広がっていくことは期待できない。そしてかりに参加できても、労働の果実を共有する法的権利が認められなければ、やはりイノベーションは進行しない。個人の自由、すなわち自己所有の研究に携わる歴史家によれば、伝統的な社会のなかでも東洋の場合には、娘の所有権が父親に与えられ、娘は父親の意思で働かされたり売り飛ばされたりした。これに対して西洋では、妻の所有権が夫に与えられたので、妻が持参したものはすべて夫の財産になった。そして東洋と西洋のどちらでも、黒人は奴隷として売り飛ばされた。しかし一九世紀に入り、近代社会では奴隷制がようやく廃止され、しばらくすると、既婚女性が財産を所有する権利が認められた。この場合、イノベーションが進行中の経済では仕事に発展性があったので、社会が女性に自己所有を認めるほうが有利だったという理論が唱えられてきた。最善を目指し、状況に合わせて柔軟に行動する意欲が起きるからだ。[5] 同様に、独創的なアイデアを提供する可能性のある人には、既存の産業で新しい企業を始める自由を与えるほうが経済のイノベーションは広がりやすいだろう。企業家が自由に参入できれば、新製品を開発して市場で試してみることも、既存の製品の製造に新しい方法を導入することも可能だ。あるいは、既存の企業が新しい製品を自由に提供し、新しい方法でビジネスを展開するようになれば、イノベーションはますます広がっていく。要するにこのような自由が実現した結果、単なる財やサービスの交換からは予想もできないほど大きな恩恵がもたらされ、ついには人類の進歩を新たな局面へと飛躍させたのである。

一方、人々が家や地域、さらには国から自由に出ていくようになると、古い製品や新しい製品、あるいは新しい生活様式に関する情報を色々と吸収できるようになり、その結果、イノベーションの実現に向けた環境が整い、積極的に行動する傾向も強くなる。誰でも経験を積まなければ、経済はおろか、そのなかの小さな産業の構造や機能さえまったく理解できず、そこで将来どんなイノベーションが発生するか見当もつかないと、ヴェーバーなら語るところだ。イノベーションが発生するためには、消費者や企業が潜在的なエンドユーザーとして決断する際、斬新な製品を自由に採用し、ニーズに最適かどうか判断し、使い方を学べなければならない。

自由には良い作用があり、独創性の表現やイノベーションの達成のためには特に欠かせない。ただし、リバタリアンのアイン・ランドの有名な発言のように、あらゆる場合に有効だというわけではない。実際、すべての自由がダイナミズムにとって良いものとはかぎらない。一部の生産者の自由が規制によって抑制されれば、消費者は感電死や中毒などの心配をせずに新しい製品を思い切って試すことができる。債権者がすべての借金をとりたてる自由が破産法によって制限されれば、企業家は財産をそっくり失う心配をせず革新的な製品の開発や販売に挑戦できるだろう（このような法律によって借入枠が減らされる可能性があるのは事実だが）。一方、なかにはイノベーションへの道を開くよりも、むしろ閉ざしてしまう規制も存在する（規制はまず例外なく悪いとリバタリアンは常に主張するが、統計を見るかぎり、革新的な製品が市場で試される際、規制当局の承認を予め受ける必要がないケースはほとんど存在しない。先駆的なユーザーが被害を受けないためだ）。たとえば近代経済が発達するにつれ、地方でも地域でも中央でも政府は様々な

5　さらに親は、娘が仕事から高収入を得ることは将来のためになると考えるようになった。Geddes and Lueck, "Gains from Self-Ownership and the Expansion of Women's Rights," 2002. および下記中の二〇一一年の調査を参照。Edlund, "Big Ideas."

規制を設け、新しい製品やその生産設備への障壁を作った。アメリカで空港の建設が壁にぶつかったのは、航空券の料金に税金を加算されるぐらいなら、過密な運航スケジュールや発着の遅れを我慢したほうがよいと旅行者が考えたからではない。どのコミュニティもNIMBY（自分の裏庭ではやらないでくれ）と主張したからである。プロジェクトが禁止されるぐらいなら、建築業者がコミュニティに十分な補償を提供し、承認を勝ち取るほうが賢明だという考え方もある。しかしそれもまた、多くの革新的なプロジェクトに抑制効果をもたらすだろう。

ほかにもふたつの自由——ヒットソングや映画など、成功した新製品から得られた収入を蓄積する法的権利がひとつ、それを資本など私有財産に投資する法的権利がひとつ——は、ダイナミズムを勢いづかせるうえで歴史的に重要な役割を果たした。これにはたしかな根拠もある（どのくらいの富があれば十分なのか、たとえば大きなダイナミズムが生み出されるためには、衣服などの耐久消費財、車、船、都会のアパート、郊外の一戸建てを人々が所有できるようになればよいのかという点に関しては、当面は取り上げない）。労働の見返りに金銭を受け取る法的権利は、大きな利益をもたらすイノベーションの達成に向けた最初の一歩だと言われるが、ここではその先まで話を進めたい。ここで検討したいのは、企業の所有を通じて富を蓄積する自由（個人事業や共同経営会社）が、あらゆる時代を通じて重要だったのかという点だ。さらに進め、株式の所有を通じて会社を所有する形式、すなわち民間企業の株式公開もここには含まれる。このような自由は概してイノベーションを活性化させるとか、ある種の企業の所有権が必要不可欠だとかいう議論は、この観点から見ればとりたてて驚きではない。肝心なのは草の根のレベルからアイデアが生まれ、そのなかのどれが大胆な投資に見合うものか、民間の企業家や資本家が判断できる環境が整うことであり、そのためにはアイデアの考案者や資本家や企業家の集団が正しい人材で構成されなければならない。国家の定めた平凡な給与で満足する人物、リスクとはほとんど無縁な年間賃金所得に甘んじる人物に限定されてはならない。この方法は国家にとって正しい選択ではないだろうし、選ばれた人たちは利益を目標に決断するような意欲を持たない。楽しく時間を過ごして名声を得られれば、満足してしまう。実際のところ、アイデアの考案者や製品の開発者や資金提供者に報いる方法としては、貢献にふさわしい報酬を支払う以外の方法はまず考えられない。ビジョンや洞察や判断のために費やした時間ではなく、革新的な仕事の中身に応じて報酬が支払われるような社会的な仕組みが欠かせない（経済的な知識も含めた資本投資の大半を国家の手に委ねるほうが社会はうまく機能する、と社会主義者は論じるが、それについては次章で取り上げる）。

こうした経済の自由がイノベーションにとって重要だったことを理解したうえで、つぎの段階に進みたい。一九世紀の経済のダイナミズムは、このような自由な環境から生まれたのだろうか。たとえば先史時代には、複数の家族が寄り集まって小さな集団で暮らしていた。今日では個人の自由な判断に任されている家族の決め事の非常に多くが、集団からの承認を必要としていたのは間違いない。日々相互依存している状況では、個人のイニシアチブの入り込む余地はあまりなかったはずだ。しかし、経済的な自由がイノベーションを花開かせたという説には、ひとつ厄介な点がある。価値のある自由の大半は、一八一五年ごろに近代経済が誕生する前の短い期間にイギリスなどで獲得されたわけではないからだ。実際には有史以来の記録を見ると、所有権の自由が認められた時期はイノベーションの爆発的出現よりもずっと古く、三〇〇〇年以上も遡る。古代バビロニアで紀元前一七六〇年ごろに布告されたハンムラビ法典には財産の私有制だけでなく、所有者を窃盗や詐欺や契約違反から守るための法律も成文化されている。ユダヤ法も同じ時期に制定され、財産権を含むコモンローが誕生するための土台となった。古代ローマでは民法が体系化され、そのもとで市民は財産権を保証された結果、政府はむやみに財産を没収できなくなった。さらにこの法律には契約上の規定も記され、民間の法人の存在や法人が財産を取得する能力について定義されている。これだけの原則が、広大なローマ帝国の全域にわたって適用されていたのである。

このように財産私有の自由は古代から存在してきたが、一九世紀にそのまま受け継がれたわけではない。暗黒時代にいったん後退を迫られた。

政府高官の腐敗が主な原因となり、ローマ帝国の基盤は大きく揺らいだ。ローマ当局の弱体化はローマ法の衰退へとつながる。……遠方での商取引に伴う危険は拡大し、その結果、取引の規模は縮小して地域も限定された。……私有財産制度が共同所有権に取って代わられた。土地をはじめとする資源は地元の修道院や封建的な村、あるいは［家族経営の］小農によって所有されるケースが増えていった。……［これは］自給自足を大いに促し定着させた。財産は個人によって所有されるよりも相互義務のもとで管理され、資源は集団で管理される。……教会や封建的制度は協同で……小農は家族経営によって運営された。(6)

しかし私有財産制度は決して消滅しなかった。都市では資源の私的所有権が幅広く維持されていた。やがて遠方の都市間の貿易の重要性が徐々に回復してくると、財産法の重要性も高まっていった。ローマ法の要素は、イギリスで生まれたコモンローや大陸で発達した民法典のなかで生き残った。ローマ法の原則の多くはフランスの民法に直接導入され、一八〇四年にはナポレオン法典が制定される。このように私有財産制度をはじめとする経済的な自由は断続的ではあるが古代から存在し続け、時代が進むにつれて徐々に広がり成文化され、西洋の最も近代的な社会でさえその拡大は一九世紀まで続いた。デムゼッツの言葉を借りるなら、中世が終わって「地位から契約へ、集団管理から私有財産制への移行が再開されたのである」。そしてすでに指摘したように、一九世紀半ばになると所有権は奴隷や女性にまで拡大された。

ここでひとつ、イノベーションに関わる財産の一部が一九世紀に入る直前、法的保護を受けるようになったことを指摘しておかなければならない。知的財産を守る目的で、特許や著作権や商標が発達した（程度の差はあるが成功をおさめたのである）。この新しい動きの土台を固めたのはイギリスで、一六二三年に世界ではじめて特許が本格的に交付された。その結果、高い料金を支払えば、「新しい発明に関わるプロジェクト」は侵害行為から守られるようになった。アメリカの特許法は支払う料金がはるかに安かったため、申請件数が跳ね上がった。（イギリスは一九世紀に制度を修正し、アメリカと同じように利用しやすい特許を目指すが、肩を並べるレベルには至らなかった）。フランスの特許制度は革命が進行中の一七九一年に創造された。これらの年代を見るかぎり、一九世紀にイノベーションが花開いた秘訣――解決の鍵――は特許だった可能性が高いように思えるが、経済学ではこの説をそれほど評価しない。そして実際のところ、法的保護の恩恵を受けなくても侵害されない知的財産の数は多い。企業が販売する財やそれを製造する方法が徐々に改善されても、現実のライバルや将来の競争相手に気付かれない可能性がある。

6　Demsetz, "Toward a Theory of Property Rights II," p. 668. 以下の引用も同じページから。組織理論家の草分け的存在ロナルド・コースの陰に隠れてデムゼッツの存在は目立たないが、一九三〇年から一九七〇年にかけての時期のコースの研究について、「既存の私有財産システム」の「結果」――正確を期するなら恩恵――についてのものだと見ている。一方、一九七〇年から二〇〇〇年にかけて行なわれた自分自身の研究は、私有財産制の原因について、すなわち「なぜ存在するようになったのか」についてのものだと見ている。

ハイエク派の経済学者なら、細かい知識の大半は「現場に」関わって中身を十分に理解できる人間のもとにとどまるものだ、と言うだろう。たとえ新しい製造方法を簡単にコピーできるとしても、競合相手が対抗できる品質のものを作るためには費用がかかり、利益がすっかり消滅することを恐れ、最初から投資などしないほうがよいと判断するかもしれない。映画の場合は最初の数週間で利益の大部分が、そして残りは一年以内に確保される。したがって模倣した作品が成功しても、パイオニアにとっては痛くもかゆくもない。あるいは新しい書籍や芝居が好調なスタートを切れば、べつの出版社や劇場はそれを真似したり改良を加えたりして二匹目のどじょうを狙うかもしれない。しかし評判や名声や評価の点で有利なパイオニアの作品をしのぐようなケースは稀にしかない。イノベーターが潜在的な略奪者を寄せ付けないため価格設定を低く抑えても利益を確保できる場合には、イノベーションの専有可能性〔イノベーションを実現した企業が、生み出された利益のうちどのくらいを確保できるかという期待の大きさ〕の低下によって生まれる損失は、イノベーションへの挑戦を思いとどまらせるほどには大きくならないだろう。

このような状況にもかかわらず、国家に対しては財産権その他のサービスの保護が求められたため、国家権力は中世や重商主義の時代とは比較にならないほど大きくなった。平民同士の関係を保護してきた君主や封建領主も、彼らを強大な国家権力からは守らなかった。しかしイングランドやスコットランドや植民地アメリカでは、国家権力に対する反動が生まれた。平民は互いに尊重し合う権利だけでなく、「国王に抵抗する権利」まで要求し始めたのである。

国王に抵抗する権利は、マグナ・カルタではじめて具体的な形をとった。マグナ・カルタはイングランドのジョン王によって一二一五年に制定され、一二九七年にイングランド憲章として認められ、一三五四年に最終版が制定された。国王には法と慣習にしたがって統治する義務があるという発想は、立憲政体が誕生するための種を蒔いた。しかし、この偉大な原則は無視される（ウィリアム二世はマグナ・カルタを顧みず、政治的に弱く経済的に貧しい農民から税を取り立てた。それに腹を立てたロビン・フッドは不正をただすために行動を起こした）。一六〇〇年代にスチュアート朝の国王と議会のあいだで闘争が繰り広げられたすえ、ようやく法令は実施される。そして一六八八年の名誉革命と一六八九年の権利の章典で、運動は頂点に達した。国王が法を勝手に撤廃し、議会の承認を受けずに税を課し、裁判に干渉する特権が、権利章典によってようやく廃止されたのだ。「国法」には「適正な法の手続き」が必要だった。適正な手続きとは、司法の適切な判断なくして何人も自由や財産を奪われてはならないことを意味した。[7]

このように立憲制が発達したおかげで、最初はイギリスで、後にはほかの国々で法の支配が実現したとみられてきた。家庭でも企業でも王がむやみに財産を没収することが許されなくなった。そして、特権階級を優遇する勅令が人民の犠牲のもとに発せられなくなると、企業家や投資家に有利な状況が生まれた。イギリスやそれと同じ経過をたどった国々は、イノベーションなどの事業を進めるには安全な場所だと判断されるようになったのである。一七八七年に制定されたアメリカ合衆国憲法の契約条項は法

7　マグナ・カルタの第三九条にはつぎのように記されている。

いかなる自由人も彼の同輩の法に適った判決か国法によらないかぎり、逮捕あるいは投獄され、所持物や自由や習慣的行為を奪われ、法による保護を剥奪され、追放され、何らかの方法で侵害され、判決を下され、非難されてはならない。

一六〇〇年代のはじめに首席裁判官だったエドワード・コーク卿は一連の意見書を記したが、そこには、マグナ・カルタが神聖視する「古き国制」において、法は司法のみに基づき、裁判官は独立性を保ち、国王も教会も令状なしに住居に侵入してはならず、法律なしに増税してはならず、法によらず逮捕してはならない、と書かれていたことが紹介されている。そして一七九七年に発表した『第二提要』では、「国法」には「適正な法の手続き」が必要であることが指摘されている。適正手続きはコモンローの土台になった。

の支配の精神を尊重しており、権力者にも弱者にも平等に法が適応される。政治的な有力者の利益のために政府が政治的弱者を犠牲にして行動することがないよう、憲法が防波堤の役目を果たしている。

しかし、一六八九年に新しい権利が有効に機能したことがきっかけで、その後の状況に大きな変化が生じたと指摘されても、素直にそれを信じられないのも事実だ。「法が支配し」、権力者は「法の公僕であるべきだ」という発想はそれ以前、古代ギリシアのアリストテレスの時代やユダヤ法でもお馴染みだった。おまけにイノベーションが爆発的に発達したのは、一六八九年から一世紀半ちかく経過してからだ。そう考えれば、憲法を制定しただけでは歴史の歩みに大きな風穴を開けるには十分でないし、憲法だけが集中的なイノベーションの実現への道筋をつけたとは考えられない。しかも「法の支配」には非常に不明瞭な要素も含まれている。たとえば税法の変更は、すべて不当なのだろうか。あるいは、政敵から税金を徴収できるのはどんなときか？　そうなると、権力から自由を守ることの効果は、割り引いて考えるべきだろう。

重商主義経済から近代経済への移行にとって、このような自由が必要だったのは間違いないが、その一方、イノベーションの爆発的な発達が一六〇〇年代の末や一七〇〇年代まで見られなかったのも事実だ。そうなると複数の自由が実現したと言っても、それだけで近代の誕生が後押しされたとは信じがたい。イノベーションを燃え上がらせるきっかけになったと断言できるような、そんな火花のような存在はまだ見つかっていない——シカゴ大火を引き起こしたオレアリー夫人の搾乳中の失火のようなものは見当たらないのだ。しかし後の時代の制度に注目すれば、革新性を恒常的に持つ経済の形成を後押しした要素が見つかるかもしれない。特に一八二五年から一八五〇年にかけて出現した制度は注目に値するだろう。

近代の誕生にもっと近い時期に出現した制度があるのは事実だ。これらの重要な制度の一部は重商主義の時代、さらには古代にルーツを持っているが、一八〇〇年代半ばにようやく成熟段階に達した。一例が企業の発達だ。最も古いけれども最も一般的な企業形態は個人事業である。個人によって経営され、家族が手がけるケースも多い。個人事業は形成するにも維持するにも費用がかからず、後の組織のように所有者がモラルハザードの問題に直面する恐れもない。しかし、経営規模を拡大するためにはパートナーシップのほうが好ましい。典型的な個人事業と異なり、パートナーシップは一定の資本要件を満たした組織であり、経営者や投資家としての経歴を持つ人材を集め、その才能や個人的な知識を活用することができる。古代ローマの時代から企業は様々な法的権利を与えられ、たとえば自己名義で運営されてきたが、一九世紀はじめになると、イギリスやアメリカではパートナーシップがほかのどの形態よりも多くの生産量を確実に達成した（個人事業、すなわち同族企業は二番目だった）。しかもすべてのパートナーシップが小規模だったわけではない。一部は「持ち株会社」にまで成長し、中心となる本社にはランクの高いシニアパートナーが君臨し、複数の子会社はほかのパートナーによって経営された。アメリカでは一九世紀末、「投資銀行」がパートナーシップの形態をとり、パートナーはすべての富をリスクにさらした。

多くのパートナーシップにとって厄介なのは、パートナー個人がジレンマに陥る点だ。パートナー全員に単独で行動する自由があれば、個人のパートナーはべつのパートナーが無節操で無分別な行動をとった際に連帯責任を問われる。代わりに行動を制限される場合には、厄介な交渉を進めなければならず、結局は合意に至らないリスクが発生する。このような不都合な点を考えれば、パートナーが面倒な課題に挑戦したがらず、いくら革新性が高くても先行き不透明な問題から目をそむけたがるのも驚くにはあたらない。さらにパートナーシップを拡大すれば、パートナーが不測の事態に見舞われる可能性も高くなる。このような理由から、責任回避によってほとんどのパートナーシップは、一九世紀に入っても規模や範囲が大きく限定されざるを得なかった。そして、イノベーションの実現を可能にする種々の条件が整っていたにもかかわらず、革新的なプロジェクトが着手される妨げになってしまった。

やがてもっと新しい企業組織が出現し、最終的には大胆な課題に挑戦するための強力な媒体へと成長し、少なくともその点ではイノベーションへの試みにふさわしい形が出来上がった。その組織とはジョイント・ストック・カンパニー、現代の言葉に直せば株式会社である。ジョイント・ストック・カンパニーでは出資者に株式が発行され、通常は株式取得の際に支払った金額を超える損失をこうむらない。株式所有者の責任は限られているわけだ。これは企業家にとって大きな恩恵であり、しかも政府は設立に際して認可制を採用した。一六世紀から一七世紀にかけて、イギリスとオランダの政府は複数のジョイント・ストック・カンパニーを認可したうえで、貿易や探検や植民地化のための官民連携プロジェクトをまかせた。東インド会社、ハドソン湾会社、そして悪名高いミシシッピ会社や南海会社はこのとき設立された。重商主義の絶頂期には、イギリスでは輸出による歳入のおよそ半分が国の認可を受けた企業によって生み出された。一八世紀になるとイギリスでは、保険、運河、ウィスキーなどの産業を中心に、企業に設立認可状が発行されるようになり、ほぼ独占的な状態はオーナーにも国にも有利に働いた。しかし、独占状態からはイノベーションが発生しにくい。ジョイント・ストック・カンパニーは投資家にとって魅力に欠け、南海泡沫事件などのスキャンダルに見舞われた後は特に株式購入の意欲が失せてしまった。せっかくジョイント・ストック・カンパニーの資本を取得しても、斬新な拡大策や劇的な変化への投資が成功をもたらす見込みがなければ意味はない。実際、ジェイムズ・ワットやマシュー・ボールトン、同様にエーリ・ウェッジウッドをはじめとする実業家のほとんどは、認可制の欠点を見抜いていた。そもそも費用がかかるし、プロセスが込み入っている。おまけに適用法人所得税に加え、利益に対しても課税される。様々な規制をかけられるし、政府は内容を勝手に修正できる。一方アメリカでは、州による認可は運河や大学や慈善事業など、「公共事業」に限定される状態が続いた。

しかし、近代経済が誕生する直前から直後にかけて、アメリカとイギリスではジョイント・ストックの形態に大きな変化がもたらされた。一七八八年に批准されたアメリカ合衆国憲法の契約条項において、州法が契約上の権利を遡及的に損なう行為は禁じられていたが、認可にはまだ明らかに「契約」の資格がなかった。ところが一八一九年、ダートマス大学理事会を原告とする訴訟において最高裁は画期的な判決を下す。すべての法人は権利を有するものであり、そこには新たな州法によって認可の内容を修正されない権利も含まれると言い渡したのである。一八三〇年代に入ると、法人組織に対する規制はつぎつぎと緩和された。マサチューセッツ州議会は、認可の発行を公共事業に限定する慣習を廃止した。コネチカット州では、法律による認可なしで企業の法人化が可能になった。イギリスでは、続々と敷設される鉄道路線にいちいち認可を発行する手間にうんざりした議会で、一八四四年にジョイント・ストック・カンパニー法が可決された。おかげで企業は登記さえすれば法人化されるようになったが、株主の有限責任制に関しては引き続き議論され、一八五六年のジョイント・ストック・カンパニー法で認められた。その後フランスでは一八六三年、ドイツでは一八七〇年に同じような動きが見られた(8)。

こうして西洋世界では新しい生き物が解き放たれた。一八二〇年代ごろに生まれた近代経済の父親を名乗るには遅すぎたが、産業の時代——一八四〇年代から一八五〇年代にかけて始まり、一九一〇年代から一九三〇年代、そして一九六〇年代まで続いた——に花開いた目覚ましいイノベーションに大きく貢献するのに遅すぎることはなかった。アダム・スミスはジョイント・ストック・カンパニーの誘因設計がおそまつだといって非難した。コストへの注目が不十分で、短期的な利益優先が弱みになっているという彼の指摘は正しいが、古典派のレンズのおかげで彼の視点はピントがずれてしまった。ひとりもしくは少人数の大株主を中心に据えた法人は、未知の領域へ大胆に踏み込み、多彩な分野から有能な人材を集め、長期的な損失を吸収することが可能だ。したがって、かなりの程度のイノベーションを達成できる見込みがあった。リスクを引き受ける多様な株主を見つけだすことができるし、株主が購入した株を何年間も持ち続けたり、他人に売却して代わりに保有してもらったりすれば、遠い未来の利益を視野に入れることも可能だからだ。法人が無駄や経営上の問題を抱えているのは事実だが、イノベーションが実現したとき投資家や社会にもたらされる恩恵は、それをはるかにしのぐほど大きいだろう。

おそらくジョン・スチュアート・ミルも同じことを考えていたと思われる。なぜなら、新しい企業の設立を大きく妨げる力――特に貧しい人々にとっての深刻な障害――は、有限責任制の導入によって弱められると述べているのだ。(9) ミルの時代、有限責任は二〇年から三〇年の期限付きだったことを考えれば、この指摘は注目に値する(ただし、長寿企業にも同じことが言えるかどうかは疑問だ。『フィナンシャル・タイムズ』紙の経営経済学者だった故ピーター・マーティンは、企業は二〇年たったら解散するべきだと提案している)。

この時代を支えた新しい制度として最後に登場したもののひとつが破産に関する法律だ。アメリカでは長らく、借金を返済できない人が投獄される状態が広く普及していたが、一八三三年にようやく連邦政府による投獄は廃止された。この人道的な進歩に感謝すべき理由はたくさんあるが、そのひとつが不運や失敗によって投獄の憂き目にあう心配をせずに企業を始められるようになったことだろう。当然ながら債務不履行は続いた――増えさえした。ニューヨーク金融街の中心リバティ・ストリートを題材にした一八三六年の石版画には九つの企業が描かれているが、そのうちの四社はその後五年間で倒産している。(10) 破産法が一八四一年から一八六七年、一八九八年にかけて改正されるにしたがって債務不履行に対する罰則は緩和され、自己破産が許されるだけでなく、連邦破産裁判所での債権処理も可能になった。

8　以下の興味深い著作では古代から現代にいたるまでの企業の発展についての研究が紹介されている。Mickelthwait and Wooldridge, *The Company.*〔邦訳　ジョン・ミクルスウェイト、エイドリアン・ウールリッジ『株式会社』高尾義明、日置弘一郎監修、鈴木泰雄訳、ランダムハウス講談社、二〇〇六年〕。そこでいくつかの古典が参考にされているが、以下はそのひとつだ。Chandler, *Strategy and Structure*〔邦訳　アルフレッド・チャンドラー『組織は戦略に従う』有賀裕子訳、ダイヤモンド社、二〇〇四年〕。イギリスとドイツに関しては以下が参考にされている。Chandler, *Scale and Scope*〔邦訳　チャンドラー『スケール・アンド・スコープ』安部悦生・川辺信雄訳、有斐閣、二〇〇五年〕、DuBois, *The English Business Company after the Bubble Act*; Rosenberg and Birdzell, *How the West Grew Rich*; Kindleberger, *A Financial History of Western Europe.* 中国の企業についての記述は以下に基づいている。Kirby, "China Unincorporated."

9　Mill, "The Law of Partnership," 1851 reprinted in Essays on Economics and Society Part II. には以下のようにある。

フランスの合資会社などのように有限責任制のもとでパートナーシップに参入できる自由は、商取引全般の自由にとって重要な要素であるばかりか、社会全般に利益がもたらされるうえでも大いに役立つケースが多いように私は感じられる。このようなパートナーシップを一貫して非難する人たちは、他人の資本で商売をするべきではないという持論にこだわっているように思われる。すなわち、資本を蓄積する時間的余裕がある人や、相続する幸運に恵まれた人によって独占されるべきだと考えているようだ。しかし商業や産業の現状を見るかぎり、これは明らかに馬鹿げている。

10　以下を参照。Balleisen, *Navigating Failure.* 著者は一八三七年と一八三九年の金融パニックについて記している。そのうえで詳しい情報に基づいた評価として、「市場での取引に携わった経営者のなかで、少なくとも三人に一人、多く見積もって二人に一人が借金の重みに耐えきれずに屈した」と紹介している。（三ページ）。彼のケーススタディに登場する犠牲者のなかには後に大成功を収めた人物も多く含まれている。アーサー・タッパン（タッパン・ジー・ブリッジで知られる）、ジェイムズ・ワトソン・ウェブ、サイラス・スティルウェル、さらにマーク・トウェインの名前も見られる。

イギリスでは国外追放や死刑だった罰則が、ヴィクトリア朝時代になって投獄へと緩和されるが、債務者が収監される牢獄は快適ではなかった（牢獄についてはディケンズの作品で繰り返し言及されている。彼の父親はロンドンのマーシャルシー監獄で服役していた）。やがて一八五六年の法律によって、有限責任の手続きをすませた経営者は収監を免除されるようになった。そして一八六九年の債務者法によって収監が廃止された結果、個人事業主もパートナーシップも、あらゆる人々が破産を申告できるようになった。これはほぼ確実にイノベーションにとって有利にはたらいた。

そして最後に指摘しておかなければならない経済制度が、企業の投資プロジェクトに資金を提供したり、新しい企業の初期発達段階に融資したりすることを（専業にするかどうかはともかく）主な目的とする金融機関である。ほかの多くの制度と同じく、信用機関の誕生は創意に富んだバビロニア人の時代にまで遡る。裕福な地主や寺院は個人事業主やパートナーシップが必要とする生産や貿易のための資金を貸し出し、農地や自宅、奴隷、内縁の妻、正妻、子どもなどを抵当として提供させた。中世になると有力な一族が銀行を創設し、専業とした。南ドイツのフッガー家やフィレンツェのメディチ家は最も有名だ。いずれもヨーロッパの国王や皇太子にまでローンを提供したことで知られる。一八世紀になるとロンドンでベアリング一族が台頭し、さらにはロスチャイルド一族が勢力を拡大し、五人の息子たちはフランクフルト、ロンドン、パリ、ウィーン、ナポリへとそれぞれ進出した。ベアリング家はルイジアナ買収の際に政府に融資を行なった。一方ロスチャイルド家は、ナポレオン戦争に当たってイギリスに戦費を貸し出している。これらの有力一族は、いずれもマーチャント・バンキングに従事した。しかしマーチャント・バンクの活動を確認してみても、イノベーションの時代の誕生に貢献するような新たな展開はなかなか見つけられない。

一九世紀はじめのアメリカにおける銀行の活動からは、貴重な教訓が得られる。当時の銀行は不安定の源であり、企業家精神や経済発展の足を引っ張っており、新古典派の経済理論において賞賛される資本の「移動」の達成を妨げ、ヨーロッパで発達した「ユニバーサル・バンク」（総合銀行）のような経済発展の原動力にはなり得なかったと考えられてきた。アメリカの制度においては二種類の銀行が存在していた。ひとつはコマーシャル・バンクで、州政府の認可を受けて設立され、預金の受け入れ、銀行券の発行、生産や商業活動への融資などの業務を行なった。もうひとつがプライベート・バンクで、銀行券の発行や預金の受け入れは手がけず、自己資本に依存した。そして、どちらのタイプの銀行も繁盛していた（プライベート・バンクには外国の資金が多く集まり、後に投資銀行へと発展し、企業の投資プロジェクトに融資を提供するようになった）。このように複雑で微妙な制度については、性急に判断するべきではない。実際のところ最近では、どちらの銀行も地域内で企業家精神や経済発展を促すために役立っていたと考えられ、研究結果も発表されている。もちろん完璧ではないが、発展を妨げるよりは推し進めていたというのだ。地域密着型だったので、状況の変化に対して真っ先に対応することができたのである。しかも、銀行は顧客をよく知り、借り手を監視するべきだと言われるが、そのルールがきちんと実践されていた。

経済が発展していくためには、製造業が出現して成長しなければならない。……成長が良いタイミングで発生するためには、製造業者は外部金融、特に銀行貸し出しにアクセスできる必要がある。……自らも典型的な商人である銀行家は、親しい企業や企業家、すなわちほかの商人に貸し出す傾向が強い。(11)

たしかにフランスやドイツはユニバーサル・バンクから恩恵を受けたかもしれない。しかし、いま紹介したような修正論者の見解によれば、アメリカやイギリスの環境にユニバーサル・バンクの存在が欠如していたことは決して障害ではなかった。

政治制度——代表民主制

近代経済の創造において、政治制度は間違いなく重要な役目を果たした。そんな政治制度のひとつが議会制民主主義であり、経済の近代化とほぼ時を同じくして出現した。近代経済と共に近代民主主義が発達したことは、控えめにみても暗示的だ。

ほとんどの国では重商主義の時代を通じ、国会の議席を貴族と地主が保有してきた。経済的な意味で正義が確立されるのはまだ何世紀も先の出来事で、狭い私利私欲を満たすことが立法の主な原動力だった。しかし一八世紀になると、代表民主制——少なくとも以前よりは国民の声を代表する民主主義——が、アメリカでもヨーロッパでも人民の心をとらえ始めた。都市の労働者階級や実業家のあいだで、平等な代議制度を求める声が大きくなったことが大きな背景になった。アメリカでは一七七六年の独立宣言で自治権が謳われ、人民は国王や貴族による束縛から全面的に解放された。ただしそれは建前上で、それからおよそ九〇年後、奴隷制の廃止によってこのビジョンはようやく実現する。一七八九年にフランス革命が勃発すると、ヨーロッパでは民主主義の創造への要求が一気に高まった。一七九一年に制定されたポーランド・リトアニア共和国の憲法では、市民と貴族のあいだの政治的平等が謳われた。一部の歴史家によれば、華やかなヴェルサイユ宮廷に目を奪われた地主は慣習を改めることなど考えられず、その結果としてフランスでは、国家が転覆してようやくイノベーションが実現したのだという。

こうして出現した民主主義が、経済にとって不都合なリスクをある程度もたらしたのは間違いない。民主主義は世襲君主制よりも短期的な志向が強い。数の暴力がまかり通るので、それを憲法である程度制約しなければならない。しかも被統治者の多くと比べると金銭的な余裕がない人民を政府に迎え入れることになるので、貴族階級の議員よりも賄賂に影響されやすい。それでも、すべてを考慮すれば、イノベーションに良い効果をもたらしたと判断してよいだろう。

人民が自己統治の権利を認められれば、経済の業績全般に恩恵がもたらされるとずっと考えられてきた。実際、経済のダイナミズムが台頭するうえで、有利な条件が創造されたと信じられる根拠も存在している。たとえば代表民主制においては、専制君主なら拒んだり抑圧したりするような経済制度や政策が確立されるかもしれない。民主主義のもとでは下層階級や中産階級の利益を支えるために公共部門が活用されるので、個人の自主性が守られ育まれる。それがさかんなビジネス活動や公教育の奨励につながるのだ。そもそもイノベーションは草の根レベルでのインスピレーションや探求や実験に大きく由来するので、このような民主主義の特性が有利にはたらくことが期待できる。対照的に独裁政治の場合、公共部門は独裁者の利益、すなわち国力や影響を強化するプロジェクトのために利用される。(コインの裏面はこうだ。民主主義によって、特定の利害集団の間で議員を介したなれ合いが起こり、それがほぼ社会全体を

11　Bodenhorn, *A History of Banking in Antebellum America*, p. 24. 一二ページには、著者の主張が以下のように記されている。

連邦主義のもとで地方分権化の進んだマディソン主義的な政策のおかげで、制度を地域のニーズや好みに適応させる実験は順調に進んだ。そして銀行業務ほど、その結果が明確に現れた分野はない。第一合衆国銀行と第二合衆国銀行を除けば、南北戦争以前のアメリカの銀行は州による創造物で、地元住民の望みや気まぐれさえ反映された。……地方分権の進んだ政治形態は地域の柔軟性につながり、結果として銀行は「ガラパゴスに生息するフィンチのくちばしさながら、時間の経過と共に変貌を遂げていったのである」。

覆ってしまうかもしれない。その結果として公共部門が肥大化すれば、イノベーションに役立つどころか害をおよぼす恐れもある。ただし一九世紀には、フランスを除けば政府は規模が小さかったので、このような展開はあり得なかった)。

代表民主制はおのずと、独裁者ならためらうような近代経済の制度や文化を支えるだろう。不確実性、変化、運命の逆転、損益などに頭を悩ませる状況に置かれても、経済の機能を守る制度が政府の制定した法律によって認められていれば、企業家にとってもイノベーターにとっても心強い。政府機関やソーシャルパートナーから思いがけない妨害を受けることも、契約後に債権者や被雇用者から脅されることもないし、店や工場が群衆の略奪に遭ったときは警察が守ってくれる。さらに、様々な考え方の有権者から成る大きな社会で制度が確立されると、変化を求める声に促されて従来の法律が廃止される可能性は、独裁者に支配されているときよりも小さくなるという議論がある(これは統計論において大数の法則として知られる命題からすれば当然の結果だ)。

以上の考え方は、代表民主制において法の支配は信頼に足るほど強力なのか、という疑問と関係してくる。誰もが認めるように、独裁的な支配者は都合の良いときだけ法の支配に従う。たとえマグナ・カルタのような憲法が制定されても、何らかの手段によって法律が巧みに回避される事態を確実に防げるわけではない。一方、民主的な議会では法律は新たな法を追加することで変更されたり、回避されたりもできる。そうなると、広い範囲から多彩な要素が集まってくる民主主義を背景とした立法府は、独裁者のように簡単に既存の法律を破ることも回避することもできないという結論が導き出せるだろう。「人民による支配」は法の支配に信頼性を付与すると考えてよい。

民主主義のべつの側面も、イノベーションの誕生に貢献した可能性が高い。一八三五年にアメリカ各地を訪れたアレクシ・ド・トクヴィルは、自立や自己表現を特徴とするビジネスが営まれている背景には自己統治があると推測した。自己統治の経験からアメリカ人が手に入れた財産、すなわち対話型集会への参加から公務員としての勤務といったものは、契約の交渉や被雇用者との協同作業、さらには新規事業立ち上げに必要な人脈形成にまで効果を発揮した。そして逆に見れば、アメリカ人の経済的自立という経験は、自己統治のうえで欠かせないスキルを与えた――自信や社交性などだ。トクヴィルの描いたモデルによれば、アメリカでは自発的に結成された結社が「貴重なフリースクール」として機能したのである。これはヨーロッパではあまり見られない現象だった。

さらにもうひとつ、民主主義には近代経済の台頭にとって重要な特徴があったと考えられる。代表民主制は独裁政治と異なり、多くの人民の声に耳をかたむけて配慮するシステムである。票を獲得するためだとしても、とにかく政治家は有権者の要求を満たす努力を行なう。これに対し、独裁者はニーズの大半に気づかず、新しいニーズに対しては特にその傾向が強い。その点に注目すれば、近代の黎明期に当たる数十年間、新しい制度を求める声に代表民主制は十分に対応したと結論してもおかしくはない。

ただし民主主義を採用する政府のメカニズムがイノベーションにとって有利にはたらいたとしても、歴史上の疑問が残る。代表民主制のメカニズムは正しい時期に正しい場所で機能して、関係各国で経済のダイナミズムが爆発する引き金になったのだろうか。イギリス、アメリカ、ベルギー、フランス、ドイツなどでは、代表民主制が採用された後に近代経済が発達したのだろうか。それとも以前だったのか。イギリスの尊敬すべき議会は、一六八八年の革命をきっかけに新しい富や新しい都市を代表する議員で構成されるようになった。一八三二年には改革法が可決され、特に財産資格を問わずすべての男性に庶民院選挙での立候補資格が与えられただけでなく、新たな議席が都市に配分された。アメリカでは一七八八年の憲法によって創設された上下両院において、イギリス議会よりもはるかに大きく人民の声が反映された。市民か否かを問わず、財産資格を有するすべての男性に投票権が与えられ、具体的には成人男性人口の三分の一から二分の一がこれに該当した。（ほどなく参政権は拡大される。一八二一年には財産を持たない男性、一八七〇年には白人以外の人種、一九二〇年には女性に認められた）。ただし、フランスでは民主主義もダイナミズムも実現するまでに時間がかかったようだ。フランス革命のあとに到来したのは民主主義ではなくナポレオンによる統治で、それは一八一五年まで続いた。その後、王政復古を経て一八三〇年に七月革命が勃発し、一八四八年までルイ＝フィリップの治世が続く。そして一八四八年の二月革命で、男性に広く参政権が与えられる形で民主主義が実現したのである。たしかに、僅かばかりのイノベーションとそれに続く繁栄がナポレオン後のフランスにもたらされ、ルイ＝フィリップの時代に徐々に拡大したのは事実だが、大きな飛躍までには時間がかかった。一九世紀後半に入るとようやく生産性はテイクオフの段階に入り、かなり高レベルのイノベーションが実現したのである。ベルギーはさらに曖昧だ。民主主義の誕生には長い時間がかかり、ナポレオンが一八一五年に没落した後、一八三〇年にオランダによる支配が終わるまで待たされた。この年に勃発したベルギー革命で、議会制民主主義はようやく確立される。ベルギーではイノベーションが民主主義より早く到来したようだが、外国の支配を脱して民主主義の時代に入るとイノベーションはさらに勢いづいた。すでに一八三〇年より前から、フランス語圏のワロン地域では鉱業や鉄鋼業の分野で企業家が台頭し、フランスのどの地域よりも大きな成長を遂げていた。しかし、一八三〇年以降はイノベーションがさらなる進歩を遂げ、ゴム工業の躍進にも支えられ、ベルギーは一九一四年まで工業化に関して世界のリーダーとして君臨した。ドイツは例外として際立っている。地方のレベルを除けば一九世紀を通じて民主主義がほとんど発達しなかったにもかかわらず、一九世紀の後半にはイノベーションが飛躍を始めた。もしもドイツに民主主義が確立されていたら、イノベーションがさらに進んでいた可能性は考えられる。結局のところほとんどの国は、イノベーションを支えるために民主主義を必要とする構造だったのかもしれない。いずれにせよ、近代民主主義が近代経済を引き起こしたとか、逆に近代経済が近代民主主義を引き起こしたとは推論しないほうが妥当だろう。どちらも同じ価値観や信念、すなわち同じ文化を基盤として生まれたとみるのが賢明だ。

経済文化——違いと変化

近代経済とは何だろう。いま述べた視点に立てば、その大きな特徴は、新しい商業的アイデアを考案し、具体化して実践する行為に対して金銭や経験の形で提供される報酬だと考えられる。つまりイノベーションの試みに積極的に資源を活用させる点だ。本章の視点に立つなら、どの社会の経済も社会の制度と文化を土台に機能している。この文化とは、社会的遺産に対する態度や信念のことだが、すべてのメンバーがまったく同じ文化を継承しているわけではないし、国の経済政策や道徳哲学はそのなかに含まれない。要するに、経済を構成する要素はひとつが経済制度、そしてもうひとつが経済政策や道徳哲学を除いた経済文化で、時として複数の文化が共存する。だからビジネスや経済問題に取り組む際には、経済文化の裏付けを持つ態度や信念が結果を大きく左右する。経済が何らかの形で機能するためには、支えになる文化の存在が欠かせないのだ。しかしすべての行為が「文化」に該当するわけではないし、経済の原因というよりは結果に当てはまる行為も多い。

一九世紀に突如発生した近代経済のテイクオフと繁栄について、二〇世紀の歴史家を中心に解明が試みられたことはすでに紹介した。しかし時代を遡って一八世紀、当時最高の知識人の一部は、一六世紀から一七世紀にかけて商品経済が目覚ましく台頭した現象の解明に取り組んだ。アダム・スミスはイギリスにおける商業の発達というテーマを選び、干渉と搾取を特徴とする政府が消滅した結果として「取引と交換」がさかんになり、より良い価格が継続的に追求されるようになったと指摘している。やがて富の保有は安全につながることを人々が実感すると、倹約が尊ばれるようになった。その結果として富が蓄積され、交易の規模は拡大していく。このようにして商業主義の時代、物質主義は花開いていったと論じている。ただしスミスは、有形財に対する欲望があらゆる時代を通じて普遍的かつ一定のものだと見なし、商業主義の時代やイギリスに独特の原動力とは考えなかった。「［私たちに］貯蓄を促す要因は」と彼は『国富論』のなかでつぎのように書いている。「状況を改善したいと願う欲望であり、この欲望は……母親の胎内にいるときから備わっており、墓場に行くまで決して離れない」（三二四ページ）。（当然ながらマルクスは、商品や富に対する「物神化」は商業経済の原因ではないという見方に賛成しており、結果であると語っている）。重商主義経済では、ほかにも目立った行動が見られた。正直な態度を心がけ、法律を尊重し、約束を守り、恩恵を施すなど、信頼性という言葉でまとめられる商業的美徳のすべてが発揮されたのである。しかしデイヴィッド・ヒュームもアダム・スミスも、このようなブルジョアにふさわしい振る舞いが重商主義経済の背後にあったとは考えなかった。ヒュームは一七四〇年の著書『人間本性論』において（現代の経済学者から見れば当たり前だが）、このような商習慣は名声への関心など、商人の自己利益から進化したものだと論じている。一方スミスは一七六三年の『法学講義』のなかで、商人が商業的な名声に興味を持つのは利益が関わるからで、名誉に感じるからではないとしている。そして一七七六年に刊行された古典『国富論』では、商業的美徳は商品経済の結果であり、前提ではなかったと主張している。

　しかし私たちの関心は、重商主義経済ではなく近代経済の出現にある。たとえばヴェーバーはこの時代に関して、勤勉や倹約やブルジョアにふさわしい振る舞いを重んじる方向への文化的シフトが、地道な努力による富の蓄積という結果につながったと指摘している。しかし、文化のシフトをきっかけに一九世紀の近代経済で未曾有の偉業が達成されたという考え方には無理がある。なぜなら長い週間労働時間も高い貯蓄率も、法律や協定を尊重する風潮も、すべて一七世紀から一八世紀初頭にかけて存在していたことがスミスやヒュームによって暗示されているのだ（近代経済の到来した国で週間労働時間や貯蓄率が大幅に増加し始めたのは、近代経済のダイナミズムのもとで経済が急成長を遂げ、投資需要が高まったからだと考えるのが妥当だろう）。せいぜい、ブルジョアにふさわしい振る舞いが近代経済の発達に必要だったとか、発達を支えたと主張することができる程度だろう。彼らの振る舞いがそれ以前に商品経済を支えたのと同じように。

　しかし、近代経済の台頭を真に促したと評価できる文化的シフトは確実に存在している。国によって程度の差はあるが、西洋世界ではこの時代独特のエートスすなわち精神が生まれた。そして時代精神を構成する複数の要素がまとまった結果、近代経済の本質となるダイナミズムを大きく勢いづかせたのである。このエートスは、人間主義の一部だった。（人間主義のほうがエートスよりも広い）。そしていくつもの要素が寄り集まって限界質量に達したとき、近代経済誕生の引き金になったのである（この新しい見方を構成する要素、すなわち文化のなかで、最も古いものは何世紀も前に出現しているが、もっと時代が進んでから誕生している重要な要素も含まれるので、この点は問題にしなくてもよい）。このエートスは、モダニズムと呼ぶのがふさわしいだろう。

現在では、「近代」という言葉の意味は説明するまでもない。近代的な女性、近代的な都市、近代的な生活など、伝統から外れたもの、斬新なもの、破壊や転覆を引き起こすものに対して使われる言葉だ。近代社会では内部で変化が創造され、近代経済に参加する人たちの新しいアイデアが変化する大きな源になっている。ポール・ジョンソンは『近代の誕生』のなかで、近代社会が最初に登場したのは一八一五年だと論じている。しかしジャック・バーザンは『夜明けからデカダンスへ』のなかでいわゆる「近代」について広範囲に調査した結果として、近代思想は一五〇〇年頃に始まったと記している。私たちがモダニズムとして見なすのが当然のようなアイデアの一部は、古代から存在していても普及しなかったか、あるいは中世に排斥されたのである。

近代的な価値観——態度や信念——は程度の差こそあれ、西洋諸国で今日に至るまで広く普及している。たとえば自分本位の考え方や行動、自己表現などの規範がそれに該当する。他人に対する姿勢としては、自分以外の人間が引き起こしたり望んだりする変化を進んで受け入れ、みんなと積極的に協力し、自分を他人と比較しながら競い合い、率先して行動して一番を目指す姿勢を特徴とする。(これらの文化的要素は、商品経済における生産や取引や蓄財に不可欠というわけではなかった[12]。すでに記したが、こうした文化的要素が商品経済において積極的な支持を得られないと言って、スミスは若きマルクスに不満を述べている)。ほかにモダニストの顕著な姿勢としては、創造や探究や実験への意欲が強く、克服すべき障害を歓迎し、知的活動にこだわり、責任感が強くて命令を下したがる点が挙げられる。なぜこのような願望を抱くのかと言えば、自ら判断を下し、自らの洞察に基づいて行動し、自らの想像力を奮い起こさなければならないからだ。一方、博打のように無謀な挑戦は好まれない。そして未知の領域に踏み込んで予想外の結果が得られたときは、それを障害ではなく、貴重な経験の一部として受け止める。自己発見や自己啓発は、ヴァイタリズムの中心的な価値だと言ってもよい[13]。

さらにモダニストの信条においては、正しい行ないに関する基準が明確に定められている。責任ある地位を目指して他人と競い合うこと、生産性の高い人や責任の大きな人への報酬を増やすこと、責任ある地位の人は命令するだけでなく責任を引き受けること、あるいは新しいアイデアを提供する権利、新しい方法や新しいものを提供する権利などが、いずれも正しい行為と見なされる。奉仕、義務、家族、社会調和などの概念を特徴とする伝統主義とは、いずれも対照が際立っている。

この新しい精神の徴候が最初に現れたのはルネサンスの時代になってからだ。中世の段階では、世界との積極的な関わりを通じて（国王も含め）誰でも大きな報酬を得られる可能性など考えられなかった。

12　ネオ・シュンペーター学派は、つぎのように反論するかもしれない。外部で発見が行なわれ、その新しい可能性を実現するためには、一部の企業家が商業的応用に率先して取り組まなければならない。経済的知識を持った一般大衆は、これこそが企業家精神だと考えるようになる、と。しかしシュンペーター自身は形式的な分析を行なったうえで理論を構築し、都市や町に住む企業家のあいだでは、どの企業家が「わかりきった」開発に着手するのが最もふさわしいかは疑う余地がない、と考えた。そうなると、誰もわざわざ率先して行動する必要はなくなる。

13　他人の存在を確認して結びつきを持つことに通常見出される価値は、ネーゲルの以下の著作では「利他主義」と呼ばれている。Nagel, *The Possibility of Altruism.* 一方、自己発見や個人的成長に見出される価値は、ジャック・バーザンによって「ヴァイタリズム」と呼ばれた。バーザンは生前コロンビア大学の教授で、西洋思想史の専門家として大きな功績を残した。詳しくは以下。Jacques Barzun, "From the Nineteenth Century to the Twentieth," 1962.（八〇〇ページにおよぶ以下の大作では、興味が拡散して、「ヴァイタリズムとヴォランティアリズム」について触れているのは数パラグラフだ。Barzun, *From Dawn to Decadence*, 2001）。ほかにもヴァイタリズムは著名な文芸批評家ハロルド・ブルームの以下の著作でも大きく取り上げられている。Harold Bloom, *The Visionary Company*, 1961; *The Western Canon*, 1994. ヴァイタリズムは一八世紀、哲学の分野で大いにもてはやされたが、こちらは同じ名前でも中身が違うので混同しないでもらいたい。一八世紀のヴァイタリズムのほうでは、世界には電気の衝撃のような「生気」が存在しており、それが生き物や有機体に生命を吹き込むと考えられた。ルイジ・ガルバーニは、死んだカエルにヴァイタリティをもたらすために電気ショックを加えた。（筋肉は反応したが、生き返ることはなかった）。

すでに世の中のすべてが解明されたわけではなく、人類が想像力をはたらかせれば、それだけ多くの知識が明らかになることなど夢想さえされなかった。ルネサンス運動の中心的人物であり人文主義者のジョヴァンニ・ピコ・デラ・ミランドラ（一四六三—九四年）は、自分が育った宗教的環境を巧みに利用してこう主張した。人間が神の姿に似せて創造されたならば、神の創造力をある程度共有しているはずではないか。そしてミケランジェロの葬儀の弔辞では人間を彫刻家にたとえ、「自らに授けられた物質的素材から独自の形を彫り起こしていかなければならない」と述べた。男女を問わず人間は自分の力で成長すべきだという「個人主義」について、ピーコはこのような形で表現したのである。(14) 一方、大物人文学者デジデリウス・エラスムス（一四六六—一五三六年）は、「霊魂の不滅性が人々に希望を与え、新たな願望が胎動を始め、無限の可能性が期待できるようになれば、［人間の］活動領域の地平線は広がっていく」と書いている。なぜなら、「キリスト教の精神」が存在しているからだという。(15) さらにマルティン・ルター（一四八三—一五四六年）は、ローマ・カトリックの信徒は聖書を自分なりに読んで解釈する「キリスト教徒としての自由」を認められるべきだと要求し、人民が非生産的で機能不全の政府から解放されるうえで重要な転機を提供した。

大航海時代もまた、新しい精神の形成に貢献した。この時代には、ヴァイタリズムに満ちた精神がイタリアからフランスやスペイン、さらにイギリスまで僅か七〇年のうちに広がった。（偉大な航海者や彼らの冒険に刺激されてヴァイタリズムが生まれたかどうかはともかく、この時代の新しいヴァイタリズムをべつの言葉で表現する必要はないだろう）。一五〇〇年に生まれたベンヴェヌート・チェッリーニは偉大な彫刻家で、ベルリオーズのオペラには彼の名まえをタイトルに使った作品もある。そんな彼は『チェッリーニ自伝』のなかで、探究心に富み、いっさいの束縛を受けない自由な芸術家や企業家としての素顔を明らかにしているが、目標の達成と成功に専念する自由な個人のまさに象徴的存在である。一五〇九年に生まれたジャン・カルヴァンは、人間の職業を神のなせる業の延長として賛美した。一五五三年生まれのミシェル・ド・モンテーニュは、随想録『エセー』のなかで自身の内面生活について触れたうえで、本人が「生成」と呼ぶ個人的成長が実現するまでの軌跡を年代順に解説している。一五四七年生まれのミゲル・デ・セルバンテスの作品『ドン・キホーテ』には、刺激のない場所での退屈な生活から抜け出せないドンとサンチョ・パンサが登場する。ふたりは充実した生活から得られるヴァイタリティを追い求めるあまり、ついには現実と幻覚の区別がつかなくなってしまう。そして一五六四年生まれのウィリアム・シェイクスピアは、『ハムレット』や『リア王』などの作品で、英雄的な主人公の内面の葛藤と勇気を描いた。

一五五〇年から一七〇〇年にかけては華々しい研究成果がつぎつぎと発表され、科学革命が一気に進行したが、この時代も重要な転機として際立っている。理性に基づいて観察を行なえば、自然界の仕組みの多くは発見可能であることが明らかになり、たとえばウィリアム・ハーヴェーは血液の循環モデルを解明した。物事はどのように機能しているか、あるいはどのように機能させられるか、じっくり考えながら研究すれば理解できることをこの時代の社会は教訓として学んだ。

一八世紀の啓蒙主義の時代には、さらに一歩前進した。商品経済に携わる大胆な商人たちによって蓄積された富に注目した哲学者や政治経済学者は、企業家の活動には個人的な利点と社会的な価値が備わっていると見なした。フランスでは企業家が全面的に賞賛される。ニコラ・ド・コンドルセは企業経営

14　Cassirer, "Giovanni Pico della Mirandola" (p. 333).
15　Dods, *Erasmus and Other Essays* (p. 300).

者の高い生産性に注目し、利益を得るために政治的便宜を求める者よりも彼らを高く評価した。ジャン＝バティスト・セイは、生産高を増加するため常に経済を改革し続ける企業家の姿勢を激賞した。ヴォルテールは特に一七五九年の作品『カンディード』のなかで、因習に従って他人に迎合する生き方を非難して、個人が率先して行動しながら経済的に自立する生き方のほうが勝ることを「私たちの畑を耕さなければならない」という言葉で表現している(16)。アメリカでは同様にジェファーソンが、小さな個人事業主の手がける草の根の企業家的な試みを通じ、参加者が「幸福を追求する」社会の実現を提唱した。この発想からは、個人の事業の規模が拡大していけば世界を変えられる可能性もあるという結論が導き出される。ただし、こうした「進歩」は、世界が完璧な場所になるとか、失敗がなくなることを意味していたわけではない。社会から欠点の一部が削り取られ、能力の一部が向上するということを意味するにすぎない。このようにして人間主義とそれに伴うヴァイタリズムは、西洋の中核的な信念の一部になったのである。

啓蒙時代にはもうひとつ注目すべき成果があった。創造性が生まれる仕組みについて、僅かながらも解明されるようになったのだ。最初の近代哲学者デイヴィッド・ヒュームは、あらゆる知識の進歩にとって鍵となるのは想像力だと洞察した。一七四八年に刊行された『人間知性研究』のなかでは、世界や既存のアイデアを観察するだけでは新しい知識は得られないと指摘している。私たちの知識は決して完全な閉鎖系ではないので、独創性が入り込む余地が残されている。システムのなかでまだ研究されていない部分を機能させるためにはどうすればよいかを想像することによって、はじめて新しい知識は手に入るのだという（新しいデータによって想像力が掻き立てられる可能性はあるが、新しいデータの存在が不可欠というわけではない）。そして後にハイエクは、観察してアイデアを考案する能力が豊かでなければ、何も想像できないと指摘している。

ほかにも非常に重要なことが啓蒙時代には実現した。それについて取り上げている人はほとんどいないが、トマス・ジェファーソンは誰よりも巧みに（かつ簡潔に）表現している。彼は「生命、自由および幸福の追求」という不滅の言葉によって、ふたつの命題を当時のアメリカ人の心に植え付けた。ひとつは、誰でも充足感を追求する権利を持っているという概念である。それまでこのアイデアは広く普及していなかった。家族や教会や国家など、人生は他者に尽くすためにあるべきだという古い時代の伝統と相容れなかったからだ（与える行為が喜びになるのは間違いないが、ジェファーソンはここで人間としての進歩の旅路を取り上げていると考えてよい。アメリカにはすでに「生活に必要なものも快適なものもあふれている」と考えていたことからもわかるように、彼にとって「追求」という言葉は高いレベルを意味したはずだ）。そしてもうひとつの概念は、後にセーレン・キルケゴールやフリードリヒ・ニーチェによって詳しく紹介された実存主義的なアイデアで、真の生は自らの努力によってはじめて実現するというものだ。私たちは「幸福」を発見できるかどうかわからないが、とにかく追求しなければならない。このふたつの命題は、いわゆるモダニズムの典型例で、個人を集団に貢献すべき存在と見なす伝統主義のアイデアとは対照的だ。

こうした革命的なアイデアをきっかけに生きる意味についての認識が変化したことは、今日から見れば疑いようのない事実だ。啓蒙運動の後、ヨーロッパの社会の一部は世俗的な知識を貪欲に夢中に追い求めた。農業の分野でもほかの分野でも、ビジネスに関わる人たちは自分に創造力が備わっていると考

16　以下を参照。Rothschild, *Economic Sentiments* (p. 33).

えるようになった。そして彼らの声を代弁する政治家たちは、ビジネスを通じて創造力や洞察が発揮される経済を確立するため、声を上げるようになった。ヴァイタリズムを引き金として近代経済が始まり、ダイナミズムの万能薬として作用し始めたのである。一九世紀の近代経済に参加した人たちは、自分たちが取り組む発見には大きな力があり、たくさんの報酬がもたらされることを信じて疑わなかった。そして人類史上はじめて、新しい方法や新しい製品に多大な期待がかけられ、結果として収入が増加した。イギリスでは、都市を中心に展開される新しい事業に多くの国民が引き寄せられ、関係者は「乗り遅れるな」というスローガンを唱えた。そしてアメリカでも人々はどんどん先へと進んだ。ド・トクヴィルは一八三一年から一八三二年にかけてアメリカじゅうを旅行したとき、自信や決断力がみなぎる雰囲気をあちこちで感じ取った。「アメリカのフロンティア」は西部の開拓地と未開拓地の境界線を意味するが、ビジネスの手法や製品の境界の象徴だったとも言える。

しかしド・トクヴィルは、新しいヴァイタリズムが本当にアメリカで実現したとは信じられなかった。かりに実現していたとしても、それがフランスと違う形とは考えなかった。

私の心を占めるアイデアのなかでふたつ、重要に思えるものがある。先ず、この国の国民は世界でもきわめて幸福な部類に入る。そしてもうひとつ、この素晴らしい繁栄は特有の美徳のおかげでもなければ、ましてや政府の形態がほかの国よりも本質的に優れているからでもない。それよりはむしろ、独特の条件が整っていたおかげだ。……ここでは誰もが働いている。そして土地がいまだに豊富なので、働けば満足を得るための手段が簡単に手に入る。……一カ所にとどまらず落ち着かない傾向も、繁栄を後押ししているようだ。富は共通の魅力になっている。……私の判断があきれるほど間違っていなければ、大西洋をはさんで人間は異なるわけでも優劣が存在するわけでもない。ただ異なった環境に置かれているだけだ。[17]

二世紀ちかくが経過した今日、ド・トクヴィルの見解は現実と正反対のように見える。アメリカ経済の活力や意欲の一部が「独特の条件」、主に原生地を開拓する機会のおかげだったという説は、一九世紀前半には理に適っていたかもしれない。しかし一九世紀が終わるころには、アメリカで開発されていない土地はなくなっていた。それでも実験や探究や創造への意欲は二〇世紀に入っても完全には衰えていない。アメリカが「最も幸福な」場所だという根拠がエデンの園ならば、そんな場所はアメリカが都市化された一九二〇年には失われていた。

さらにド・トクヴィルは、経済文化が少なくとも西洋世界では同じ傾向だという推測においても間違っていた。今日の私たちは、彼には手に入らなかった証拠を持っている。生きる態度や信念に関して今日入手できる証拠から判断するかぎり、大西洋を隔てたふたつの場所のあいだでも、あるいは国のあいだでも、人々が実際に「異なっている」ことは疑いようがない。世界価値観調査のデータによれば、態度や信念には個人差があるだけでなく、些細な姿勢や信念に関して国ごとの差があり、平均値が異なる。（違いの多くは無作為抽出による結果でもなければ、一時的な混乱の余波でもなく、体系的なものだと考えてよいだろう）。ド・トクヴィルの時代は事情が違っていたとは考えにくい。一五世紀さらには一八世紀とも異なり、一九世紀にはヴァイタリズムが勢いづいていた。それなのに、すべての国で平均的な姿勢や信念が足並みをそろえて変化した可能性などあり得ない。ルネサンスや啓蒙運動の新しい価値観をほかより

17　De Tocqueville, "Letters from America" (pp. 375–376).

も早く取り入れた国があってもおかしくはないだろう。

そして最後にド・トクヴィルは、アメリカの「特徴とも言える価値観」（フランスで見られる価値観と同じか否かを問わず）が一八三〇年代のアメリカの大躍進に対し、制度などと比べて貢献度が「少なかった」という判断をしているが、これもやはり間違っている。それ以前の時代よりも、そしてヨーロッパ諸国よりも、当時のアメリカは大きく飛躍を遂げた。生きる姿勢に関する調査を通じて入手した当時のデータに基づいた最新の研究から判断するかぎり、経済文化は経済の成果にとってきわめて重要な役割を果たすものだ。生産性や失業率と同じく、職務満足度や幸福といった要素は大きな影響力を持っている。そしてこれらの要素で各国に違いがあるからこそ、経済の動向は国ごとに大きく異なり、第8章で紹介するように先進国のあいだでも違いが見られるのだ[18]。

世帯調査の質問のなかには、仕事やキャリアに取り組む姿勢について多くの項目が含まれているが、そのいくつかはヴァイタリズムを何らかの形で反映していると解釈してもよい。新しいアイデアの許容度、仕事の重要性、仕事やイニシアチブに伴う自由、行動の積極性、競争の許容度、目標達成への熱意などだ。項目のおよそ半分が一部の経済状況指数における各国間の違いを有意に説明していることは注目に値する。しかし項目数はあまりにも多いので、すべての経済状況指数における違いを有意に説明できるのは、一握りの最適な項目にかぎられる。そこで最近のふたつの研究では、意識調査で取り上げられる様々な態度を少数からなるアフィニティ・グループ〔共通点で結ばれたメンバーによって構成されるグループ〕に分類した。ヴァイタリズムを共通点とするグループは概して、経済状況指数の国ごとの違いを説明する要素として最も強力である。二番目に強力なのは消費主義、すなわち物質主義に対する姿勢を共有するグループである。伝統的なグループは社会的信用の指標として参考になるし、自立の指標としても見逃せない。

残された疑問は、経済制度の違いは経済状況にかなりの程度影響するのだろうかという点だ。最近行なわれたふたつの調査の結果によれば、さしあたり政治制度を脇に置けば、経済制度の大半は経済状況の各国順位を説明するうえでほとんど役に立たない。国順位を理解するためには、文化に関するデータだけで十分だと言ってもよい。なぜなら、経済制度は経済文化の表現にすぎないからだ。ただし、ひとつ例外がある。投資やイノベーション、競争や参入を促す「経済的自由」が経済制度によってどれだけ提供されるかは、各国の動向を知るうえで参考にしてもよさそうだ[19]。

短いスペースのなかにずいぶんたくさんのことを詰め込んできた。ここでまとめとして、要点を確認しておきたい。富を追求して獲得する行為は、ヴァイタリズムと異なり、近代経済の始まりとほぼ同じ時期に発生した文化の要素ではなかった。暗黒の封建時代には、富はけがらわしいもの（「悪銭」という言葉もある）と見なされていた。富を追求し、さらなる富の獲得を目指したり期待したりすることから喜びを得る風潮は、商品経済の時代になってから受け入れられた。おかげで商人が市場を拡大し、大きなリスクを厭わず活動できる環境が生まれたのである。しかし近代経済が台頭するためには、富が蓄積されるだけでなく、もっと大きな意味で、生の可能性が新たに開かれなければならなかった。そこで、そのために必要な経済や政治の制度が構築されたのである。

18　Phelps, "Economic Culture and Economic Performance" (2011); Phelps and Zoega, "Entrepreneurship, Culture and Openness" (2009); Bojilov and Phelps, "Job Satisfaction" (2012).

19　経済文化の優越性に関しては以下を参照。Bojilov and Phelps, "Job Satisfaction" (2012). しかし、経済文化について十分考慮した場合、いっさいの制度が経済動向に大きな効果をおよぼさないとは考えにくい。経済文化と経済制度の両方に関するデータから成り立つ複合的な要素である経済的な自由には、一定の説明能力が備わっている。以下を参照。Phelps and Zoega, "Entrepreneurship, Culture and Openness" (2009).

足りないピース——人口と都市

地域イノベーションにとって重要な文化や制度を一部の国が獲得していった経過について、ここまで本章では解説してきた。これらの国では経済的な自由が広がり、ヴァイタリズムが台頭し、民主主義が発達した結果、近代経済の誕生が促されたのは確実で、有力な根拠も存在している。法人——有限責任を備えたジョイント・ストック・カンパニー——が受け入れられなければ、そして多くの制度や政策が提供されて経済の活動範囲が広がらなければ、モダニティがここまで進んだとは考えられない。

しかし何かが欠けている。一九世紀に入って最初の二五年間には軍事衝突がたびたび発生しているが、それでもこの一〇〇年間のうちにイノベーションが花開いた。ところがその直前の一八世紀には、イノベーションは発達していない。なぜか。一七二五年以降は、大きな戦争も勃発していない。何かが成長したのをきっかけにイノベーションの小さな種が膨らんで増殖し、大きく花開いたのではないか。一七二五年までには一部の特権階級のあいだですでに存在していた民主主義やヴァイタリズムが、何かをきっかけに一般の人々のあいだにも広がったのではないか。では、その何かとは何だろう。経済史家はそれを特定していないようだ。イノベーションがフランスやドイツよりも、イギリスやアメリカ、そしておそらくベルギーのほうで早く始まったのはなぜだろう。イノベーションを支える中心的な力としてここまで紹介してきた要素——法人、民主主義、ヴァイタリズム、経済的な自由——の普及度はどの国でも変わらないとド・トクヴィルは主張したが、そんなことはない。実際のところこれらの普及度の違いが、フランスやドイツがダイナミズムに関して他国に遅れをとった唯一の理由とは言わないまでも、大きな理由として考えられる。

何が欠落しているか思いついてみれば、素直に腑に落ちる。それは人口密度、すなわち遠隔地を除いた一国の生産年齢人口である。優れた知性の持ち主がいなければ、たくさんのイノベーションの誕生と発展が文化や制度によって促されない。（ではなぜアイスランドは人口が少ないのに、後進国でもなければ貧しくもないのか。なぜなら国民は英語とスカンジナビア語に堪能なので、アメリカやヨーロッパの経済にほぼ統合されているからだ）。ヴァイタリズムが勢いを生み、民主主義が専制的な権力を抑え込んでいる環境では、人口が多いほど新たに生み出されるアイデアの数が増えていく。ひとりが考案するアイデアの数は同じでも、全体数は膨らむ。さらに、生み出された新しい製品や方法が開発当事者だけではなく、国全体で採用され普及すれば、最終結果としてイノベーションの数は増える。自社製品であれ他社製品であれ、人口が多くなれば新製品が増えていくからだ。比較的統合された国で新しいアイデアを考案し、新製品を開発して市場で成果を試す人が多いほど──必要な制度や文化が存在していることが前提になるが──地域イノベーションの一人当たり発生件数の割合は大きくなっていく。（では、イギリスやアメリカよりも人口がはるかに多い中国で、一九世紀やそれ以前に多くのイノベーションが誕生しなかったのはなぜか。アイルランドの経済学者リチャード・カンティロンは一七七五年に発表した研究で、一八世紀の中国の都市には記録的な数の企業家があふれていたと報告している。理由は、イノベーション──地域的なものにせよ外生的なものにせよ──が発生するために欠かせない経済制度や経済文化の一方もしくは両方が中国には欠如していたからである。二一世紀よりもはるかに欠けていた）。もしも今日、西洋世界の経済で一〇〇年前より一人当たりイノベーションの発生件数が多いとすれば、経済でイノベーションに関わる人の数がはるかに多いことが主な理由である。ただし、一定の規模のすべての（どの）母集団でも新しい製品や方法が生み出されるわけではない。[20]

人口の増加によってもたらされる恩恵は、創造されるものの数が増えることだけではない。新しいアイデアやそれに基づく製品が国で誕生したとき、そのほとんどは他人によって採用されるが、人口密度が高いほど経済のなかを速いスピードで広がっていく。分子が多いほうが熱は伝わりやすく、人口が多いほど病気は世界中で急速に（遠くまで）広がりやすいのと同じだ。アイデアの広がり方は病気とよく似ている。人数が多いほどよく伝わる。さらに、人数が多ければ市場は拡大する。規模の大きな都市ハンブルクで、ビートルズは夜の公演を一〇〇〇回できたかもしれないが、故郷のリバプールでは不可能だった。

人が集まることには様々な利点があるので、人々は集団を形成するようになり、それが大きくなれば都市が生まれる。そしてさらに人数が増えていけば、二番目の都市が誕生する。土地は比例して拡大しなくても、人口が増えれば都市は拡大して数も増えていく。こうして都市が発展していくと、大きな空間に大勢の知識人が集まって人口密度が高くなるだけでなく、特別の恩恵がもたらされることがいまでは認識されている。都市経済学者のジェイン・ジェイコブズは、ニューヨークを都市計画によって分断するロバート・モーゼスの愚策を目の当たりにして、以下のような貴重な洞察を獲得した。

規模が大きく密度の高い都市に人々が集中するのは良い傾向と見なすことができる。……人々の存在は歓迎される。

大都市では多様性が自然に発生し、あらゆる種類の新しい事業やアイデアがどんどん生み出される。さらに、大都市は大勢の人たちや様々な小さな事業が経済活動を営むうえで、自然発生的な拠点として作用する。……自分以外の人間が営む多彩な事業に依存できれば、多様性はさらに増していく。この点が肝心だ。都市の多様性そのものがさらなる多様性を許容し、刺激していくのである。……都市がなければ、［このような小さな事業は］存在しないだろう。多様性が……都市によって生み出されるのは、たくさんの人たちが寄り集まっているおかげだ。嗜好もスキルも、ニーズも供給も固定観念も、誰もが様々に異なっている。[21]

サミュエル・ジョンソンの「ロンドンに飽きた者は人生に飽きた者だ」という発言からは、創造力は都市でしか期待できないものであることが連想される。しかしジェイコブズはさらに踏み込み、新たな多様性や独創性、ひいてはイノベーションが育まれるのは都市だけだと指摘している。

20　これに関しては、一九六〇年代になって初めて議論された。当時予測されるペースで人口が増加すれば、生活水準全般の悪化につながると社会評論家が警告するようになったのだ。ひとつはサイモン・クズネッツが一九六〇年に発表した以下の論文。Simon Kuznets, "Population Change and Aggregate Output." そしてもうひとつは、フェルプスが一九六八年に執筆した論文である。Phelps, "Population Increase." 新しいアイデアの流れと知性の人数のあいだには一種の生産関数が存在するというアイデアが提案されている。この論文はジュリアン・サイモンによる一連の書籍につながった。

21　Jacobs, *The Death and Life of Great American Cities*〔邦訳　ジェイコブズ『アメリカ大都市の死と生』山形浩生訳、鹿島出版会、二〇一〇年〕。ジェイコブズの著作は、モーゼスとの戦いで投下した爆弾のひとつにすぎない。彼女は街頭で抗議を行ない――最後は勝利を手に入れた。以下のPBSのドキュメンタリー番組を参照。The American Experience: New York — The Planning Debate in New York, 1955–1975. 後日、やや教科書的な著書のなかで、ジェイコブズは自分の洞察について新たな角度からつぎのように解説している。

イノベーションは都市から地方に輸出された。地方に移植され、地方で模倣された。…これは、農民をはじめ地方の住民が都会の住人よりも創造力に欠けていたからではない。地方と都市では経済の性質が対照的なことが、両者の違いとなって表れたのだ。新しい財やサービスが最初に生み出されるのは都市である。

都市では、古い仕事に新しい業務が積極的に加えられる。……村や町や農場と比べ、都市には様々な種類の分業が存在している［ので］、ほかの土地よりも新しい業務の受け入れ態勢が整っている仕事の数が多くなるのだ。（Jacobs, *The Economy of Cities*, pp. 8–9, 50）

人口の歴史的変遷に関するデータからは何がわかるだろう。人口増加が新しいアイデアの創造や伝播におよぼす効果について本書では解説してきたが、それを裏付けるデータはあるのだろうか。イギリスやベルギーやアメリカでは一七七五年から一八〇〇年にかけて、いわゆる国民総イノベーションがほとんど生み出されず、対照的に一九世紀半ばの数十年間にはイノベーションがヒートアップしたが、その理由の裏付けとなる情報がデータによって得られるだろうか。人口の規模に関してはデータが乏しく、基準年は一七〇〇年、一八二〇年、一八七〇年の三つしか設定できない。この時期、西洋世界（すなわち西ヨーロッパおよびアメリカと「西洋の海外領土」）の人口は八三〇〇万から一億四四〇〇万、そして二億八〇〇万へと増加した。（一六〇〇年から一七〇〇年のあいだの成長はきわめて遅い）。たとえばイギリスでも、人口は八五〇〇万から二一〇〇万、そして三一五〇万と着実に増えていった。アメリカでは一〇〇万から一〇〇〇万、そして四〇〇〇〇万と膨れ上がり、世界最大の人口を擁するまでになった。ベルギーの人口は二倍以上に増え、二〇〇〇万から三五〇〇万、そして五〇〇〇万に拡大する。ドイツもスタートこそ遅かったが、同じ経過をたどり、一五〇〇万から二五〇〇〇万、そして三九〇〇〇万と増加した。フランスの人口は倍増とまではいかないが、二一五〇〇万から三一〇〇〇万、そして三八五〇〇万に達した。

同様に印象的なのが、一九世紀における都市の台頭だ。一〇万以上の人口を擁する都市に注目してみよう。当時はそれでも大都市と見なされた。ここでは一八〇〇年とその前後、そして一八四六年から一八五一年にかけての時期を基準として考える。すると、イギリスの都市の数は一から九に増えている。アメリカはゼロから六、ベルギーはゼロから二、プロイセンは一から二、フランスは三から五へと増えた。(22)

社会において過去は未来の展開を決定するわけではないが、以下の点はほぼ間違いないだろう。本章ですでに指摘した内容とは対照的に、一九世紀にイノベーションを勢いづかせた態度や制度のすべてが一八世紀にも存在していたと結局は認めるべきだとしても、それだけでは爆発的成長の導火線になり得なかった。新しいアイデアが生み出され、それがイノベーションを引き起こしてテイクオフが実現するためには、知性の数が十分ではなかった。西洋の人口が限界質量に到達し、ようやくイノベーションは花開いたのである。(23)

第I部のまとめ

カール・マルクスとマックス・ヴェーバーは、どちらも『世界史　第2部』に取り組んだ。ふたりの見方によれば一六〇〇年以降の西洋世界において、荘園を中心とする封建制度の外で進取の気性に富んだ商人が登場し、富を蓄積し、やがて彼らは資本家として成長し、人口増加の著しい都市で他に類を見ない工場を設立し、賃金労働者を雇った。荘園領主はまもなく、農奴に分配していた農産物の一部を町で販売し始める。一方、囲い込み運動も、労働力を農地から町へと向かわせる歴史的力となった。これ

22　人口データは以下から。Maddison, *The World Economy*. 都市のデータは以下から。Weber, *The Growth of Cities in the Nineteenth Century*.

23　人口の変化に関連してつぎのような点が見られたことは余談として指摘しておきたい。一世紀足らずのうちに人口が急激に増加した結果として賃金が引き下げられると、それは当期収益にせよ予想収益にせよ、資本に対する収益の増加につながった。同時に、新世界の新しい土地や資源を商業的に利用する道が開けると、ヨーロッパからアメリカへの大々的な人口流出を伴ったものの、ヨーロッパで新しい土地や資源が発見されたと仮定した場合と多くの点で変わらぬ効果がもたらされた。この場合にも、資本に対する予想収益は増加した。このような予想収益の増加は、一九世紀に西洋世界で投資活動がさかんになった理由のひとつとして考えてもよいだろう。さらに同様のメカニズムを通じ、イノベーションの活動もさかんになったはずだ。(そして新しい土地で高い賃金が得られるようになれば、当面の収入を犠牲にしてでも冒険に挑戦し、コミュニティで際立った存在になろうとする意欲も生まれる。それがイノベーションの活動への興味を膨らませた可能性は考えられる)。

が工業化についてのひとつの筋書だが、因果関係の説明は不十分だ。封建制度が地方に点在していようがいまいが、一八世紀に人口が大きく増加し始めれば、結局のところ町や都市、店や工場は登場していたはずだ。

工業化の効果についてマルクスとヴェーバーが語るストーリーも、これと大差ない。ふたりの歴史のなかで工業化は言うなれば、近代化の第一段階と見なされているが、説明には曖昧さが残る。たとえばマルクスは、効率化や資本蓄積が進んでも、賃金は低下する傾向があると指摘している。しかし、かつては労働移動についての揺るぎない信条と見なされていたこの主張も、静かな退場を余儀なくされた。一八世紀に賃金は減らなかったし、一九世紀になると大きく上昇し、その傾向は二〇世紀に入っても継続したのだ。（マルクス自身は一八四八年のエンゲルスとの共著『共産党宣言』で、自分が目撃した近代資本主義は「進歩的」だと認識するようになった）。

マルクスもヴェーバーも、一九世紀に入ってからの近代化は経済生活に殺伐とした合理化と非個性的な官僚化をもたらしたと主張するようになった。しかし封建領主を中心とした伝統的な経済が、労働者に多くの「自由な活動」を提供していたとほのめかすのは非常識だった。地方と都会のどちらでも生活と労働を経験した人たちのあいだで、田舎は都会よりも優れているという意見が有力になることはない。人口の歴史のなかで、都市への移住という現象は何世紀にもわたって定着し続けた。

ふたりの歴史観を現代に当てはめると、「知識経済」特にサービス部門によって、待ちかねた機会が仕事やキャリアにもたらされ、「才能の実現」が成就するという望ましいおちになる。そんな脱工業化時代における近代化は、工業化の時代には想像もできなかった発展を人類にもたらすだろう。(24)

しかし本書の最初の四つの章ではまったく違う視点に立ち、異なったストーリーを紹介している。一九世紀に登場した近代経済は、物質的な意味でも非物質的な意味でも驚くほどの成功をおさめた。知的な活動が促され、個人の能力が開発され、さらに経済が持続的に成長し、この過程にますます多くの人が包摂されていった。それを新たな力として後押ししたのは、経済のダイナミズムの台頭であり、このダイナミズムに火をつけたのが経済文化だった。そして経済文化は、代表民主制、ルネサンスの人間主義を起源とする文化革命、バロック時代のヴァイタリズム、啓蒙主義運動による近代化によって育まれたのである。代表民主制は所有権を保証する一方、自立や社会との関わりを強化した。利他主義やヴァイタリズムやモダニズムが普及すると、人々は世界との交流を深め、革新的な活動を通じて生きる意味を見出すようになった。このような結果として生まれた文化やそこから発展した経済制度のもとで、人々はイノベーションへの願望を強めて能力を獲得したのである。適正な数の人口は十分条件というわけではないが、必要条件の最後の要素になった。

イギリスとアメリカを皮切りに始まった一連の近代経済は、ドイツを最後にいきなり終わったと考えられる。なぜスウェーデンなどスカンジナビア諸国は参加できなかったのだろう。日本、イタリア、スペインが蚊帳の外に置かれたのはどうしてか。これらの国の一部の産業では、たしかに地域イノベーションが発達した。ただし、ダイナミズムが普及する徴候が現れる時期が遅すぎた。したがって、確たる証拠があるわけではないが、パイオニアから提供される新製品に追いつこうと努力した結果が発展をもたらしたとも考えられる。同様に、香港、韓国、シンガポール、台湾、そしていまでは中国やインドの経済は、模倣と適応を通じて先進国に追いついたと言われるが、そのなかのどれだけの部分が地域イノ

24　たとえば以下を参照。Inglehart and Welzel, *Modernization, Cultural Change, and Democracy* (2005, p. 1).

ベーションに該当するかについては議論が絶えない。たしかに、これらの経済では部分的にイノベーションが発達しているが、それが各国でどれだけ広く深く普及しているのか、実態が見えにくい。

新しい経済、少なくとも一九世紀の新しい経済に資本主義の要素が含まれていたのは間違いない。しかしこれらの近代経済は、重商主義経済とは大きく異なっていた。重商主義経済では貿易が飛躍的に拡大して富が蓄積されたが、生産性や賃金や職務満足度はほとんど上昇しなかったし、おそらく雇用の伸びもなかった。もちろん一九世紀に登場した近代経済ではあらゆる点において、一六世紀や一七世紀から受け継いだ資本主義制度が改善されている。たとえば金融機関は、イノベーションを目指すプロジェクトを以前よりも上手に選別して後押しするようになった。しかしこれらの近代経済は近代社会に所属しており、近代社会から貴重なものを与えられている。近代社会には、資本主義経済を活気づかせる政治制度や経済文化が備わっていたのだ。その結果として誕生したのが近代資本主義である。世界最初の近代経済——ダイナミズムを所有する最初の経済——は、資本主義と近代の融合によって創造された。

近代資本主義は近代経済の最初の事例だが、最後ではなかった。二〇世紀に入ると西洋では、国家は資本主義ではない近代経済——ダイナミズムを備えイノベーションを生み出す経済——を構築できるかどうか、さかんに議論されるようになった。資本主義を創造したヨーロッパ人は、近代経済を構築するための土台となるシステムがほかにもあるのではないかという点について議論を交わした。あるいは、経済の近代化はコストを伴っても正当化できるのかという点も、議論の対象になった。そしてしまいには、経済の近代化は望ましいかということまで取り上げられた。資本主義や近代化そのものが正当化されるべきか否かという問題を巡り、ヨーロッパは白熱した議論の場となり、時と場所によっては戦場の様相を呈した。

第Ⅱ部

近代経済への反動

社会主義とコーポラティズム

何か新しいものが台頭するために、どれだけ多くのものが消滅しなければならないことか。

——ヤーコブ・ブルクハルト

第5章　社会主義の魅力

［資本主義の］深刻な病を取り除く唯一の方法、それは社会主義経済の確立だと私は確信している。……計画経済においてはコミュニティのニーズに応じて生産が調整されるので……年齢や性別を問わず作業が配分され、生活が保障される。

——アルバート・アインシュタイン『なぜ社会主義か』

社会主義に強い感動を加えると、共産主義が出来上がる。

——V・I・レーニン

人が理解できるのは自分で組み立てられるものだけ。

——リチャード・ファインマン（グレイグ・ヴェンターがパラフレーズ）

世界最初の近代経済を支えた経済制度や社会規範、すなわち経済文化は人民によって選ばれたわけではない——民主的な集会や司法機関を通じて選ばれたわけではないのだ。制度の中身への賛否に関して立法府や裁判所が決断を迫られる場面も時にはあったが、具体的に公衆によってシステムの二者択一がされたことはなかった。

イギリスとアメリカは最も例外に近い。一八〇〇年になると、大勢の人たちが伝統的な経済から脱して世界的規模で商業を営むようになり、努力の見返りに報酬を得られる人たちが多くなった。そのため、私有財産や利潤追求を特徴とする資本主義の制度や規範だけでなく、自由、未知への冒険、不確定性といった要素を特徴とする近代経済も広く支持された。アメリカの憲法やイギリスの司法判断には、資本主義やモダニティが暗黙のうちに盛り込まれている。別の可能性はほとんどなかった。封建制への回帰を望む人など、まずいなかったのである。

しかし、一九世紀半ばから二〇世紀にかけて近代経済が最盛期を迎える頃には、参加者のあいだで経験の違いが目立つようになってきた――重商主義の時代よりも様々な違いが見られた。たしかに以前よりも暮らし向きの悪くなった人はほとんどいなかったが、重視されたのは何が可能になりそうかよりも、いまどんな状態なのか、だった。運が良い人や恵まれた立場にいる人は、システムの効率の悪さやえこひいきで多少成果が少なくなっても無視できるだろう。しかし、運も立場も悪い人が良い結果に恵まれなかったらどうか。責任の一端をシステムに押し付け、「欠点」をあれこれ指摘したくなるのも無理はない。一方で指摘された欠点が本物の欠点かどうか、その場合に結果として差し引きの損得はどちらになるかについての判断は、学者に委ねられた。たしかに近代経済の蚊帳の外に置かれたロシアの農奴や東欧の農民のほうが状況は悲惨で、不満も大きかったはずだ。しかしそれでも、収入や富の格差、失業、不安定な経済などに対して労働者は不満をくすぶらせ、ついにはヨーロッパで社会主義が台頭した。

近代への不満

近代化は労働者階級――マルクスのいわゆるプロレタリアート――の賃金を（中央値よりも）低く押し下げ、彼らを社会の主流から効果的に追い出したというのが当時の通念だが、その正しさを裏付けるような証拠は存在しない。中所得者層から大勢が「プロレタリアート」に成り下がり、それがこの所得層の縮小につながったとも言われたが、その証拠も見当たらない。実際、近代経済の黎明期から第一次世界大戦勃発前夜の一九一三年にかけて、減少したのは労働者階級のほうで、むしろブルジョア層は拡大している。さらに、労働者階級のあいだで職種別の賃金格差が広がったようには見えないし、そもそも賃金格差という用語もまだ作られていなかった。そして労働分配率が低下した証拠もない（これらの点については第2章ですでに指摘した）。しかしそれでも近代経済は、所得や富のパターンに間違いなく革命的な影響をおよぼした。

近代経済のもとでは、一獲千金を目指すチャンスが誰にも開かれた。ただし何カ月も、場合によっては何年も仕事に没頭すれば、確実に見返りが得られる約束があったわけではない。莫大な利益を手にする人もいれば、すべてを失う人もいた。そうなると、経済的な格差が広がる可能性は避けられない。しかも、勝利は長続きせず、最後はみんな同じ立場になることが、何らかの法則によって運命づけられているわけでもない。この時代、いつまでも失業に苦しむ人がいるかと思えば、どう見ても大差ない人が時間外労働に励んだ。斜陽産業で働く人も、景気の良い産業で働く人もいた。運が良ければ、数十年間で所得が倍増するどころか、四倍に増える可能性もあった。これでは取り残された人たちが、制度に対して偏見混じりの見解を抱いても意外ではない。当時の資料や断片的な歴史文献を分析してみると、所得や富の格差が実は大きく拡大していた証拠が浮かび上がってくる。今日のように総合的な記録に基づいて統計データが構築されているわけではないが、それでも証拠は見落としようがなかった。産業部門では大勢の重要人物や有力者が派手に活躍し、金融市場では相場師が大金を動かし、莫大な富を手に入れた。これ見よがしに誇示する者もいれば、品よく飾った者もいたが、金メッキ時代〔一八六五年の南北戦争終結から一八九〇年頃までの大好況時代〕になると、見えないように隠す人も出てきた。この富そのものではないにしても、富からの所得の一部を税金で巻き上げることが、社会主義の行動計画において優先項目になった。ただしこの現象は、近代経済への最大の不満ではない。そもそも大金持ちは以前から存在していた。新しいのは、金持ちになる機会の民主化だ。たとえば一握りの貴族が先祖代々受け継いできた富は、手に入れたいきさつなど記憶されていないし、所有することに誰も異議を唱えない。しかしいきなり出現した「ニューリッチ」は、簡単に容認できなかったのである。

近代経済への最大の不満は、不安定な仕事や賃金である。仕事を失ったり、自分の職種の賃金が大幅に減らされたりする可能性は常に存在していた。経済全体の失業率の高さ（構造的失業）、そして時には特定の産業の失業率の高さを裏付けるエピソードは、この時代の近代経済の大きな特徴である。もちろん商業資本主義の時代にも、投機的なバブルが膨らんで崩壊する現象は見られた。一六三七年にはオランダでチューリップバブルが崩壊し、一七二〇年にはイギリスで南海泡沫事件が、フランスでミシシッピ泡沫事件がそれぞれ発生している。ただしこれらの出来事の影響力がおよぶ範囲は限られ、総雇用量を上下いずれかに変動させることもなかった。一方、近代経済の時代には戦争が好景気を引き起こし、その後はしばしば景気後退が続いた。近代経済の転換期に当たる一八一五年には、ナポレオン戦争の終焉と共に多くの国（フランスは含まれない）で景気後退が始まり、特にイギリスは長期的な不況に陥った。一九世紀は概して平和な時代だったとはいえ、近代経済の台頭と共に景気が落ち込む頻度が増え、規模も拡大している。金融恐慌は一七九二年を皮切りに（ウォール街で初めての金融危機）、一七九六年から一七九七年にかけてはイギリスとアメリカ、一八一九年にはアメリカ、一八二五年にはフランスを除くヨーロッパ、一八三七年にはアメリカ、一八四六年にはヨーロッパ全域でそれぞれ発生し、ほかにもアメリカは一八五七年、一八七三年、一八九三年に小さな景気後退に見舞われた。近代経済においては産業部門と金融部門の結びつきが以前よりもはるかに強力になったので、金融パニックが雇用に与える影響もはるかに深刻になったのである。前世紀に比べて仕事全般がかなり不安定になったことは、当時の証拠からも明らかだ（一九世紀前半の不安定な状態の一因は、企業、それも特に小企業の財務体質の脆弱性で、これはその後数十年で解消されていった[1]）。

そして近代経済のなかで金融が大きな位置を占めるにつれ、過剰な投機や無謀な資金調達はマクロ経済に予期せぬ結果を引き起こし、深刻な不況をもたらす可能性が高くなっていった。一八四〇年代には鉄道の過剰建設が全ヨーロッパを不況に陥れ、それが引き金となって一八四八年にはヨーロッパ各地で革命が勃発する。その後は深刻な不況が続き、一八七三年から一八七九年にかけての経済危機は後に大

1　アメリカではガルブレイスの時代——一九五〇年代はじめから一九七〇年代はじめにかけて——雇用の安定が改善したように見える。この時代、アメリカ人は安定成長を続ける大企業によって雇用の安全を保障され、ヨーロッパの人たちは「追いつく」ためのプロセスを順調に進めていた。ただしその後、一九七〇年代半ばから二〇〇〇年代半ばにかけての三〇年間に——一九八〇年代半ばから二〇年間にわたる大いなる安定の時代が含まれているが——雇用がさらに安定したかについては疑問が残る。一九七三年から一九八三年にかけてはアメリカが、一九七八年から一九八八年にかけては大陸ヨーロッパが不景気に見舞われ、一九八七年には株式市場崩壊が世界を混乱させ、一九九〇年にはアメリカで貯蓄金融機関の危機が発生し、同じく一九九〇年には日本が不況に突入し、一九九七年には東アジアが経済危機に飲み込まれ、二〇〇〇年から二〇〇一年にかけてはロングターム・キャピタルマネジメントが実質的に破綻して、アメリカのハイテク関連株は変調をきたした。「大いなる安定」とは、とてつもなく不適切な名称である。

不況と言われるようになった。当初は「大恐慌」と呼ばれたが、アメリカの失業率が何年も一〇パーセントを下回らず、一八九三年から一八九八年にかけてはさらに深刻な不況に見舞われ、失業率が四年連続で一二パーセントを超えると、名称が変更されたのである。当時の観測筋は、このような破綻が近代経済の「特徴」だとすれば、そもそもなぜそんな制度を望むのかと不思議に思ったはずだ。そして近代経済がそれほど発達していない国は、近代経済を目指す必要があるのかと疑問を抱いたにちがいない。

産業化社会では人々の生活が大きく変化するだけでなく、都市を構成する人口が多彩になっていった。最初は中国人、つぎにアイルランド人、後には東欧のユダヤ人やメッツォジョルノ（南イタリア）のイタリア人がロンドン、ニューヨーク、サンフランシスコといった都市に大挙して押し寄せた。数量化できる証拠はないが、一八〇〇年や一八五〇年の豪農や商人や事業主に比べ、都市の新しい住民は共同体的な生活に慣れ親しんでおり、共有や平等など公平な立場を重視する考え方を持っていた。さらに、資本所有者からの疎外感も持っていたのは、新しく都市にやって来た人たちにとって彼らが、祖国で資産や事業を何世代も守り続けてきた支配層と大差ない存在にうつったからだ。旧世代の多く、いやほとんどは労働組合や職業別組合への参加という発想に拒絶感を抱いただろうが、新世代の多く、いやほとんどは、むしろ加盟しないほうが間違っていると考えた。

そしてこの時期には、社会主義が人々の話題にのぼるようになった。社会を構成する人たちの経験や経歴が多彩になると商業のイノベーションが促されることは第1章で触れたが、それはまた、社会の制度や規範のなかの新たな要素について考える刺激にもなったはずだ。アンリ・ド・サン゠シモンは初期の社会主義者だった。(2) 彼は周囲で発生した経済制度に非難の目を向け、科学的でも合理的でもなく資源の無駄遣いだとこきおろし、勤労貧民にとっては役に立たない制度だといち早く指摘した。一方、ヨーロッパで民衆蜂起が相次ぐ直前、一八四八年一月に出版されたマルクスとエンゲルスによる『共産党宣言』は、失業が大きなうねりとなってヨーロッパを飲み込んでいきそうな状況を強い調子で非難している。

一八四八年に各地で発生した人民蜂起によって、賃金や雇用や労働条件に対する不満を表現する運動は新たなピークに達した。ただし、こうした反乱の多くは王制に対する民主的な反対にとどまった。たとえばパリの二月革命はルイ＝フィリップの立憲君主制を崩壊させ、ドイツではベルリンで三月革命が勃発した後、一部の領邦がドイツ統一と国民議会の設立を要求する。これを見たマルクスは、労働者が明確な目的やプログラムを持たない状況では、何ら得られるものがなくても意外ではないと不満を述べることになる。つぎの一〇年間にようやく、広範な社会主義者をまきこんだ目標が提案され、議論されるようになった。

社会主義というアイデア

社会主義はアイデアそのものが困難を伴う。社会主義が目指す一連の目的の定義も、完全になされる

2　彼は若い時期、以下で体制を批判した。Henri de Saint-Simon, *Lettres d'un habitant de Genève à ses contemporains*, 1803〔邦訳「同時代人へ宛てたジュネーヴの一住人の手紙」『ジュネーブ人の手紙』大塚幸男訳、日本評論社、一九四八年所収〕。近代経済の「無政府状態」は、ドイツのフリードリヒ・エンゲルスやイギリスのトマス・カーライルにとって大きなテーマだった。サン＝シモンはそれをさらに進め、国家や社会が資源をいかに使うべきか、実業家や科学者が指導すべきだと提案した。そして遺作となった『新キリスト教』では、最貧層の状況を改善するために資源は使われるべきだと述べている。社会主義という言葉は彼の造語だと思われているが、最初はピエール・ルルーが一八三四年に発表したエッセイ『個人主義と社会主義について』で使われた（経済学者であり哲学者でもあったルルーは、どちらの主義にも懐疑的だった）。

ことはなかった。ある人が抱く社会主義の目的は、べつの人が抱く目的と相反する可能性を秘めていた。社会主義に魅力があるとすれば、ふたつの要素を同時に兼ね備えている点だろう。その目的は資本主義を超越することでもあり改善することでもある。誰もが平等だと考える一方、プロレタリアートを指導的な階級と見なす。金は諸悪の根源だが、労働者にとって必要な存在でもある。資本主義は失敗する運命にあるが、資本家が莫大な利益を上げる点に注目する。家族はブルジョアの陰謀だが、無制限の産業化から守らなければならない。キリストは最初の社会主義者だった。宗教は人民にとってアヘンのような存在だが、イエス・キリストは最初の社会主義者だった。個人主義は嘆かわしいが、資本主義を阻害すれば人民は個性のない分子に成り下がる。数年ごとに投票するだけが政治ではないが、普通選挙権は要求すべきだ。消費主義は労働者を欺くが、誰でもテレビや車を所有して、休暇を海外で過ごすべきだ。(3)

このように「社会主義」は曖昧な概念であり、様々なものが提唱された。たとえばキリスト教社会主義、マルクス社会主義(いわゆる共産主義)、国家社会主義、市場社会主義、ギルド社会主義、ファビアン(進化論的)社会主義といった具合だ。

大陸ヨーロッパの社会主義者たちは一八六〇年頃になると、主に労働組合の集会や知識人向けの刊行物、あるいはドイツの社会民主党の会議の場を通じ、中核となる価値や権利に関して合意に達するための努力を始めた。そこでは、近代資本主義経済で個人の活動を促したモダニティの精神や資本主義の倫理の代わりに、社会主義の倫理が社会主義国家を導くことを目指した。

この社会主義の倫理では、雇用へのアクセスが権利のひとつとして見なされた。仕事は労働者にとって生計手段に他ならないからだ。たとえ社会主義においても、健全な心身の持ち主が労せずして賃金を請求することは許されなかった。そしてもうひとつ、自尊心を育むために仕事は欠かせない要素だと判断されたからでもある。失業は何としても解消する必要があった。

この倫理にはもうひとつ、官や（もしもあるなら）民を問わず企業が労働者に提供する条件や機会も関わっていた。仕事をする権利とは、正確を期するなら、尊厳を与えてくれるような仕事をする権利である。雇用主による権力乱用は認められず、たとえば詳しい事情を聞かず何ら補償もなく解雇することは許されなかった。ちなみにマルクスは、正常な人間にとって精神生活がいかに大切かという点を以下のように強調している。

［アダム・］スミスは、［仕事上の］障害を克服する行動がすなわち精神の解放につながるべきだという点をまったくわかっていない。……精神の解放は自己実現すなわち主体の客体化をもたらし、ひいては真の自由に至る。このような状態での行為こそ、真に労働と呼べる。(4)

3　Sassoon, "All Shout Together."

4　以下からの翻訳。Marx, *Grundrisse der Kritik der politischen Ökonomie*, 1858, p. 611〔邦訳『経済学批判要綱』〕。スミスはもっともだったと指摘する者もいるかもしれない。たとえば反復的で単調な作業、すなわち挑戦しがいのない仕事についてスミスは批判している（飛行機で牛乳配達をするのは反復的な作業ではあっても、時として非常な困難を伴う。「まったく退屈な時間」が延々と続くが、「心から恐ろしい瞬間に見舞われる可能性が否定できない」点が異なる）。自分と同じような事柄にスミスが一足早く着目した点が不愉快で、マルクスは相手に対する敵意を募らせたのかもしれない。あるいは、スミスを熱狂的な右翼として表現し、おとしめたい感情を抑えきれなくなった可能性もある。

同様の表現は幅広い分野の社会思想家から聞かれるが、全員がかならずしも社会主義者を自認していたわけではない。

社会主義独特の価値観としては、富や権力の格差を社会のなかで認めない点も挙げられる。潜在力を発揮する能力を否定される参加者が出てくるのは好ましくないと考えられたのだ。社会主義のもとでは、大量の富の蓄積は許されない。機会の平等が前提とされ、「各人の貢献に応じた公平な分配」というルールが賃金の決定でも採用される。(5) 車の生産にすべての自動車工場労働者が必要で、しかもどこにでも配置可能だとすれば、全員が平等に賃金を支払われるべきだ。そして農民の貢献度も、自動車工場労働者と同等に評価される（『共産党宣言』によれば、共産主義においては「各人の自由な発展が万人の自由な発展のための条件と見なされる」）。

社会主義の倫理は民間企業を「金の亡者」と見なし、利益をあげようが損失をこうむろうが魅力のない存在だと考えた。資本主義の倫理によれば、個人の成長の少なくとも一部は他人よりも優れたキャリアを獲得することによって達成され、努力の成果は賃金や報酬の増加という形で反映される。一方、社会主義の倫理においては、仕事に没頭して技能や職能を磨くことによってのみ、個人の成長は達成される。

さらに社会主義の倫理は、莫大な富の蓄積や保有も非難した。「利益追求型社会」の浅はかな価値観にとらわれず、本能に導かれて他人に尽くす「新人類 Neuer Mensch」の創造を目指した。熱烈な社会主義者だったワーグナーは一八六〇年代、ニーベルングの呪われた指環の物語をテーマに四つの独立したオペラを作曲し、富や権力を愛情よりも優先させた結果として生じる身の破滅を教訓として感動的に脚色した。聴衆、それもワーグナーが献身的な社会主義者であることを知っている聴衆は特に、貪欲な資本主義と牧歌的な社会主義が物語のなかで見事に対比されていると解釈した（しかしワーグナーの音楽劇に感動した企業家や投資家は、当然ながら自分たちの立場から物語をとらえて満足を見出した）。

ほかにも社会主義は、資源の分配に関する価値観が資本主義と異なる。資本主義的な利潤動機よりも、最も必要とされるところにこそ富は配分されるべきだという原則へのこだわりが強い。したがって無統制な競争や個人の自主性よりも、中央による調整のほうが優れているという立場をとった。要するに「利益ではなく利用のための生産」という原則だ。

しかし経済が機能するためには目的のための手段が必要で、それは経済制度や経済文化という形で具体化される。行動の拠りどころとなる基準やルール、制度や法律が欠かせず、ノウハウや経験を公開し、誰もが独創性を発揮できるように促さなければならない。さらに新古典派経済学が指摘するように、土地や労働や資本が企業や産業全体に配分され、収入や財を分配するためのルールが設定されることも必要だ。このような面で、社会主義経済はどのように機能したのだろう。

社会主義者の目的は様々でまったく統一感に欠けるが、手段に関しては本能的に意見が一致している。とりあえず手段を決めておき、目的については後から検討すればよいという発想だ。地域社会においても国家においても重要な手段は、投資活動の主な方向性を集中管理する何らかのメカニズムである。このメカニズムには、投資プロジェクトを否定する資本家や民間企業家は存在しない。そしてもうひとつ

5　マルクスが一八七五年に書いた『ゴータ綱領批判』を参照。ゴータ綱領とは社会主義の目標に関する声明案で、一八七五年五月、誕生したばかりのドイツ社会民主党がゴータという町で開催する結成会議のために準備された。友人宛の手紙のなかでマルクスは、この綱領で謳われた社会主義国家の概念に怒りを爆発させ、「生産者組合」に補助金を支給しているだけだと非難したうえで、社会主義経済における労働への報酬に関して持論を紹介している。『共産党宣言』『経済学批判要綱』『ゴータ綱領批判』はいずれも、マルクスを理解するうえで重要な短編である。

の手段は、労働者――鉱山労働者、看護師、音楽家など――に支払われる賃金であり、国家は「社会配当金」――資本主義における利益――によってこの賃金を補う。企業が採用する生産方法や職務分担は、労働者の生産性と満足度に配慮しつつ労使の協力によって決められる。労働者のやる気は仕事による刺激から生まれ、自分より優秀な労働者の出現によって解雇されて失業状態がいつまでも続くのを悩む必要がなくなる。そして最後に、企業間や産業間における労働や資本の配分は、労働者の代表によって政治的に決定される。市場メカニズムと違い、最低費用や最高価格や最高査定は求められない。

統制の範囲に関しては、社会主義の様々な分派ごとに意見が異なる。マルクス社会主義者をはじめ筋金入りの古典的社会主義者は、資本の集中管理を目指し、大小を問わずあらゆる組織において――農業から映画製作まであらゆる産業を含め――価格は中央統制によって決められると考えた。もう少し穏やかな社会主義者は、国家による統制を重工業など、「コマンディング・ハイツ」（管制高地）の領域に限定した。一方、市場社会主義の支持者は国営企業のほかに民営企業の存在も認め、開かれた市場での製品や半製品の自由な売買を目指した（法外な法人課税は常にオプションとして存在していた）。そしてイギリスのフェビアン社会主義者は小さな規模から始めることを提唱し、経済を統制する適切な範囲を徐々に探っていった。彼らは資本主義の「改革」を求めた。しかし共産主義者にとって資本主義は改革できるものではなく、転覆させる可能性しかなかった。

社会主義は実行可能か？

一九二〇年代から一九三〇年代にかけての戦間期の典型的な論争は、今日考えられているような事柄、すなわち社会主義の価値の望ましさを巡って繰り広げられたわけではない。社会主義者が望む特性を備えた経済は、構築が可能かどうかという点が新たな論争の中心になった。社会主義者は自分たちの設定した条件で成功できるだろうか。現実主義者ならば、この疑問は経験によってのみ立証されると考える。社会主義者の実験がどのような結果になるか見守っていればよい話だ。しかし一九二〇年代には、ロシアで実験が始まったばかりで、それ以外には、ドイツかフランスでちらほら実験が始まるチャンスがある程度だった。そこで証拠よりは、とりあえず理論のほうが重視された。農学実験を数カ所で行なうようにはいかなかったからだ。ロシアの土壌で年を追うごとに社会主義経済があらゆる面で成功もしくは失敗したとしても、ほかの国の実験で同じ結果が出る保証もなければ、ロシアでの結果がいつまでも続く保証すらなかった。

当時論争に参加したひとりがルートヴィヒ・フォン・ミーゼスだった。ウィーン在住の経済理論家であり激しい気性の持ち主で、オーストリア学派を代表する人物でもあり、フリードリヒ・ハイエクは教え子のひとりだった。ロシアの革命やドイツの社会主義への傾倒を身近で観察していたミーゼスは、社会主義が創造されるプロセスの目撃者だったと言ってもよい。彼は一九二〇年代から一九三〇年代はじめにかけて論争に深く関わり、(6) 社会主義の試みは理論抜きで実験を行なっているようなものだと断じた。「彼らの夢の国では……不思議なことにハトの丸焼きが同志諸君の口に飛び込んでくるが、彼らはなぜこのような奇跡が起きるのか解明する手間をかけようとしない」とも書いている。さらに社会主義経済は実行不可能で、イノベーションとも無縁で最終的には存在し得ない（unmöglich）と論じた。

6　ミーゼスの最初の（ドイツ語での）刊行物は一九二〇年の画期的な以下。"Die Wirtschaftsrechnung im sozialistischen Gemeinwesen."（『社会主義共同体における経済計算』）英語翻訳書では、上記の引用は最初が八八ページから、後の部分は一一〇ページからの抜粋。その二年後に出版された大作 *Die Gemeinwirtschaft* は、一九三六年に *Socialism* として英訳されている。

社会主義に対するミーゼスの反論は、つぎのような根拠に基づいている。身のまわりで進行する近代経済においては、関係者が通常の慣習からの脱却に絶え間なく取り組んでいるが、そこには売値を引き上げ、買値を引き下げたいという願望が込められている。その結果として新たな方法が試され、経済的利益が発見されるのだ。マルクスをはじめとする社会主義者は、工場労働者や農民や職人が、効率の改善に必要な実験に何らかの形で取り組むものと考えた。これに対してミーゼスは、すべての人が何も——自らの労働すら——所有しない社会主義経済では、逸脱や実験のために欠かせない誘因も情報も与えられないと指摘したうえで、逸脱や実験に個人が取り組んでこそ、製品のコストや労働の価値は市場価格や賃金に正確に反映されるのだと論じている。

社会主義国家においても……合理的な行為は可能かもしれない。しかし概して言えば、合理的な［すなわち効率的な］生産について語るのは不可能だろう。何が合理的か決定する手段がここには存在しない。……したがって……生産において経済的な配慮が行なわれない可能性が生じる。しばらくの間は競争経済で得られた経験の記憶が……経済についての技能の完全な崩壊を食い止めてくれるかもしれない。……［しかし結局］……古い方法は……新しい状況に順応できず、そのうち合理性を失ってしまう。……「無政府的な」経済どころか、馬鹿げた組織の意味のない産出に頼らなければならなくなる。歯車が回っても成果は得られないだろう。……［社会主義国家の］行政機構も、どのような財が緊急に必要なのか正確に理解しているかもしれない。しかしそれでは行政が知っているのは実際のところ、経済計算に必要なふたつの前提条件のうちのひとつだけになってしまう。……行政にはもうひとつのもの、つまり生産手段の評価が欠けている。……したがって社会主義共同体では、あらゆる経済の変化は成功が事前にも事後にも評価されない行ないになってしまう。

ミーゼスは一例として、新しい鉄道を建設すべきかどうかという問題を取り上げている。市場経済においては、輸送費がどれだけ節約されるか予測することが可能だ。社会主義国家でも妥当な推計を下せる点はミーゼスも認めている。しかしプロジェクトの建設に必要とされる労働、エネルギー、鉄などの価値が共通単位、すなわち貨幣で表現されない限り、経費の削減によって鉄道の建設費用をまかなえるのかどうか計算することはできない（経済学の専門用語で説明するなら、社会主義経済においては各投入の機会費用や潜在価格、すなわち、ほかの選択肢を行なっていたら得られたであろう利益が「行政担当者」に対して明らかにされない。対照的に市場経済では、観察可能な価格が企業家に提供される。ミーゼスは、これによって機会費用が適切に概算されると考えた）。

ミーゼスの事例は少々難解なので、もっとシンプルに考えてみよう。賃金の平等が厳密に守られる社会主義経済においては、他人よりも勤勉に働けば報われるかどうか誰も考えようとしない。万人の賃金が平等なのだから、一生懸命働いた見返りに賃金が上昇するわけではないからだ。同様に、仕事は極めて安定しているので、男女を問わずどの労働者も仕事の無駄を省こうとはしない。社会にとってどんなに価値のある仕事であっても、慎重に取り組み、エネルギーを注ぎたくなる誘因は働かない。このようなシステムにおいては、たとえ誰もが同じような人間で、同じような優先傾向を持っていたとしても、正しい努力水準――そして努力に見合う正しい賃金水準――を市場が「発見」することはできない。なぜなら、何かを試そうとするプロセスが市場ではいっさい発生しないからだ。[7] 結局のところ、労働の果実を個人が所有できれば実験的な取り組みが許されるし、やる気も出てくる。見返りが存在しないかぎり、経済のなかで賃金や価格のパターンは修正されることなく継続していく。

ミーゼスの分析は、ほとんどの読者にとって抽象的でわかりにくいかもしれない。しかし歴史を振り返ってみれば、ミーゼスの論点に疑問の余地はない。ソ連の人事政策においては、より配慮の行き届いた労働者に報いることも、より優れた能力を発揮した労働者を昇進させることもなく、無力感がもたらされた。この空しさゆえにアルコール依存症が蔓延し、ソ連の最後の数十年にわたって市民の生活を苦しめた。人間には本来、積極的に良い仕事に取り組み、成功したいと願う傾向が備わっているものだが、それを発揮する場がまるで与えられない。その結果として労働倫理は目を覆うほど衰退し、効率は大きく損なわれた。一九八〇年代にモスクワに在住していたある外国人の話を紹介しよう。彼はレンガ製造工場を出発する大型トラックを追跡し、フィールドデータを集めようと決心した。観察結果によると、トラックは街路やハイウェイを走りながら、立ち寄り先で荷台から降ろされるはずのレンガをすべて落としていったという。もしも労働者個人に稼げる力があって、その能力向上に自由に投資できる環境に置かれていたらどうか。もっと仕事に打ち込み、その努力は報われ、賃金は上昇し、自尊心が向上してすべてがレベルアップしているはずだ。このような洞察ゆえ、ミーゼスは所有権理論の発案者と見なされている。

ミーゼスの二番目の論点では「利潤動機」が取り上げられている。彼は主に著書『社会主義』のなかで、官僚の手足になっている企業の活動では効率がまったく顧みられない点をテーマとして取り上げ、対照的な企業、すなわち利潤動機を原動力とする企業について以下のように述べている。

生産要素の市場価格を創造するプロセス全体の原動力は、利益の最大化を目指す資本家や企業家のたゆまぬ努力である。……このような民間企業経営者の存在がなければ、市場は推進力を失い、活動を始めることも継続することもできない。（原著一三七―三八ページ）

社会主義の経営者にはこのような動機が欠けている。不便な状況のなかで政治的コストを顧みず、利益を増やす機会を積極的に摑みたくなるような誘因とはほぼ無縁の状態だ。たとえ利益が増えても、中央政府は良い結果に何が貢献したのかわからないし、逆に利益が減少すれば、経営者が他人よりも無能なのではないかと猜疑心を募らせるかもしれない。そもそも、自分のアイデアを横取りされないことが約束されないかぎり、経営者も労働者も新しいアイデアを考案する気持ちにはなれない。かりに企業が新しいアイデアを思いついても、そのアイデアが役に立つことを確実に伝えられる保証はない。おまけに、社会主義的経営者の抱く誘因は、望ましくないものばかりだ。行動はいかにも官僚的で、常に「ルールにしたがい」、体裁をしきりに気にする。出世を競う可能性はあるが、それが誘因としてはたらくと、失敗のリスクを何としても避けようとする。このような洞察ゆえ、ミーゼスを公共選択論――政府機関など官僚機構における意思決定では、自己の利益の最大化が目的になる――の発案者と見なすこと

7　社会主義の理論家は、社会主義制度のなかにも健全な誘因は存在し、良い仕事をするための意欲がわくものだと応じるかもしれない。労働者の仕事が一般的な基準に達しなければ、責任ある地位に昇進する機会が損なわれてしまう。その結果、賃金は平等であっても何らかの格差が生じる点を指摘するだろう。しかしこの反論が説得力を持つためには、序列の高い仕事が大きく報われなければならない。ミーゼスならつぎのように言い返しただろう。社会主義の計画が本質的に定常経済を思い描き、全般的な平静を破るものが突発的な天災しかなかったらどうか。昇進によって非金銭的な報酬が発生することは期待できず、したがって、労働意欲が十分に掻き立てられない。そもそもイノベーションを原動力としない経済は、レベルの高い管理職など必要としないものだ。

もできる。

ミーゼスの警告は、経済学の歴史でもきわめて有名な論争に発展した。相手はオスカル・ランゲ。優秀な理論家として一九三〇年代に欧米で脚光を浴びた後、共産主義国家となった祖国ポーランドに帰国した人物で、純粋な社会主義経済は最終的に崩壊するというミーゼスの主張に敢然と挑んだ。[8]ランゲによれば、ミーゼスが警告するような欠点のない社会主義経済を目指す国家では、労働、鉄、線路など、生産のあらゆる果実に適正価格を設定する道が開かれるという。資本主義経済と同じ市場を利用することができるし、国営企業のままでもそれは可能だ。社会主義的企業が製品を市場に供給すると、それに対してほかの社会主義的企業や世帯が需要を意思表示する。オークション市場などの市場が混在する点は資本主義と変わらず、このような形で市場は価格を決定していく。賃金も同様に決定され、企業が条件を伝えると、それに同意する個人がサービスを提供する。所定内労働時間の同一労働に対しては、企業間の競争を通じて同一賃金が保証される（一部の企業が努力の見返りに高い賃金を提供すれば、ほかの企業も同じ金額を提供せざるを得ない。ただし、努力の程度に応じて、労働者の間で二、三の階層が存在する可能性はある）。理論を完璧に仕上げて勝利を確信したランゲは、こんな冗談まで飛ばした。ヨーロッパで社会主義下にある町はすべて、ミーゼスを皮肉った記念碑を建立するだろう。社会主義が「不可能」ではないことを証明する洞察は、彼の挑発なくして得られなかったのだから。そして実際、一九八〇年代にはポーランドとハンガリーで市場社会主義の実験が行なわれた。

しかしランゲの主張を研究した人たちのほとんどは、結局のところ市場社会主義も機能しないと結論する傾向が強かった。ソ連の採用する厳格に管理された制度よりは改善されていたかもしれないが、純粋な社会主義に伴う制約からは逃れられなかった。ミーゼスが論じる利潤動機のはたらかない社会主義的企業には、市場価格に応じて社会的に望ましい生産量を提供しようという動機がない。したがって供給不足がかなり深刻になる恐れがあり、そうなると価格はかなり高レベルにまで押し上げられてしまう。ミーゼスは以下のように巧みに論じている。政府は社会主義的企業の経営者に対し、利潤最大化に取り組む生産者を「演じさせる」ことがあり、実際に良い成果が挙がるケースもあるだろう。しかしだからと言って、政府が投資判断に関する責任を経営者に委ねることはないのだと。経済の「効率」のために企業を縮小するのが自分の責務だと宣言するような経営者は現れないだろう。そもそも社会主義者自身、社会主義に競争原理を導入するというアイデアに賛成するどころか、徹底的に反対した。社会主義にとっては、市場から権力を奪い取り、計画経済に変更することが何よりも大切だった。

　社会主義を巡る論争に注目した若きハイエクは、「社会主義者の計算」を巡る議論に新たな光を当てた。[9] ミーゼスは誘因に基づいて持論を展開したが、ハイエクは知識に注目する。そして先ず、複雑な経済——近代化もしくは多様化が進んでいる経済——において、情報は民間企業関係者のあいだで的確に分散されていく点を指摘した。しかし、個人や政府機関が産業への資源配分を「計画的に」——ゼロから——進めようとすれば、最も適切な生産方法を確立するために膨大な情報をすべて集めなければいけない。計画についての情報を全員から収集すれば大きな無駄が生じる。たとえみんなを一カ所に集めたとしても、細かな情報が大量に集まるだけで、計画者がすべてを利用することも、ひとつにまとめるこ

8　原著論文は以下に掲載。Lange, "On the Economic Theory of Socialism," *Review of Economic Studies*, October 1936 and February 1937. 一九三八年には以下に再掲載されている。Lange, "On the Economic Theory of Socialism" (1938).

9　ハイエクの以下を参照。Hayek, "Socialist Calculation" (1935, pp. 201–243). 以下で再掲。Hayek, *Individualism and Economic Order*, 1948.

とも不可能である。だから結論として、中央計画は満足に機能できない。

ハイエクは同じ結論に至るためのより簡明な説明を好んだ。様々な制度や文化、生産手段や資本財の備わった近代経済が、ひとりの個人やひとつの企業、何らかのひとつの主体によって構築されるはずがない――物事はあまりに複雑だ。だからひとつの政府が作ることはできないし、いまでもそうなのだ。

社会主義国家も当初は、海外の似たような経済を模倣して十分な成功を収め、社会主義による変化を実現できるかもしれない。しかし経済が独自の路線を歩むにしたがい、資源配分の効率の悪さが目立つようになる。製品の需要にばらつきが生じ、高齢者が退職する一方で若年層が労働人口に参入してくれば、そうならざるを得ない。ハイエクの考える近代資本主義経済においては、一部の産業や業種で相対的な価格や賃金が上昇した場合、そうした産業や業種に関する情報を部外者は収集し、職場を変えるほうが賢明だと判断できる。しかし社会主義経済においては、人々は資本主義と同じ前提で産業や職業を選択する誘因をほとんど持たない。べつの産業や職業を選ぼうとしても、中央当局の妨害に直面するだろう。これでは誰も、必要な情報を収集する気持ちになれない。その結果として社会主義経済の産業は、生産に欠かせない要素を失ってしまう。

ハイエクはさらに、つぎのようにも論じている。企業が優れた意思決定をするためには専門家の投入が欠かせない。彼らの長年の経験から生まれた情報からは、投資プロジェクトを実行する際の困難や、まだ生産したことのない製品の開発に伴う困難を評価するうえで貴重な洞察が得られるという。この問題は自由企業経済においても発生する。新しいものをどのように生産すればよいか、それにはどのくらいの費用がかかるかという問題は、事前に答えがわからない。同様に国が特定の産業でイニシアチブをとるべきか否か決めようとしても、ほかのすべての産業に対するこのプロジェクトのあらゆる機会費用を政府関係者が正確に把握することはできない。現場の専門家でさえ、経験から得られた知識に基づいて推測していかなければならない。しかしハイエクの見解によれば、民間企業家は新しい鉄道の建設に関して決断を迫られるような場面で、（エンジニアや金融業者などと相談のうえ）新しい鉄道の獲得費用をはるかに正確に把握できるという。それは長年業務に携わってきたからであり、社会主義経済政権下で物価の透明性が確保されていてもかなわない。ハイエクが一九三五年に発表した論文では、社会主義者の行なう計算について以下のように触れている。

> 中央計画経済においては、既知の技術的手段から最適なものを選別するために、中央当局がすべての知識を計算に含めなければいけない。……これが馬鹿げた発想であることは強調するまでもないだろう。たしかに知識は常に「存在している」と言えるが、実際に利用される知識の大半は実のところ、すぐ利用できる形で「存在」していない。ほとんどは思考のままであり、この思考によって、各エンジニアは新たな状況に直面すると速やかに新しい解決策を見出していく。[10]

やがて、社会主義経済に反対するミーゼスやハイエクの主張に説得される一般大衆は増えていった。容易に心を動かされなかった人たちも、一九八〇年代にソビエト経済が機能不全に陥って停滞が深刻化すると、ようやく素直に耳を貸すようになった。ただし大衆は、社会主義経済の限界が効率の悪さを加速するという経済学者の指摘に説得されたわけではない。ここまで順調に機能してきた近代経済が社会

10 ハイエクの以下を参照。Hayek, "Socialist Calculation," p. 210.

主義に蝕まれたら、イノベーションが衰退する可能性を経済学者の批判の行間から読み取ったのである。そうなると、時代遅れの製品や生産手段が増えてしまう。人々にとっては無味乾燥な効率性より、経済の成長のほうが大きな懸案だったと考えられる。

事実、社会主義経済にはダイナミズムが決定的に欠けていた。ソ連崩壊後に東欧で民営化が大々的に始まると、かつての国営企業経営者のイノベーション能力は厳しく試されることになった。イノベーションに成功しなければライバルにポストを奪われるのではないか、企業を閉鎖されるのではないかと案じた元経営者たちは、新製品を創造して市場に送り出すために必死の努力をしたが、ほとんどは失敗に終わる。追い詰められたとき熱心な企業家になったものの、有能な企業家にはなれなかったのだ。共産主義経済におけるダーウィン的プロセスでは、経営者は能力で選択されなかった。この形質を持った人材はきわめてまれだった(11)。

ミーゼスはイノベーションについて、議論を始める準備が整っていたように思える。というのも、社会主義企業の経営者はイノベーションが大して評価されると思わず、失敗すれば多くを失うのではないかと不安に駆られる。したがって、いかなる勝利も自分の手柄にできるだけでなく、有限責任のおかげで責任の大半を回避できる民間企業経営者と比べ、イノベーションへの取り組みがはるかに消極的になってしまうことを暗にほのめかしているのだ。さらに、利益の「絶えざる追求」には様々な仕事から不適格者を取り除き、新しい人材を試す機能が備わっていることも理解していた。対照的に、利潤動機の存在しない社会主義経済はいかにうまく機能しようとも、斬新な商品を考案したり開発したりする才能を持たない人材が選ばれる可能性が近代経済よりもはるかに大きい。ただしミーゼスはこれらの点について明言したわけではない。

一方、近代経済についての考え方から判断するかぎり、ハイエクもイノベーションを議論の対象として考えていたように思える。彼の提唱したボトムアップ型で草の根の近代市場経済においては、商品にせよ方法にせよ新製品を創造するプロセスを通じ、個人が制度のなかで自由に独創性を発揮できる状況が創造される。その結果、誰もがそれぞれの立場や情報に関して個性を伸ばすことができるのだという。ハイエクは、特定の地域内で新しい多様なアイデアが経済活動を促す形のイノベーション・モデル――一国の経済に固有のイノベーション――への門戸を開いた。対照的に社会主義経済では、革新的なプロジェクトへの金銭的支援を求める権利が個人に与えられない。社会主義的企業の経営者に革新的なアイデアを提案する自由が許される程度だ。経営者には国立銀行に融資を申し込む自由があり、時には革新的なアイデアから新製品が誕生することもあるだろう。しかしハイエクによれば、このような社会主義経済ではイノベーションの潜在能力が発揮されない。様々な企業家は新しい製品や方法の開発を通じて市場シェアを確保しようと自由に競争できないし、様々な金融家はどんな新しいアイデアを支援したらよいか個人的に自由に判断できない。そして様々な創造的精神の持ち主は、自分の新しいアイデアを育ててくれる企業家を巡って互いに自由に競い合えないからだ。

イノベーションの喪失は、知識経済で特に際立っていると言える。個性的な才能やサービスを提供できる人材を中心に構成される組織、たとえば建築事務所、サッカーチーム、コメディクラブ、石油採掘業者、グルメレストラン、バレエ団、ワイン生産者などは政府に乗っ取られてしまうと、機能不全に陥

11　経営者についての調査と統計的な実証結果の解釈に関しては以下を参照。Frydman et al., "When Does Privatization Work?"（社会主義経済では価格が正しく設定されないという持論からも、こうした経済でイノベーションの努力が間違った方向に進んでしまうことは明らかに暗示されていると、ミーゼスならば弁護しただろう）。

ってしまう。ハイエクが指摘するように、政府は事業についても、そこに誰が投資しているのかについても情報をほとんどまったく持たないからだ。さらに、労働者主導の管理組織は新たな動きや新参者やイノベーションをたいてい否定する。かつて新しいアイデアをせっせと考案していた人たちは、以前のようにアイデアを実行に移す明確なルートを確保できなくなる（近代経済においては、被雇用者が株主になる従業員持ち株制度を採用している企業もあるが、所有者経営の企業ほどの成功を収めるケースは滅多にない）。結局のところ、知識経済からなる社会主義国家は、ダイナミズムの獲得がとりわけ困難になってしまう。

ではなぜミーゼスもハイエクも、このようにイノベーションを論じなかったのだろう。ひとつには、彼らが著作活動を行なっていた一九三〇年代半ばには、イノベーションに関するふたりの見解がいまだにシュンペーターの影響下にあったからだ。社会主義経済を選択した国では地域イノベーションが不足すると警告していたら、鋭い読者はこれに対し、世界中の科学者や発明家の手で達成された大きな技術的進歩は、近代資本主義経済と同様に社会主義経済にも持ち込めるはずだとコメントしただろう。近代経済——独創的で地域イノベーションに優れた経済——の概念は、ふたりが一九二〇年代から一九三〇年代にかけて発表した論文にも、あるいはハイエクが一九四四年に出版した有名な著書のなかにさえ、表立っては取り上げられていない[12]。そしてもうひとつ、帝政から社会主義に転じたロシアのような国が私有財産制度を復活させるだけでダイナミズムを実現できると論じれば、一笑に付されていただろう（逆に、アメリカ、ドイツ、ハンガリー、フランスなどの国が社会主義に転じるとダイナミズムが失われる可能性は否定できず、実際に試みた国ではほどなくその通りの展開になった）。

数十年たってようやく、多くの左派も含めたほとんどの経済学者が勝者はオーストリア学派だと宣言するようになった。社会主義経済は効率を決定的に悪化させるというオーストリア学派の主張に、経済の専門家たちは説得された。オーストリア学派が近代資本主義経済には非効率が存在しないと主張する必要はなかった――金融パニックによる誤判断や無駄を周知する必要はなかった。彼らが議論する必要があったのはただ、いったん社会主義化した経済では非効率性がどんどん深刻化していくということだけだった。

ただしオーストリア学派は、もうひとつの戦いで敗北を喫した。オーストリア学派の学者たちは、資本主義経済を放棄して社会主義経済に乗り換えた国では例外なく効率の悪化に歯止めがかからず状況が深刻化すると信じていたようだ。非常に複雑で高度な経済では制度や文化が長い時間をかけて進化してきた。そういう近代経済や知識経済をまるごと社会主義化すれば、効率性が失われるという指摘は一般論として正しい。しかし、どんなに効率が悪くても、社会主義を採用したすべての国で状況が悪化するわけではない。さらに、どんなに穏健で目標が定まっていようとも、社会主義の要素が入るだけで以前

12　ハイエクの著書『隷属への道』（一九四四年）のなかで、イノベーション、創造性、独創性、発明、成長、進化、進歩といった用語は索引に掲載されていない。地域の創造性が科学の世界だけでなく、一国の経済でも発揮される可能性について最初に認識したのは、一九三七年にオスカー・モルゲンシュテルンから講義の内容を送られた時だったという点で、ハイエク研究者の見解は一致しているようだ。本人も、著作のなかでそれを指摘するような記述を行なっている！　ハイエクは一九二七年に発表して話題になった著作のなかで、以下のように仮定した。経済は何らかの誤りによって不均衡を引き起こすときもあるが、均衡状態に向かう傾向を持っている。これに対してモルゲンシュテルンは講義のなかで、そのような仮定が通用するためには経済関係者が完璧な洞察力を備えている必要があるが、内生的なイノベーションの世界で（その意味では経済の範囲外の科学的研究においても）それはあり得ないと論じた。ハイエクは間違いなくこの問題を理解した。イノベーターによって（もっと一般的には、参加者のあいだでの見解の多元的共存によって）経済の内部に引き起こされる不確実性について彼が認識した点は、一九六〇年代には明らかになっていた。そして一九六一年に発表した論文“The Non - Sequitur of the ‘Dependence Effect’”ではＪ・Ｋ・ガルブレイスをやり玉に挙げ、将来のイノベーターが新製品を発表する際には成功することも売り上げ目標を達成できることもわかっているという点を批判している。

よりも効率が悪くなるというのも言い過ぎだろう。社会主義運動にも生き残る可能性はある！　そして実際生き残った。

社会主義がなんとか掌握しようとしていた経済は先進的でもなく、近代化を通じて急速に先進化しているわけでもなかった。資本主義経済よりも社会主義経済は効率が悪いとロシア人に指摘しても無駄だった。そもそもロシア人はそんな経済を経験していなかったからだ。同様に、ダイナミズムあふれる経済に比べて社会主義経済はイノベーションに欠けると指摘しても説得力はなかった。こちらも経験がないからだ。そして実際のところソ連では、一九二〇年代から一九六〇年代にかけて電気をはじめ高度な技術がつぎつぎ導入され、シュンペーター流のイノベーションが大々的に実現した。帝政時代への回帰など、誰も望まなかった。

さらに社会主義は、経済の限られた部門をなんとか掌握しようとした。ほとんどは後進的な経済だが、なかには比較的進歩している経済も含まれる。経済の「管制高地」――エネルギー、通信、鉄道、港湾、あらゆる重工業――においては、社会主義のもとで所有や支配はうまく機能するという発想が広まった。この発想が中国で予想外に復活したことは、二〇一〇年三月に温家宝首相が北京で行なった演説の内容からも明らかだ。「社会主義制度に備わる利点のおかげで、我々の意思決定は効率的に行なわれ、効果的な組織編成と資源の集中によって大きな事業が達成された」というのだ。(13)

社会主義者の論争の焦点は、社会主義経済の実行可能性ではなく、特定の部門を国が所有・支配することの実行可能性に移った。とりわけ先進的な経済ではそうだった。そして民間部門への規制や税制も取り上げられるようになった。もちろん、この論争にもオーストリア学派の見解は当てはまった。ハイエクの発言の影響力はいくら評価しても十分ではない。たとえばこの一〇年間は、ハイエクの指摘どおりに事態が展開した。この時期、西欧諸国の政府は石炭や石油など従来の化石燃料に代わってバイオ燃料を利用する方針を決定し、通常の作物を栽培している農家に対してバイオディーゼルの原料となる大豆の生産に切り替えるよう奨励した。ところが土地の用途が変化すると様々な主要作物の価格が高騰し、何十万人もの餓死者を発生させただけでなく、アマゾン盆地の森林破壊を加速させる原因にもなった。おまけに、大豆を原料とするバイオディーゼルは、温室効果ガスの発生に関して従来の燃料より決して有利ではないという事実も後から判明する。[14]「計画」の失敗は皮肉としか言えない。なぜなら社会主義者はもちろん、政府の計画立案者も概して、社会主義には合理性が備わっていると評価を下し、短期志向の資本主義よりも長期的な視野を持ち合わせていると判断したのだ。しかし問題にうまく取り組んだのはむしろ資本主義のほうで、株主という大胆な制度が導入されたおかげで、ひとりの経営者が生前に解決できないような問題もうまく処理された。個人事業者やかつての封建領主と違い、資本主義経済の経営者は後継者問題に悩む必要もない。

経済が社会的所有に徐々に向かっているときでさえ、民間産業の熟達者が拒むと思われるプロジェクトを政府がなぜ国有化して進めなくてはいけないのかという疑問は生じる。社会主義の所有・管理下にある経済の規模が非常に小さければ、価格構成が変化する可能性は考えられない。したがって、社会主義政府のもとで適正価格が存在しないというミーゼスの指摘は当てはまらない。しかしハイエクの見解によれば、社会主義政府のもとでは必要な手段についての情報が欠如するので、間違った方向に進んだ

13　International Herald Tribune のウェブサイトを参照。www.iht.com, March 5, 2010.

14　Ammous and Phelps, "Climate Change, the Knowledge Problem and the Good Life" (2009). 以下も参照。Volpi, "Soya Is Not the Solution to Climate Change" (2006).

り、たとえ正しい方向を目指していても失敗する可能性は考えられた。

ただしオーストリア学派の理論はあらゆるケースに適用され、ほかの考察に常に勝ると考えるのは行き過ぎだろう。政府での勤務経験の少ないビジネス関係者が、国家の知っているあらゆる事柄に精通していない可能性は十分にあり得る。民間企業よりも国家による所有と支配のほうが結局はふさわしい産業について、国家はひょっとしたら知識を持っているかもしれない。そうなると、何か特定の生産の国有化という問題について、ハイエクは民間の所有への偏見が強すぎるとも考えられる。それでもやはり、国家や特定の人物によって経済が全体主義的な支配を受けることの危険性にハイエクが注目した点は正しい。彼は一般に思われているような過激論者ではない。生産において国家の活動をゼロにとどめるべきだと提案したわけではない。戦時中の有名な著作『隷属への道』のなかでは、長寿に関する研究など一部の分野で国家の役割を提言している。[15] ハイエクはイデオロギー信奉者ではなかった。

社会主義の奇妙な一面

時間の経過した今日から見ると、戦間期の社会主義を巡る議論にきわめて奇妙な要素が含まれていたのは明らかだ。社会主義者の目標は経済効率だとオーストリア学派は仮定したが、いまではこれもおかしな印象を受ける。実際のところ社会主義者は経済的な無駄を少しでも省くため、欧米の経済構造に対して革命的な変化を計画したわけではない。一八二〇年から一九二〇年にかけて、西欧の一人当たり生産高は四倍も増えている。時おり生じるパニックで生産高が減少しても、近代経済の進行に伴い失業が発生しても、筋金入りの社会主義者でさえ気に留めなかったはずだ。

実際のところほとんどの社会主義者は、安定、平等、尊厳、満足といった目標を高く掲げた。決して個人を粉砕したかったわけではない。ただし社会主義において個人が社会領域で秀でるためには、国家との協力関係が必要不可欠だと見なされた。したがって目標とされる価値は、西洋世界の核をなす価値——一部は古代ギリシアにまで遡る——と根本的に異なってしまう。社会主義の用語からは、人間主義の伝統を受け継ぐ語彙——探求、創造、高揚感——が欠落している。

社会主義の目標は狂信的なまでの熱意で追求された。レーニンからカストロに至るまでの社会主義の実験は、厳密な平等の達成、「完全雇用」の名のもとでの人口制御、経済における自発性のほぼ全面的な禁止に夢中で取り組んだ。結果として経済は、効率の悪さが目立つだけでなく、没個性的で息苦しく、

15　一九九三年の論文 "The Trend of Economic Thinking" においてハイエクは、自由放任主義が「究極かつ唯一の結論」ではないと書いている（一三四ページ）。そして『隷属への道』では、「一部の者［リバタリアン］は特定の経験則、特に自由放任主義の正しさを頑迷に主張するが、これほどリベラルの大義を損なうものはない」と臆測し（一三ページ）、様々な反応を引き出した。ケインズの反応は穏やかで、手紙のなかで本書を大いに賞賛したうえで、一点だけ異なる部分を指摘した。国家に許される活動の領域がハイエクとは大きく異なり、その内容はハイエクの時代はむろん、今日でも奇妙な印象を受ける。当時、一部から寄せられた激しい反応は、今日の学者には理解できない。『隷属への道』が出版されてから六〇年目の一九九四年には、アマルティア・センが『フィナンシャル・タイムズ』紙でこの著作を絶賛する。イギリス人経済学者ウィリアム・ベヴァリッジは社会保険ならびに関連サービスから成る包括的な計画を策定したが、その結果として個人の自由が失われる可能性をハイエクほど警戒した人物はいない。

ところで、ハイエクはかねてから理論のうえでソヴィエト社会主義を批判してきたが、『隷属への道』もその延長線上にあると想像する人は多い。しかし実際のところ彼は、ナチスドイツと戦う理由はないと主張するイギリス人への回答として『隷属への道』を著した。ハイエクがソ連共産主義にしばしば言及しているのは事実だが、それよりはむしろ、ドイツの国家コーポラティズムへの警告として書かれた。おそらくハイエクは、ベヴァリッジの極端な福祉国家のなかにコーポラティズムの要素を見出したと思われる。戦時中、そのコピーがナチス占領下のヨーロッパで上空から投下されたため、ヒトラーの経済学者たちはベヴァリッジの青写真の下書きを手に入れた。ナチスは「これこそドイツで必要としているものだ」と叫んだそうだ。以下を参照。"Commission on Social Justice: Beveridge's Appeal for an Attack on Five Giant Evils" in *The UK Independent*, October 25, 1994.

退屈になってしまったのである。

したがって、当初ミーゼスやハイエクがこれら社会主義の目標を批判しなかったのは解せない。むしろ、経済システムを選択するうえで効率が決定要因になると強調している点ばかりが目立つ。社会主義を採用しても、総生産高や経済効率が落ち込むわけではないと説得されていたら、ふたりとも社会主義を積極的に受け入れていたのではないかとも思える。もしかしたら、富への制約、営利目的の事業の禁止、事業活動に関する労働者の信任投票などを認めていたかもしれない。オーストリア学派が論争の対象にした狭い分野に関して、経済学者は彼らの勝利を事実上認めた。しかし論争に続いて、あらゆる事柄を考慮した結果、社会主義経済では失業も雇用の変動も回避されるので、新たに登場する効率の悪い経済よりも生産高の点で上回ると判断されたら、ミーゼスもハイエクも論争の敗者になっていただろう。

後にハイエクは『隷属への道』のなかで、独裁体制の台頭したイタリアやドイツで一九三〇年代以降、自由が奪われた状況を悲惨な出来事として伝えている。人間性への深い愛情は、もはや疑いようがなかった。センの解釈が正しければ、ハイエクの考える自由はほかの目標を達成するための手段である。しかし『隷属への道』では、独裁主義者の手で経済的な自由が奪われたら、効率以外のどんな目標が侵害されるのか語られていない。事業の自由が独裁的な指導者によって妨害されたら、生産高や効率が低下するという警告にとどまっている（この本のほとんどの部分は政治的な自由の重要性を取り上げている）。

後から振り返ってみれば、社会主義を巡る議論に欠けていた要素も理解できる。それは社会主義の価値観と西洋の人間主義的な価値観のあいだの論争である。近代経済を支持する人たちも、反対する人たち――社会主義やコーポラティズムの提唱者――も、自分の信奉する制度を正当化するために、大切な社会的価値観への貢献度を証明する必要があったことに疑いの余地はない。

社会主義への不安

社会主義の到来を恐れる人たちの多くは、社会主義が失敗する可能性を問題にしたわけではない。むしろ成功を収め、勝手にどんどん成長していく事態を恐れた。自分の国で安定した多数派が常に社会主義を食い止めてくれる保証など存在しない。たとえばアメリカやイギリスやドイツに次いで、イタリアでも資本主義経済は色あせてしまった。ボルシェビキ革命から一年程度しか経過していない一九一九年には、イタリアとドイツ、そしてアメリカでも赤狩りの機運が盛り上がっていった。

そしてドイツとフランスでは、社会主義が少しずつ前進していった。ドイツでは、社会主義経済を信奉する社会民主党（SPD）が連立を主導し、一九一九年には議会を支配するようになった。社会主義者は経営協議会の設立を勝ち取り、企業の様々な事柄に労働者は発言権を持った。労働争議には仲裁機関が設けられる。民間資本は所有権を維持したが、支配権の一部を失う。一日の労働時間は九ないし一〇時間から、八時間に短縮された。社会改革に関しては本来なら社会全体で話し合われ、採用された場合には、改革を望む納税者によって費用が負担されるべきだが、代わりに民間企業から搾取された。規制、命令、納付の方向へと西洋は進み始め、それは投資やイノベーションに打撃を与える結果になった。

一九二〇年代が幕を開けた当時の西洋は、経済の未来が不透明だった。すでに革命は始まり、それが広がっていくのかどうか誰にも見当がつかなかった。

第6章　第三の道——コーポラティズムによる左からの攻撃

コーポラティズムは、各人の利己的な関心を満足させるための内部改革ではない。……〔それは〕市民活動や経済活動における個人主義の終焉、社会や経済の新体制の到来、そして支え合う集団から成る組織化された国家の登場を象徴している。

——ジョルジュ・ヴァロワ『国家諸力の調整』

近代経済が到来して新たな制度や文化が生まれた場所にはかならず、何世紀も続いてきた社会的習慣や社会的価値が以前から存在していた。一九世紀後半、フランスやドイツをはじめとする大陸ヨーロッパの一部では近代化が広く普及し、伝統的な生活様式を踏みにじった。社会主義者は資本主義への批判を展開し続け、近代資本主義経済も標的にされたが、なかには近代経済のべつの面に注目して嘆く社会評論家もいた。二〇世紀になっても近代経済に対する告発は収まらず、一九二〇年代半ばにはすっかり常態化する。社会主義者が資本主義の問題として以前から指摘してきた失業や賃金ならば、解決に取り組むことができただろうし、実際に取り組みは見られた。しかし新しい時代の告発が攻撃の対象としたのは、近代経済の感情と知性だった。

コーポラティズムによる近代経済の告発

ルネサンスの人間主義に由来する利他的な個人主義、バロックのヴァイタリズム、啓蒙主義のモダニズムが近代経済の原動力になった点はすでに論じた。最初に発生したふたつの流れに三番目の潮流、すなわちモダニズムが加わり（すでにあった土台に新たな要素を積み上げた結果）、臨界質量に到達して近代経済が生み出されたのだ。モダニズムの核には、利益の制約を多少受けながらも、個人は自らの幸福を自由に追求すべきだというアイデアがあった。芸術や文学において、作品の制作者は自分と無関係な道徳や政治的理想から解放されなければならない。オスカー・ワイルドやE・M・フォスターが主張しているように、芸術は芸術のために存在する。同様にビジネスにおいても、企業家は社会への奉仕から自由であるべきで、ビジネスはビジネスのために存在するものと見なされた(1)。

社会生活において、「近代の女性」は伝統からの脱却のみならず、タブーを破ることにもためらいを感じなかった。一般庶民は依存体質や相互保護的な傾向から抜け出し、広い世界で積極的にキャリアを追求するようになり、あらゆるチャンスに挑戦していった。男女を問わず、人々には大小様々なスケールで立身出世する道が開かれ、アダム・スミスが非英雄的だと評した重商主義の時代とは様変わりした。一部の国において、重要な政治指導者や政治活動家はこのような社会を早い時期から擁護した。彼らは国家が社会的目標を追求するのをほとんどまったく支持せず、もっぱらすべての国民にとっての個人的な繁栄や個人的な成長を唱えた。一七七六年のはじめにパンフレットとして先ず出版された『コモンセンス』のなかでトマス・ペインはイギリスからのアメリカの独立について論じ、それがアメリカ人の繁栄につながると指摘している。かりにペインがべつの社会的価値を認識していたとしても、それは明らかではなかった。そしてジェファーソンは一七七五年七月の独立宣言の二度目の草案のなかで、アメリカの制度は「あらゆる国の不幸な人たちや進取の気性に富んだ人たちに開かれ……資産の取得ならびに所有を認める」と記し、自立とキャリアと一定の富の確保が幸福を追求するうえでの指標であり、アメリカにやって来る理由でもあることを暗に示した。一九二五年、選挙の後に行なった演説のなかでカルヴィン・クーリッジ大統領は、ペインやジェファーソンによって明確に示された道をアメリカ人がいまだに歩み続けているという前提に立ち、政府もその方針に従うべきだとほぼ確信していた。「結局のところ、アメリカ国民の大きな関心事はビジネスです。モノの売買や投資での成功に深く頭を悩ませています」と語っている。リンカーンの表現はさらに具体的で、二度目の講演のなかでアメリカ人の「新しいものへの渇望」について触れている。

モダニズムにおけるもうひとつの核は、近代社会では誰もが意識するわけではないが法律上の権利を享受しており、したがって責任を果たす義務を有するという考え方だ。他人をあざむかないために法律や人民の権利を尊重し、独立独歩を心がけ、自分のあやまちの原因を他人に押し付けてはいけない。責任を果たすためには、個人や同盟、いや国家でさえ、個人や企業の所有権を侵害してはならず、相手からの支払いを強要してはならない。国家の手を借りて競合相手による新製品の導入を妨害してはならず、国家に対して補助金や競争的資金や保障を懇願する行為も許されない（近代国家が新たなイノベーションや事業を開拓するために投資する可能性があることは、ルイジアナ買収の事例からもわかる。あるいは、コストが

1　以下を参照。Sidorsky, "Modernism and the Emancipation of Literature from Morality"; "The Uses of the Philosophy of G. E. Moore in the Works of E. M. Forster."

大きすぎないと判断された場合には、イノベーションや事業が外圧によってつぶされる事態を防ぐために行動を起こす可能性もある。さらに国家は、協力関係から得られる報酬に経済的不公平が生じると見られる場合に介入するときもあるだろう。しかし、従来の生産者を新たな競争から守るために画期的な製品の開発や新たな投資を妨害したり、あとから損害を補塡したりするのは、近代国家に備わった機能ではない。近代社会においては、公明正大な国家でさえ包括的な保険を提供しない)。

このようなモダニズムがやがて近代経済の台頭を後押ししていくわけだが、これは文化的な革命にほかならない。そしてそこから生まれた近代経済は、特に大陸ヨーロッパに文化的な衝撃を与えた。一九世紀後半には、近代の特徴である自己発見や自己表現が伝統の根強い社会にもたらした犠牲について、すべてのオペラが劇的に描き出した。一八九〇年にはマスカーニの『カバレリア・ルスティカーナ』、一八六八年にはワーグナーの『ニュルンベルクのマイスタージンガー』、一八五三年にはヴェルディの『椿姫』が発表される(「我々の時代の主題だ」とヴェルディは友人への手紙に書いた。しかし劇場を確保するため、彼は場面を「一七〇〇年のパリとその周辺に変更した」)。これらの大陸ヨーロッパ諸国で、モダニズムやモダニティは反動的な流れを引き起こした。近代は確かな足がかりをつかんでいたが、伝統は簡単に引き下がらなかった。最も重要な逆流は一九世紀末のドイツで発生し、最終的にはそこからコーポラティズムと呼ばれる経済制度が生まれる。しかしなぜ反動が引き起こされたのだろう。伝統的な生活の健全性をテーマとして取り上げ、何十年間もコーポラティストのアイデアの源泉となった優れた論文のなかで、プロイセンの社会学者フェルディナント・テンニースはひとりの商人について取り上げている。この商人はローマ法によって創造された「契約」を武器に、ほかの商人から商売を取り上げるような提案を行なう。テンニースから見れば、伝統的な共同体を破壊するのはこの商人のような力であり、マルクスが強調する工場での「分業」ではない。[2] モダニティに対するにコーポラティストの批判の多くは、都会の生活と共同体の生活を否定的な目で比較した。そしてもっと大きな枠組みにおいては、伝統を断ち切った近代経済の特徴や特性への抗議に批判の大半が費された。

近代経済に対するコーポラティストの批判はつぎの数十年間で拡大していった。批判された対象のひとつが、リーダーシップの欠如である。リーダー不在だと進路が定まらず、みんなが別々の方向に進もうとするので行く先の見当がつかない。コーポラティストによれば、中世には共同体の指導者がイノベーションの試みを方向づけており、大体において共同体の希望に沿う結果が得られた。しかし民間部門は個人や企業の寄り合い所帯で、将来の方針が明らかにされるわけはないし、指導者の姿はほとんど見えず、イニシアチブを理解できないことが多い。共同体の目標は顧みられず、経済は指導者不在に陥り、当然ながら無秩序感が生まれる。一九世紀末から二〇世紀はじめの数十年間にかけて西欧全域にある程度の不安が広がった背景には、間違いなく無秩序感の存在があった。方向性（フランス人は統制経済と呼んだ）に対する欲求は、コーポラティストの思想の中心的な要素だった。

コーポラティストの多くは、無秩序を引き起こすもうひとつの原因として資本主義の非協調性に注目

2　テンニースは若い頃に農村地帯のシュレスヴィヒで、このような共同体の崩壊を目撃した。共同体では専門化が何世紀も前から存在しており、実際のところそれが共同体を強化してきたと彼は論じ、マルクスとは大きく距離を置いた。テンニースはファシストでもなかった。一九三二年に社会党に参加したのは、ナチスへの腹いせからだ。彼の最高傑作は『ゲマインシャフトとゲゼルシャフト』で、まだ若かった一八八七年、ライプチヒで最初に出版された。ゲゼルシャフトというドイツ語は企業に言及するケースが多いので、このタイトルは「共同社会と企業」を意味すると解釈されるかもしれない。しかしテンニースは近代文明を意味する言葉としてゲゼルシャフトを使い、そのなかに企業も含めた。一九一二年ならびに一九二〇年の版は大きく注目された。二〇〇一年には英語新訳が出版されている。

し、協調的な行動を土台とする制度を目指した。ミクロレベルでは、企業経営者は従業員など「利害関係者」の同意を得てはじめて、提案を実行に移すことができる（共同決定）。そしてマクロレベルでは、法的措置にはメインプレーヤー、すなわち資本と労働の同意が必要だと考えた（協調）。

保守的なコーポラティストは単なる秩序ではなく、古い秩序を求めた。彼らの見るところ、近代の文化は変化へのあこがれが強く、伝統的な共同体の経済秩序を乱し、みんなが目標を共有する伝統的な文化を追いやった。連帯の欠如は大いに嘆かれる。たとえばフロイトは、近代と伝統との対立に関して、結局のところ「個人の主張と集団の文化的主張の対立」と見なした。[3] 伝統的な文化へのあこがれはコーポラティストの理論家の著作だけでなく、一九二〇年代にモダニズムを離脱した古典主義者たちの芸術作品にも顕著に見られる。古典的な秩序を構成する調和や完全主義への回帰は、アリスティド・マイヨールの彫刻『イル・ド・フランス』や古典的な肖像を描いた時期のピカソの絵画、レニ・リーフェンシュタールのドキュメンタリー映画『オリンピア』などで表現された。[4]

ほとんどが大陸ヨーロッパを拠点とする社会評論家の多くは、周囲の社会の物質主義に伴う欠点に注目し、金に貪欲な傾向の拡大によって社会では生活の質が低下したと非難した。そして物質的な利点を最大限利用するための努力を怠らない人たちと、そんな利点に恵まれない人たちとの経済的不均衡を嘆いた。さらに不満の対象は経営者と労働者の暴力沙汰の発生にも向けられる。労使双方とも、物質的な利益を達成するための手段には際限がないように思えた。これらはいずれもローマカトリック教会のテーマとなり、後にカトリック・コーポラティズムと呼ばれるようになった運動に関する論文でも取り上げられた。悲惨な状況を緩和するため、一八九一年に『レールム・ノヴァールム』（新しき事柄について）というタイトルで発表されたローマ教皇レオ一三世の回勅では、労働者が家族を養えるだけの賃金を支払うよう雇用者に呼びかけた。今日では、これは社会的責任の遂行と呼ばれる（しかし教会の経済学者はなぜか、職を奪わないですむ方法について考察しなかった。工場労働者を雇用するための補助金の財源として、大衆に税金を支払わせることは可能だっただろう）。一方『レールム・ノヴァールム』では、条件の改善を交渉するために労働組合の設立も支持している。一九三一年になるとピウス一一世が『クアドラジェジモ・アンノ』という回勅のなかで、コーポラティストの発明した職業集団や生産者組合に承認を与えた。どちらの回勅も私有財産を攻撃しているわけではなく、民間経営者に穏やかな対応を訴えている。この頃には教会だけでなく、知識人のほとんどとは言わないが多くが社会主義から離れ、国有化はあらゆる良い目的に適うという主張に耳を貸さなくなっていた。フロイトは『文化への不満』（六〇ページ）で以下のように書いている。「私有財産を廃止すれば、侵略を愛する人間の傾向から手段のひとつが取り除かれる」。隣人よりも多くの富を蓄積することは間違いなく不可能になる。「しかしそれでも、攻撃性によって権力や影響力が乱用される状況は変わらず、本質的には何も変化しない」。ソ連で急速に拡大していく不平等によって、この予言は的中した。

ただし近代経済への敵意の多くは、秩序に対する願望という形では表現されていない。何か新しい秩

3　Freud, *Civilization and Its Discontents*, p. 50. 彼は戦争が再び勃発しないために、侵略が建設的であることを願った。一九三〇年に出版されたドイツ語のオリジナルは *Das Unbehagen in der Kultur* というタイトルで、Unbehagen の翻訳に問題が生じた（フロイトは discomforts という訳語を提案するが、一九三〇年の翻訳者ジョン・リヴィエールは discontents を提案する）。フロイトは文化 Kultur という単語を知識、習慣、態度さらに「道具」も含めたあらゆるものの取得という意味で使った。今日では道具はおろか技術さえも「文化」から除外されるのが普通で、「文明 civilization」のなかに含まれる。

4　古典的な研究としては一九二五年にフランツ・ローが発表した論文があり、一九九五年に再版された。この時期の事例の多くはケネス・シルバーの編纂した以下で再現されている。Silver, *Chaos and Classicism.* それより早く出版された *Esprit de Corps* でも一部が紹介されている。

序を望むわけでも、古い秩序への回帰を願うわけでもない。それよりはむしろ、社会的地位や生存そのものが脅かされるようになった様々な社会階級によって、不安や怒りが表現されている。近代経済は社会的階級や権力の分配を崩してしまった。中世ヨーロッパの社会では、相互防衛の制度のもとに階級がしっかり組み込まれていた。農民はほかの誰かの行動がコストの上昇や収入の減少を引き起こしたとき、荘園領主などの権力者に保護を訴えることができた。製造者間の競争は、勅許を与えられた業者に製造を限定することによって未然に防止された。商人はギルドを結成し、食べものや衣服など主要生産物の販売を統制したので、ある程度の独占力を発揮した。職工や職人は職人ギルドを結成し、それぞれの職種の基準を設け、参入の制限を目指した。様々な生産者集団によって要求される条件は、それが一部の神学者が考案した「公正価格」であろうがなかろうが、成文化されていない社会契約によって承認されていると考えられた。

対照的に、近代資本主義は社会契約を提供しない。提供することなどできないし、社会契約が象徴する価値観に忠実ではなかった。したがって、上昇気流に乗って物質的な被害を免れた一部の例外を除き、生産者、商人、職工など様々な集団が新たに無力感を経験するようになった。一部の国では、新たに誕生したばかりの産業の生産者は輸入関税によって保護される傾向があったが、伝統的な経済のときのように堅実で安定した需要を確保できる生産者はほとんどまったく存在しなかった。経済は時代と共に進化し、発展していったからだ。独占力を長く維持できる生産者はほとんどいなかった。その結果、個々の生産者や生産者集団は狭い範囲の外で条件を設定することができず、価格設定者から価格受容者へと変化した。基準を設けたり評判を維持したりする力の一部を失ってしまったのである。仕事そのものに満足している多くの人にとって、商売や業界や職業団体で経験する無力感は特につらかったはずだ。せっかく好きで選んだ仕事なのに、条件を自分で設定して社会的立場を維持できないのだから無理もないだろう。一九二〇年代になるとヨーロッパのコーポラティズムは、近代経済の仮借ないイノベーションや消費者による放棄から、生産者をある程度保護することを約束した。後にこれは社会的保護と呼ばれる。農民は生産物を市場ですべて売りさばけなくなる事態を心配せず、作物を栽培し続けることができた。映画製作者は観客が作品に興味を失っても補助金を支給された。こうした広範囲の「社会的保護」が最後のピースとして収まった結果、コーポラティズムは完成したのである。

大陸ヨーロッパでは、このような知的要素とそれを擁護する政治勢力が一九二〇年代に入ってひとつに合流した。ミュンヘンやローマなど都市のエリートの多くは国家主義者で、社会が以前のようにひとつの目的で統一される必要性を感じた。知識人は経済秩序の必要性を感じ、近代化の波に呑まれた農民や職工やそのほかの利益集団は、保護的な政策を求めた。そしてキリスト教組織のコーポラティストは、利益重視型企業の特徴である移動可能な資本や「商人根性」を抑制することで、伝統的な共同体や職業の回復を提唱した(5)。この時期すでに社会主義者は社会的地位や金や権力に執着する姿勢を非難しており、たとえばワーグナーは四つのオペラから成る『ニーベルングの指環』で社会主義への共感を劇的に表現していた。そこでコーポラティストは共感者を増やすため、社会主義のテーマや行動計画の一部、たとえば共同決定などを採用する一方、敬遠されがちな公的所有については取り上げず、賃金の平等や完全雇用を目標から外した。

ひと口にコーポラティストといっても様々な分派が存在したが、近代文化に支えられて多彩な傾向を強める近代経済の勢いを抑え、できれば優位に立ちたいと願う点は共通しており、そこからコーポラティスト経済が生まれた。コーポラティスト経済においては、民間部門を公的支配のもとに置くことが重視された。その目的とは？　コーポラティストの主な目的は国家主導の投資、産業の平和と連帯、社会的責任である。そして経済成長についても十分に考慮している。モダニティの主流から外れた経済は成長が遅く、アメリカやドイツとの生産性のギャップは大きくなる一方で、たとえばイタリアやスペインは生産性に関してほかの国に遅れを取っていた。何がいけないのだろう。ベニート・ムッソリーニをはじめとするコーポラティストは、イタリアに点在する小規模なファミリービジネスの控えめな業績がイタリアの問題を引き起こしていると考えた。あるいは、大企業による独占とカルテル形成を元凶と見なすコーポラティストや社会主義者もいた。そしてコーポラティストの理論家は、社会全体、特に科学者のコミュニティが足並みをそろえて努力すれば、国家は科学の分野での進歩を加速できると考えた。工学などの専門分野で有益な技術を生み出すプロジェクトに科学者を誘導すれば、生産方法が改善されて新商品が誕生する可能性も出てくる。このような見解はリチャード・ネルソンによってテクノナショナリズムと呼ばれ、科学主義と呼ばれる一般的な信条の表現形態のひとつになっている。科学主義においては、科学者は科学を通じて新しい製品や方法を効果的に実現できるので、自由企業経済の散漫で方向性のないイニシアチブよりも優れているという立場がとられた（イタリアでは一九二三年、当時首相だったムッソリーニによってイタリア学術会議という国立科学財団が設立された。アメリカで国立科学財団が設立されるより二七年も早かった）。

一方、コーポラティストの制度は芸術家の参加も目指した。社会が個人よりも優先されれば、国の文化が守られ育まれるのは自然の成り行きだと考え、文化主義と呼ばれる信条が生まれた。科学と同様、芸術の進歩は国の経済的発展の原動力になると見なされたのである。イタリア憲法の第九条には、政府は国の文化遺産を守り広めていく責任があると謳われている（この文化主義は今日まで残っている。二〇一一年、ミラノのオペラハウスのスカラ座の予算を政府が削減すると、一部の熱狂的なファンから憲法違反だと非難された。憲法で許されるのは予算の増加だけで、減少は考えられなかった)。

このような統制を実現するためには、市場経済を政治的支配のもとに置かなければならない。もちろん以前のように荘園領主の手を借りるのではなく、何らかの政治的ガバナンスが求められた。経済の主な方向が政治的に決定されれば、自分たちの狙い通りの進歩が実現するとコーポラティストは考えたのである。では、どのような手段によって支配は実現するのか。経済を編成するうえで、大小を問わず企業や労働者の集団をいくつかのグループにまとめるのだ。当時は労働者、実際のところタクシー運転手から薬剤師にいたるまですべての集団が第三者との競争や仲間内での競争に明け暮れていると感じていた。労働者の賃金は資本主義による「分割統治」によって抑えられていると一部の社会主義思想家は論じた。企業に所属する労働者は、競合する企業や産業の労働者に仕事の一部を奪われることを覚悟しな

5　保護政策には民族的な側面が存在していた。キリスト教社会党はカトリック教徒の下層階級を企業から守るため、企業を圧倒的に支配しているユダヤ人と競った。ドイツの国家主義的な各政党は、自分たちと同じ民族的背景を持つ人々をスラヴ民族や特にユダヤ人との競争から守るため、政府が権力を行使することを願った。社会主義者も変わりない。社会民主党はコーポラティストのグループではなく自分たちこそ、「ユダヤ人の大資本家」「ユダヤ人の搾取者」「金持ちのユダヤ人」に対する真の反対勢力だと豪語した。そしてユダヤ人が不釣り合いなほど多い組織を標的にするときは、わざわざユダヤ人の組織であることを強調した。この時代、ヨーロッパでは反ユダヤ主義が蔓延していた。以下を参照。Muller, *The Mind and the Market*, p. 353. 先進的な企業家はユダヤ人だから反発されたのか、それとも先進的なユダヤ人は企業家だから反発されたのか、ここは問いかけてみるべきだろう。答えは前者のように思える。なぜならヨーロッパはユダヤ人への偏見をずっと以前から隠してこなかった。しかし、もう少し深く考えてみるべきだろう。コーポラティストが後に「ユダヤ人問題」と呼ぶようになった問題は、ドイツにいる大勢のユダヤ人のアイデンティティが対象ではなかった。むしろ、成功を収めた大勢のユダヤ人のほとんどがコーポラティストの陣営ではなく、経済の近代化に欠かせない「自由主義」陣営に属していたことが問題だった。最初の解決策はユダヤ人の企業の没収で、「最終解決」がホロコーストだった。

ければならなかった。賃金が上昇すれば、所属する企業の製品価格は他社よりも高くなってしまうからだ。しかし労働者が非常に広範囲の労働組合、できれば全国規模の労働組合の傘下に置かれれば、夢でしかなかった独占力が手に入るだろう。この労働組合主義の発想においては、賃金の増加が仕事の減少につながる可能性は想像されなかった。おかしなことにコーポラティストの思想家は、生産者をいくつかの大きなカルテルにグループ分けすれば問題は解決されると考えた。カルテルの結成によって労働と資本のバランスが回復されるのであって、組合やカルテルのせいで職が失われる事態にはならないと信じた。しかしこれでは、供給の低下が賃金の上昇のみならず、企業の利幅の増加によっても引き起こされる点が見逃されているとしか思えない。ところがこれに対してコーポラティストはつぎのような最終弁論を行なった。労使が「会議場」で話し合えば、連帯と共通の目的に象徴される新しい経済が生まれ、経営者によるロックアウトや大量解雇にも、被雇用者による職場放棄や作業停止やゼネストにも終止符が打たれるだろう。こうして産業界に新たな平和が訪れると企業活動の効率は改善され、最終的に雇用は縮小ではなく拡大へと向かい、賃金も利益も上昇するとされた(6)。

コーポラティストの信条や目的や手段にどれだけの長所があったのかはともかく、ヨーロッパの人々にとっての魅力は過小評価できない。まもなくコーポラティストのドクトリンは、ヨーロッパの広範囲や世界のほかの場所で実践されていく。

二〇世紀はじめのコーポラティズム

コーポラティストの思想に基づいて経済を構築した最初の国は、イタリアだと言ってもよい。一八八三年(シュンペーターやケインズと同年)にフォルリ県の貧しい家庭に生まれたベニート・ムッソリーニは、イタリアにおけるコーポラティスト経済の最も強力な擁護者となり、最終的には最高執行責任者のような地位に上り詰めた。一時は学校教師の経験もある彼は、政治ジャーナリストとしてマルクス主義系の週刊誌『アヴァンティ！』（前進）の編集を担当する。しかし世の中が第一次世界大戦へと向かい始めると、経済を発展させるためには企業を民間の所有にしておくべきで、労働者が所有したり支配したりするよりも良い結果が得られると判断し、社会主義者とは袂を分かった。そのうえで、『イタリア人民』という日刊紙を独自に発刊する。結局、イタリアは第一次世界大戦でのオーストリアとの戦いに多大な費用をつぎこんだものの何の見返りも得られず、世界に対してイタリアの重要性をアピールできる指導者が早急に求められた。そんなとき説得力のある演説家であり抜け目ない戦術家でもあるムッソリーニは、この役目を引き受けるのに適任だった。彼はコーポラティストだけでなく、かつて所属していた社会党の大勢の同志によって側近を固め、ファシスト党の指導者になった。そして国民の支持を急速に獲得し、一九二〇年には議会の議員に選出され、一九二二年はじめにはローマ進軍〔政権獲得のためのクーデター〕を計画し、ほどなくヴィットーリオ・エマヌエーレ三世から首相に任命されたのである。一九二五年になるとムッソリーニは議会の権力を縮小して独裁者になった。当時はイタリアだけでなく、ヨーロッパのどこにも憲法はなかったので、そのような動きをチェックする司法制度もなかった。(7)

この時期、ムッソリーニのプログラムはイタリアの資本主義に批判的だった。一九一九年に発表され

6　一部の学者は「コーポラティズム」を目的ではなく構造の面から定義している。一九七四年の論文“Still the Century of Corporatism?”でフィリップ・シュミッターは、コーポラティズムの定義について以下のように記した。「利益代表型の制度であり、構成要素は少数のカテゴリーに編成される。カテゴリーの数は限られ、参加が義務付けられ、競争原理は働かず、厳密な階級が存在し、機能的に異なっている。各カテゴリーは国家によって編成され許認可を受け、計画的な独占が与えられる」（九七頁）。

たファシスト・マニフェストでは、資本課税の強化、企業経営への労働者の参加、最低賃金法の実現が要求された。その一方、生産性には大きな重点が置かれ、ムッソリーニの政府は発足後すぐに経済成長の回復を目指す。しかし政策は思い通りの結果につながらず、彼の思想の混乱を浮き彫りにした。

ムッソリーニの政府にとってイギリスとアメリカは、一九世紀のリベラリズムを土台に一〇〇年の成長への道を歩んでいるように見えた。そこで彼は、過去一〇年間に社会主義者が制定した法律の多くを廃止する方針を決め、一九二三年には保険業務、一九二五年には電話ネットワークを民営化した。さらに一九二五年には、社会主義者によって権限を与えられてきた労働組合を弱体化させ、海外からの直接投資には課税を免除して貿易協定の締結を目指した。なかには、今日の世界で苦境に立たされた資本主義国家が打ち出す政策を連想させる動きもあった。通貨が投機売りを浴びると、一九二六年には銀行を経営難から救済するための資金援助を行なったのだ。しかし結局、コスモポリタンな商業資本主義を目指したイタリアの実験は評価できるほどの経済成長を達成できず、急速な景気後退から国民を守ることにも失敗した。そこでムッソリーニは、自由放任主義（や古典的なリベラリズム）は川辺のアシのように頼りない存在で、急速な経済成長の土台にはなり得ないという結論に達した。

その頃までには、ムッソリーニの思考のなかでコーポラティスト経済の概念が大きな要素を占めるようになっていた。彼は経済成長の加速以上のものを求めた。イタリアの制度や価値観や信念を根本的に見直すことによって、国内経済の急速な近代化を目指したのである。そして、同じ商品ばかり大量生産する「超資本主義」、あるいはイノベーションの低下や官僚化の促進を招く社会主義的なカルテルや独占資本主義への嫌悪を具体的な形で表現するために心を砕いた。彼の資本主義への不満は紛れもなく本物だったが、ムッソリーニはコーポラティズムの理論的指導者ではない。その役目を果たしたのはジョヴァンニ・ジェンティーレで、一九三二年にはムッソリーニの著者名で出版された『ザ・ドクトリン・オブ・ファシズム』のゴーストライターを務めた。このようにムッソリーニはコーポラティストを提唱する哲学者ではなかったが、コーポラティスト経済の構築者ではあった。そして彼が築き上げた制度は、近代資本主義とはこれ以上ないほどかけ離れていた。

彼の提唱するコーポラティスト経済の構造は、著作のなかで明らかにされている。[8] 組織の枠組みは、「コーポレーション」(コルポラツィオーニ)と呼ばれる分子によって構成される。産業は最終的に二二のカテゴリーに分類され、たとえば穀物、織物、鋼鉄、ホテル、芸術、信用業などが含まれた。各コルポラツィオーニは一九二六年の組合法(「ロッコ法」)によって、経営者団体(アッソチャツィオーネ)と労働組合(シンディカート)をひとつずつ持つことを義務付けられた。

従来は労働者のグループと雇用者のグループがマルクス主義の意味において階級闘争を繰り広げてきたが、これからは様々なカテゴリーの生産者が諸問題に関して議論を展開していく。論争は……様々なカテゴリーの労働者のあいだで、様々なカテゴリーの雇用者のあいだで、さらには雇用者と労働者のあいだで発生する可能性があるが、そもそも人間とは一カ所に落ち着かないもので、人間の生活においてこのような形

7　サルディーニャのカルロ・アルベルトの息子はイタリアの初代国王に即位した際、イタリア全土にアルベルト憲法(イタリア王国の憲法)を持ち込んだ。この憲法には司法審査制度がなかった。

8　彼が一九三〇年代はじめに行なった主な演説、ならびにコーポラティスト経済の構造に関する一種の手引書は、イタリア語では *Quattro Discorsi sullo Stato Corporativo* のタイトルで、英語訳は同年に *Four Speeches on the Corporate State*(協調組合主義国家に関する四つの演説)のタイトルで出版された。(英語版書名で「コーポラティスト」や「コーポラティブ」という単語を使えば、英語のコーポレーションに言及しているような印象を避けられただろう)。

は回避できない。……

コルポラツィオーニは労使が交流や協力を目指す組織と見なされ、一九三四年二月には法令によって、協力推進機関としての形が明確にされた。(9)

これは、戦前の社会主義の時代から見れば大きな変化だ。一九一〇年代はじめのイタリアには労働組合が氾濫しており、それが社会主義政府から合法的に認められてから日が浅く、しかも一部に過ぎなかった。一九一〇年には広範囲におよぶ経営者団体、イタリア産業同盟が結成され、組合との協力を模索する一方でロビー組織としての活躍を目指した。しかし戦後になると、労働者階級の過激なメンバーとのあいだで対立が発生する。組合は一九一九年から一九二一年にかけて「工場協議会」運動を展開し、労使間での企業経営の分担を求めた。そこで経営者の支配を守るために産業総連盟が、コンフィンドゥストリアとして再発足された。そのうえでファシスト政権は、労働組合を追い払うためにファシスト組合を結成する。イタリアでコーポラティズムが台頭したのは一九二五年一〇月だったと歴史家は考えている。このとき、コンフィンドゥストリアと新たなファシスト組合はパラッツォ・ヴィッドーニで条約を結び、お互いを労使の唯一の合法的な代表として認め合ったのである。(10)

しかしムッソリーニのコーポラティズムは正確に言えば、民間経営者による支配の回復を目指したわけではない。一九二六年七月に発布された法令の第四三条では、「コルポラツィオーニは市民ではなく、国家機関である」と宣言されている。さらに第四四条には、「コーポラティブ機関には加盟組織のあいだで発生する論争を調停する権限が備わっている」と補足されている。(11)そして一九二七年四月の労働憲章は「私有制度」の権利を再確認する一方、企業の労働者雇用に国家が介入できる権利を主張している。

つまりイタリア政府は、自分の望みどおりの合意が得られるまで労使間の合意を否定できるだけでなく、企業の雇用について指図する自由まで持つようになったわけだ。この介入権限についてムッソリーニは一九三四年一月の演説で取り上げ、イタリアの愛国的な経営者や労働者の決定が何らかの計算違いや調整ミスを招きそうなときのみ発動されるものだと説明した。

> コルポラツィオーニの経済によって、経済の分野には秩序が導入される……この秩序はどのような方法で実践されるべきかと言えば、関連する様々なカテゴリーがそれぞれ自制しなければならない。様々なカテゴリーのあいだで合意が得られないとき、あるいは適切なバランスが獲得できないときのみ国家は介入する。ただし国家には、常に介入できる権限が確実に備わっている。なぜなら国家はこの現象のべつの側面、すなわち消費を象徴する存在なのだ。[12]

ただしこの一節に関して、ムッソリーニは物の見方があまりにも単純か、もしくはひねくれているかどちらかだろう。イタリアのコーポラティズムはコルポラツィオーニを伴った結果、新たな問題を生じさせ、すでにある問題を悪化させた。そしてコルポラツィオーニは問題に直面すると、政府による解決を求めた。コーポラティストの理論家は資本主義的産業を曲解し、資本主義のカルテルよりも大きな組

9　Mussolini, *Four Speeches on the Corporate State*, pp. 81–82.
10　James, *Europe Reborn*, p. 99.
11　*Four Speeches on the Corporate State*, p. 83.
12　*Four Speeches on the Corporate State*, p. 33.

織と価格決定力を持つ雇用者側の「同盟」と、従来の職業別組合よりも大きく、一部は強力な権限も持つような、労働者側の「シンジケート」に大別した。その結果、多くの機関や連合体の独占力が一気に増加して、それを抑えるために政府が広い範囲で介入しなければならなくなったのである。ただしこのような分析だけで、コーポラティストの経済は近代経済よりも全般的に良い成果を挙げられないとか、近代経済が十分機能しているときには適わないと結論するのは飛躍しすぎだろう。

雇用者の同盟、労働者のシンジケート、そして政府の三つの要素に支えられた制度は、一九二六年には徐々に機能し始め、一九三五年にはかなり拡大していた。世界でも新しいこの制度は、ウィンストン・チャーチル、ジョージ・バーナード・ショー、ジョン・メイナード・ケインズから賞賛や羨望を込めて言及される。一九三〇年代の後半になると、経済の設計を終えたムッソリーニはエチオピアやアドリア海で植民地の設計に取り組んだ。おまけに同性愛者やジプシーやユダヤ人を国家権力で抑え込み、確実に大きな汚点を残した。しかし一九三〇年代の前半には、イタリアで十分に機能するコーポラティスト経済は世界の多くを魅了した。ほかの国がコーポラティストの方針を採用するうえで、それが一役買ったことは間違いないだろう。

一方ドイツは、イタリアの事例が十分に実現する以前から、独自のコーポラティスト哲学をすでに育んでいた。実際、ここではイタリアよりも早くコーポラティズムが発達を始めた。レオ一三世が社会的責任について語る以前から、ドイツはコーポラティストの立場で資本主義を批判していたのである。フェルディナント・テンニースは一八八七年に発表した論文のなかで共同体やギルドが破壊されていると記し、エミール・デュルケームは資本主義がルールなき闘争を引き起こしていると論じた。一九二〇年代になるとイタリアと同様ドイツの政治でも、コーポラティストの思想を構成する要素への支持が徐々に表現されるようになった。個人主義は嫌悪され、自由放任の経済政策は拒まれ、プチブルジョアは軽蔑される。しかしドイツにはもっと顕著な思想がほかにも存在しており、社会主義はイタリアよりも深く定着していた。したがって、イタリア式のコーポラティスト経済が台頭するまでのプロセスは複雑で時間もかかった。

アドルフ・ヒトラーは、ムッソリーニと同じように重要な役割を果たした。オーストリアで生まれたヒトラーは画学生として青春時代を過ごし、一九一九年にはミュンヘンでドイツ軍所属の諜報員として採用され、左翼のドイツ労働者党に関するスパイ活動を命じられた。台頭著しい労働者党は弱体化した社会民主党のライバルと見なされていたが、ヒトラーは逆に、ドイツ・ナショナリズムや反ユダヤ主義といった考えに共感する。そして扇動家としての才能を生かしてドイツ労働者党で影響力を拡大し、一部の軍人を組織に引き入れた。一九二〇年にはナショナリズムを強調するため、さらには社会主義に残っている票を奪い取るため、国家社会主義ドイツ労働者党（ＮＳＤＡＰ）という党名への変更を提案する。後にＮＳＤＡＰはナチ党と呼ばれるようになった。

一九二〇年代以降のナチ党は、経済の高実績（Leistung）を回復することをテーマとしていた。ムッソリーニの党が生産性向上（productivitá）を何度も訴えたのと変わらない。一九二〇年に党が初めて発表した「二五カ条綱領」というプログラムは、一九一九年にイタリアで発表されたマニフェストと同じく反資本主義的で、不労所得の廃止、トラストの国有化、土地改革、「健全な中産階級」の育成が要求された。そして、ほとんど嫌悪とも言える敵対心を利己主義に対して向けている。

個人の活動は全体の利益と衝突してはならず……世の中のために尽くすべきだ。……共通の利益を損なう行動には仮借ない戦いを挑む。……高利貸し……暴利をむさぼるその他の者たち……ユダヤ人の物質主義的な精神が戦いの対象にされる。……自己の利益よりも共通の利益を優先させる原則が実践されてこそ、我が国は恒久的な健全性を内部から達成できると党は確信している。(13)

ナチスは国会で過半数を獲得し、一九三三年になるとヒトラーは首相に任命される。この勝利は一九二九年ドイツ大恐慌すなわち「景気低迷」によってもたらされたものだが、もうひとつ、ドイツの賠金問題に関してワイマール政府の弱腰を巧妙に描き出したことも奏功した（実際には二度の値下げ交渉に成功し、ほとんど支払われなかったのだが）。国家社会主義者は一九三三年、三つの要素——経営者、労働者、政府——から成るコーポラティスト制度の構築に取りかかる。一九三四年の国民労働秩序法では多くの産業グループが設立され、どこでも「指導者」の下に「従属者」が存在するヒエラルキー構造が採用された。一九三五年には労働組合の活動が制約され、生産性向上のため非営利的な誘因を探るよう求められた。カルテルは経済のほぼ全域に広がり、参加が義務付けられる。これらの組織すべての頂点に全国経済会議所が設置され、法律や法令を発行する権利を与えられた。この制度によって、国家は広範囲に集中的に、好きなように介入することが可能になった。

しばらくの間、政府は経済の多くの部分で進路を指導する方針で臨み、労働者を意のままに徴収し、どんな製品をどれだけ製造すべきか企業に命じ、価格や賃金を統制した。しかし一九三七年の時点で政府はすでに経済から手を引いていた。会議所は価格や市場をこれ以上制約しないように指示され、カルテルによる価格や賃金の設定が再開される。ナチ政府の焦点は外交政策へと移り、企業は市場で顧客を獲得するため、あるいは政府からの受注を勝ち取るため、ほぼ自由な状態で競えるようになった。しかし国家はとてつもない権力を握っているのだから、政府のマニフェストに外れた行動を企業が敢えて取らないことは保証された。むしろ企業は、国家の手先となるために政府からの受注や補助金を競い合う可能性があった。一九四四年に出版された『隷属への道』に記されているようにハイエクは、ドイツの経営者たちは、自国経済が比較的近代的だった時代の自主性を回復できると勘違いしている、と考えていた。

イタリアと同じくドイツも、コーポラティズムの要素を戦間期よりずっと以前から所有していた。商人ギルド、職工ギルド、専門職ギルドなどは、ドイツでは一一〇〇年代から比較的重要な存在で、価格の統制や生産基準の設定に関わるだけでなく、地域の――場合によっては国の――統治者や立法府への影響力行使を目指した。しかし資本主義が持ち込んだ競争原理によってギルドは弱体化したうえ、ナポレオンが帝国全体でギルドを禁じた結果、一九世紀に近代経済が台頭すると影響力は控えめにみても弱まってしまった。やがて一八七一年にオットー・フォン・ビスマルクがヴィルヘルム一世のもとで国家の統一を果たしたのが、ドイツにとって転機となった。ドイツ諸邦は一八六六年、オーストリア帝国のもとで統一を失っていたのだ。一八七一年からドイツのコーポラティズムは始まったと歴史家のウルリッヒ・ノッケンは考えている。一方、ヴェルナー・アーベルスハウザーは、一八七九年を「近代的なコーポラティスト的利害調整システム」の始まりだったと指摘している。[14] ドイツで台頭した近代経済は、ある程度までコーポラティストの要素を取り入れたものになった。「会議所」と呼ばれる商業や産業の経営者団体が結成され、ロビー活動、賃金の基準設定、価格協定などに携わった。産業別労働組合も誕

13　以下で引用。Heinz Lubasz, *Fascism: Three Major Regimes*, p. 78.
14　以下を参照。Nocken, "Corporatism and Pluralism in Modern German History"; Abelshauser, "The First Post-Liberal Nation", p. 287.

生するが、ほとんどはまだ規模が小さく、第一次世界大戦時や第二次世界大戦後のドイツの組合に比べれば影響力は弱かった（特に一八七八年に社会主義者鎮圧法が制定されてから、それが廃止された一八九〇年までの時期は弱かった）。そして、経営者団体と（ある程度まで）組合は、「目的のためには手段を選ばない」ヴィルヘルム一世の時代の経済を政府と共に牛耳るようになっていく。ただし一八七一年から一八九〇年までドイツ帝国の首相を務めたビスマルクは、国家経済会議の設立に失敗した。実現していれば、プロイセン国会の活動を抑制したプロイセン経済会議と同様、議会での法案提出や拒否権の発動が可能になっていたのだが、それはかなわなくなった。ビスマルクは（ヒトラーと違って）経済問題に関して議会と協力を強いられたが、それでもこの鉄血宰相は多大な影響力を発揮して、後には一八八〇年代から一八九〇年代にかけて鉄鋼産業に対する融資への道を力ずくで開いた。したがって、ドイツ帝国では一九世紀末に、自発型とかコンセンサス型とか歴史家から様々に評価されるコーポラティズムが発達したと言ってもよいだろう。一九三〇年代の義務的で総じて強制的だったコーポラティズムとは対照的だ。ワイマール共和国の初期に当たる一九一九年から一九二四年にかけて、自発的なコーポラティズムのもとで労働組合は存在感を強めていく。戦時期に勢力を拡大した労働組合に経営者団体は屈し、ついには交渉の席に対等の立場で臨むことにも同意した。

戦間期にコーポラティズムが大衆に強くアピールした証拠に、当時は大規模な集会がさかんに開催され、コーポラティズムは広く支持された。直接見聞きした報告が行なわれただけでなく、芸術家が変わりつつある時代の風潮に間接的に反応していることからもそれは明らかだ。新たな発見がちりばめられた新しい道への期待が多くの方面で膨らんだ。コーポラティストのプロジェクトを背後で突き動かした力のほとんどすべては、容易に見て取れる。大衆は資本主義にも社会主義にも拒絶感を募らせていた。

そんななかコーポラティズムは第三の道（ラ・テルツァ・ヴィア）として提供されたのである。歴史家のジーヴ・スタンヘールの説得力ある表現によれば「右翼でも左翼でもなく」、――少なくとも旧右翼でも旧左翼でもなかった（あるいは話を戦後の時代まで進めれば、新たなコーポラティズムは新右翼と新左翼の中間的存在になった）。したがってコーポラティズムは、資本主義に苦しめられた利益集団にも、社会主義に不安を抱く利益集団にもアピールできた。資本主義の被害を受けた集団にとってコーポラティズムは、モダニズムや近代経済に起因する過去や将来の災難――市場競争が招く危機、雇用の不安定、産業の指針不在――からの逃げ場になった。一方、社会主義に不安を募らせる集団にとってコーポラティズムは、社会主義経済に伴う専横や退屈さを取り除いてくれる存在だった。貯蓄や生活の楽しみを奪われ、企業を立ち上げる機会は与えられず、キャリアの構築も難しいような暗澹たる未来からの解放が約束されているように感じられた。コーポラティストの構造のもとでは、労使間で展開される資本主義の対立も、プロレタリアートとその他の人たちによって展開される社会主義の対立も、どちらも解決できるとコーポラティストの政治家は論じることができた。男女を問わず、誰もが共通善を追求するようになるし、平凡な私的財へのニーズは国家がうまく満たしてくれる。政治家は大衆のためにコーポラティスト経済の試作品を作って現実の資本主義経済と比較実験ができるわけではなかったので、それを口実に、資本主義的構造の多くを解体し、代わりにコーポラティスト経済を新たに導入できた。国から資本主義経済を取り除くことが政治家にとっては第一の目的で、そのつぎがコーポラティスト経済から最善の結果が得られるための微調整だった。一九二九年の世界経済は危機的状況で、大恐慌は目前に迫っていた。したがって、現存する資本主義経済を早急に放棄すべき制度として描き出すのは簡単だった。そして最後に、コーポラティスト経済が採用されれば、政治家は行動していると胸を張れた。資本主義の修正を目指す陣営と社会主義の発展を目指す陣営の対立が続く膠着状態のなかでは、議会としても打つ手がなかった。しかしコーポラティスト経済を掲げる政治家が権力を握れば、何かを行なっている姿勢を評価される。事態を悪化させないために余計な行動をとらず、ぼんやりしている自分を正当化する必要もなくなった。コーポラティズムの要素が備わっている一連の国家では、新たな出発への期待に大衆が胸を膨らませた。

コーポラティズムの勢いはイタリアとドイツにとどまらなかった。フランシスコ・フランコ将軍は一九三六年のクーデターによって、スペイン共和国の社会主義に終止符を打った。ただし、スペインではコーポラティスト思想がイタリアほど普及せず、コーポラティストの上部構造もそれほどの広がりを見せなかった。ポルトガルではアントニオ・サラザールがコーポラティズムに注目する。彼はコインブラ大学の経済学教授で、作家のシャルル・モーラスとローマ教皇レオ一三世に心酔しており、一九三二年から一九六八年にかけての首相在職中にコーポラティストのアイデアを取り入れた（この実験はフランスで大きな関心を呼んだ）。つぎにコーポラティズムはオーストリアに上陸する。首相に選出されたエンゲルベルト・ドルフースは一九三四年、カトリックの神学者でもあったイグナーツ・ザイペルが提唱したコーポラティスト理論の一部を採用する。一九三七年になるとコーポラティズムはアイルランドにも到来し、シンフェイン党など反資本主義的な政党から擁護され、教会からも支持された。

ではフランスはどうか。二〇世紀初頭、パリのサロンは闘争的な知識人であふれていた。モーリス・バレス、ジョルジュ・ソレル、シャルル・モーラスらは、国内が社会主義で統合され、個人主義や民主主義が終焉するビジョンを思い描いた。ただし戦間期のフランスでは、ムッソリーニやヒトラーが導入したようなタイプのコーポラティスト構造は採用されなかった。しかし一九四〇年にドイツ軍がパリに侵攻し、一九四一年の夏にヴィシー政権を発足させると、コーポラティストの精神に基づいた経済計画の制度が直ちに設立される。ヴィシー政権は五年もたたずに崩壊したが、シャルル・ド・ゴール将軍が一九四四年から一九四六年にかけて主導した政府では、一九四六年に指標計画が導入される。その後、一九四六年から一九五八年にかけて続いた第四共和政では、一九三〇年代にイタリアとドイツで実施された四カ年計画を手本にして、五カ年計画が採択された。このようにして、政府はフランスの産業を望みどおりの方向へ誘導する努力を続けた。

南米では、コーポラティズムの要素はジェトゥリオ・ヴァルガス政権下のブラジルで注目を集め、彼が独裁政治を行なった一九三七年から一九四五年にかけては特に積極的に導入された。労働法はイタリアの法律を一語一句そのまま採用し、主要製品を管理するためにカルテルが設立され、政府は国の工業化のかじ取りを目指す（ただしポルトガルのサラザールと同じく穏健派のヴァルガスは、ファシスト党やナチ党を抑圧した。さらに彼は、プリニオ・サルガードが率いる過激なカトリック政党である、ブラジル統合主義運動を解体する）[15]。アルゼンチンではファン・ペロン大統領の一期目に当たる一九四三年から一九五五年にかけて、やや異色のコーポラティズムが取り入れられた。ペロン党が工業や農業に大きく介入するうえで、産業別労働組合は中心的な要素となった。

アジアでは、日本の財閥と呼ばれる一族支配の大がかりな垂直的独占が（明治維新の後、一九世紀の最

15　サルガード率いるブラジル統合主義運動は利己主義を廃し、代わりに憐れみ、慈善、同情を前面に打ち出した。共産主義者の弾圧を目指すヴァルガスにとってサルガードの協力は欠かせず、そのおかげで一九三七年のクーデターは成功し、一党独裁制のエスタド・ノヴォが誕生する。しかし権力を握ってしまうと、サルガードはもはや必要ではなくなった。そこでブラジル統合主義運動は真夜中に大統領府を攻撃して支配権の奪取を目指す。これはパジャマの反乱と呼ばれた。しかし軍隊がぎりぎりのタイミングで到着して攻撃を鎮圧し、ブラジル統合主義運動の命運は尽きた。

後の一〇年間に誕生したにもかかわらず)、第一次世界大戦後に勢力を強め必然的に中央政府と密接な関係を築いた。帝国政府は財閥を遠ざけることも解散させることもせず、結果としてコーポラティストの構図が出来上がったのである。韓国では、一九四五年に日本による支配が終わるとコーポラティストの構造が誕生した。政府は一握りの韓国企業に対して賄賂と引き換えに、元日本の工場を提供するなど特別の待遇を与えた。

イギリスとアメリカに関しては、イタリアやドイツで導入されたコーポラティストの制度がここでも戦間期に積極的に取り入れられたと言っては事実の大きな歪曲になってしまう。一九二〇年代から一九三〇年代にかけて、労働組合はイタリアやドイツで停滞していたが、同じ時期に米英では勢いも規模も拡大した。そして大陸ヨーロッパではカルテルがさかんに結成されたが、アメリカでは進歩党員によって始められたカルテル反対の姿勢が継続される。問題はアメリカとイギリスの経済が多少なりとも、イタリアやドイツと同じコーポラティストの特徴を備えていたかどうかだ。アメリカでは一九二九年から一九三三年にかけて大恐慌の影響をまともに受けると、経済への政府の介入が広がっていった。一九三三年に大統領に就任したフランクリン・ルーズヴェルトは、まもなくニューディールに関する法律をつぎつぎ制定していく。一九三三年には米国産業復興法によって全国復興庁(NRA)が設立され、各産業の指導者が携わるチームが編成され、価格や賃金の大幅下落を食い止めるための規定が作成された。価格や賃金の大幅下落は雇用の低下を増幅する、とルーズヴェルトは確信していたのだ。この規定は順守を義務付けられたわけではないが、規定に従う企業にはかならずブルーイーグルのマークの使用が認められた。これが企業にとって社会的圧力になったのは間違いない(マルクス兄弟主演の映画『我輩はカモである』の冒頭シーンで、テレビ視聴者はこのマークを今でも見ることができる)。世間で賢明と思われていた人物も含め多くの評論家がNRAについて、コーポラティスト経済の提唱する「集産主義」に向けた気がかりな一歩と見なした。

要するにこの考え方の核心は、規定された産業がアメリカ市場をほぼ独占し、独占から得られる利益によって高い賃金が保証されるということだった。しかし独占状態を守るためには、競争相手を排除しなければならない。したがって規定がさらに「進化すると」、新しい企業やプロセスに障壁が設けられ、権力層全体が……完全な禁輸を行ないうる権力によって守られてしまった。[16]

ただしニューディールの干渉主義は、大陸ヨーロッパのコーポラティズムに匹敵すると見られることは少なかった。大西洋の向こう側では干渉に抑制がなく、行動に先立つ法律の制定は要求されず、議会は力を奪われ、裁判所には司法審査の権限が与えられなかった。結局、NRAは一九三五年のシェクター家禽社事件での最高裁の判決によって、全員一致で違憲とされた。するとほどなくルーズヴェルトは裁判所を拡大し、自分の好みに合った組織に仕立てた。しかしNRAは復活せず、裁判所の名声は損なわれるどころか、むしろ高まった。

ニューディールの始まりと共に、アメリカの社会思想は——社会的行動についてはすべてではないが——一九世紀のリベラルな思想とのあいだの距離を急速に広げた。NRAのドナルド・リッチバーグ長

16　Walter Lippmann, *The Good Society*, p. 139. 新聞のコラムで知名度の高かったリップマンは、リチャード・ロジャースとロレンツ・ハートによるミュージカル『パル・ジョーイ』(邦題『夜の豹』)で歌われる「ジップ」のなかで(ショーペンハウアーと共に)パロディー化され、不朽の名声を与えられた。ハートは間違いなくコロンビア大学での彼の講義を参考にしている。

官の以下の声明は印象的だ。

いまや……「厳格な個人主義」を装った見かけ倒しの無政府状態には戻れない。民間の所有者や経営者によって産業が十分に社会化され、基幹産業が公共の利益に見合った活動を公的に義務付けられないかぎり、民間企業への政治の支配は強化せざるを得ない。(17)

しかし現実はそれほど過激ではなかった。大恐慌の時代には馴染みのなかった様々な分野で、政府が時には大胆にイニシアチブを発揮した結果、新たな職種が創造された。たとえば市民保全部隊は、アメリカの田舎が絶滅寸前にならないうちに情景や音声を記録するため、写真家やドキュメンタリストを採用する。公共事業促進局は大規模な建設事業に取りかかった。それ以前にも、連邦政府は鉄道建設のための融資を行ない、州政府は運河を建設していたが、フーヴァーダムのような巨大なダムはなじみ深いものではなかった。これらの斬新な計画はドイツで行なわれた事業の一部と似通っていたが、新事業は国民から一時的な措置と見なされ、資本主義からコーポラティズムへと文化が移行したとは評価されなかった。「物事は変化しなければならない。同じ状態を維持するために」と、ヴィスコンティ監督の映画『山猫』でバート・ランカスター扮するドン・ファブリツィオ・サリーナ公爵は語っている。

しかしニューディールは、永続性のある様々な変化も目指した。銀行業務と証券業務の利害の対立が悪用されながらも公表されない現状がペコラ委員会の調査によって明らかにされると、議会は一九三三年にグラス＝スティーガル法を制定し、銀行業務と証券業務のあいだに垣根を設けた。同じく一九三三年の証券法は、株式公開時の虚偽の情報開示を違法と見なした。一九三四年に証券取引法が制定されると、株式取引を規制するための証券取引委員会が設立される。さらに一九三五年には全米労働関係委員会が創設され、「民間部門の経営者や組合による不当労働行為」の防止とこれらの行為からの救済を目指した。しかしこのような措置も、近代資本主義の心臓を貫く短剣としてはほとんど機能しなかった。これらの措置で潜在的な投資家や被雇用者が手厚く保護されるようになると、むしろ市場の信認が大きく復活したのである。

コーポラティズムに向けた大きな第一歩は、一九三五年の全国労働関係法、いわゆるワグナー法の成立だった。この法律によって労働者は、労働組合へ加入する権利や団結権を認められるようになった。議会によれば当時、労使間の「交渉力の格差」は「経済の不安定」につながっていた。そして経営側が団体交渉を拒むと労働者側はストライキで対抗し、商業の流れが滞ってしまう構図が出来上がっていると考えられた。これは従来にはない発想だ。かつての政府は組織労働者を評価せず、カルテルにせよ広範囲の独占にせよ、組織的な活動は解体することしか考えなかったものだ。たとえば一九一〇年代にセオドア・ルーズヴェルトが主導した進歩主義運動は、独占行為の排斥を目指した。その姿勢はウッドロー・ウィルソンも変わらない（「私は大企業に賛成し、トラストには反対する」と語った）。一九二三年のティーポット・ドーム・スキャンダルで連邦政府職員の贈賄行為が明るみに出ると、政府は企業と一層距離を置くようになり、法的保護を増やそうとはしなかった。一九一〇年代には、企業とワシントンの関係は親密ではなかった。

しかしのちに従来の姿勢が変化してもアメリカ国民は、この国の伝統とも言える社会的価値観が放棄

17　以下からの引用。Schlesinger, *The Coming of the New Deal*, p. 115.

された、と感じなかった。フランクリン・ルーズヴェルトがコーポラティズムにうまく適応したおかげで、近代資本主義がコーポラティズムと完全に入れ替わらずにすんだという見方もある。コーポラティズムが近代資本主義の存在を脅かすほど深く食い込んだのは、ルーズヴェルトの時代のかなり後だと言ってもよいだろう。

では、大陸ヨーロッパで新しいコーポラティスト経済を採用した国、特にイタリアとドイツは、アメリカやイギリスなど近代資本主義のカテゴリーにとどまった国に比べて経済でどれだけの成果を挙げたのだろうか。イタリアのコーポラティスト経済が機能したのは一九二〇年代まで、ドイツの場合は一九三三年までにすぎず、一九三〇年代の終わりには第二次世界大戦が勃発していた。これだけの短い期間では「自然実験」などほとんど不可能で、教訓を学ぶことなどできない。「実験」の場をひとつ挙げるとすれば、深刻な景気後退の始まりだろう。イギリスは一九二六年から、ほかの国は一九二九年から不況に陥った。その後、一九三三年のはじめにヒトラーとルーズヴェルトは権力の座についた。

ヒトラーはドイツを不況から短期間で脱却させるためにコーポラティストの手法をうまく用いたが、ルーズヴェルトの場合は国内が自由放任主義にほぼ染まっていたため、事態を傍観するしかなかったとも言われる。その結果、アメリカでは景気低迷が深刻な不況へと発展し、八年間も続いたという見方は多い。[18] しかしドイツとアメリカの国民産出量の数字からは、まったく違うストーリーが浮かび上がってくる。

［一九三六年までに］ドイツの実質GNPは［一九二九年と］ほぼ同レベルまで回復していた。これは間違いなく急速な回復である。しかし［同じ時期に］まったく異なったポリシーミックスでアメリカが達成した回

復よりも優れていたわけではない。さらに成長率に関しては、一九二六年から二七年の冬にかけてワイマール共和国が初めての深刻な景気後退から脱したときの数字に劣る。当時の一二カ月の成長率は、第三帝国のいかなる時期よりも上回っていた。したがって、まったく異なった政策が採用されても同様の急速な回復は実現したと想像することも可能だ。そこから判断するかぎり、ナチの経済政策がドイツの景気回復を「引き起こした」とは言えないだろう。[19]

さらに、ルーズヴェルトや前任者のハーバート・フーヴァーが資本設備の増強に取り組んでいたら、コーポラティスト経済にすっかり入れ替わることなく（あるいはその傾向を強めることなく）、アメリカの景気はドイツよりも早く回復していたかもしれない。（「かもしれない」と表現したのは、総雇用を増やすための政府の行動は、過去の事例を見るかぎり景気てこ入れ策としてうまく機能しないからだ）。結局のところ、四カ国とも経済は深刻な低迷から抜け出した。イギリスは一九二六年、アメリカ、イタリア、ドイツは一九二九年に低迷期を脱し、どの国でも国民産出量は数年以内に徐々に回復し始めた。[20]しかしもっと注目すべきは、生産性——一時間当たりの生産効率やもっと複雑な方法で測定される

18　この時代のある歴史家はつぎのように書いている。「［ヒトラーが］権力の座に就いてから三年間、ドイツの経済は好調だった。失業は大幅に減少し、労働力不足が問題として発生した」。以下を参照。Nicholls, "Hitler's Success and Weimar's Failure," p. 156.

19　Adam Tooze, *The Wages of Destruction*, 2007, p. 65. トゥーゼはカッコのなかの数字、すなわち一九二九年と一九三六年ではなく、一九二八年と一九三五年にそれぞれ言及しているが、どちらでも正しい。ここで関心があるのは、回復が一九二八年ではなく一九二九年から始まった点だ。

20　程度は様々だが、雇用が増加するペースは産出量の増加よりも遅い。ここには生産性の向上が関わっているからでもある。

——がアメリカでは一九三〇年から一九四一年にかけて、それ以前の一〇年間を上回るほど記録的な速さで改善している点だ。これに比べてイタリアやドイツでは生産性の成長が一九三〇年代のアメリカよりもはるかに遅く、一九三〇年代には一九二〇年代のペースをやや上回る程度だった。この展開には、つぎのような説明が考えられる。アメリカでは一九二〇年代、電気の普及をきっかけに新しい製品やプロセスがつぎつぎ開発され、イノベーションの波が押し寄せた。しかしそれは一〇年間で経済全体に普及することができず、一九三〇年代になってようやく全国津々浦々に広がったのだという。結局はその影響で、多くの労働者が職を奪われてしまう。おまけに当時はドルが過大評価され、アメリカからの輸出増加に各国が抵抗したため、状況はさらに悪化していった。

アメリカとの生産性の不均衡の拡大は当初、ヒトラーにとって小さなトゲのような存在でしかなかった。「テーブルトーク」のなかで彼は、一九三〇年代にドイツの自動車メーカーは一台の車を生産するために必要な労働者の人数を僅かに減らした程度だが、フォード・モーターはかつてのレベルよりも大きく減らしたと愚痴っている。歴史家が後に指摘しているように、アメリカは生産性を飛躍的に拡大した結果、戦車やトラックや戦闘機を大量生産できる環境が整い、最終的にそれがドイツの敗北につながった。都市への爆撃よりはこちらのほうが影響は大きい。アメリカでの生産性の飛躍的な向上は一九三〇年代に一時的に近代資本主義を脅かしたが、結局のところコーポラティストの思想に染まる危機から近代資本主義を救い出したのである(21)。

第二次世界大戦に枢軸国が敗北すると挙国一致政府は崩壊し、イタリアでもドイツでも、そして両国に占領されていた諸国でもかつての民主的な政治制度に回帰する道が開けた。一九四七年にはイタリア最初の共和国憲法が公布され、行政府ならびに立法府である議会による政策を司法審査する体制の準備が整った。その後、ドイツで一九四九年に成立した憲法は、ビスマルクが一八七一年に制定した帝国憲法よりも、ワイマール憲法の掲げた社会民主主義の精神に近い。

過激な右翼政党の一部は戦後も生き残り、新しい政党も誕生した。これらの政党はファシストのテーマ、すなわち「退廃や衰退への不安、国や文化のアイデンティティの重要性、同化できない外国人が国のアイデンティティにもたらす脅威、そしてこれらの問題に対処するために中央権力を拡大する必要性」を繰り返した。[22] しかし十分な議席、いやひとつでも議席を確保するためには票を集めなければならず、それには穏健右派のプログラムを擁護して、具体的な意味はともかく「ポストファシスト」という曖昧な言葉で本心を隠す必要があった。極右政党でさえ、民主主義や法による支配を攻撃しなかった。

このような政治面での一連の進展の結果ドイツとイタリアは、戦間期に発達した国家経済の特徴や効果を見直す機会を与えられた。では再評価の結果、ヨーロッパ各国はコーポラティズムならびにその制度や政策や思想の一部を捨て去ったのだろうか。それとも戦後最初の一〇年間はコーポラティズム全般が発達したのだろうか。コーポラティズムのどのような要素が捨て去られ、どのような要素が新たに追加されたのだろう。

---

21 ヒトラーはおそらくアメリカの生産高が一九三七年から一九三八年の景気後退をはさみながらも上昇した一九三五年から一九四一年の時期を想定している。一方ドイツは、一九三八年に貿易が大きく制限された後、足踏み状態を経験した。ハイエクは『隷属への道』でドイツの生産者がコーポラティズムの被害を受けていると記しているが、この状況を想定していたと思われる。

22 Robert Paxton, *The Anatomy of Fascism*, p. 186.

戦後のコーポラティズムの進化

人々の目には、コーポラティストのアイデアの影響力が戦後は衰えたようにうつった。これらのアイデアに共感する人たちが少なくなったからである。少なくなったのは、戦間期を見舞った大惨事——世界大戦や大インフレや大恐慌によって引き起こされた破滅——が過ぎ去ったからだ。さらに、かつては身を守るために組合やロビー団体や強力な国家の存在が必要だったが、大衆民主主義が盛んになったため、投票するだけでも十分に効果が期待できるようになったことも影響したと言われる。しかし、社会民主主義はコーポラティスト経済と矛盾するアイデアではないし、共存し得ないとは断言できない。ヨーロッパでは一部の経済学者がコーポラティズムのおよぼす影響について真剣に憂慮した。実際に一九六〇年代から一九七〇年代にかけて、ドイツのヘルベルト・ギルシュ、フランスのレイモン・バール、イタリアのルイージ・エイナウディやパオロ・シロス゠ラビーニらが、企業に比較的自由な環境を認めなければ国はダメージを受け、その影響は執拗に続くことを政府は理解していないと訴えた。しかしそれ以外には二〇世紀後半、コーポラティズムに関する体系的な研究はほとんど行なわれなかった。

では戦後の数十年間、ドイツやイタリアは本書が指摘した何らかの措置によってコーポラティズムを捨て去り、近代的な制度や政策や文化を発達させたのだろうか。それともコーポラティズムは維持され改善されるどころか、むしろ強化されたのだろうか。いずれの道を選んだのか、証拠によって確認できるだろうか。そしてイギリスやフランスはどうか。このような疑問はこれまでほとんど顧みられてこなかった。

戦後初期、大陸の西欧諸国は概して、なかでもドイツは特に、自由放任主義や新自由主義の方針で多くの経済改革に取り組んだ。戦間期のコーポラティスト的な政策とは様変わりである。大陸の経済は対外貿易に広く門戸を開くようになった（最初は二国間貿易やバーター、つぎに多国間貿易へと発展する）。やがて資本流出も盛んになり、政府は民間資本を国境内にとどめることができなくなった。そして最後に、金融機関をはじめとする企業が国境をまたいで競争する環境が生まれ、国外に本社を移転できるようにもなった（このような枠組みの多くは欧州経済共同体で決められたもので、同共同体はドイツ、フランス、イタリア、ベネルクス諸国が現在の欧州連合を結成した際に設立された）。

ドイツでは一九四八年、ルートヴィヒ・エアハルト経済相のもとで経済改革が打ち出され、従来の政策の大転換が期待できる雰囲気が生まれた。一九四九年に発足するドイツ連邦共和国の「社会的市場経済」においては、コーポラティストのモデルとは正反対の新自由主義の原理が採用されると宣言されたのである。一九五七年の著書『万人のための福祉』（英語版の署名は『競争を通じた繁栄』）のなかでエアハルトは、一九四九年から一九五六年にかけて西ドイツの国民生産がほぼ倍増した点に触れ、その理由として経済で競争が復活し、インフレによって借り手の利益が失われる心配がなくなった点を指摘した。個人的な誘因を認めないコーポラティストや、生産性を無視してまで富の分配にこだわる社会主義の要素を拒めば、西ドイツは良い結果を得られるとエアハルトは確信したのである。

意図的な発言かどうかはともかく、エアハルトはつぎのように示唆している。一九四九年にドイツの生産高は、直近の平和な時代すなわち一九三六年のレベルを取り戻したので、破壊されて回復の必要な資本がもはや存在しなくなった。したがって、その後に生産高が倍増したのは、ヒトラーの時代よりも競争が盛んになり、信頼が回復したからに他ならない。その結果として新たな投資が行なわれ、生産性が向上したのだという。ただしエアハルトの発言からは、実際には鉄道線路や工場など、いまだに修復が必要な資本構造が残されていた可能性が明らかに見落とされている。要するに競争が盛んになったか否かにかかわらず、生産高はあと数年確実に増加したはずなのだ。こうして重要な要素が見落とされたためヨーロッパ全体が惑わされ、自分たちはロストウの「持続的成長」が永遠に継続する道に遭遇したと信じてしまった。実際のところ、大陸ヨーロッパで生産性が跳ね上がった大きな理由はほかにあった。一九二〇年代から一九三〇年代にかけてアメリカやイギリスや一部の大陸ヨーロッパ諸国では、新しい商品や生産方法が開発され採用されてきたが、当時は混乱状態だったドイツなどには伝えられなかった。コーポラティズムの支配する閉鎖的な経済では無理もなかった。ところが戦後になると、新しい商品や生産方法が海外から一気に導入され始めたので、企業は生産性も利益も安上がりに上昇できたのだ。新自由主義のもとで競争や信頼が回復するだけでは、これほど目覚ましい「キャッチアップ型」成長は実現できない。大西洋の向こう側に便利な手段がふんだんに存在していなければ、とても不可能だっただろう。(23)

では建物や鉄道が修復された後、コーポラティズムはふたたび導入されたのだろうか。一九四九年以降はどうなったのだろうか。コーポラティズムがどの程度復活したのか統計学者の視点から測定しようとすれば、政策への影響力などコーポラティズムの力を一年または一〇年単位で測るための測定単位の一覧をそろえなければならない。たとえば、生産への国の介入、規制の量(法令や判決)、役所の「煩雑な手続き」(許認可など)、産業や職業への新規参入の規制、「産業政策」、徴税などが測定基準になる(社会主義では、どんなモノが作られるかというより、モノがどのように作られるかという点のほうが重視されると言ってもよい)。ほかには、所得の流用や管理、補助金給付の社会保険、産業と組合間での賃金決定での「調整」なども測定では測られる。株価の低迷は、株主の財産権を国が無視している証拠と見なされるし、潰れかけている企業が売却や解体を許されない状況にも注目できる。公共部門の高い雇用率も参考になるだろう。民間部門の業務に介入して規制したら、それを引き受ける公共部門の職員が必要になるからだ。コーポラティストの思想と相容れるのか反するのかはともかく、願望や信念といった価値観の影響力を量的に測定する手段はいくつも存在している（コーポラティズムの影響を測るこれらの尺度の一部は、コーポラティズムを擁護する主張について検証するため、つぎの二章で使われている）。

しかし本章は歴史家としての視点に立っているので、重大な出来事、すなわち頂点や底辺に位置する出来事に注目したい。コーポラティズムがほどなく復活を遂げたことは、ふたつの展開から推測できる。先ず、ドイツでは「朝鮮特需」に引き続いて危機が発生し、その最中にアーベルスハウザーはつぎのように書いている。「ドイツ産業のなかで影響力の大きな部門では、戦間期の国家コーポラティズムの制度が再編され［始め］た」（引用、三〇八ページ）。一九五〇年代はじめには様々な経営者団体のあいだで協力関係が復活し、それをある学者は「ドイツの長い伝統であり……ナチの経済が終焉しても……一九四八年に改革が実施されても、ほとんど破壊されなかった」と考えた(24)。

もうひとつの展開としては、コーポラティズムの枠組みのなかで労使の力関係が変化した点が挙げられる。ある意味、コーポラティズムのもとでは政府と民間企業が統合されるので、企業活動が市場に影響される事実は消えないものの、政府との交渉によって決定される部分が多い。では、政府と組織労働者とのつながりはどうか。一九六〇年代の終わりには、ヨーロッパでは労働者の声が大きく拡大してい

23　ドイツの結果は、競争が必要であることも証明していない。それはスペインのケースと比較すればわかる。多くの経済関係者から不利だと判断された経済制度や経済政策を採用していたにもかかわらず、スペインは一九六〇年から一九八〇年にかけて、製造業の分野で労働者一人当たりの実質総生産に関しても実質時間当たり賃金に関しても記録的な急成長を遂げた。ドイツの成長をはるかに上回っている。

24　優れた研究である以下からの H. Adamsen の言葉の引用。Berghahn, "Corporatism in Germany in Historical Perspective," p. 117.

た。その結果、それまでの「二者構成原則」に代わり、コーポラティストの古典的なドクトリン、すなわち「三者構成原則」が実現していた。

労働者は新たな力を手に入れ、大企業の監査役会のメンバーに含まれるようになった。大企業に対する社会主義者の敵意が完全に消滅していないドイツでは、これは重大視されなかった。しかし労働者の勢いは止まらず、一九九〇年代になると労働組合は投資委員会のメンバーにも参加するようになった。この結果にドイツ人は青ざめる。こうした変化をきっかけに、有利な投資が妨害されるのではないか、生き残っていくばくかの職の確保を目指す企業の改革努力がつぶされるのではないかという不安が広がったのだ。しかし経済学者が余計な心配をする必要はなかった。二〇〇五年には、ドイツの自動車メーカーのフォルクスワーゲンが、一〇年以上にわたって組合関係者に賄賂を提供していた事実が判明したのである。

一九六七年には経済省が三者構成原則を鮮明に打ち出し、協調行動を目指すプログラムのもと、労使と政府が交渉のテーブルに同席することになった。この正式な三者構成原則は一〇年で終わるが、労使双方の「リベラルな」コーポラティストによる非公式な三者構成原則は継続された。同じ時期、イタリアでも独自の三者構造が発達していた。そして、労使と政府による正式な協議は協調の三角テーブルと呼ばれるようになった。このような戦後大陸ヨーロッパの三者協調主義は、どれも「空騒ぎ」にとどまったのだろうか。それとも実際に影響力をおよぼしたのだろうか。

三者協調主義にも良い時期はあった。一九八二年にはヨーロッパ経済が低迷を続けるなか、オランダにおいて組織労働者と経営者団体のあいだでワッセナー合意が締結され、賃金上昇に歯止めをかける仕組みが出来上がっただけでなく、雇用の創出が期待できそうな状況が生まれた。しかし、どちらの結果も長続きしたとは明言できない。経済協力開発機構（ＯＥＣＤ）は加盟国の国別データを表に作成している。そのデータによれば二〇年後の二〇〇四年、オランダの失業率はＯＥＣＤ加盟国の中間、イギリスとアメリカの失業率のあいだに位置している。そして一人当たりの労働時間は最下層に近い。したがって、労働市場に政策がおよぼした恒久的な影響をはっきり確認するのは不可能である。一方、社会民主党のゲアハルト・シュレーダー首相の指導のもと、二〇〇三年にドイツはアジェンダ二〇一〇という一連の改革を取り決め、賃金コストの削減ならびに国内労働市場の「柔軟性」向上を目指した。民間部門の労働コスト低下は一〇年間続き、最近のドイツの輸出ブームの牽引役として高く評価されている。しかし今日、労働市場に関するドイツの統計は突出していると言えない。最近の失業率に関しては、危機的状況のイタリアとスペインを除けば、ヨーロッパの典型的な数字に落ち着いている。そして一人当たり労働時間はオランダやノルウェーよりも僅かに高い程度だ（それでも何も手を打たなかった場合よりも失業は低いと考えられる）。いずれにしても、コーポラティズムの影響が公式にせよ非公式にせよ、賃金設定以外の分野におよんでいることは、以上論じてきた内容からも明らかだ。

三者構成原則が徐々に進行し、「ソーシャル・パートナー」の協力なくして重要な事柄は達成できないというアイデアが普及していくと、ついにドイツやイタリアではコーポラティズムが新たな春を迎え、大陸ヨーロッパの多くの地域にも広がっていったと考えてもよいのではないか。では、コーポラティズムに関してすでに紹介した統計からは何がわかるだろう。このなかには、戦後の数十年間に一部の国で公共部門が台頭したことを示すデータだけでなく、戦間期にドイツで集められた統計のデータも含まれている。ドイツでは一九三三年、公共部門の雇用者数が全体の九パーセントを占めていたが、軍隊が増強された結果、その数字が一九三八年には一二パーセントにまで上昇した。その後、一九六〇年の統計では八パーセントに落ち着く。しかし一九八〇年から一九八一年にかけては、一五パーセントちかくまで伸びた（OECD一九八三年、表二・一三）。コーポラティスト経済のもとで平和が続いた一九三〇年代よりも、この時期の公共部門の拡大の規模が勝っている点は見逃せない。コーポラティズムに関する統計でもうひとつ目立つのは、同じ時期、政府の総支出――消費者向けの財やサービスの提供ならびに資本（工場や設備など）の購入――が増加している点だ。一九六〇年には国内総生産（GDP）の三二・五パーセントだったのが、一九八一年には四九パーセントを占めるまでになっている（OECD一九八三年、表六・五）。一方、イタリアでは同じ時期、公共部門の雇用が九パーセントからドイツと同レベルの一五パーセントに上昇し、政府の総支出は三〇パーセントから五一パーセントに増加した[25]。ドイツの数字は一九八一年がほぼピークとなり、景気が大きく下振れする以前の二〇〇六年には、公共部門の雇用が一二パーセント、政府の総支出が四五・五パーセントを記録した。イタリアはどうかと言えば、どちらの数字から判断しても、一九九〇年代はじめに政府の規模は新たなピークに達してから下降線をたどった。ただし、二〇〇六年の時点では公共部門の雇用が再び一五パーセント前後に持ち直し、政府の支出も四九パーセントに回復している。いずれにしても西側世界ではこれらの数字を見るかぎり、政府がかつてないほどのレベルで介入していたことがわかる。大陸ヨーロッパではコーポラティズムが衰えるどころか、実際には勢いを拡大していたという仮説にも説得力が備わる。ではこの二カ国は、ほかの国と比較してコーポラティストの傾向を実際に強めたのだろうか。

フランスのコーポラティズムはある意味、ルイ一四世の財務総監だったジャン＝バティスト・コルベールの時代にまで遡る。そして今日、コーポラティズムの様々な尺度から判断するかぎり、フランスはイタリア（そしてほかの一部のヨーロッパの国）と容易に見分けがつかない。フランスの公共部門の雇用は一三パーセントという高い数字から始まり、一九八一年には一六パーセント、そして二〇〇六年には何と二二パーセントにまで達した。フランスでは政府の総支出に関しても出発点の数字が高く、一九八〇年には四九パーセントでイタリアと同レベルに達し、二〇〇六年にはイタリアを追い越して五二・五パーセントを記録している。

コーポラティズムのもうひとつの要素、すなわち役所の「煩雑な手続き」に関してこの三カ国を比較してみるとどうか。一九九九年の調査によれば、フランスとイタリアは数値が同じで、ほかの国を上回っている。ドイツは形式主義的な面がそれほどでもないが、イギリスやアメリカをかなり上回っている[26]。

国外からの観察者の目には、フランスやイタリアでは労使が対立しているようにうつるが、組合側関係者によれば、外で想像するほどの大きな力を自分たちが持っているわけではないという。二〇〇八年から二〇〇九年にかけてフランスでは「ボスナッピング」〔幹部の工場への監禁〕が頻発した。そしてゼネストは過激な「示威行動」となり、経済を麻痺させるときもあった。イタリアもフランスほどではないが、同じような状況だった。過激な発言から判断するかぎり、フランスほど「市場社会」に敵対的で、経済活動を無視している国はヨーロッパにないだろう。

25　同じ時期、ドイツでは消費関連の支出、すなわち財やサービスの購入がGDPの一三・五パーセントからおよそ二〇・五パーセントにまで増加した。一方、社会保障関連の支出（年金、疾病給付、家族手当、社会扶助）は、一二・五パーセントから一七パーセントに上昇している（OECD一九八三年、表六・二、六・三）。イタリアでは当初、雇用統計は九パーセントとドイツよりも高く、逆に政府支出は一〇パーセントと低い数字だった。しかしどちらも一九八一年にはドイツと同じレベルに落ち着いた。

26　役所の煩雑な手続きに関するデータは以下で公表された。*The Economist*, July 1999. イギリス〇・五、アメリカ一・三、オランダ一・四、スウェーデン一・八、スペイン一・八、ドイツ二・一、フランス二・七、イタリア二・七という点数になっている。

この三カ国の戦後の歴史を振り返ってみると、コーポラティズムの発展に最も大きな影響をおよぼしたのは労働組合の台頭だと考えられる。大事業家にほぼ匹敵するほどの政治力を持つまでに成長している。ただし、労働者の力は会社や「企業」の力に取って代わったわけではなかった（製品市場においては、組合の加入が独占度の総計を確実に増やした）。組合と企業と経営者連合が団結し、非市場的なルートを通じて影響力をおよぼせば、労働者や投資家が経済の行動や方向性に大きな影響をおよぼし、ほぼ自らの既得利益を保護できるという考え方が広まった。その結果、公共部門の活動は大きく拡大し、様々な規制が課せられるようになった。では、この新しい制度やそれに付随する文化は、変化やイノベーションの可能性をどのような形でどの程度狭めたのだろうか。安定性や現状維持と引き換えに、経済活動から大きな見返りを得られる可能性はどれだけ失われたのだろう。

イギリスにおいてコーポラティズムは、一九八〇年代はじめの転換点までフランスと同じように推移した。公共部門の仕事の割合は一九六〇年の時点でおよそ一五パーセントと、すでに当時のヨーロッパのなかで最高水準に達し、一九八一年にはおよそ二三パーセントと非常に高いレベルに跳ね上がっていた。一方、イギリスの政府総支出は一九六〇年にイタリアやドイツと同レベルで、やがて二カ国よりもやや低い四七パーセントにまで上昇した。しかし二〇〇五年の時点では四五パーセントにまで落ち込み、イタリアの四八パーセントよりもかなり低いばかりか、ドイツの四七パーセントも下回った。一九八〇年代にイギリスで何が起きたのかについては、近年明らかにされつつある。イギリスでは経済を巡って意見が対立し、一〇年間にわたって論争が繰り広げられたが、争点は「社会主義」ではなかった。実際のところ国営企業（ＳＯＥ）の生産高が全体に占める割合が、イギリスほど低い先進国はまず存在しない。戦後初期の一・三パーセントから、現在にいたるまでほとんど変化していない。むしろ争点はコーポラティズムで、それはマーガレット・サッチャーが首相になった一九七九年から始まった。

いまでは遠い昔の記憶となったが、一九七九年にミセス・サッチャーが首相に選出されると、経営者も労働組合も大きな衝撃を受けた。自由市場と規制緩和を促進するための厳しい対策がつぎつぎ導入され、イギリスの戦後史のなかで最も動乱の時代が到来した……。

英国産業連盟はサッチャーの政府から軽んじられた。高金利とポンド高によって一九八〇年代はじめに景気後退が進み、たくさんの製造企業が窮地に追いやられるのを見て、多くのメンバーは恐れをなした。しかし経済の処方箋や厳しい労働組合法が効果を発揮し始めると、そんな態度も和らいでいった。当時、英国産業連盟（ＣＢＩ）の会長だったジェイムズ・クレミンソン卿はミセス・サッチャーと親交があり、いつでも政府の支援を仰いでばかりで「文句しか言わない」と評判の組織を刷新するために努力した。「よそにまわしたい業務の五分の四は自分たちでできることが、企業にも認識されるようになった。政府には、そのための道を切り開いてもらえばよいという現実がいまや理解されている」と彼は一九八五年に語った。この姿勢は今日までほとんど受け継がれている。(27)

この時期の後、コーポラティスト的な姿勢に関してイギリスの順位は徐々に下がり始め、フランスが

27　Groom, "War Hero Who Became Captain of British Industry," p. 7. 二番目の文章は以下を参照。Groom, "Gloom and Boom," p. 16.「ジミー」・クレミンソンは実業家で、後に一九八四年から一九八六年までＣＢＩ（イギリス産業連盟）の会長を務めた。ちなみに彼は、アーネムの戦いの落下傘部隊の隊長として有名になった。当時の功績は、リチャード・アッテンボロー監督が一九七七年に制作した映画『遠すぎた橋』でも紹介されている。

一位、イタリアが二位の座を占めた。一九九九年になると政府の煩雑な手続きに関して、イギリスはG7のなかで最下位に評価される。

最後は、アメリカでのコーポラティストの影響について触れよう。戦後になって常備軍の規模は縮小されたが、公共部門の雇用が全体のなかで占める割合はすでに当時のイギリスよりも高く、G7のなかでは最高だった。この傾向は継続し、一九八〇年の時点の雇用者数に関しては、イギリスには抜かれたもののドイツ、イタリア、フランスをしのいだ。対照的に、アメリカの政府総支出がGDPに占める割合は、一九六〇年には二七・五パーセントでG7の中間に位置したが、一九八〇年には三三・五パーセントで最下位に落ちた。そして煩雑な手続きに関しては、一九九九年になるとアメリカはイタリアやドイツやフランスよりも順位が低くなった。

結局のところアメリカでは、コーポラティストの影響が一〇年間で拡大したと判断して間違いない。連邦規則集に含まれる規制の数は急激に増えていった。たとえばサーベンス・オクスリー法（SOX法）では、企業会計に関して最高責任者の責任が拡大され、その結果、企業が先行き不透明な状況で新規プロジェクトを立ち上げる意欲をそいでしまったとも言われる。

資源配分への国の介入は、個人所得税法のなかに最も顕著に見られる。一九八一年のいわゆるレーガン減税法では、限界税率が上から下まですべての階層で引き下げられたが、その埋め合わせとして無数の税金の抜け穴がふさがれ、何十億ドルもの歳入が得られた。しかしそれでも、特定の個人や企業を利する抜け穴はむろん、法的決定さえ急増し続け、それに対応し続けた結果、アメリカの税法は全部で一万六〇〇〇ページにもおよんだ。対照的にフランスの税法は僅か一九〇〇ページにすぎない。

これに劣らずアメリカで目を惹くのが訴訟の急増で、告訴されることへの不安が社会に広がった。もはやアメリカ人は一九三〇年代のように組合から守られ保護されなくなったが、代わりに法律関係の多くの資料へのアクセスが可能になった。裁判制度が充実した結果、変化や進歩を追求する社会で問題が発生しても、自分の身を確実に守れるようになったのである。訴えられるかもしれないという不安は個人のイニシアチブや判断に大きな影響をおよぼし、イノベーションに向けた努力をためらわせた。

我々は訴訟に巻き込まれることへの不安で麻痺した社会を創造してしまった。医師は猜疑心のかたまりになっている。……校長は茫然と見守るだけで、教師は教室で秩序を維持する権限すら持たない。管理不在の状況では、リスクの可能性を少しでも回避することが安全策になる。……名もない多くの原告を偲ぶ巨大な記念碑がアメリカには高くそびえ、日々の選択に暗い影を投げかけている。(28)

したがって、第二次世界大戦後にコーポラティズムがアメリカ経済におよぼす影響が減少したと論じるのは難しい。コーポラティストの影響は強くなったと主張するほうが簡単だろう。

こうして世界各地で発見された証拠からは、以下のような結論が導き出される。概してこの数十年間、ヨーロッパではコーポラティズムが少なくとも地盤固めに成功し、全体的に影響力を拡大した。アメリカでの変化には明確ではない部分もあるが、コーポラティズムが発達した証拠は存在している。イギリスはコーポラティズムが一九八〇年まで長期にわたって発展した後、衰退した点で例外的な存在だ。各地で戦後数十年間にわたってコーポラティズムが大きく進化した何よりの証拠は、労働組合の台頭だろ

28　著名な訴訟に関しては以下を参照。Howard, *The Death of Common Sense*. 引用は以下から。Howard, *The Collapse of the Common Good*, 2001.

う。一部の国では大企業経営者に匹敵するほど、時には彼らを上回るほどの力を手に入れた。

コーポラティズムにおいては、市場は正しいという前提は存在しない。経営者、労働者、専門職など重要な集団が、ロビー活動など非市場的なルートを通じて影響力を発揮できるという考え方は重大な変化だった。コーポラティズムは市場の可能性をすっかり狭め、その結果、地域イノベーションの追求に必要なダイナミズムが取り除かれ、あるいは損なわれるのではないか。一九三〇年代には回答できなかったこの大きな疑問への答えは、いまや明白だった。

新しいコーポラティズム

このように見てくると、この半世紀のあいだ、戦間期に発達した古典的コーポラティズムは一部の国である程度まで生き残ってきたと言ってもよいだろう。ほどなくコーポラティズムは新たな段階に入り、ほとんどの国では組織労働者が経営者と対等なソーシャル・パートナーとしての地位を手に入れるが、当初はまだ古典的コーポラティズムの段階にとどまっていた。古典的コーポラティズムは（一八世紀の自由主義の時代と比べて）政府の力を拡大し、国家主導の経済を形成した。このコーポラティズムにおいては、無秩序よりも志向性、個人主義よりも連帯、反社会的行動よりも社会的責任が目的として重視された。そして戦後、このような基本的なコーポラティズムのアジェンダには、所有者支配ではなく共同決定が、所得分配の最大化を巡る労使の争いではなくステークホルダー全員の利益が、重要事項として加えられた。その結果、国益の名のもとに国家が利害集団に委ねる経済的事柄は拡大していく。そして時代と共に、コーポラティズムには新たな側面が加えられた。

この数十年のあいだには、新しい種類のコーポラティズムが発達した。このいわゆる新コーポラティズムは、力の流れを逆転させるか、あるいは双方向の流れを促す。ここでは国家は目的地を選ぶガイドというより、運賃を払ってくれる乗客を望みの目的地まで運ぶパイロットのような存在である。力の一部は、大金持ちや企業の幹部に移行してしまった（債券などの市場は単に小さな構成要素にすぎないが、政府はその動向に注目しなければならない）。ただし、古典的コーポラティズムの要素はある程度の範囲、国家に残されていると考えられる。社会の全体や大部分が困難な状況に陥ったり、その可能性に直面したりすれば、いまだに国家は何らかの行動をとる責任を引き受けてくれる。

さらに新コーポラティズムにおいては、古典的コーポラティズムよりも集団の影響力が大きい。社会契約というアイデアのもと、労使間の団体交渉が行なわれるだけでなく、各集団がまとまって「協調行動」をとる可能性もある。社会の全員が他人と暗黙の契約を交わしており、その条件は全員によって理解されている。そしてこの契約によれば、他人から傷つけられたらかならず代償を受け取ることができる。[29] こうしたポピュリスト的なコーポラティズムは、広い範囲に影響をおよぼした。かつてコルポラツィオーニの地位を与えられて独占力を発揮できるのは弁護士、薬剤師、被服職人などに限定されたが、いまやあらゆる集団が身を守るために声を上げて権力を要求し、国家に保護を求めるようになった。ここでは、古典的コーポラティズムよりも要求の範囲が広い。かつては社会の条件を改善するために国家主導の管理が求められ、国家の指導によって国が成長し、「協議」や共同決定によって産業平和が達成

29　このような形は一九七〇年代に出現した。当時は、国家の全労働力が現在の雇用者と生涯にわたって暗黙の契約を結んでいるという発想が流行した。あらゆる共同体において、先行きの見通しが悪くて労働者の一時解雇が避けられないときは、経営者は保険を提供するものと見なされた。そして経営者にとって信用制限が避けられない状況のときには、共同体の銀行が保険を提供するものと見なされた。こうした新しい理論に注目すると、厳格で現実的で容赦ない自由放任主義ではなく、終身雇用や「リレーショナル・バンキング」に象徴される封建時代の経済のほうが、経済最適であるかのような印象を受ける。

されることが期待された。しかしいまや、進歩は後戻りが許されず、なお一層の拡大が求められる。今後、国家はすべての国民をあらゆる人たちから守り、少なくともその実現に向けて努力しなければならない。万人のための社会保障がモットーになった。

新コーポラティズムにおいては、国家の役割が大きく増えた。海外との競争から嵐による被害まで、様々な展開によって被害を受けた国民に対し、国家は補償を与えなければならない。政府の補助金の潜在的機能（ロバート・マートンの言葉）は政治的支援や財政的援助を受けた見返りとしての利益供与であるが、地方や都市に対する補助金の範囲は無制限にふくらむ。ロビイストが法律や規制や判例を要求すれば歓迎され、そこに賄賂が伴えばさらに喜ばれる。産業界では企業や労働者を競争から守るために規制が設けられるので、禁止令によって、新しい空港やごみ処理地などの建設を有力な共同体が妨害することも可能だ。そして共同体も非営利組織も政府も企業に圧力をかけ、寄付金や設備などを提供させる。あるいは集団訴訟を起こせば、労働によって得られる賃金のほかに、裁判で手に入れる補償金や賠償金が収入として加わるだろう（新コーポラティズムのほかの特徴については、第10章で取り上げる）。その結果として政府はかならずしも肥大化するわけではないが、制約のない政府は確実に誕生する。

要するに新コーポラティズムは、政府やステークホルダーや組織労働者、そして訴訟の機会を狙う大勢の人や企業によって停滞が引き起こされる不安に満ちあふれている。労使が競わないですむように守られ、その結果として企業がいつまでも同じ製品を作り続けることが許されるような経済では、当然ながら投資活動が全般的に停滞する。さらに、コーポラティスト社会の権力者が既存の企業を脅かせば、狙われた企業の利益や株価が大きく損なわれる恐れが生じ、それが投資活動や雇用レベルに悪影響をおよぼす。[30] しかも、圧力集団が将来のいかなるイノベーションや利益も断固阻止しようとすれば、イノベーターを目指す人が斬新な計画に取り組みにくい状況が生まれる。これでは一般庶民にまで成功や繁栄があまねく普及するのは不可能になってしまう。実際、経済全体が徐々に衰退し、不況が進行していく。

コーポラティズムの影の側面

つぎのふたつの章では、コーポラティスト経済を擁護する主張の典型例を取り上げ、経済の面から評価分析していく。しかし、見当はずれの主張の一部は経済学を動員しなくても見破ることができるし、実際のところ、多少の常識さえあれば十分だ。

個人主義や競争は醜く非人間的である点がクローズアップされ、それを必要としないコーポラティストの制度は理想化された。しかし、この制度は個人主義を市場から国家へと移行しただけにすぎず、個人は相変わらず他人を押しのけて権力の拡大を目指す。たしかに、生産者が市場で多くの購入者を獲得するための競争には終止符が打たれるかもしれない。ただしその代わり、生産者や専門家が政府からの受注の獲得や政府系機関への参加、すなわち強力な単一の買い手を巡って争う競争が生じる。つぎにコーポラティストの制度は、労使の対立を終焉させた存在としても理想化されたが、結局のところ戦後の制度のもとでは大きな独占力が大企業経営者にも組合にも与えられ、言うなればどちらも全生産量買取契約の権限が与えられた。さらにこの制度は物質主義と上位文化のバランスを回復した点を評価されているが、現実には、優れた文学や芸術のほとんどを個人主義的だという理由で攻撃した。しかも、近代システムが混乱を引き起こしたのとは対照的に、コーポラティズムは科学的だと激賞されたが、実際に

30　通常は、株価が高ければ投資活動が盛んになり、雇用が増加する。高い株価は投資を誘導するとも言えるし、企業内の投資衝動を反映しているとも言える。以下を参照。Phelps, "Behind This Structural Boom," 1999.

は、大勢のイノベーターの計画に伴う不確実性が、イノベーションに対する国家の姿勢に伴う不確実性に置き換えられたにすぎない。これでは以前よりもさらに不確実性が増幅される可能性がある。そして最後に、産業界の権力者や金持ちの投機家に近代経済が与えた影響力をコーポラティストは批判して、自分たちの新しい制度は社会全体のために尽くすものだと主張した。しかし彼らの制度は政界の権力者や資金提供者の手にはるかに大きな力を集中させている。

資本主義の黎明期においては市場の力に影響された人たちが、決められた柵のなかで悪天候に翻弄される羊のようだと感じたのも理解できる（この制度の取り柄は、資源配分の改善に人々が自発的に取り組むように仕向けられる点だ）。同じように、商業資本主義の時代もあまり幸せではなかったかもしれない。しかし近代社会の到来と共に、経済主体は新しい生産方法や新しい製品を積極的に考案したり探求したりするチャンスを初めて手に入れ、新しいキャリアを築くことができるようになった。個人に機会が与えられる環境では精神が刺激され、勤労意欲がわき、挑戦は報われ個人的な成長が評価される。このような個人的なチャンスをコーポラティズムは抑圧し、産業への参入に許可制を導入し、参入や成功を勝ち取るために権力者の顔色をうかがう状況を生み出したとも考えられる。つまり、コーポラティズムは抑圧的な制度だった。コーポラティズムのアイデアは（ムッソリーニ自身の言葉を使えば）様々な形で全体主義の制度を促し、ほとんどの参加者を羊のようにおとなしく手なずけてしまったのである。

第7章　ライバルたちの主張を秤にかける

雌鶏は、すべての動物のなかで最も賢い。産卵するまで決して音を立てないのだから。

――エイブラハム・リンカーン

近代資本主義への挑戦者――コーポラティズムと社会主義――は、どれだけの成果を挙げたのだろうか。前章からも推測できるが、ビスマルクのドイツはコーポラティズムの要素を備え、国がうまく機能していた（成功の大半がコーポラティズムに由来しているかどうかの判断は難しいが）。ヒトラーやムッソリーニのコーポラティスト経済は、アメリカやイギリスの経済と同じように国難から立ち直った。では、一九六〇年代半ばから現在にかけての新コーポラティズムや新社会主義はどうか。ここからは、挑戦者たちが過去半世紀にもたらした結果や影響について研究していこう。

本章では、新コーポラティストや新社会主義の経済を擁護する主張に注目し、言われているほどの成果を本当に挙げているのかどうか探究していく。第8章から先では、コーポラティストや社会主義の思想から大きくかけ離れた経済の成果について取り上げ、どのような基準から判断して高く評価できるのかを論じていきたい。しかしその前に、社会主義経済が社会主義の目標達成に失敗し、コーポラティスト経済がコーポラティストに利益を提供できなかったことを示しておくべきだろう。

社会主義——主張と証拠

社会主義は多くの事柄を意味するが、突き詰めれば、国有化が広範な分野におよぶ制度である。概して国営企業が広い範囲に存在する経済は、範囲がきわめて限定された経済よりも社会主義的傾向が強いものと見られる。最も基本的な社会主義において、国有企業（専門用語でSOE）は保健医療、教育、一部の保険業界に限定されるが、社会主義色の強い経済ではもっと広い領域にわたる。

企業を国有化すれば景気は上向くと社会主義者は確信しているが、本当にその通りなのかデータで確認してみるべきだろう。幸い、国有企業の規模に関する証拠は二〇年前のものから手に入る。SOEが総国内生産高（GDP）に占める割合の推計が、一九九五年に世界銀行が実施した『事業における官僚』という報告書で公表されている。本章で注目したい先進国に関しては、一九八六年から一九九一年にかけてSOEの生産高がGDPに占める割合について以下のように紹介されている。フランス一〇・〇パーセント、ドイツ七・一パーセント、イタリア五・六パーセント、スペイン四・〇パーセント、イギリス三・〇パーセント——サッチャー政権以前から五・九パーセント減少——、アメリカ一パーセントとなっている（これら先進国より規模の小さい二カ国についてもデータが存在しており、オーストリア一三・九パーセント、ポルトガル一四・二パーセントとなっている）。ブランコ・ミラノヴィッチは一九八九年の著書『自由化と企業家精神』のなかでもっと広い範囲の国を取り上げ、総生産高ではなく総雇用に占めるSOE

の割合についても国の数を増やして紹介している。一九七八年から一九八三年を対象に計算した数字によれば、ここでもトップはフランスで、つぎが僅差でイタリアとオーストリア、スウェーデンとフィンランド、ドイツとイギリスと続く（イギリスではつぎの一〇年間のサッチャーの時代に国営企業が民営化された）。そしてさらにオーストラリアとデンマーク、最後がスペイン、オランダ、アメリカという順番になっている。全データに関しては、表7―1を参照してほしい。

経済が比較的社会主義化された組織――いわゆる進歩的社会主義の組織――を提唱する人たちのほとんどは、経済が低所得であれ中所得であれ、仕事の確保しやすさと安定性を強調する。仕事の確保しやすさに関しては、慢性失業に陥るリスクのある限界労働者が、社会主義の組織では資本主義の組織よりも雇用され続ける傾向が強いと主張する。たとえ景気後退に直面しても労働者を手放さないので、雇用サイクルの谷間が改善されるとも考えている。しかしこの二点は妥当かもしれないが、決定的な証拠とは言えない。近代資本主義で新しい組織が編成されれば、不況下で既存の企業から失われた職と同じ数だけ、新たな職が生み出される可能性があるのだ。

社会主義色の濃い経済のほうが雇用創出に優れているという主張は、一九五〇年代半ばから一九七〇年代半ばにかけての輝ける時代に信頼を勝ち取った。ＯＥＣＤによって算出された「標準」失業率に注目してみると、一九六〇年から一九七三年にかけてアメリカの割合は平均して四・四パーセントだった。一方、比較的社会主義化の進んでいることが広く認識されていたヨーロッパ諸国の場合、同じ時期の割合は驚くほど低く、ドイツ〇・八パーセント、ノルウェー一・三パーセント、フランス一・八パーセント、スウェーデン一・九パーセントとなっている（同じ時期、欧州経済共同体全体の平均失業率は二・六パーセントを記録した）。しかしその後の一〇年間で、この印象は払拭されてしまう。一九八〇年代半ばには、

表7-1　一部の OECD 加盟国における公営企業と国有部門の重要性

国	生産高に占める割合（%）	雇用に占める割合（%）
高シェア（15%以上）		
フランス（1982）	16.5	14.6
中シェア（10-15%）		
オーストリア（1978-1979）	14.5	13.0
イタリア（1982）	14.0	15.0
フランス（1979）	13.0	10.3
ニュージーランド（1987）	12.0	n.a.
フランス（1973）	11.7	9.3
トルコ（1985）	11.2	20.0
イギリス（1978）	11.1	8.2
西ドイツ（1982）	10.7	7.8
イギリス（1983）	10.7	7.0
西ドイツ（1977）	10.3	7.9
イギリス（1972）	10.2	7.8
スウェーデン	n.a.	10.5
フィンランド	n.a.	10.0
低シェア（5-10%）		
ポルトガル（1976）	9.7	n.a.
オーストラリア（1978-1979）	9.4	4.0
デンマーク（1974）	6.3	5.0
ギリシア（1979）	6.1	n.a.
ノルウェー	n.a.	6.0
カナダ	n.a.	5.0
僅かなシェア（5%未満）		
スペイン（1979）	4.1	n.a.
オランダ（1971-1973）	3.6	8.0
アメリカ（1983）	1.3	1.8

出所：Milanović, Liberalization and Entrepreneurship (1989).

注：一般政府サービスは除く（すなわち、営利活動に参加している国営企業のみが含まれる）。

n.a. ＝データなし

＊（数字がわかるものは）生産高に占める割合の高い順番に記載。

西側諸国全体で失業率がきわめて高くなってしまった。ヨーロッパは世界のほかの地域から「移転できる」新しい製品やプロセスがほとんど残されていない状態になり、労働供給も企業投資もふるわなくなった。一方アメリカはヨーロッパほどではないが、異なった原因から穏やかな後退に見舞われた。高レベルだったイノベーションが大きく落ち込んだのである（これに関しては、第9章と10章で取り上げる）。一九九五年には、主要国のなかで失業率が低いグループには五・六パーセントのアメリカ、六・五パーセントのオランダ、七パーセントのイギリス（それぞれ一九九七年）、そして八・二パーセントのドイツが該当した。失業率で上位にランクされたのはスペイン（二二パーセント）、イタリア（一一・七パーセント）、フランス（一〇・三パーセント）である。ここでも、社会主義色の濃い経済のほうで低い失業率が浸透しているとは言えない。むしろ失業率は高いけれども、積極的な介入によってその傾向を抑えようとしている。どちらかと言えば社会主義経済に該当する国のほとんど――ドイツ、フィンランド、フランス、スウェーデン――は、失業率を減らすために大々的な国家プログラムを実施して、高い失業率を隠すことにある程度成功している。対照的に社会主義色のきわめて弱い国――具体的にはアメリカ、イギリス、カナダ、オーストラリア、ノルウェー――は、こうした介入的な支出がきわめて少ない（OECDの『雇用見通し　二〇〇五年』を参照）。

社会主義は伝統的に、低い失業率だけでなく労働参加率の高さを評価されてきた。しかし生産年齢人口を対象に割り出される労働参加率を見るかぎり、社会主義との関連性は確認できない。OECDが一九九五年に公表した二〇〇〇年六月の『経済見通し』のなかで、当時の「主要国」の労働参加率は以下のようになっている。アメリカ七六・九パーセント、カナダ七五・八パーセント、イギリス七五・三パーセント、ドイツ七一・二パーセント、フランス六六・七パーセント、イタリア五七・四パーセント

(八〇・二パーセントのデンマークと七七・七パーセントのオランダは、どちらも国営企業が少なく労働参加率が高い)。したがって、社会主義色の濃い経済は概して労働参加率が高いとは言えない。むしろ、反対の傾向を推測するほうが適切だろう(ふたつだけ例外がある。オーストリアは国営企業が多いけれども、労働参加率が七六・五パーセントと高い。そしてミラノヴィッチが取り上げていないスペインは国営化を嫌う風潮があるが、労働参加率は六一・五パーセントと著しく低い)。

ほとんどの社会主義者は、経済への関与という面で社会主義を盛んに評価してきたが、失業率も労働参加率もお粗末な状況から判断するかぎり、ヨーロッパの社会主義は明らかに失敗している。正常な社会参加が可能な条件が整い、生産年齢人口が主要経済に吸収されているとは思えない。社会主義の指導者のなかからは、「多文化主義」が障害として立ちはだかっているという不満も聞こえる。ただし、社会主義の浸透している大陸ヨーロッパ諸国は、文化、民族、人種の多様性が顕著であるとは言えない。アメリカのほうが確実に多様性に富んでいる。このようにふるわないのは、企業への不快感が社会主義運動に火をつけただけでなく、労働参加率の低下も促したからだと考えられる。職場が非常に官僚的な国では、労働参加率が低くて――失業率が高い――傾向になりやすいとも言える。たとえば郵便局などは仕事も賃金も硬直的な職場である。そうなると、生産年齢人口の多くは職場よりも家庭にいるほうを好むだけでなく、非公式部門や地下経済に従事する可能性も生まれる。ライナー・ヴェルナー・ファスビンダーの映画『マリア・ブラウンの結婚』では、第二次世界大戦の末期から戦後にかけて経済に参加したドイツ女性が描かれているが、子ども、キッチン、教会(kinder, küche, kirche)に専念できる余裕が生まれた途端、彼女たちは家庭に戻っていく。ドイツ社会主義はその流れを止められなかった。

一部の経済で失業率と労働参加率の結果が思わしくないことの説明としてはもうひとつ、世帯可処分所得に占める家計貯蓄のレベルの高さが考えられる。二〇〇〇年代のはじめにOECD主要国のなかで貯蓄率の高さが際立っていたのは、ベルギー、フランス、イタリア、スペインだった（『経済見通し　二〇一一年』）。労働参加率の下位にはイタリア、フランス、ベルギー、スペイン。逆に貯蓄率の下位に来るのはアメリカ、カナダ、イギリスで、労働参加率の上位はカナダ、ドイツ、イギリス、アメリカが占めている。直接的には、貯蓄率が高ければ富が蓄積され、余暇への需要が高くなり、労働市場への参入は遅く、退職年齢は早くなるという因果関係が成り立つ（富に関するデータはG７諸国のみ入手可能）。そして間接的には、富の蓄えは福祉国家の成立につながり、多くのものが無料で提供される結果として、仕事への意欲が弱くなるという因果関係が成り立つ（欧州中央銀行のマリオ・ドラギ総裁は、故ルディ・ドーンブッシュのつぎの言葉を引用している。「ヨーロッパ人は裕福なので、働かないことに対する手当を誰もが支給される」）。

社会主義者は雇用面で自分たちが有利な点としてもうひとつ、社会主義経済では仕事が不安定にならない点を主張する。たしかにイノベーションが少ないので転職が少なく、その分だけ仕事は安定すると考えればわかりやすい。しかしほとんどの社会主義者は社会主義の優越性について論じる際、イノベーションが巧みに統制されている点にあえて触れようとしない（社会主義経済では企業の革新的なプロジェクトに高いハードルが設けられる一方、その穴埋めとして長期的なプロジェクトが実施される。その意味では資本主義と同じようにイノベーションが行なわれ、かえって良い成果を上げているとも想像できる。しかし社会主義経済のダイナミズムの弱さは、ほとんどの観測筋が認めるところだ）。崇拝者によれば、社会主義には雇用の循環的変動を緩和できる鍵となるツールが本質的に備わっており、それが資本主義経済には欠けているのだという。

一九三〇年代のアメリカは、まさにこのようなツールが欠けていたような印象を与える。経済が大きく下振れして大恐慌に突入すると、政府は金融政策の発動によって金価格を支え、一九三三年に金本位制が停止されるまで継続した。しかし結局のところこのような手段は、構造上の変化を進める力の勢いを止められなかった。労働力は住宅建築や農業から、車など耐久消費財の製造部門へと移行していった（教訓は生かされた。二〇〇八年から二〇〇九年にかけての下降局面で世界の金融当局は、金価格の上昇を阻止するための保有金売却を控えた）。政府には、失業の増加に対抗するための財政的手段がほとんど備わっていなかった。フーヴァー大統領は民間産業の国有化を考えず、エンジニアとしての教育を受けた経験を生かして大型の建築プロジェクトを決断し、川の治水と水力発電を目的としたダムを建設する。保守派の牽制のおかげで、国じゅうに堤防やダムが点在する事態にまでは至らなかったが、最終的に雇用問題は、近代資本主義に支えられた経済の下で解決されたのである。対照的に社会主義経済の中央政府は下降局面において、投資支出の据え置きや拡大をＳＯＥに強制できる――あたかもお金は問題ではないかのように。たとえば中国は前述の世界的景気後退の際、建設プロジェクトにまわす資金を増加するよう地方自治体に命じた。

しかしこの数十年間の経験を見るかぎり、社会主義経済は景気変動への抵抗力が強いという主張に説得力はない。その証拠に、西ヨーロッパ大陸で社会主義的傾向の強い国の経済は、一九七〇年代末から一九八五年にかけて雇用（や経済活動に関するその他の尺度）が大きく落ち込み、まさに第二次大恐慌と呼べる状況に陥った。(1) しかしそれでも、財政政策は積極的に採用されなかった。一方アメリカは同様の下降局面に陥ると、それが深刻であるか穏やかであるか程度を問わず、フーヴァーの時代には見られなかった財政政策を発動した。投資税額控除を増やし、法人利潤税の税率を引き下げるだけでなく、限界税率を一律に引き下げ、勤労所得税額控除を増やすなど、新しい手段も取り入れた（ポール・ヴォルカーが議長のときFRBが実施した金融政策は、インフレの鎮静化が目的だった）。そして二〇〇八年から二〇〇九年にかけての世界的な景気減速の際にも、不況対策は社会主義経済のほうが限定された。結局のところ、社会主義経済の普及しているユーロ圏と、アメリカのどちらが景気低迷の影響を大きく受けたのかは判断が難しい。

それでも社会主義的傾向の強い経済のほうが勝っていると考えられる分野があるとすれば、それは所得不平等を是正するための措置と、そのような不平等がおよぼす影響だろう。古典的社会主義では完全雇用と賃金差の縮小が重視されたが、その後の社会主義では所得差の縮小に重点が置かれた。フランス、フィンランド、スウェーデンなど社会主義的傾向の強い一部の国でも、ドイツ、デンマーク、オランダなど一見したところ社会主義とは言えない一部の国でも、底辺の三〇パーセントと上位三〇パーセントの不平等は是正された。全員を対象に無料サービスを設け、消費レベルでの格差の縮小に成功したのだ[2]。ただしこれらの国では、支出や税金による再分配を国が実施しなくても、そもそも最初から賃金格差が比較的小さい。たとえば税引き前所得の違いは、アングロ・サクソン諸国に比べてはるかに少なく、スカンジナビア諸国などは均質性が目立つ。あるいは、イノベーションの機会が少ないので思いがけなく大金を得る機会も少ない点は大きいだろう。イマヌエル・カントからジョン・ロールズに至るまで様々な倫理学者は、すべての人の犠牲の上に成り立つ格差是正策に反対しているが、これらの指摘は肝心な点を見落としている。

1 この事態について初めて言及した論文は一九八八年の以下。Jean-Paul Fitoussi and Edmund Phelps, *The Slump in Europe*.

2 以下からは、専門家としての考察と有益なデータが得られる。Vito Tanzi, *Government versus Markets*, 2011.

一九八〇年代には西側経済全体で、非熟練労働者を中心に労働者の経済的包摂が大きく退化した。社会主義、コーポラティスト、資本主義のいずれも例外ではない。このような状況で、ドイツ、フランス、イタリア、スウェーデンは積極的な対応策をとった。その結果ドイツとフランスでは、教育水準の最も低い層の相対賃金が一九七〇年代末から一九九〇年代半ばにかけて実際に上昇し、イタリアとスウェーデンでは、相対賃金の低下が一パーセントないし二パーセントに食い止められた。対照的にオランダは明らかに十分な対策をとらず、相対賃金は一〇・五パーセントも落ち込んだ。同様にアメリカでは八パーセント、イギリスでは六パーセント低下している。しかし、強い逆風を受けて相対賃金を押し上げた国が、大きな代償を支払っている現実は注目に値する。一九八〇年代にはほかの先進諸国に比べ、教育程度の低い層の失業率が一気に跳ね上がったのだ。たとえばイタリアやスウェーデン、そしてある程度までアメリカは、相対賃金の低下を押しとどめる程度ですませたので、代償がはるかに小さかった。オランダなどは失業率の上昇が断然に小さい。では、フランスとドイツに何が起きたのかと言えば、社会党が与党のフランスや「社会的市場」に注目するドイツは、このとき大胆な手段に訴えた。法規や労働組合の活動で企業を揺さぶり、教育程度の低い労働者の賃金を引き上げさせたのである。これに対し、社会主義的傾向を持つイタリアやスウェーデンは同様の手段を用いたものの、相対賃金の大幅な低下に抵抗する程度にとどめておいた。結局、賢明とは言えない手段は副作用を伴った。企業は学歴のない労働者を雇用する余裕がなくなり、人数を減らしてしまった。賃金の分野での社会主義の「収穫」は、雇用の分野での強制退去につながったのである(3)。

社会主義の支持者のあいだでは、社会主義経済のほうが系統立っているという考え方が広く普及している。国営企業にかぎらず企業全般が、きちんと組織されているからだという。さらに、経済で必要とされる人的資本が社会の中間層と下層に提供されるように、教育制度が充実している点も評価されている。もしもこれらの主張が妥当ならば、社会主義の進んだ経済ほど生産性は高くなるはずだ。単位労働当たりの生産高も、労働と資本を合計して算出される生産高、いわゆる全要素生産性（あるいは多要素生産性）も高くなければおかしい。実際のところ国際的な研究において、ヨーロッパの社会主義国の一部は教育機関が想像以上にお粗末だという評価を受けている。しかし教育機関に注目しなくても、生産性のデータが真実を物語っている。社会主義の影響に関する初めての統計的研究では、国民産出量のなかで国営企業が占める割合は労働者一人当たりの生産高増加とどう関わっているか、国際比較データによって評価されており、[4] そこからは負の関連性が明らかになった。ＧＤＰ一単位当たりに占めるＳＯＥの割合が高いと、ＧＤＰの上昇が妨げられるのだ（ただし、どんなに優れたコーポラティスト経済も先頭に追いつけないというわけではない。追いつくにしても時間がかかるという意味である）。

もしかしたらここには、まだ注目されない要素が関わっているのかもしれない。国営企業の増加も成

3　フェルプスの以下を参照。Phelps, "The Importance of Inclusion and the Power of Job Subsidies to Increase It," 2000/2, p. 86. そのなかの図一も参照。論文には、「一九九〇年代前半、フランスとドイツは低賃金の引き上げを再び迫り、結果として未熟練労働者の失業が再び急増したことが（図二を参照）」加筆されている。そのうえで論文は、低所得者の賃金を雇用にやさしい形で引き上げるアプローチを提案している。具体的には、低賃金労働者の雇用を継続する経営者に対し、そのための補助金を支払う制度である。この論文をパリのＯＥＣＤ事務局で発表した私は、台風の目に放り込まれた。参加者は提案を評価してくれたが、アメリカ代表団だけは例外で、勤労所得税額控除の制度が危険にさらされると指摘した。この制度は、低所得層の母親が金銭的にある程度の自立を達成することを主な目的としている。

4　意外にも、ここでは統計分析が行なわれていない。一九九六年にローマのトルヴェガータ大学で開催されたヴィラ・モンドラゴン会議において、ダリウス・パリアとエドマンド・フェルプスが発表した論文で、初めて分析は行なわれた。以下の会議資料を参照。Paganetto and Phelps, Finance, Research, Education and Growth.

長の鈍化も、どちらも三番目の要素の影響がもたらした結果だという考え方もできる。財産権が顧みられず、私有財産が忌み嫌われる状況のなかで、裕福な民間投資家は財産を没収される可能性に怯え、積極的な投資を控えたくなるが、そのような国では、ふるわない企業の代わりにSOEが評価されるのだろうか。しかしそれでも、一連の研究結果に込められた意味の重要性は変わらない。企業の民間所有に反対する国——社会主義的傾向を持つ国——は、経済の実績がお粗末である。

コーポラティズム——主張と証拠

ムッソリーニが採用した古典的コーポラティズムは、資本主義経済の見直しを目指した。経済成長——生産性をはじめ国の様々な能力——を果たし、大陸ヨーロッパ資本主義の小さな能力をはるかに上回る成果の達成を試みた。この制度のもとでは公共部門のイニシアチブが拡大し、民間部門への干渉が増えるので、企業経営者は「組織を所有しても支配できない」立場に置かれてしまう。国の成長や国力の拡大を求める風潮のなかで、連帯、特に「社会保障」が大事な要素として評価された。その結果、国家は「社会パートナー」と「結託」し、それが進むと地域や業界に補助金を提供するようになった。このような古典的コーポラティズムにおいては、連帯や保護のためという名目で国家は何でも好きな対策を自由に講じることができる。制約を受けるのは成長があまりにも遅い状態が長引くときだけで、このときばかりは景気回復のための手段が求められる。

この制度のもとでは原則的に、国家は自らの裁量で無制限に介入することが可能で、それが深刻なモラルハザードを引き起こしてしまう。そして政治家がモラルハザードにはまり込んでしまうと、彼らの職権乱用はシステムの一部として機能し始める。立憲民主主義はそのような介入を抑制できるはずだし、積極的に抑制するかもしれないが、逆にそれができない可能性もあり得る。民主主義においてさえ、利己主義的な議員は議会での票の悪用をためらわず、官庁の責任者はプロジェクトの発注に影響力をふるい、保身のために都合のよい利益団体から支持を勝ち取ろうとするものだ。このような政治的プロセスにおいて「成長」は口約束にすぎず、二の次になるか、あるいはまったく顧みられない。しかも政治家にとって大切なのは自分への支持の拡大なので、実際のところ「社会保障」が規範になっているわけではない。さらに政治家は買収されやすく、袖の下、すなわち賄賂と引き換えに地域や企業や労働組合を優遇する（一九九〇年代のイタリアでは賄賂が蔓延し、イタリア人は自分たちの国をタンジェントポリ、すなわち汚職の町と呼んだ）。

コーポラティストの制度に伴う危険はそこにとどまらない。もしも政治家が一部のクライアントだけをインサイダーとして優遇すれば、彼らをアウトサイダーから守る仕組みが定着する恐れがある。国家のクライアントや取り巻きとなった企業は業界を独占できるので、貴重な税金がつぎ込まれる契約を入札で勝ち取る必要がない。インサイダーが利益を確保すれば、アウトサイダーは損失をこうむる。たしかに医療や食糧や燃料の面では「守られる」かもしれないが、企業を立ち上げることも、業界に参入することも、やりがいのあるキャリアを追求することもできない。結局のところ、極端なコーポラティズムは負担を伴う。一部または少数または大勢の人たちからキャリアなどの必需品が奪われてしまい、その損失を正しく補うために少数または多数の恵まれた人たちの利益が使われるわけではない。

コーポラティストの傾向を持つ経済が与えられた役割をどの程度果たしているか評価するためには、コーポラティストの要素が比較的強いのはどの国か判断するだけでなく、できればそこでコーポラティズムが普及している度合いを判断するための基準や証拠が必要になってくる。そのためには、街灯が足元をこうこうと照らしている場所から探し始めるのが理に適っている。経済の分野における国家の方向性は、政府の規模によって判断されるときが多い。たしかにコーポラティスト色の濃い経済では、方針の決定に関わる役人を大量に必要とする。しかし、公共部門の肥大化をコーポラティズム定着の証拠として判断するのは早計だろう。たとえば一九六〇年にアメリカは、雇用全体に占める公務員の割合がG7諸国のなかで最も高く、一五・七パーセントを記録した。すべての兵士や学校教師が万全の準備で待機していたのだから、コーポラティストの能力に関してはどこよりも優れていたと言ってもよいだろう。しかし、コーポラティストの精神がアメリカで最も普及していたと考える人はまずいない。そして実際、ほかの国々も急速に能力をつけていた。一九八〇年、アメリカでは公務員の割合が一六・七パーセントに達したが、イギリスとカナダはその数字を抜き、フランス、ドイツ、イタリアは近くまで迫っていた。先進国のあいだで政府の雇用レベルに大差がないのは明らかだ。

国家の影響を測る手段としては、(労働に限らず) あらゆるものを政府がどれだけ購入し、一部の行動を促すために補助金がどれだけ提供され、一部の人にどれだけ無償給付が支給されているかに注目するほうがよいだろう。政府購入や補助金は、政府が経済資源をどの程度利用しているのか判断するための標準的な手段である。そして無償給付はある意味、コーポラティストの目標を追求するための社会的取引の一環とも考えられる。この広い測定で見ると、一九九五年には高所得国のあいだで数字に大きな開きがある。一般政府支出の総計の最も多いのがスウェーデンでGDPの六五・二パーセント (二〇〇五年には五五・〇パーセント)、フランスの五四・四パーセント (五三・三)、イタリアの五二・五パーセント (四八・一)、ベルギーの五二・三パーセント (五二・一)、オランダの五一・五パーセント (四四・八) と続く。低いほうではアメリカの三七・一パーセント (二〇〇五年に三六・三パーセント)、イギリスの四三・九パーセント（四四・二）、スペインの四四・四パーセント（三八・四）となっている。中間に位置するのはドイツのGDP比四八・三パーセント（四六・八）、カナダの四七・三パーセント（三八・〇）である。(5) 小さな国のなかではフィンランドがGDP比六一・五パーセント（五〇・二）、デンマークが五九・三パーセント（五二・六）、スイスが三四・六パーセント（三五・〇）になっている。しかしスウェーデンは最もコーポラティストの傾向が強い国で、ベルギーは三番目だと宣言する前に、調査する範囲を広げたほうがよいだろう。

所得の高い主要国のあいだでは、業界への参入に対する法的な障壁に関して、フランスとスペインとイタリアの数字が最も悪い。企業家精神への障壁ではスペインとイタリア、製品市場全般の規制ではイタリア、フランス、スペインの悪さが目立つ。競争法とその施行が厳しいのはスペインとフランス、そして雇用保護法（EPL）が極端なのはオランダ、スペイン、スウェーデン、ドイツとなっている。概してイタリア、フランス、スペインはどの項目でも数字の悪さが際立ち、逆にイギリス、アメリカ、カナダは良さが目立ち、スイス、オランダ、ドイツは中間に位置する。所得の高い小国のなかでは、スイスは概して中間を占め、アイルランドは評価が高く、デンマークはそれよりもさらに高い。一方、やはり広義の指標となる企業への干渉に関しては、結果がやや異なる。ちなみにこれはOECDのデータからの引用で、一九九九年七月のエコノミスト誌で「レッドテープ」指標と表現された。ここではイタリアとフランスが二・七、ベルギーが二・六、つぎがドイツで二・一、そしてスペインとスウェーデンの一・八と続いている。いちばん数字が小さいのはイギリスの〇・五で、つぎがアメリカの一・三、オラ

5　Tanzi, *Government versus Markets*.

ンダの一・四となっている（カナダとオーストリアは省略されている）。これらの数字はどれも有益な情報を提供してくれる。ただし、特定の干渉や指導について判断するよりは、経済全体にどの程度の規制や妨害が広がっているか確認する手段として優れている点は指摘しておきたい(6)。

以上の指標からはコーポラティスト経済の影響力の大きさがわかるが、もうひとつ別の面からもコーポラティスト経済は評価できる。国家と労働組合と経営者団体の三者によって賃金が設定されるメカニズムの普及度である。イタリアでは、このメカニズムはいまだにコーポラティズムの中心的要素になっているが、それはムッソリーニの説得力ある発言の影響が残っているからでもあり、戦後の現実が反映されているからでもある。「組合と経営者の協調」に関してスティーブン・ニッケルが作成した指標によれば、アメリカとカナダは普及度が低く、イギリスはほとんど存在していない（ただしイギリス産業連盟はいまだに存在している）。協調が最も顕著なのはスウェーデン、オーストリア、ドイツで、つぎがフランス、イタリア、ベルギー、オランダと続く。そして最も低いのがアメリカ、イギリス、カナダである(7)。

コーポラティズムは、さらにべつの側面からも評価できる。それは、私有財産をどれだけひどく不公平な競技場で運用しなければならないかだ。ここでは公共部門の腐敗、民間企業が没収されるリスク、政府による契約不履行のリスクが目安として考えられる。これらの点で国がどのように評価されるかわかれば、コーポラティズムによって国をランク付けするために役立つだろう。もちろん、こうした悪い特徴はコーポラティズムの専売特許ではないが、だからと言ってコーポラティズムの徴候として利用することに反対する決定的な根拠にはならない。ただし、これらの面での測定結果は概して機密情報になっている。手に入るのはいま紹介した三つの指標と、そのほかの二つの指標の平均だ（法と秩序、そして官僚の質）。以上の五つを外国貿易への開放性についての指標と一緒に計算して平均値を割り出すのだ。先進国のランクは上から順番に、以下のようになっている。スイス、アメリカ、カナダ、ドイツ、アイスランド、デンマーク、ノルウェー、フランス、ベルギー、オーストリア、イギリス、日本、オーストラリア、イタリア、スペイン、ポルトガル、アイルランド、韓国、ニュージーランド[8]。この順位を額面通りに受け取れば、ここで考察している国のなかでコーポラティストの傾向が比較的強いのはスペイン、イタリア、イギリス、ベルギー、フランスとなる。

しかし先進国経済のあいだでのコーポラティズムの普及度の違いに関する証拠は、国家統制がおよぶ範囲に関する情報がなければ決して十分とは言えない。資本主義の制度や市場の競争に国家がどれだけ介入し、業界や企業に影響力をふるい、一部の活動や関係者を優遇しているか、データで確認する必要がある。そのためには、ロビー活動や政府からの受注に関するデータが役に立つだろう。国家が企業におよぼす非公式な圧力、たとえば政府における地位の許認可といった情報も使える（フランスは上流層に

6　これらのデータに関しては、ＯＥＣＤの以下を参照。OECD, Going for Growth: 2007. このプロジェクトは、ジャン゠フィリップ・コティが責任者を務めた。イノベーションや企業活動全般への妨害を測定不能な要素と見なし、指標として測定することに疑問を抱く向きもあるだろう。しかし、この指標は具体的かつ測定可能な事柄から作成された。たとえば、倉庫建設の許可を取得するために要する日数で、アメリカやカナダではおよそ八〇日、フランスやドイツではおよそ一七〇日、イタリアでは二八四日と違いが大きい。各国の経済のあいだでのこのような違いが、そもそも重要なのかという意見もあるだろう。しかし情報通信技術（ＩＣＴ）への国の投資は、関連製品の市場での規制に関する指標とかなり密接な関わりを示している。たとえば国の失業率も、ＥＰＬ（雇用保護）指標と若干の関係が認められてきた。

7　データは以下にある。Layard and Nickell, *Handbook of Labor Economics*.

8　この最後の順位付けは社会基盤指数と呼ばれ、以下の表二に記されている。Hall and Jones, "Why Do Some Countries Produce So Much More Output per Worker Than Others?"

とって回転ドアのような国で、民間部門と公共部門のあいだの行き来を繰り返していると見なされている)。あるいは、経済のなかで政府が果たす役割を「限定する」憲法が存在するか否かも、データとして参考になるだろう。たとえば最高裁による司法審査が憲法で認められていない国では、民間部門における政府の指導的な役割は限定されない。逆に、民間部門の方針への政府の介入が憲法で禁じられている国もある。[9]一部の企業が競合他社よりも優遇されている傾向を反映している統計としては、民間部門で生み出された所得のなかで資本が占める相対的な割合が簡単に入手できる(ひとつの企業が国の手で業界のチャンピオンに選ばれると、価格を上げることができる。すると競合他社も競争に不利にならないと判断し、同じように値上げに踏み切る)。国家所得に資本が占める割合も一種の手がかりになるだろう。一九九五年から一九九六年にかけて、主要国のなかで割合が大きかったのはイタリアの四二パーセントとフランスの四一パーセントだった。ドイツとベルギーは中間で三七パーセント。シェアが低いのはアメリカの三四パーセント、イギリスとカナダの三二パーセントだった。[10](小国のあいだではオーストリアが最も高くて四一パーセント、スペインとオランダが四〇パーセント。低かったのがスイスの三一パーセントとスウェーデンの三三パーセントだった。[一九九六—九七年])。

政府が民間部門でサイレント・パートナーにとどまっている国は、世界中にほとんど存在しないことがこれらのデータからはわかる。さらに、国家の関与する程度は国ごとに大きく異なり、同じ経済組織が採用されていると思われる国のあいだでも違いが見られる。以上の証拠から全体的に判断すると、イタリアとフランスの経済はコーポラティズムの程度が比較的高く、アメリカとカナダは低く、イギリスとドイツが中間に位置すると考えられる。小さな国のあいだでは、スペイン、オランダ、ベルギー、アイルランドでコーポラティズムは比較的高く、スイス、デンマーク、ノルウェーで比較的低い。スウェーデンは複雑で、干渉主義的な傾向と企業寄りの傾向を兼ね備えている。

比較的コーポラティスト経済が普及しているのはどの国か、最近数十年間の傾向がわかったら、本章の大事な質問に答える準備が整ったことになる。これらの国が戦後の一九四〇年代半ばから二〇世紀末にかけて実施したコーポラティストのプロジェクトの結果は、どんな結果をもたらしたのだろうか。ごく大雑把に判断すれば、半世紀のあいだに生産性のレベルが収束に近づいたと言えるだろう。しかしどの程度まで「近づき」、ほぼ収束した後には何が起きたのだろう。

まず、（雇用）労働者一人当たりの生産水準を考えてみよう。ＯＥＣＤの試算によれば、イタリア、アイルランド、ベルギーでは一九九六年に労働者一人当たりのＧＤＰがアメリカのレベルに近づいた（イタリアは六万二五〇〇ドル、アメリカは六万七五〇〇ドルだった）。それより低いのはフランス、それにノルウェー、カナダ、オランダ。さらにそれより低いのがドイツ、それにオーストリア、スウェーデン、デンマークだった。図７―１を参照してほしい。これらの結果を見ると、コーポラティストの実験が成功したようには見えない。五〇年が経過した後、カナダよりも生産水準が高いのは上位三カ国だけで、アメリカに勝っている国はひとつもない。しかも、さらに指摘しておくべきことがある。

労働時間当たりＧＤＰもＯＥＣＤによって算出されている。図７―２を参照。一九九六年には、イタリア、アイルランド、フランスがおおよそアメリカのレベルに達している。ドイツとカナダはそれよりもやや低いレベルで、イギリスとスウェーデンはさらに低い。しかし、これらの数字には見かけほどの

9　政府の影響力の範囲に関する政治哲学の観点からの分析は、古いところでは以下の書の主題になっている。Andrzej Rapaczynski, *Nature and Politics*, 1987.

10　以下を参照。*OECD Economic Outlook*, Annex table 24, Capital income shares in the business sector, p. 214.

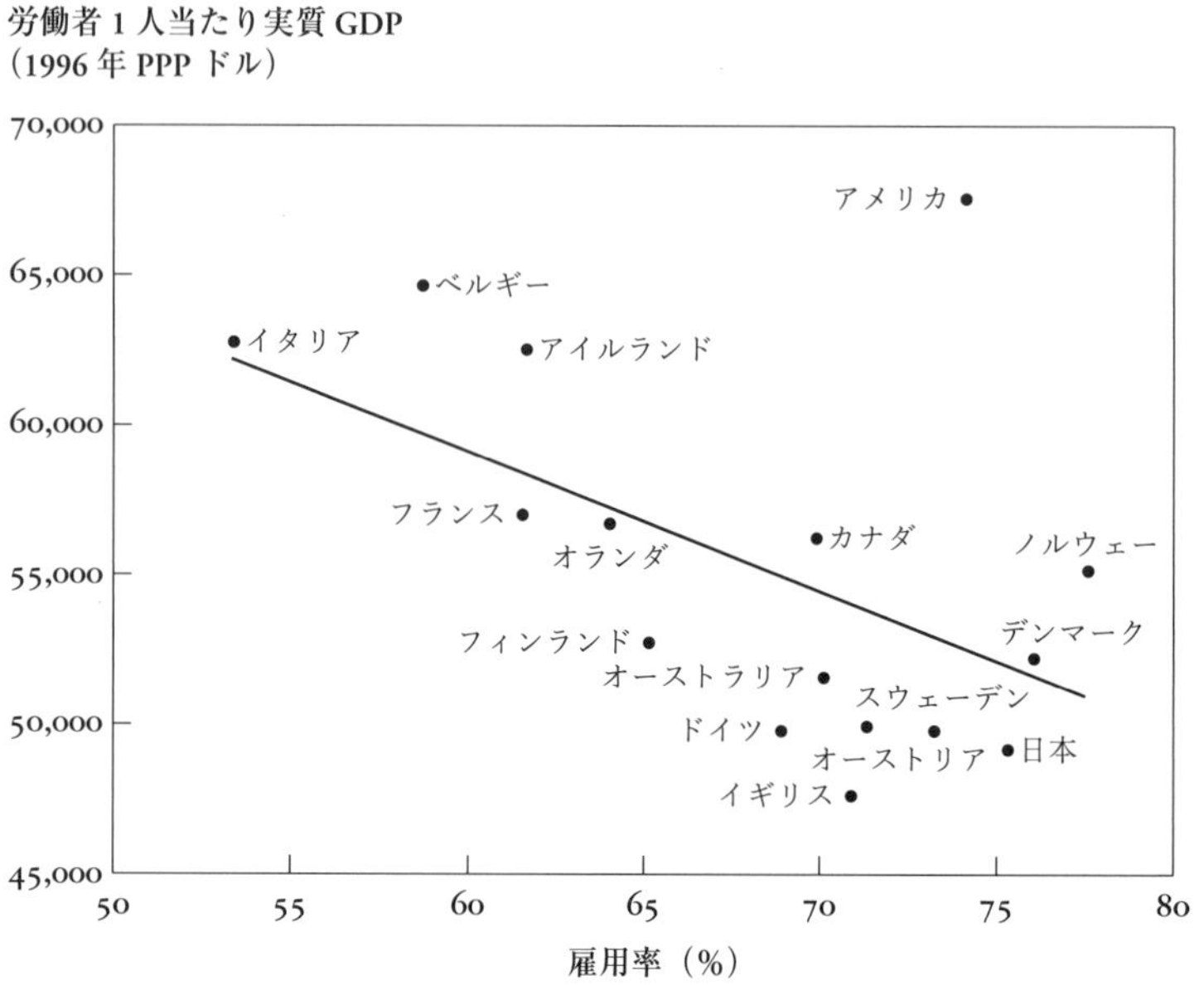

図7-1　労働者１人当たりの実質GDPならびに雇用率（生産年齢人口１人当たりの雇用）、国内総生産、購買力平価（PPP） 出所：OECD

意味が込められていない。いくつかの理由から、観察結果はほとんど重要ではないと考えられる。第一に、ヨーロッパは多くの国から成り立つ大陸なので、若干の「異常値」、オランダやノルウェーのようにひとり一時間当たりの生産高がアメリカよりも多い国があっても意外ではない。たとえばアメリカを構成する五〇の州のなかを見ても、カリフォルニアやマサチューセッツのレベルは突出している。第二に、雇用問題を抱える多くのコーポラティスト経済のなかで、被雇用者は生産年齢人口の一部を占めるにすぎない。たとえばイタリアの一九九六年の労働時間当たりGDPは三九ドルに迫るほどで、アメリカの三六ドルを僅かに上回っている。しかしそれは、イタリアの経済では比較的生産性の高い仕事が中心で、そこに従事できるのは生産性の高い労働者に限られ、低賃金での労働は許されないからだ。アメリカ、ノルウェー、デンマークと同じようにイタリアも生産年齢人口の七五パーセントを雇用していれば、労働時間当たりGDPは三二ドルとなり、ノルウェーの四〇ドル、デンマークの三四ドル、アメリカの三六ドルを下回っているはずだ。ヨーロッパとアメリカでは就業率がまちまちなので、一九七〇年代半ばから一九九〇年代半ばにかけての生産性を比較することには無理がある。そして最後に、コーポラティストの傾向が小さいアメリカ、カナダ、イギリスでは、総労働時間当たりの総生産量のデータがさらに偏っている。概して労働時間が長いので、一時間当たりの生産量が押し下げられてしまうのだ。逆にイタリア、フランス、スペインは年間労働時間がはるかに少なく、一時間当たり生産量は押し上げられる。[11]

このような証拠から判断すると、コーポラティスト経済は近代経済――アメリカ、カナダ、イギリスの経済――よりも生産性が優れているという主張が正しいとは言えない。それどころか、同じ証拠を考慮するかぎり、アメリカの近代経済は生産性で優位に立っている。そしてほかの近代経済国家、すなわちカナダとイギリスは、この二〇年間で確実に前進している。

図7―2からは、さらに重要な点が見えてくる。社会主義が重視する雇用とコーポラティストが重視する生産性のどちらにおいても、ここでは国が斜線からどのあたりに位置しているかが評価の目安にな

11　もうひとつの点を指摘しておきたい。時間当たり労働で測定した生産性に関し、大陸ヨーロッパとアングロ・サクソン諸国がどのようなレベルであろうとも、労働と資本の合計で見た生産性、いわゆる全要素生産性（生産要素全体の生産性）に関しては、大陸の生産性はアングロ・サクソン諸国のレベルに比べて減少する。大陸諸国の経済のほうが、労働者の使う資本装備への投資が多く、それが労働者一人当たりの生産比率を上昇させているからだ。このような形で生産を増やすと、余分な資本への投資の利子払いに費やす金額が増えるので、大陸諸国は消費への支出を減らさなければならないとも考えられる。

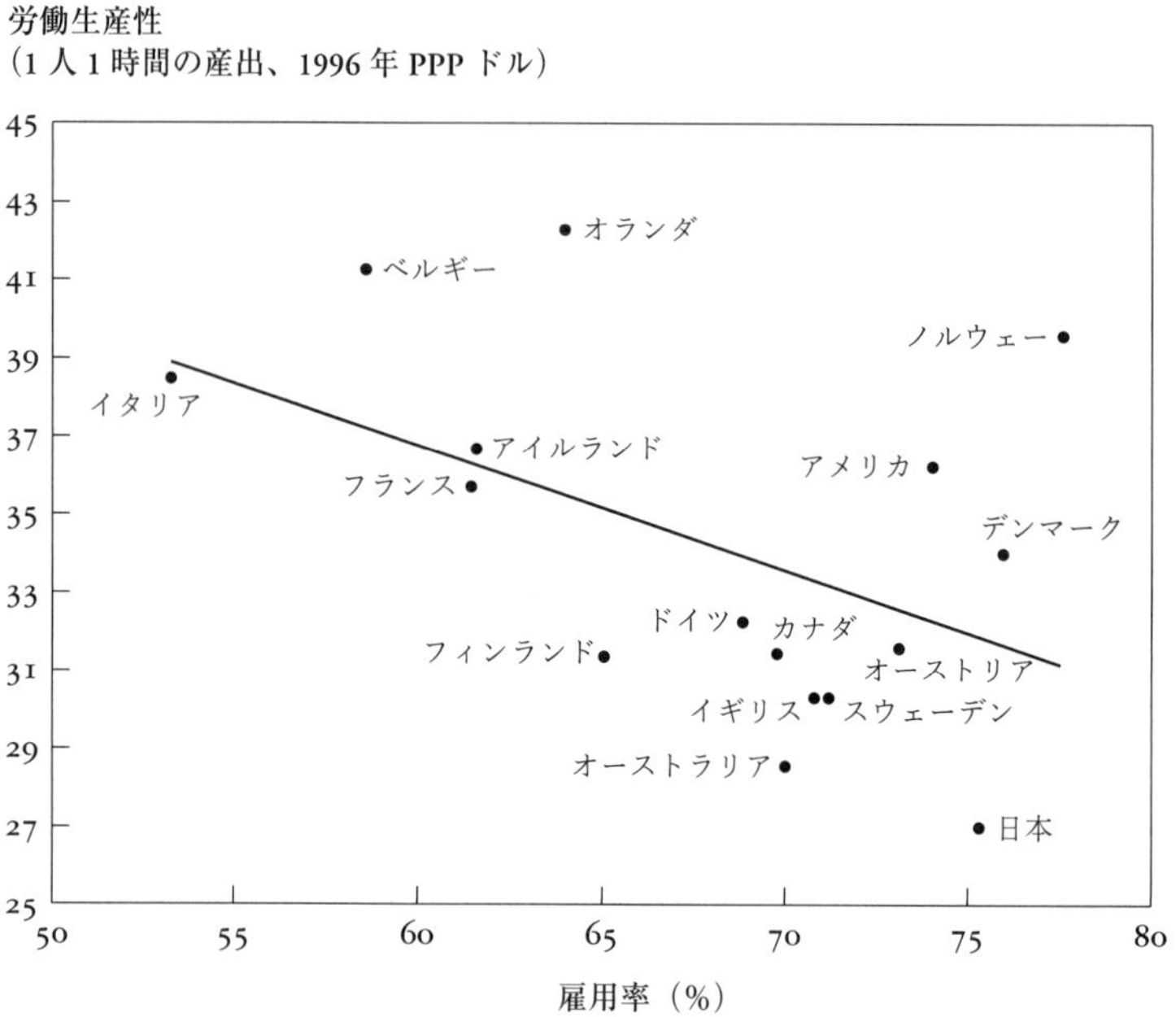

図7-2　**労働生産性（労働時間当たり実質GDP）、雇用率（生産年齢人口の1人当たり雇用）**　出所：OECD

っている。主要国のなかでは、コーポラティスト的傾向を持つ国――フランス、イタリア、ドイツ（小国のオーストリアとスウェーデンは言うまでもなく）――がすべて、斜線の南西に位置しており、斜線からの距離は短い。一方、近代経済に分類できるアメリカなどは、北東に位置している。カナダは南西に位置しているが、スウェーデン、フィンランド、オーストラリアほど斜線から離れていない。この三カ国はいずれも、経済にコーポラティズムの傾向が強いと考えられている。

　さらに、イタリアとドイツは一九九五年までにキャッチアップを達成したように見られているが、それは短命に終わった。一九九五年から二〇〇五年にかけて労働参加率が回復すると、予想通り、職の追加が生産性の低下につながった（ケンブリッジの往年の実力者デニス・ロバートソンは、おそらく収穫逓減の法則に関する講義をわかりやすくするため、つぎのような具体例を挙げた。一〇番目の建設作業員はシャベルが残っていなくても、ビールを飲むため現場に向かうものだ）。同じ時期、アメリカでは生産性の低い労働者や生産性の低い仕事がなくなり、労働者一人当たりの生産高が以前の（上昇）段階から高レベルへと進歩した。そのため、アメリカの労働力当たり（そして労働者一人当たり）の生産高は、イタリアとドイツのレベルからさらに離れていった。

本章は、経済の動向に関してコーポラティズムと社会主義が重視してきた複数の側面――どれも物質主義的な傾向が非常に強い――に注目してきた。この物質主義的な傾向からわざわざ外れなくても、評価の目安にできる側面はほかにも考えられる。たとえばこの二〇年間、フランスから移住していく若年層の増加は暗示的だ。ある意味、大陸ヨーロッパのコーポラティズムが、生産性と雇用に満ち溢れた経済を提供できなかったことの証拠とも考えられる（二〇〇七年から二〇〇八年にかけての国際金融危機以来、世界では失業が激増して移民の勢いが弱まった。しかしこの事実に基づいて、コーポラティスト経済が改善したとか、コーポラティスト色の弱い経済が悪化したと評価することはできない。良い評価を求めるあまり現実から目をそらすのは、あまりにも危険だ）。ただし、コーポラティズムや社会主義のどの部分が機能していないのか、移民の現象から具体的に欠陥を特定できない点は指摘しておかなければならない。欠陥が存在していることだけしかわからない。抑圧的な企業や経済文化など、非物質的な欠陥も可能性として考えられる。

賃金格差、正確を期するなら不当な賃金格差は、コーポラティズムの成果を判断するもうひとつの側面として考えられる。すでに論じた賃金格差に関するデータから見るかぎり、コーポラティスト的傾向の国――イタリア、フランス、それよりは傾向の小さいスペイン、オランダ、ベルギー、アイルランド

――は、カナダ、アメリカ、イギリスといった典型的な近代経済の国よりも格差が小さいと言っても間違いではない。(12) しかし繰り返し強調するが、カナダやアメリカやイギリスは賭けをする頻度が大陸ヨーロッパの国よりもずっと高いことが、このような結果につながっている。さらに民族や人種の多様性も、不当な賃金格差に何らかの影響をおよぼしていると見られる。ただし本章は、コーポラティズムが自ら掲げた目標を達成しているかどうかの検証が目的であり、賃金格差の根絶はコーポラティストのマニフェストに含まれていない（たとえば一部のコーポラティスト国家は、少数派の多くを統合の対象から外していることで悪名高い）。それにコーポラティズムが主張するように、大切なのは国の成果や指導であって、個人にとっての自由や願望や見返りではないとすれば、経済的正義という考え方自体が意味をなさなくなってしまう。では実際のところどうかと言えば、イタリア、スペイン、ドイツなどコーポラティスト的傾向の主要国は、賃金格差を是正するための努力を熱心に行なっていない（ヨーロッパ大陸では、オランダとフランスだけが労働市場の底辺で賃金を引き上げるためにかなりの資源を投じている）。低賃金労働者の報酬を引き上げるための優れた仕組みが以前から発達しているのはイギリスとアメリカで、どちらもコーポラティスト国家には含まれない。この二カ国では、ワーキングプアを対象に賃金への補助金プログラムが実施されている。

イノベーションの不足

二〇〇七年から二〇〇八年の危機に至るまでの三〇年間、大陸ヨーロッパのビッグ4――フランス、ドイツ、イタリア、スペイン――の成長が、国内経済の外部での進歩、すなわち主に（すべてではないが）アメリカの進歩によって牽引され続けてきたことは直接的な観察からも明らかだ。したがって、これらの国がアメリカ経済へのキャッチアップを達成したとしても、それは一八七〇年代から一九三〇年代にかけての大陸ヨーロッパで顕著だった地域イノベーションが再現され、原動力になったわけではない。コーポラティスト経済がアメリカ経済に接近できたのは、主に模倣のおかげだと考えられる。そして成長が外部の力に依存しているなら、雇用にも同じことが言える。アメリカのイノベーションが完全に停止すると、大陸全体が長い低迷期に突入したとも考えられる。

では大陸ヨーロッパ諸国の一部では、イノベーションの進展を妨害したり挫折させたりするために、コーポラティズムが何を行なったのだろう。コーポラティスト的傾向の経済が参入障壁など様々な障害を設け、ＯＥＣＤが企業家の参加を阻止したため、生産性の進歩が様々な面で阻まれ妨害された展開は想像できる。ただし納得するためには、このような障壁や欠陥が機能した結果、地域イノベーションの勢いが削がれて定着しなかったことが証拠によって確認されるべきだ。

ここで証拠となるメカニズムを紹介しよう。一国の株式市場は、経済のダイナミズムを知るための手がかりとして役に立つ。たとえば将来有望な新商品に関するアイデアは民間部門にとって大事な資本であり、その在庫状況はイノベーションの進行度を測る尺度として注目に値する。今後どれだけの新しいアイデアが追加され、その結果として短中期的な在庫状況がどのように推移するかは、企業経済における企業の価値を測るうえで重要な決定要素になり得る。見込み在庫が大きいほど企業の価値は高くなり、ひいてはその価値に対する資本市場の評価も高くなっていくだろう。企業全般ではなく、生まれたばか

12　ＯＥＣＤのデータは以下にある。Phelps, "The Importance of Inclusion," 2000/2. 図３ａ「賃金率の分散傾向、一九九七年」を参照。ここでは五〇と一〇の比率が採用されている。つまり、上位一〇分の一すなわち一〇パーセンタイルに該当する就労者の賃金率の平均値と、五〇パーセンタイルの賃金率の平均値を比較している。これはＤ１／Ｄ５比率としても知られる。

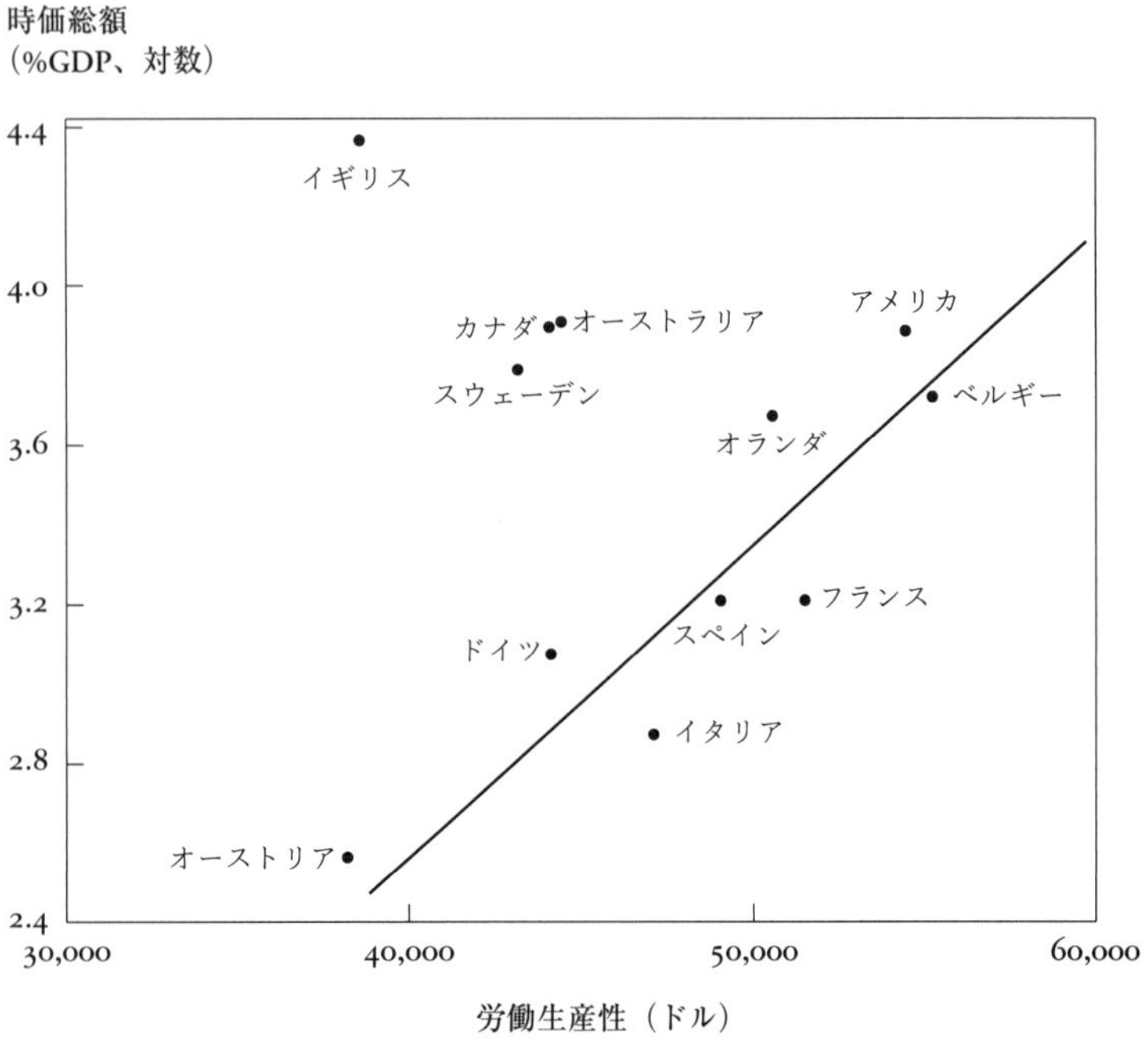

図7-3　**時価総額と労働生産性：就労者１人当たりの企業生産量。時価総額の変数で、1988年の企業部門の株式の額面価格を評価した。労働生産性は、就労者１人当たりの企業生産量を米ドルで計算している。雇用率は生産年齢人口に対する総雇用の比率**　出所：モルガン・スタンレー・インターナショナル、OECD

りの新興企業を判断するうえで、これは唯一の価値基準とも言える。企業の価値はもうひとつ、所有する設備や工場――実物資本――によっても評価できる。そうなると、一国の企業の「時価総額」、すなわち株価の総額と債務の総額の和を実物資本の取得価格で割った比率がわかれば、まだ使われていないアイデアの将来性を実物資本との比較で確認することができるわけだ。ちなみに、ジェイムズ・トービンが提唱したトービンのqは、株式市場で評価された企業の価値を資本財価格で割った値であり、投機熱の指標としてこれを使えば、投資活動の増減を予測できる。しかし本章では、企業全体の年間生産量を実物資本に代わる存在として考え、「時価総額」との比率を割り出してみることにした。この比率を指標にすれば、経済全体あるいは民間部門における新しいアイデアの有望度をおおよそ理解できるだろう。これは経済のダイナミズムを測る指標として理論的に不自然なところがなく、しかも仮説の正しさは図７―３によっても裏付けられている。一国の時価総額と生産高の比率は、数年後の労働生産性を驚くほど正確に予測している。

　この素晴らしい比率は、図７―４からもわかるように、数年後の国の雇用状況を把握するうえでさらに優れた指標になっている。[13] たとえば一九九〇年の時価総額と生産高の割合からは、一九九〇年代後半からのインターネット革命の波にうまく乗った国をかなり正確に予測できる。アイデア形成率が比較的高ければ、イノベーション率が高くなる可能性はかなり大きく、結果的に生産性は向上すると考えるのが普通だが、高いイノベーションから高い雇用へと至る道が約束されているかどうか、悩む読者もいるだろう。イノベーションは雇用を創出するよりも奪うケースのほうが多くないだろうか。時間や場所を

13　以下を参照。Phelps, "Reflections on Parts III and IV," 2003, figures 3 and 4.

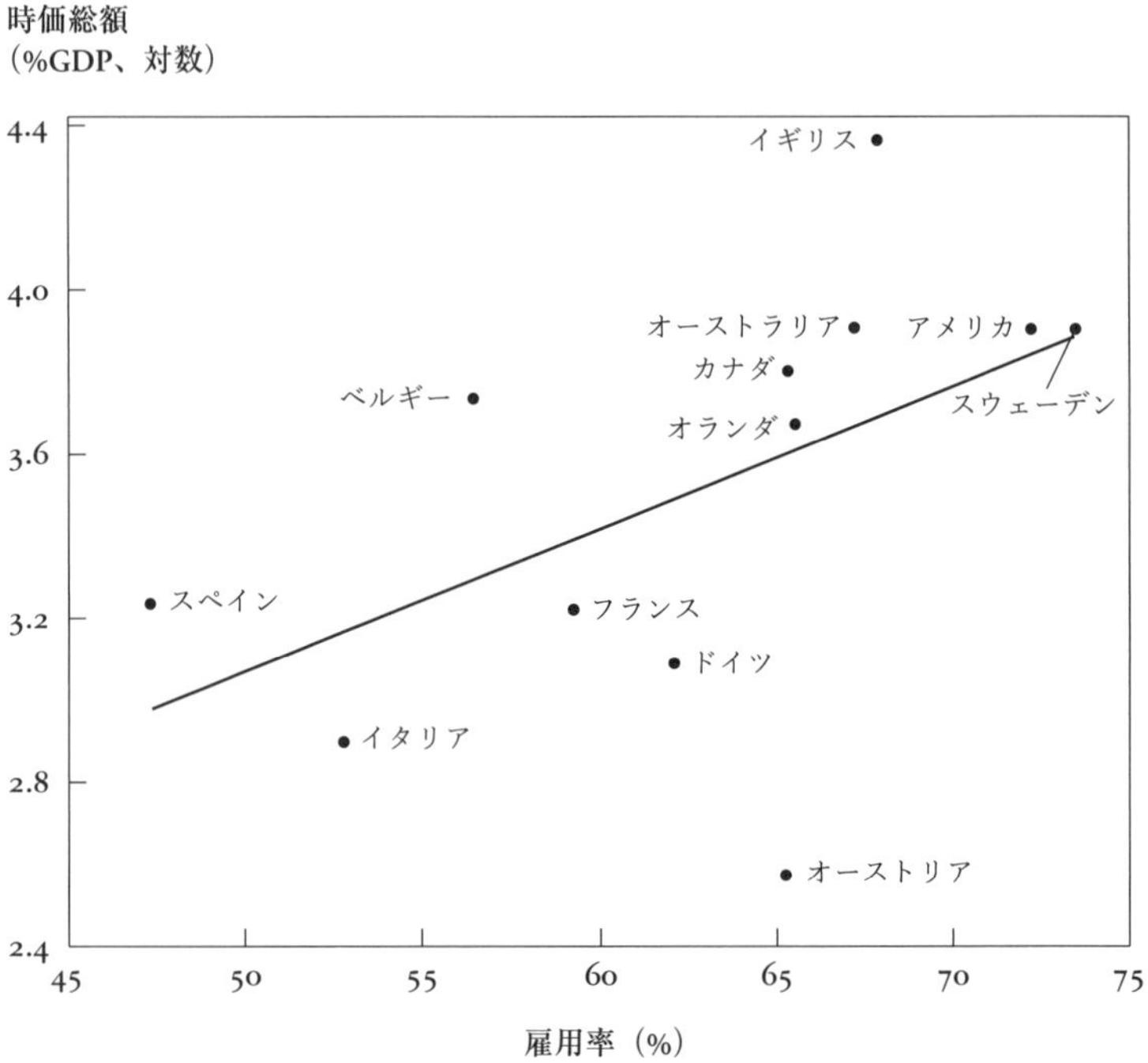

図7-4　**時価総額と雇用率：生産年齢人口に占める雇用のシェア。時価総額の変数で、1988 年の企業部門の株式の額面価格を評価した。労働生産性は、就労者 1 人当たりの企業生産量を米ドルで計算している。雇用率は生産年齢人口に対する総雇用の割合**　出所：モルガン・スタンレー・インターナショナル、OECD

問わず、その可能性はあり得る。たとえば一九三〇年代の目覚ましい経済の進歩は、大恐慌からの脱出を助けるよりは妨げるほうが多かった。しかし、最も一般的で（最も研究された）事例においては、ふたつの良い影響が働いている。まず、イノベーションによって新たな消費財が導入され、既存の消費財の生産が改善されると、資本は集約されていく。その結果として製品価格が下がれば、資本財を製造している企業の価値は上昇し、労働力の補充を真剣に考えるようになるので、新たな雇用が促される。第二に、生産性の急上昇に続いて賃金が上昇する場合には、労働者は富を過小評価したくなるものだ。賃金の改善を正しく実感できない。そのため労働意欲が高まり、職場を変え、異なったキャリアに積極的に挑戦しようとする。イノベーションによって労働力がよほど集約されないかぎり、このような効果を覆すことはできない(14)。

では、ここまで論じてきたコーポラティスト的要素のなかには、生産高に対する時価総額の比率に良からぬ影響をおよぼすものがあるのだろうか。ひとつ考えられるのは、コーポラティスト経済を象徴するふたつの組織の存在だ。コーポラティスト経済では、労働組合と経営者団体によって労働者の賃金が設定されている。図7―5からは、組合と経営者の協調が密になると、生産高に対する時価総額の比率が低下する傾向が見て取れる。コーポラティスト経済に顕著なもうひとつの要素としては、極端な雇用

14　生産高の成長が生産性の成長よりも遅いと、雇用が落ち込むとはよく指摘される。生産性の成長率は経済の「失速速度」を知る手がかりだと言えるだろう。そうなると、生産性の成長鈍化は雇用の落ち込みを逆転させる希望の光とも考えられる。しかし、生産性の成長鈍化が雇用の方向におよぼす短期的な効果については、ほとんど知られていない。そして長期的には、生産性の成長率と雇用の増加率のあいだに持続的な関連性は存在しないことが知られている。雇用の増加率は人口動静と関わっている。本文でも指摘したが、生産性の成長率と長期的な関連性が存在するのは雇用のレベルのほうだ（さらに、生産性の成長率が落ち込めば、生産高の長期的な成長率は確実に減少するだろう）。

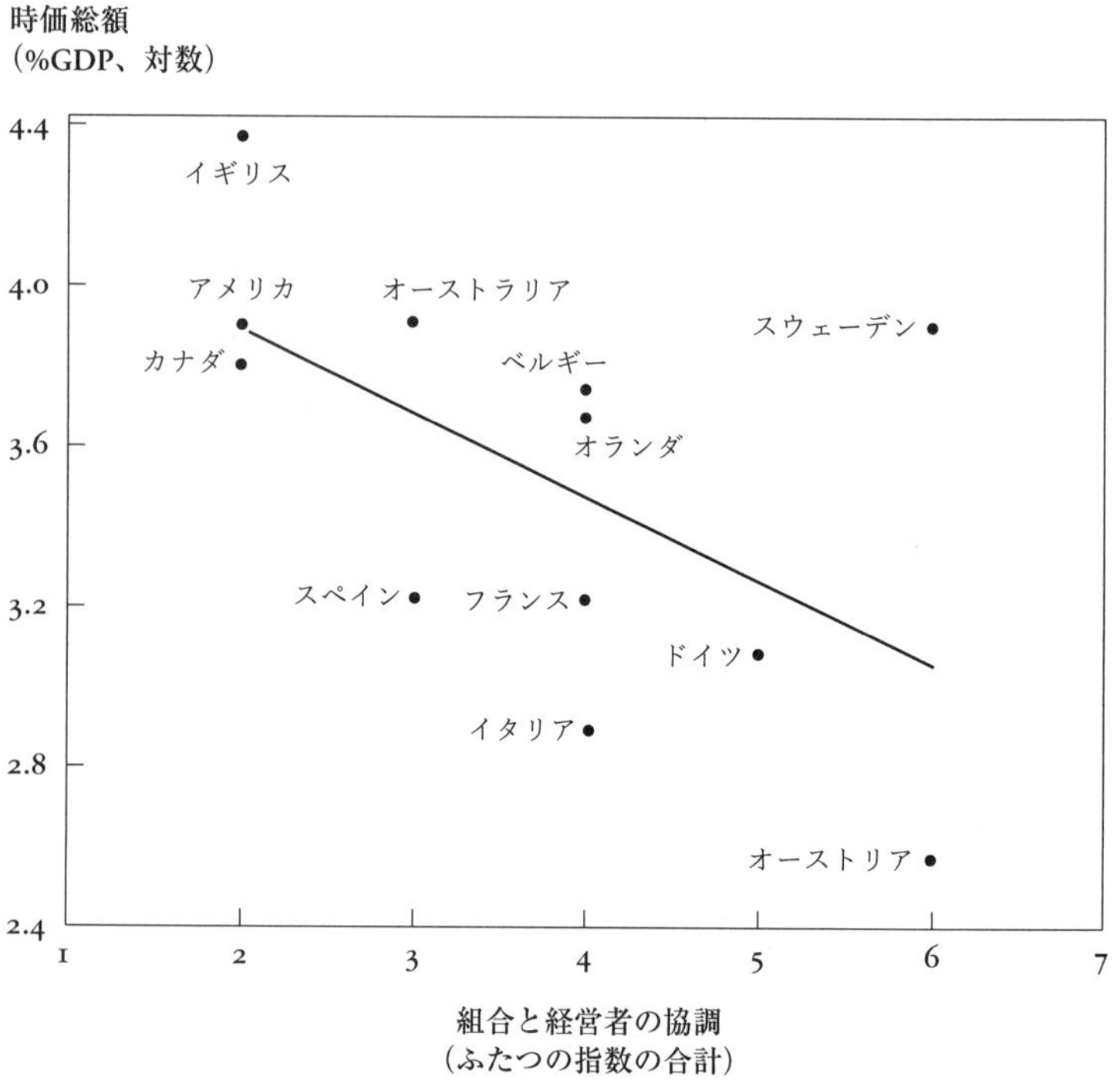

図7-5　**協調と時価総額。時価総額は、1988 年の企業部門の額面価格。協調変数は 1989 年から 1994 年を対象に、組合と経営者団体の協調を計測したニッケルによる指数の合計**　出所：モルガン・スタンレー・インターナショナル、Layard and Nickell, Handbook of Labor Economics, 1999

保護法制（ＥＰＬ）が挙げられる。ＥＰＬの功罪については数多くの研究があるが、そこからはコンセンサスがほとんど得られていない。しかし、図7―6は結果を知る手がかりとして説得力を持っている。雇用が保護されれば当事者にとってありがたいかもしれないが、時価総額の比率には悪影響がおよぶことがわかる。少し前で論じたように、現在および将来見込まれる革新的なアイデアの在庫が減少するからだ。もちろんコーポラティスト的要素のなかには、時価総額の低迷を促すものがほかにも存在している。しかし、これ以上相関関係を洗い出しても役に立たない。そろそろ本章のまとめに入るべきだろう。

では、コーポラティスト経済においてコーポラティスト的要素がどのように働いた結果、生産性や雇用がアメリカのレベルに達することが妨げられたのだろうか。この章からは、つぎのような回答が得られる。コーポラティスト的要素の一部は、商品に関する新しいアイデアの流入を滞らせた。流入が制約されると、生産性向上の足かせとなり、ひいてはそれが雇用への足かせとなり、雇用のレベルも低くなったのである。つまり、コーポラティスト的傾向の経済に発展性がないのは、実験や探究が促され実現する環境が整わず、新しい物事に挑戦する風潮が生まれるために必要な要素が欠けていたからである。生産性のフロンティアで活動し、雇用の平均レベルを押し上げるために必要な材料が不足していたのだ。

最後にひとつ、難問が残されている。大陸ヨーロッパ諸国で内生的な地域イノベーションが不足していることはあちこちで観察されてきた。ならば、大陸ヨーロッパのビッグスリー――フランス、ドイツ、イタリア――が生産性に関して、あるいは（ドイツとイタリアが）雇用に関してアメリカ経済に迫るほどになったのはどうしてだろう。そして大陸ヨーロッパでは生産性の成長がリーダーであるアメリカに依存しており、すべてのイノベーションがアメリカから流入してくるとすれば、ほぼ追いついた時点で成

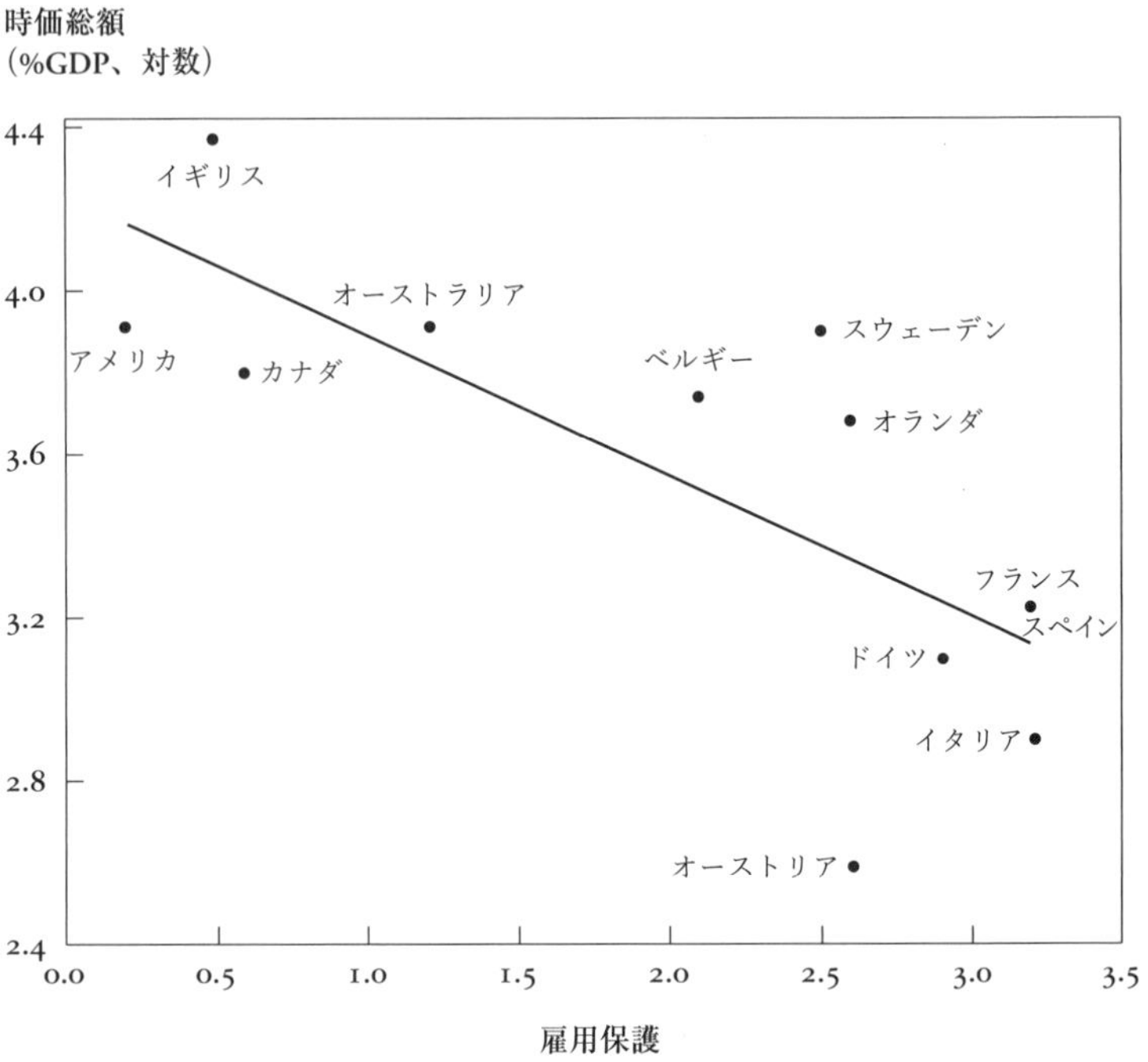

図7-6　雇用保護と時価総額。時価総額は、1988年の企業部門の額面価格。雇用保護は、余剰者解雇手当の支払が何カ月間、義務付けられているかを示した。

出所：モルガン・スタンレー・インターナショナル

長が止まるのではないだろうか。ウサギを追いかける必要のなくなったグレイハウンドがレースをやめるのと同じではないか（グレイハウンドは走るのが楽しいわけではない）。

現実はまさにそのような展開になった。一九七〇年代半ば、アメリカ経済はウサギと同じように走るのをやめてしまった。一九五〇年代半ばから一九七〇年代半ばにかけて、アメリカでは生産の伸びが毎年四パーセント前後で推移しており、そのうちの三パーセントを生産性の成長、残りの一パーセントを雇用の成長が占めた。しかしやがて一九七〇年代に入ると、生産性は大きく落ち込み始める。一九七五年から二〇〇五年にかけて、生産の伸び率は年間三パーセント程度になり、一九九〇年代には比較的高かったものの、二〇〇〇年代になると減速した。成長エンジンがパワーを失うと、アメリカは格好の標的になり、ほかの国には追いつくチャンスが生まれた。リーダーが減速した結果、収束の傾向が発生したのである。

かつてアメリカは一九二〇年代から一九三〇年代にかけて、のちには一九五〇年代から一九七〇年代にかけて、世界のイノベーションの大部分を生み出してきたが、もはやそれは期待できなくなった。しかしヨーロッパは地域イノベーションに乏しく、追いついたあとはアメリカと一緒に減速する以外にほとんど選択肢がなかった。そして減速すると、ヨーロッパの立場はさらに脆弱になった。世界経済の舞台には新興国が登場し、競い合うようになったのだ。その競争の激しさは、「栄光の三〇年」——一九五五年から一九八〇年までの二六年間——をはるかにしのぐほどだった。おまけに低成長を補う手段として財政赤字に頼ったので、ヨーロッパの国々は借金にはまり込んでいった。

二〇〇〇年代の終わりになると、西洋全体で経済成長がスローモーションのように減速し、雇用レベルも停滞した。大型減税、新たな社会保護、新たな補助金が刺激策となった好景気は、予想通り短命で終わってしまった。

第8章　国家ごとの満足度

物事がどこで機能してどこで機能しないか、その事実を専門的に理解することが肝心なのに、その大きな視点が欠落している。

――ビル・ゲイツ（『ニューヨーク・タイムズ』紙）

前章では物質主義的な側面からライバルを秤にかけ、コーポラティズム（そして社会主義）が物質的な経済――主に雇用と生産性――におよぼす影響を考察してきた。しかし近代の生活全般と同じく、近代経済には非物質的な側面が備わっている。近代経済へ参加する際に最も価値が置かれるのは、挑戦する機会や経験が日常的に提供され、それが優れた直感やアイデアの源になる点であり、実際に製造される有形財やサービスよりも重視される。本書では最初から強調してきたが、近代経済は（心に隠し持つ欲望の世界を鏡の向こうで形にして見せる）広大なイマジニウムであり、アイデアを考案して試みる仮想の実験室でもある。芸術や文学の分野で発生した近代の革命には、近代の労働生活での探求のすえ発見された様々な新しい経験が反映されている。経済が近代的になるほど非物質的な報奨が評価されることの証拠は、世帯調査の結果にも見られる。給料などの物質的な報酬に限定されず、様々な形の報奨を重視する回答者が多い。

本書ではすでに論じてきたが、資本主義的傾向の経済はコーポラティストや社会主義の経済と比べ、非物質的な面での報奨が大きいものなのだろうか。この疑問に直接アプローチするためには、それぞれの国をていねいに分析していかなければならない。「この国は四分の一が近代資本主義で四分の三がコーポラティズム」「あの国は三分の二が近代資本主義で三分の一が社会主義」といった具合に。しかし、これは主観の入り込む余地が大きい。必然的に、ここでは間接的なアプローチをとるべきだろう。ある経済の特徴のなかには、コーポラティスト（あるいは社会主義）経済で最も顕著かつ共通なものもあれば、近代資本主義経済で最も顕著なものもある。したがって、コーポラティスト経済、社会主義経済、近代資本主義経済のそれぞれの大きな特徴に注目し、それが非物質的な報奨に貢献しているか、それとも不利に働いているかを確認していけばよい。たとえばコーポラティズムにおいては「雇用保護」が手厚く、福祉政策が充実し、週労働時間が制限され、団体交渉が行なわれる。社会主義においては公共部門が巨大で、役所の「煩雑な手続き（レッドテープ）」は社会主義とコーポラティズムのどちらでも顕著だ。そして資本主義では個人の自由が尊重される。近代資本主義が各国でどれだけ普及しているか、正確に測定する術はない。そこで、データを駆使しながら「近代的な」組織――ダイナミズムの創造や包摂への貢献が確認されている組織――の規模を測定することで、非物質的な報奨との相関関係を確認していきたいと思う。

ただし、制度や政策が重要なのは事実だが、どの経済にも独特の文化が存在しており、場合によっては複数の文化が混在していることを認識しておかなければならない。国の経済文化は、企業、仕事、それ以外の経済的側面に対する一般的な姿勢、規範、考え方から成り立つ。このような文化的な力は制度や政策の進化に影響をおよぼすことによって、非物質的な報奨の創造に間接的に作用する可能性がある一方、人々の動機や期待に影響をおよぼすことによって、直接的にも作用している。経済の活力――新たに発見された技術を積極的に応用し、新たに実証された製品を積極的に採用する傾向――は、経済文化のひとつ、またはふたつ以上の構成要素によってもたらされる。経済のダイナミズム――人々の創造力をうまく活用して地域イノベーションを実現する力――は、経済文化のほかの要素によってもたらされるだろう。ほかには政治文化も、一定の条件で国家がイノベーションを採用する環境をある程度は整えてくれると考えられる。実際、文化的な違いは非常に重要なので、非物質的な報奨に関して国際比較する際には、近代資本主義、コーポラティズム、社会主義といった大雑把なラベル、あるいは一握りの制度や政策の規模や環境など、システム全体の大きな特徴に目を向けるだけでは不十分だ。近代資本主義、コーポラティズム、社会主義のそれぞれの中心と思われる文化的要素についても測定しなければならない。

デイヴィッド・リカードやジョン・スチュアート・ミルから現在に至るまでの標準的な経済学においては、文化という概念は登場してこない。まるで西洋文明には文化がひとつしか存在しないかのようだ。ソースタイン・ヴェブレンやマックス・ヴェーバーは例外である。しかし標準的な経済学の外側では、すべての社会の文化が同じというわけではなく、違いが重要であることを人類学者が認識していた。クロード・レヴィ＝ストロースは、どの社会の文化も独特のニーズを満たすために進化しており、尊敬に値すると論じた。ルース・ベネディクトは、一部の社会ではその社会にとって最善とは言えない文化が定着している、と主張した。そして心理学者のエーリヒ・フロムによれば、一部の文化はきわめて悪質

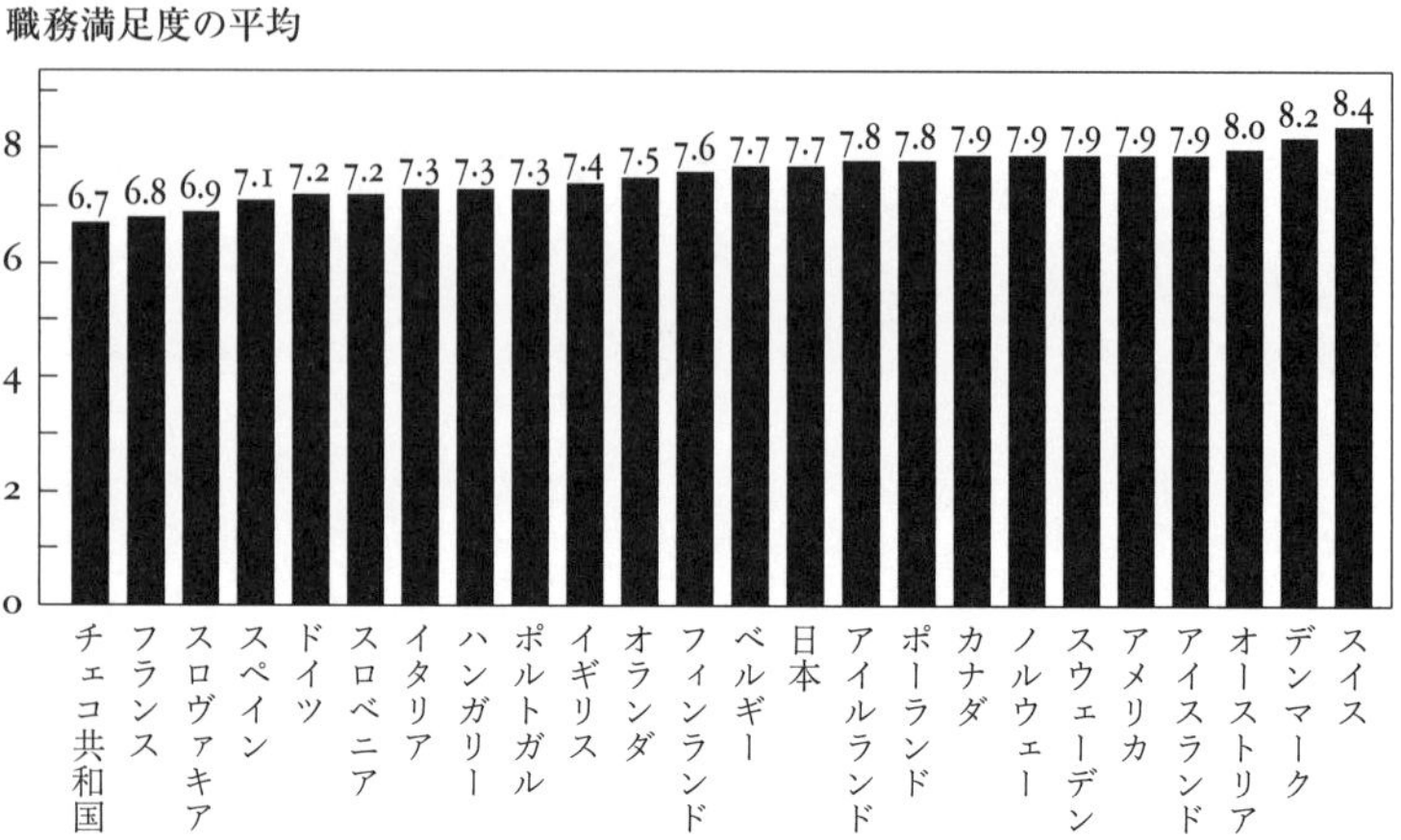

図8-1　**職務満足度の平均　1990-1991 年**　出所：世界価値観調査

で、ファシズムが力を持ったのは個人の自由に価値を置かない文化においてだ、と論じた。

しかしこの一〇年、文化は経済学の領域に進入してきた。国の経済的業績に関して現在と遠い過去を緩やかにつなぐ接着剤あるいは「ミッシングリンク」として、文化を仮定する傾向は強くなっている。木の良し悪しにかかわらず、「リンゴは木から遠くには落ちていかない」ものだ。[1] 一部の国が疲弊しきった後、ランキングの上位に苦もなく復活していることは多く観測されている。たとえばヨーロッパのほとんどの国は、戦間期に外傷を受けた以前とおおよそ同じ位置に戻っている。[2] 一方、新しい経験や新しいアイデアは、国の文化に間違いなく変化を起こすことができる。一九三〇年代にナチスは女性の職場進出に反対し、その影響は長く持続したが、この一〇年でドイツの女性参加率は立ち直っている。一九八〇年代にマーガレット・サッチャーは、競争に対して企業が抱く嫌悪感の一掃に努めたが、今日のイギリスでは「産業政策」への回帰を求める声が大きい。中国では一九七八年、鄧小平のもとで進められた経済改革が成功したが、それは西暦一五〇〇年にまで遡る文化が深く根付いていたからだと中国史家は指摘している。しかし欧米では近代の幕開けと共に新たな思想が持ち込まれ、さらに程度の差はあるが、新たな行動様式も導入された。本書でもそれはすでに何回か論じている。

職務満足度の格差

「経済の進んでいる」国は非物質的な報奨に関して大差がないという前提は広く定着している。生産能力はほぼ同じなので、製造方法は確実に同じで、就労経験も同じはずだと推測される（標準的な経済学の理論モデルでは、機械化された経済に文化は存在しないと考える）。しかしそれは非常に深刻な誤解だ。

実際のところ、西側諸国のあいだでは職務満足度にかなりの違いが見られる。世界価値観調査（WVS）が一九九一年から一九九三年にかけて収集した調査データがつぎつぎ公表されると、それは明らかになった。WVSは個人の満足度だけでなく、「価値観」すなわち心構え、規範、信念に関するデータの宝庫である。図8―1は、西側諸国のあいだで職務満足度の平均が異なっている事実を証拠としては

1　この理論において文化は、変化を徐々に引き起こす力と見なされる。少しずつ蓄積された力が最後に爆発し、制度を突然に変化させる可能性が備わっている。構造プレートがじわじわ移動して、最後に地震が誘発されるのと同じだ。以下を参照。Roland, "Understanding Institutional Change," 2004.（ここで文化はもうひとつの制度、すなわち動きの遅い制度と見なされている。しかし本書では、文化と制度を切り離して考えている）。本書では新しい考え方が制度の誕生、そしておそらくは文化の誕生も促すと仮定している。たとえ文化が変化しなくても、物事は変化していくものだ。

2　一九九三年にロンドンの会議で会話を交わしたスペイン人経済学者からは、つぎのような話を聞かされた。一九二〇年代はじめ、スペインの一人当たりGDPは欧米で第八位にランクされた。アメリカ、ドイツ、フランス、ベルギー、オランダ、イギリス、イタリア、そのあとがスペインだった。その後スペインは内乱、フランコによる支配、フランコ亡きあとの混乱の数十年を経験したが、八位への返り咲きに成功した。

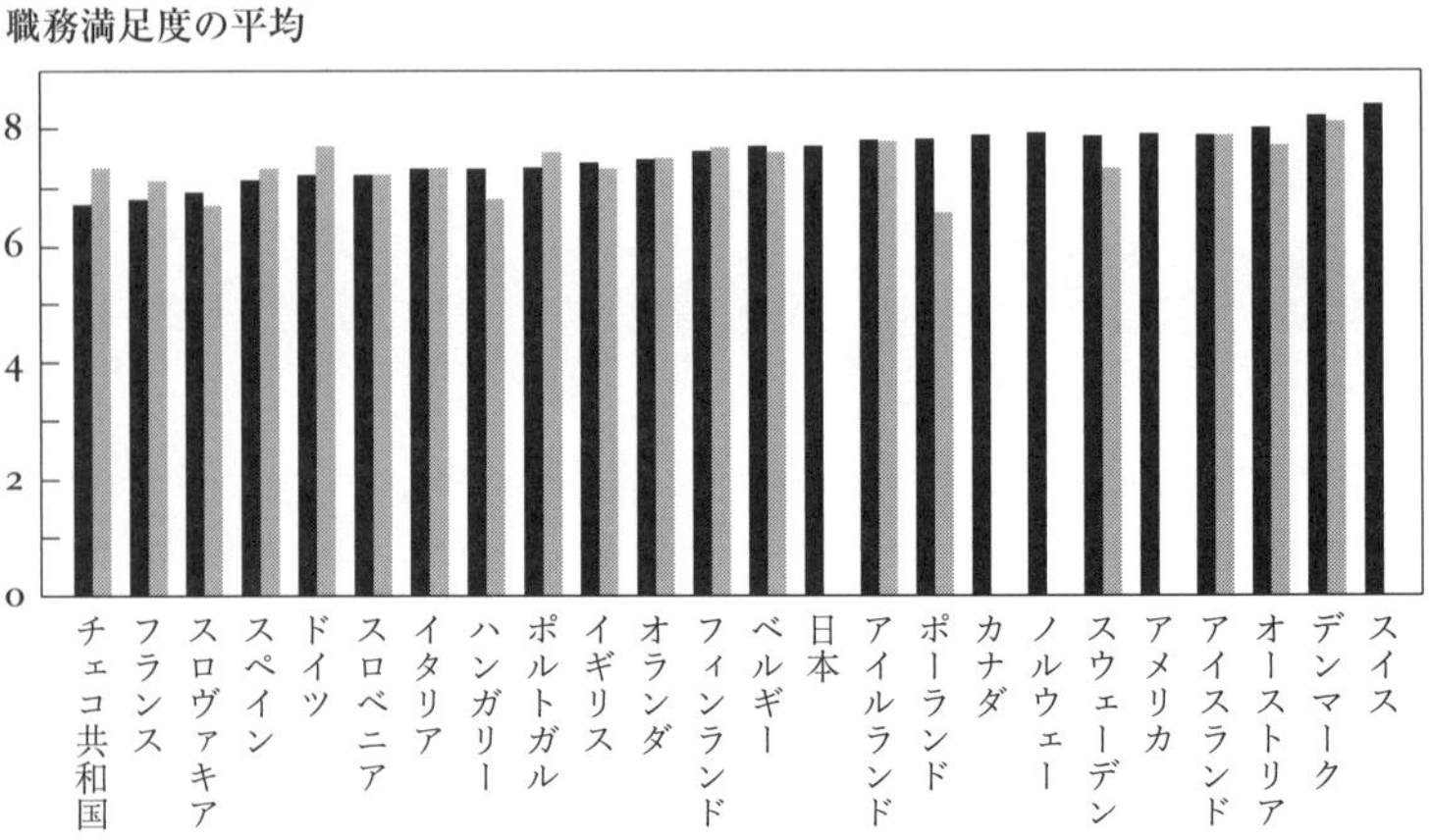

図8-2　職務満足度の平均　1990-1991年（黒）、1999-2000年（グレー） 出所：世界価値観調査

っきり示している。

当然ながら、疑問の声が上がるだろう。職務満足度とは、賃金や富の別名なのだろうか。経験上、国の資産や賃金で上位にランクされていれば職務満足度でも上位に来るとはかぎらない。デイヴィッド・ブランチフラワーとアンドルー・オズワルドによれば、ふたりが集めた一九九〇年代のサンプルでは最貧国に該当するアイルランドで、職務満足度が非常に高く、地中海諸国では低かったという。では、職務満足度の格差は一時的なものなのだろうか。幸運にも、WVSはその後の調査で一九九九年から二〇〇〇年にかけての職務満足度のデータを収集している。このときはなぜかアメリカが省略されているのだが、図8―2からわかるように前回のランクとは大差がない。

そもそも、職務満足度の研究がなぜ役に立つのかという疑問は時々聞かれる。生活満足度と呼ばれる全体的な指標に、最初から取り組むのがなぜいけないのか。なぜなら、途中で職務満足度について研究しておけば、何が生活満足度を決定しているかについての理解が深まるからだ。構成要素を顧みず、いきなり生活満足度を研究するのは怠慢というものだ。仕事や家族への満足度、あるいは経済状況への満足度（「金銭的満足度」）と同様に理解しておくべきだ。仕事から具体的にどんな満足が得られ、それが経済の制度や文化にどう影響されているか調査できるならば、その点を明確にしておいたほうが賢明だろう。

しかし、ひとつ緊急の課題がある。大きな挑戦と報奨を伴う仕事が経済のなかで創造されると、家族満足度の減少という形で大きな代価を支払う羽目になるのではないかと世間一般では思われている。その結果、夫婦の絆は損なわれ、子育てがおろそかになることが危惧される。このような伝統的な見方をするかぎり、近代経済が生活満足度に全体としてプラスの貢献をしているとは言い切れない。しかし実際の観察結果はすべて、近代的な見方の正しさを裏付けている。両親がやりがいのある仕事に打ち込み、夕食のテーブルで興味深い事柄が話題になれば、子どもたちは明らかに恩恵にあずかる。仕事やキャリアに没頭すれば、家族と一緒に過ごす時間は減るかもしれないが、少ない時間を有意義に過ごせるようになるのだ。子どもを対象にした一〇年前の調査では、自分のために両親がキャリアを犠牲にすることを望まないと明言するケースが多かった。両親が問題を解決しながら前向きに生きてくれるよう願っている。[3] そして、WVSの調査結果も近代的な見方を裏付けている。データによれば、職務満足度で最下層の国は、家族満足度でも最下層にランクされている。一方、職務満足度で上位の国――デンマーク、カナダ、アメリカ、アイルランドなど――は、家族満足度も高い。このような結果はすべて、図8―3から読み取ることができる。生活満足度は職務満足度と正に、しかも強く相関している。その事実に間

3　家族の緊張関係について論文で取り上げた第一人者のひとりがアン・マリー・スローターである。一方、ルーシー・ケラウェイは独特の辛口で、『フィナンシャル・タイムズ』紙に反論を寄せた。

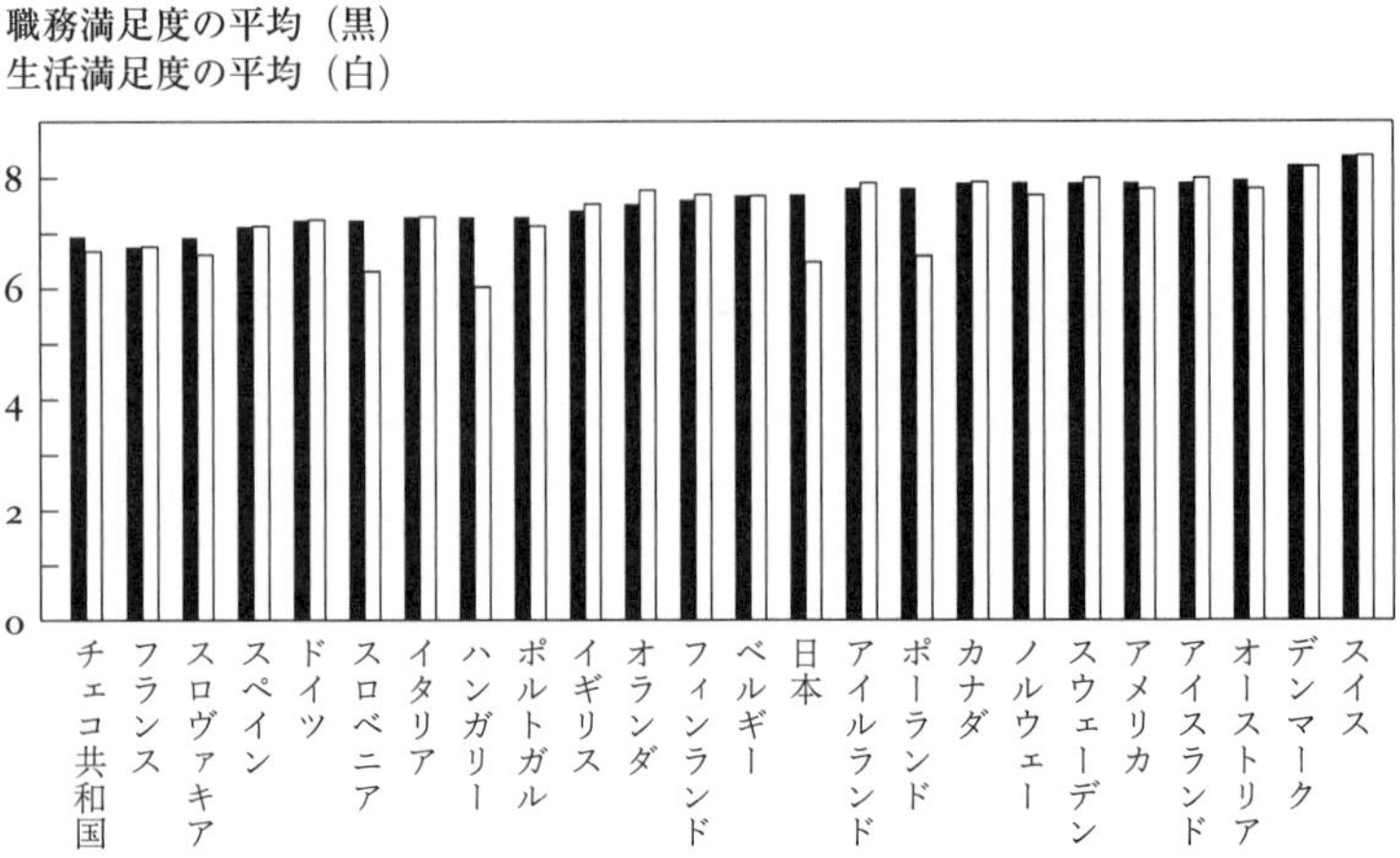

図8-3　**職務満足度の平均、1990-1991年（黒）、および生活満足度の平均、1990-1991年（白）**　出所：世界価値観調査

違いはない[4]。

この数十年間で職務満足度に関するデータはつぎつぎ公表されてきたが、その使い方も解釈も正しくなかった。一部の観測者は職務満足度におけるスウェーデンの高得点に注目し、スウェーデンの経済制度――資本主義と福祉主義がユニークに混じり合い、ダイナミズムがほとんど存在しない制度――が「最高の制度」である証拠だと指摘する。デンマークがさらに高得点をマークしていることに注目し、デンマークの制度――フレクシキュリティ〔積極的労働市場政策モデル〕などの特徴を備えた制度――が最高だと結論する向きもある。しかし、そのようなデータの使い方は賢明ではない。データ全体に目を向けずに「外れ値」から推論するのは、統計学の初級編を学ぶ学生に見られる間違いと同じだ。「たしかにそうかもしれない。しかし、アメリカの制度は最高ではないと結論するのが正しいのではないか！」という反論は上がるだろうが、それも方法論的な間違いだとしか言えない。ある

国が一回のテストで高得点を挙げるのは、外部の力が働いたか、あるいは制度に持続不可能な改善が加えられたおかげで、まったく一時的に正の影響がおよんだからだと考えられる。最高のテニスプレイヤーは大勢の相手と対戦するが、なかには挑戦者が勝つときもあるだろう。しかしだからと言って、勝者が最高のプレイヤーだと推論しないだけの常識を誰でもわきまえている。対戦相手が多ければ、最高のプレイヤーでも勝者になるチャンスは小さくなるだろう。実際、デンマークはあれほどもてはやされたが、二〇〇二年の「国際社会調査プログラム」においては職務満足度で順位を大きく下げた。WVSが二〇〇〇年から二〇〇二年を対象に集めた二回目のデータでは、同様にスウェーデンのランクが落ちている。(5)

職務満足度が主に仕事への報酬を反映しており、世帯調査が測定しようとしている非金銭的満足度は反映していないというのは、よく聞かれる誤解だ。先ず、西側各国の賃金には大差がないのだから、職務満足度の違いを引き起こしているのが賃金の違いだとは考えられない。第二に、職務満足度のなかで報酬が大きな比重を占めているとしたら、国富の割に賃金がかなり低いイギリスが適度なレベルを維持しているのはなぜだろう。逆に、国富に比べて賃金がかなり高いドイツが、イタリアやオーストリアと

4　職務満足度と生活満足度すなわち総満足度との緊密な関係については、以下に示されている。Bojilov and Phelps, "Job Satisfaction," 2012. それよりおよそ五年前の会議で発表された以下の論文では、生活満足度と職務満足度が交換可能なものと見なされている。Phelps and Zoega, "Entrepreneurship, Culture and Openness."

5　何らかの原因となる力が働き、国の経済全体の業績が上昇しているのか下降しているのか確認するときには、ひとつ厄介な問題がある。小国――フィンランド、スウェーデン、ルクセンブルク、デンマーク、アイスランド――におよぶ影響が、アメリカ合衆国全体におよぶ影響と同じに評価される点だ。ヨーロッパ各国は、カリフォルニア、オレゴン、マサチューセッツ、イリノイなどアメリカの州と同列で評価するところから始めるほうがよいだろう。

同様、職務満足度で中間に位置しているのも不思議だ。そして第三に、職務満足度の高さと所得の高さに僅かな関係があるのは、所得の高い就労者は非金銭的な満足度を上昇させるような態度や信念を備えているという傾向性で説明される。

特定の要素が仕事からの満足度でどう評価されているかを考慮すれば、仕事満足度水準の妥当性はより確かになる。それは仕事への誇りと職務の重要度だ。表8―1を参照してほしい。誇りと重要度というふたつの満足度に関するランキングは、職務満足度に関するランキングと非常によく似ている。G7のなかでは、職務満足度の平均で上位のアメリカが誇りと重要度のどちらでも高得点を挙げている（これらの項目ではスウェーデンを上回り、デンマークと肩を並べている）。一方、職務満足度で最下位のフランスは、誇りと重要度のどちらでも最下位にランクされている（スカンジナビア諸国で職務の重要度も仕事への誇りも高く、さらに職務満足度も高いのは、おそらくルター派に特有の真面目な態度やカルヴァン派としての勤勉さゆえではないか。挑戦し、発明の才やビジョンを試すことに人間主義的な喜びを見出すからではない）。したがって職務満足度のスコアは、仕事から得られる非金銭的あるいは非物質的な様々な報奨に対する回答者の見解に基づいている可能性が高いと言えるだろう。

これに対しては、つぎのような反対意見もある。職務満足度が低いのは、回答者の求めるものが多すぎるからであり、仕事が面白くないからではない。フランスやイタリアなどは国が豊かだから国民が甘やかされ、働くことに満足感を見いだせないのだと言う。しかし、アメリカやカナダは富が不足しているわけではないのに、職務満足度では上位にランクされ続けている。特に二〇〇一年のドットコム・ブームのあとは富が大きく膨らんだが、従来のランキングに影響はなかった。さらに図8―2からは、一〇年間で貧しい国から豊かな国になったアイルランドの場合も順位に変動はないことがわかる。一貫し

表8-1　G10＋2における、非物質的な報奨の平均に関する指標

国	職務満足度の平均	仕事への誇り	仕事の重要度	純移民*	100人当たりの移民数	55-64歳の男性の労働参加率	55-64歳の女性の労働参加率
カナダ	7.89	2.70	0.15	2.6	19.5	58.31	36.22
フランス	6.76	1.74	0.04	1.0	10.6	36.08	27.12
ドイツ	6.98	1.79	0.11	4.6	12.9	53.92	31.06
イタリア	7.26	2.03	0.08	1.4	05.2	46.50	14.07
日本	7.66	2.20	n.a.	−0.1	01.6	84.83	48.54
イギリス	7.42	2.80	0.07	0.4	09.7	62.46	40.76
アメリカ	7.84	2.87	0.17	2.8	13.0	65.99	49.23
スペイン	7.02	2.31	0.05	0.0	10.7	55.39	19.78
オランダ	7.48	2.16	0.07	1.8	10.6	42.26	18.60
スウェーデン	7.93	2.63	0.11	2.0	12.3	70.92	63.91
オーストリア	8.03	2.03	0.18	1.5	14.0	44.71	19.07
スイス	8.40	n.a.	n.a.	3.9	22.3	82.56	46.77

出所：データは以下より。Inglehart et al., *Human Beliefs and Values*, 1997; Stock of Immigrants per Person, 2005; United Nations Development Program, *Human Development Report on Mobility*, 2009.

注：職務満足度に関する回答は、1から10までの数字で表されている（世界価値観調査のコードはc033)。「仕事にプライドを持っていますか」という質問（c031）への回答は1から3までの数字で表されている。「仕事は人生で最も重要なものですか」という質問（c046）への回答は0から1までの数字で表されている。表に示されている数字は、回答の平均値である。これらのデータは1990年から1993年にかけての複数の調査からの引用。n.a.は入手不可を表す。

＊純移民は、1981-1990年のデータで、1981年の人口に対するパーセント。

てほぼ上位にとどまっている。そしてもうひとつ、職務満足度の高さが本物ではないとすれば、上位の国、すなわちカナダ、アメリカ、スウェーデン、それにドイツに移民が押し寄せる理由を説明できない（ドイツへの移民が多いのは、東ヨーロッパに近接しているからだとも考えられる）。

格差の制度的原因

西欧大陸諸国の経済的実績を過去数十年間にわたり、様々な側面から比較研究した結果から、これらの国――コーポラティストのシステムのもとで大きな企業と労働組合と政府（そして影響力を持つ小さな利益集団）が市場の結果に拒否権を持つ国――の基本的な経済システムは、様々な目標を達成するうえで、近代資本主義とほぼ同等に有効であったことが示唆されてきた。多少の障害や妨害を市場に導入したことでヨーロッパ諸国はつまずいたが、この程度の障害のコストは取るに足らず、むしろ払う価値があると考えられたからだ、とこれらの研究では論じられている。経済学者のなかには、一八から二二の西側先進諸国の一部で経済的業績が比較的低いのは、雇用保護レベル（ＥＰＬ）が高いからだという仮説をたてるものもいる。[6] 給与税を財源とする失業保険給付金が一部の国では突出しており、それがふるわない経済的実績につながっていると仮定する経済学者もいる。[7] さらに、大きな労働組合と大きな産業団体が賃金（やほかの多くの事柄）を巡って行なう団体交渉が、大きなダメージになっていると推測できるような研究結果もある。[8] あるいは、付加価値税の税率や労働所得に対する平均税率の高さが経済の足を引っ張っているという見方もある。税引き後に賃金がどの程度減少するか、もしくは賃金から「社会コスト」として差し引かれる社会保険給付の規模がどの程度かが、ここでは目安として採用される。[9] ほかには、大陸で好まれる週労働時間や年間労働時間の短縮や、[10] 輸入への保護主義的な干渉も考えられる。[11]

なかには気の利いた仮説もあり、それによれば、大陸諸国にとっての障害は経済のコーポラティズムではなく、英米のコモンローよりも優先させたローマ法のせいだという。[12] 厄介なことに、こうした仮説は際限がなく、しかも裏付けとなる発見の多くは見かけ倒しの可能性が高い。相関関係は偶然にすぎず、因果関係は成立しない。これに対し、本書ではコーポラティスト経済と近代資本主義経済のあいだの経済的ダイナミズムの違いに注目しており、ＥＰＬ、失業保険給付金、付加価値税が職務満足度におよぼす影響は、もっと大きな事柄とはほとんど関係がないものと見なす。

6　この問題に関しては、エドワード・ラザー、ヨルゲン・エルメスコフ、スティーヴン・ニッケルが中心となって調査した。サムエル・ベントリラとジュゼッペ・ベルトーラによる論文「解雇費用と労働力需要」は興味深い内容で、代表的な企業に関して仮説モデルを構築している。それによれば、ＥＰＬが雇用率におよぼす悪影響は、理論的には解雇率によるマイナスの影響を相殺して余りある。したがって、結局のところＥＰＬは失業を減らすと結論できるのだという。しかしこの分析は、「システム効果」を見落としている。雇用を保証されている内部関係者は経営者に賃上げを要求するようになり、それが経済全体での雇用の減少につながるものだ。

7　Jackman et al. (1991); Phelps and Zoega (2004).

8　たとえば、以下を参照。Nickell (2001); Phelps and Zoega "The Search for Routes to Better Economic Performance in Continental Europe: The European Labour Markets," 2004. ラルス・カルムフォルスは、経済に参加する労働者全員がひとつの組合によって代表されれば、コーポラティスト経済のもとで団体交渉がおよぼす悪影響は消滅すると論じている。賃金の増加に伴うコスト上昇を転嫁するため、すべての産業が一律に価格を引き上げれば、各産業が他の産業の動向を見ながら価格を引き上げるときと比べ、雇用が確実に犠牲になるからだ。

9　Phelps and Zoega (2004).

10　Phelps, "Economic Culture and Economic Performance."

11　Phelps and Zoega, "Entrepreneurship, Culture and Openness," 2009. 生活満足度と職務満足度について論じた後、この研究では生活満足度に焦点を当てている。

12　Balas et al. "The Divergence of Legal Procedures."

ＥＰＬが高く、他にも保護政策を採用している大陸ヨーロッパ諸国は、近代資本主義的傾向の経済ほど優れた（あるいはそれよりも優れた）システムを出発点としていないことは本書のテーマにもなっている。コーポラティスト経済と近代資本主義のあいだに見られる制度や文化の面での大きな違いは、ダイナミズム、ひいては職務満足度の不均衡に深く関わっている。コーポラティスト経済が職務満足度に関して劣るのは、近代資本主義の制度や近代の文化が十分に発達せず、経済のダイナミズムが発揮される条件が整わなかったことが大きい。ほとんどの経済分析が暗黙に前提している見解とは、これは非常に対照的である。この多数派の見解では、一部の国は偶然にコーポラティスト経済を採用し、ＥＰＬ、失業保険給付、付加価値税などを取り入れた結果、本来なら完璧に機能するはずの経済システムの成果が妨害されたという。これはシカゴからＭＩＴまで経済学者の多くが主張している点で、新自由主義の信条にもなっている。新自由主義においては、自由市場での競争的環境で設定される価格や賃金に政府や市場関係者が介入さえしなければ、経済は優れたパフォーマンスを上げると考えられている。経済のパフォーマンスの決定要因が——考えられる最高のパフォーマンスの決定要因でさえ——生産性と雇用だけの時代ならば、アダム・スミスの流れを汲む経済学者が競争への介入の廃止だけで十分な成果が発揮されると考えてもおかしくないし、実際に可能性もあるだろう。しかし近代においては、そのような新自由主義的な制度だけでは十分ではない。近代に入ると新しいアイデアの種が蒔かれ、そこから最初の近代経済が花開いた。近代経済では地域イノベーションの発達が重視され、それを促すような態度や能力が大切な要素となる。経済がダイナミズムに欠けていては、高い経済的パフォーマンスは望めない。そして制度や経済文化が発達した環境において、新しい商品に関するアイデアの考案者が積極的に登用され、企業家が新しいアイデアを考案しやすくなり、労働者が長時間真剣に働ける契約を結び、企業や消費者（あるいは最終消費者）がいかがわしい投資家から守られ、市場で発見された製品を積極的に試せるようにならなければ、十分なダイナミズムは発揮されない。

この理論によれば、一九世紀に各地で誕生した近代資本主義は新しい制度を備えていた。特許や著作権を守るシステムが整備されており、イノベーションが促されて円滑に進められた。未知の領域への挑戦に伴う不確実性が足かせにならないよう、参加者を励ますような制度もあった。企業が失敗した際には責任の範囲が限定され、債権者や所有者には保護措置が取られた。株主代表訴訟では経営者にある程度の保護が与えられた。一方、近代経済を支える経済文化の要素のなかには、古代ギリシアで提唱された善き生など古い時代を起源とする概念がある反面、バーザンの言う「近代」の幕開けと共に芽生えた近代的なモラルも存在している。ではこのような理論によって、職務満足度の違いをある程度説明できるのだろうか。ダイナミズムの違いはどうか。

ジルフィ・ゾエガと本著者は二〇一二年、OECD諸国で職務満足度の平均を決定する際、資本主義制度が果たしている役割について探究するため、幅広い分野を調査した[13]。一部のカテゴリーにおいて、制度の強さや範囲が国ごとに異なる点を先ず留意してほしい。資本主義的法制度のなかには、アイルランド、カナダ、イギリス、アメリカで大きく発達したように見える一方、ほかの国では十分に発達しなかったものもある。たとえば、フレイザー・インスティテュートは一九九〇年代半ば以来、法的構造ならびに所有権の安全というカテゴリーで多くの国の成績を得点化し、ランキングを実施してきた（ある国の得点は、当該カテゴリーに属する制度についての多数の測定値の指数、もしくは平均）。一九九五年、アイル

13 Phelps and Zoega, "Job Satisfaction: The Effect of Modern-Capitalist and Corporatist Institutions."

ランドは八位、カナダは一一位、イギリスは一四位、アメリカは一五位にランクされた。低いところではベルギーが二四位、フランスが二五位、スペインが二六位、イタリアが一〇八位となっている。最高位にランクされる傾向は北欧諸国のあいだで強く、フィンランドが一位、ノルウェーが二位、ドイツが五位、オランダが六位だった。[14]しかし所有権は、職務満足度の違いを説明する助けになる制度のひとつにすぎない。

資本主義においては、金融制度の三つのカテゴリーが中核を成している。ひとつは資本アクセス指数で表され、「資本市場の範囲と浸透度とバイタリティ」についてミルケン・インスティテュートが集めた計測値から割り出される。二つ目は、組織化された取引所に株式を上場している企業の数で、経済活動に従事している企業全体のなかで占める割合によって表される。そして三番目は上場されている株式の市場価値、すなわち株式時価総額と呼ばれるもので、GDPに占める割合で表現される。これらの制度のイノベーションにとっての価値には近年、いわゆるコーポレート・ガバナンス（企業統治）に伴う問題ゆえ疑問符が付けられている（現在のシステムの深刻な欠点の一部については次章で取り上げる）。しかし新しい企業は株式公開を通じ、そして既存の企業は増資株の発行を通じて資本を確保できることを考えれば、かなり不完全ではあっても、公開市場のないシステムよりは優れていると言えるだろう。当初は小さな新興企業は、根源的な新しいアイデアを発達させるために有利な立場をいくつか確保できる。一方、概して同族経営の既存の小企業は、利益の再投資や借入、破産保護の申請によって踏みとどまり、革新的な企業で活用できるような資源を手離さずにすむ。では、データはどんな結果を示しているだろう。すでに紹介したフェルプスとゾエガによるワーキングペーパーの統計分析によれば、資本主義の歴史あるふたつの制度——資本へのアクセスと株式取引所——が未発達のままだと（あるいは退化していると)、職務満足度は高くならない。小さな企業を始めるジェファーソン流の自由から社会は恩恵をこうむるが、規模の拡大を助けてくれる制度もまた役に立つのだ。

では、近代資本主義の誕生と共に生まれた近代的な制度が広く普及して十分に機能していることも、職務満足度の違いを説明するうえで重要だと言えるのだろうか。もちろん重要だ。これらの制度の多くの測定——たとえば特許法の良し悪しについての測定——はそう簡単ではないが、概して革新的な新しいアイデアは、新しい企業において最も良い形で考案される。したがって、新たな企業の参入に対する封建主義や重商主義の障壁が撤廃され、新しい産業が形成される状況が整っていれば、近代資本主義が機能するために欠かせない制度への道を歩んでいると判断することができる。たとえばアメリカは、国王ジョージ三世の厳しい支配から独立したとき、このような制度が発達していた。そうなると概念的には、煩雑な手続きを取り除いてくれる制度を計測すれば、近代資本主義経済における職務満足度の高さを説明するための目安になるはずだ。ただし、この分野の制度の多くは細かいうえに独特の性質を備えているので、数字で表すのは難しい作業になってしまう。したがって、以下に紹介する逸話の内容も決して不当というわけではない。ひとつはイーベイの創業者でフランス人のピエール・オミダイアにまつ

14　これらのデータは以下に掲載されている。Gwartney et al., *Economic Freedom of the World* (country data tables). イノベーションへの影響をフレイザーが指摘しているもうひとつのカテゴリーが、国際貿易の自由度である。野心のあるイノベーターが国内だけでなく海外でもイノベーションの採用を期待できれば、明らかにダイナミズムは勢いづく。ここではアイルランド四位、イギリス一〇位、アメリカ一八位、カナダ三一位、スペイン一九位、イタリア二四位、フランス三二位となっている。一方、ベルギーは五位、ドイツは九位にランクされている（このカテゴリーでは、北欧諸国は最上位ではない）。つまり外国貿易に関する制度において、大陸ヨーロッパ諸国の点数は必ずしも悪いわけではない。ただしアメリカは国が大きく、国内貿易でほとんど賄うことが可能だ。そのため、自由貿易の部門での順位は高くないが、小国ほど影響を受けるわけではない。

わる話で、彼は二〇〇五年にエクス゠アン゠プロヴァンスの聴衆に対し、フランスでイーベイを操業するのは不可能だったが、その理由を明言できないと語った。おそらく本当に簡単には考えられなかったのだろう。そしてもうひとつは著名な企業家がイギリスのデイヴィッド・キャメロン首相に最近語った話で、イギリスにはいくつかの重要な制度が欠けているから、自分で事業を始めるのは不可能だったと述べている。

近代資本主義が機能するうえで欠かせない制度のひとつが会社法だ。破産した企業が債権者から守られ、経営陣による背任から企業が守られ、職務を果たさない従業員から企業が守られ、従業員に対する企業の要求に制約が設けられるよう、制度が整備されていなければならない。このような概念は、ヘリテージ財団が発表している企業の自由度指数によってある程度は明確に把握できる。近代以前の前資本主義のもとでは、作物の収穫に関して地主が労働者と契約を交わすことができた。近代資本主義においては、企業と個人が一体になって活動する。将来的にどんな職務が発生するか見通しが立たず、突発事態に見舞われる可能性も否定できない状態で、各当事者は関係の構築に時間や費用をかけていく。しかし、あらゆる非常事態を想定した契約の成立は、労使双方にとって不可能である。そこで、契約で保証されていない領域で企業が対立に巻き込まれた場合には、解決手段として法が上限を設ける必要が生じる。こうした法律による支援がなければ、企業家も投資家も新製品の創造をためらうだろう。思いがけない展開によって雇用や解雇が必要になったときや、無能な経営者を優秀な人材と取り換えたいとき、厄介な状況に陥る恐れがあるからだ。創造は常に破壊を引き起こすわけではないが、破壊を食い止める力が働くと、創造に必要な資源の確保が難しくなってしまう。

そして最後に、イノベーションを目指した起業活動を著しく助長したり妨げたりする制度として、国の経済政策が挙げられる。僅かなデータと明らかに限定的な理論に依存する保守主義者は、政府に一定の役割を提供する経済政策をやり玉に挙げ、あらゆる要素において費用が便益を上回り、例外はほとんどないと結論を飛躍させる。たしかに、政府がトウモロコシの生産高を増やすとか織物の生産量を減らすとか、民間部門の活動に介入することが、商業資本主義の時代の遊牧経済において有害だと仮定するのは適切かもしれない。しかし、教育のための費用を増やしたり減らしたりすると最適均衡によるイノベーションが妨げられ、イノベーションが阻害されると仮定するのは無理がある。政府の具体的な活動が経済のダイナミズム、ひいては職務満足度に建設的な結果をもたらすのか、あるいは有害なのかはわからない。それでも、こうした疑問に関する研究は可能なケースが多く、見直しを迫られるような結果がもたらされるときもある。たとえば、先ほど紹介したワーキングペーパーにも証拠は見られる。アメリカの勤労所得税額控除など低所得者への補助金は、恵まれない人たちに雇用を提供して自立を促すことを目指しているが、その結果はどうかと言えば、職務満足度の低下につながるという推論とは相いれない。疎外されてきた人たちがビジネスの世界に統合されれば、社会の全員が創造力を発揮する機会を与えられ、才能が十分に発揮される可能性が考えられる。

福祉国家はもうひとつの事例を提供している。すでに取り上げたフェルプスとゾエガによるワーキングペーパーによれば、社会保険、すなわち教育はむろん医療費や退職後給付に対する支出レベルが高い国でも、職務満足度のレベルが低下する傾向にはならない。ただしこの場合には、非常に特殊な国のデータが結果に影響をおよぼしている可能性を考慮しなければならない。たとえばノルウェーは石油資源に恵まれ、オーストリアはワルツが盛んだ。[15] 一八世紀末から一九世紀はじめにかけて活躍した偉大なフランス人経済学者ジャン＝バティスト・セイは、一八〇三年に発表した論文『経済学概論』のなかで、大きな政府に伴う問題を明らかにしている。以下にセイの文章を要約する。

> 本来なら企業家はより良い方法やより良い製品の考案に頭を悩ませ、収入の増加を図るものだ。しかし経済の全領域で政府による購入が盛んな場所ではどうしても、競合相手を打ち負かして政府の新しい契約を勝ち取るために知恵を絞るようになってしまう。したがって政府の消費レベルが高い国では、経済からダイナミズムの一部が奪われ、ひいては職務満足度の一部が失われてしまう。

一方、労働者や産業を「保護」するためにコーポラティスト的な介入があると、職務満足度が常に上昇することはワーキングペーパーから明らかにされていない。人間としての可能性の実現にとって欠かせない要素は、安心感を得られるときのほうが効果を発揮するとコーポラティズムでは信じられているが、それは錯覚のようだ。

規制に関する制度は職務満足度の大きな低下につながるようで、なかでも信用市場の規制（金利操作など）と財市場の規制による影響は大きい。団体交渉の制度、あるいは雇用や解雇に関する規制も、職務満足度の平均を低下させる原因だと考えられる。なかには良い結果につながりそうなコーポラティスト制度もある。たとえば、海外の債権者や投資家に利息や配当金を支払うために巨額の貿易黒字を積極的に発生させる準備が制度によって整っていれば、海外からの投資を呼び込めるだけでなく、技術や資本が海外から移転してくるかもしれない。しかし証拠に間違いがないかぎり、コーポラティスト的な制度は結局のところ職務満足度を低下させる。

格差の文化的原因

経済は一連の制度だけでなく経済文化からも構成されており、その傾向が特に近代経済に当てはまることを忘れてはいけない（シュンペーターは一九四二年に刊行された『資本主義・社会主義・民主主義』のなかで、資本主義経済は基本的に文化だと語り、その文化は習慣や基準を発達させると考えた）。本章では、文化の基本的要素、すなわち一般的な態度や信念は、仕事への努力や他人との協調の結果を左右するものだと仮定する。どちらからも、職務満足度は影響を受ける。このような態度や信念は、価値観と呼ばれるときも多い（経済文化のなかには企業で発達したものも含まれており、グーグルなど際立った会社の企業文化については頻繁に取り上げられる）。

経済生活に職務満足度を提供できるような経済は、どのような価値観によって促されるのだろうか。ここでは人類学者、民族学者、社会学者が態度や基準や信念に関して集めたデータを参考にして、文化的価値観の普及度や強さに関する国家間の違いが、職務満足度に関する国家間の違いを説明できるかどうか調べていきたい（労働者や経営者や顧客が満足度に関して抱く価値観の影響が間接的におよんで制度が変化しているのか、あるいは制度そのものの調整による直接的な影響がなければ制度は変化しないのか、その疑問についての分析はここでは行なわれない）。

経済文化というと、多くの社会科学者は信頼と呼ばれる要素をすぐ心に思い浮かべる。ごく大ざっぱに言えば、人々が法を守り、相互に尊重するように育てられるほうが社会はよく機能する、という考え

15　政府の投資支出に有害な影響がないことは興味深いと同時に、それほど意外でもない。連邦高速道路からNASA（米国航空宇宙局）やNIH（国立衛生研究所）に至るまでの資本プロジェクトは、従事するエンジニアや技術者や科学者の職務満足度を高めるだろう。民間部門でのイノベーションや投資が、参加する人たちの職務満足度を向上させるのと同じだ。

方だ。このアイデアは一九七〇年頃、社会学者のリチャード・ティトマスの著書『贈与関係』によって、その少しあとには哲学者のトマス・ネーゲルの著書『利他主義の可能性』によって突然に出現した。この問題は会議で盛んに取り上げられ、本著者もこれをテーマにした著書を企画した。[16] しかし信頼はふたつの理由から、ここでの議論から省くことにする。先ず、道徳と倫理は切り離して考えられるが、それと同じ理由から、利他主義と文化を一緒にすると混乱を招くと考えられるからだ（道徳は公益のために普遍的に何をなすべきか、たとえば利他性を指す。一方、倫理は良き個人として賢明に生きる術を指す）。経済文化の影響をテーマにした最近の文献でも、利他主義は話題にされていないようだ。一方、ここで信頼が省略されるべき二番目の理由にはもっと説得力がある。利他主義が強ければ経済のダイナミズムが勢いづく（あるいは妨げられる）と仮定できる根拠が、そもそも存在しないのだ。たとえ存在していたとしても、利他主義がコーポラティスト国家ではなく資本主義国家の領域に属すると（あるいはその逆のケースを）仮定できるほど強い根拠は見つからない。したがって、利他主義についてはこの研究のなかで触れないのが最善だ。

フランス人実業家フィリップ・ブルギニョンはアメリカで活動した期間とヨーロッパで活動した期間がほぼ同じで、ふたつの地域の文化の違いを巧みに描写している。[17] 彼の分析によれば、違いはそもそも子育ての違いから発生している。たとえばフランス人の母親は、公園で遊ぶ子どもを注意深く見守る。気配りが行き届き、気を付けなさいと警告を発する。一方、アメリカ人の母親は子どもにほとんど注意を払わず、用心深く行動することを教えない。その結果、アメリカ人は失敗にうまく対処しながら成長していくので、失敗を重ねても相対的にへこたれない。

べつの観察者は、大陸西欧諸国でビジネスライフの価値を表現するために使われる語彙と、アメリカ、カナダ、イギリス、アイルランドで使われる規範概念との大きな違いに注目している。この観察者、すなわちジャーナリストのステファン・タイルは、民間企業や市場の結果についてフランスとドイツが、アメリカなどとは倫理的に大きく異なったレンズを通して眺めていることを発見した。

フランスの高校では三巻から成る歴史書『二〇世紀の歴史』が使われているが……テキストの様々なポイントで資本主義には「冷酷」とか「野蛮」といった表現が使われている。「新興企業」について生徒に教えるところでは「慎みのない組織」で「将来の見通しは明確でない」と語っている。ドイツの高校も……似たような語り口で、コーポラティストや集産主義の伝統を植え付けることに専念している。ほとんどすべ

16　*Phelps, Altruism, Morality and Economic Theory*, 1975. 一九七四年にシカゴ大学で開催された法と経済学に関するセミナーの会場で、多少の利他主義は経済の効率を向上させると信じる出席者を代表して私は論理的根拠を披露した（当時はまだ経済のダイナミズムについて考えていなかった）。するとセミナーの名物男のジョージ・スティグラーが、具体的な事例を求めた。そこで私は回答として、自分の行動が政府の努力に少しでも貢献できるとわかっていれば、あるいは自分以外の所得者も税金をきちんと支払うとわかっていれば、所得税を忠実かつ積極的に支払いたくなるものだと説明した。当時は筋金入りの新古典主義派だったゲーリー・ベッカーが「その程度なら我々でも考えられる。ほかにはないのか」と質問してきた。そこで今度は、他人が事故を起こさないように交通法規を守っていると確信できなければ、恐ろしくて通りを歩くことも車を利用することもできないと説明した。スティグラー教授はこれを否定し、人々が交通法規を守るのは自分が不都合な事態を避けたいからだけだと論じ、興奮してこう続けた。「フロントガラスに貼り付いた肉をはがすために車を停めたいなんて、誰も思わないだろう」。

17　Bourguignon, "Deux éducations, deux cultures."「ふたつの文化」という概念から、C・P・スノーによる有名な講演『ふたつの文化』を連想する読者は多いだろう。小説家であり科学者であるスノーは、芸術家が科学やその素晴らしい文化に無知であることを嘆いた。ブルギニョンと同じ精神でスノーは、イノベーターの文化と同じく科学者の文化も失敗を受け入れる、と付け加えたかもしれない。失敗はゲームにとって欠かせない要素だ。成功が確実なゲームなど、退屈このうえない。しかしそれでも、科学の研究も起業活動も自己表現の傾向が強く、失敗すれば心は傷つく。

てが職場での対立というレンズを通して教えられる。……労使、従業員と事業者、上司と労働者といった具合に……風刺画やイラストに登場する上司や会社経営者は、葉巻をくゆらせた怠け者の金権家として描かれ、児童労働、ネット詐欺、携帯電話依存症、アルコール依存症、不当なレイオフと結びつけられるときもある。ヨーロッパ人はやや左寄りの、社会民主的なレンズを通して世界を眺めていると考えられる。ヨーロッパの学校で教えられている偏見の強さと深さには驚かされる。(18)

タイルの研究は、人々が世界を見るレンズは国ごとに大きく異なることを示唆しており、むしろレンズを通して見られる世界よりも違いは際立っている。さらにこれらの違いは人々が重視する価値観の違い、さらにはブルギニョンが指摘したように、安心や安全といった共有価値の解釈の違いから生じているとも考えられる。

本書がすでに参考にしてきたＷＶＳ（世界価値観調査）は、世界中の価値観に関する調査データを大量に集めている。このような調査からは、ほとんどすべての価値観――認識や心構えや世界観――に関するデータが国ごとに大きく異なることがわかる。質問への個別回答を統計分析するかぎり、ユニークな特性を備えた個人が無作為に抽出された結果として無作為変動が生じ、それが国家間の違いにつながったとはまず考えられない。分析から明らかになった国家間の違いは、測定値から予測されるよりもはるかに大きい。予想どおりというか、調査対象になった価値観の一部はコーポラティスト経済よりも近代資本主義経済のほうでかなり重視されるが、なかにはコーポラティスト国家のほうで重視される価値観もある。

国家が優れた経済的業績を上げるためには複数の価値観が重要な役割を果たしているもので、本書でもそれが中心的な命題になっている。ここまでの時点では、この命題は確認が必要な仮定だった。これらの価値観の一部は、斬新なアイデアを考案し、アイデアから新しい製品を作り出し、それを試してみる能力やそう願う気持ちを育んでくれる。あるいは、イノベーションの商業的展望を左右する経済的条件に影響をおよぼす価値観もある。そうなると、西側諸国で重視されている価値観の多くは――近代資本主義とコーポラティズムのどちらに関わっていようとも――職務満足度に影響していると仮定してよいのではないか。職場での刺激や挑戦に直接的な影響を与えることで、職務満足度を向上させる可能性があるだろう。あるいは、挑戦すれば報われる経済環境を生み出してくれる新しい制度が創造されれば、一連の価値観は間接的な影響をおよぼすことになるだろう。ではここからは、入手可能な調査データによって仮定の正しさを判断していきたい。

コロンビア大学の「資本主義と社会センター」が実施している研究プログラムでは、問題解決、好奇心、実験、探究、斬新さや変化といった西側諸国の文化が、経済の業績、ひいては職務満足度におよぼす影響について調査してきた。最初の結果は二〇〇六年、大陸ヨーロッパの経済を悩ませる問題について取り上げた論文の一環として、ヴェネツィアで開かれた会議で公表された(19)。この論文を下敷きにした講演では経済文化に付随する価値観に注目し、職場での態度に関してＷＶＳから九つの項目を選び出し、それが経済の業績におよぼしている可能性に触れた。なかにはひとつまたは複数の側面で、経済の業績の高さに大きく関わっている価値観もいくつか見受けられる。たとえば回答者が「仕事の面白さ」（Ｗ

18　Theil, "Europe's Philosophy of Failure."

19　Phelps, "Economic Culture and Economic Performance," 同センターで二〇〇六年に開催された会議で発表され、二〇一一年には *Perspectives on Performance of the Continental Economies* として出版された。

ＶＳの分類ではｃ０２０）をどれだけ評価しているかは、経済の業績の複数の局面に関して国が獲得した点数と密接に関わっている。新しいアイデアの許容度（ｅ０４６）の高さも、優れた業績を後押しする指針として評価できる。そしてイニシアチブの発揮を願う気持ち（ｃ０１６）も良い徴候だと言える。一方、言いなりになる——命令に従う——ことをいやがる傾向（ｃ０６１）は一部のヨーロッパ諸国で目立つが、これはまさに経済の業績に大きな損失を与えている。変化を受け入れる積極性（ｅ０４７）と競争を厭わない気持ち（ｅ０３９）は、経済の発展にとって大いに役立つ。逆に、目標達成への欲望（ｃ０１８）はほとんど重要ではない。人々が望むのは経験、すなわち人生であり、何らかの具体的な対象ではないのだ。

仮説で指摘される様々な文化的要素の影響は、大体において正しさが裏付けられている。そして、ＷＶＳの価値観のなかで大きな成功に関わっている要素は、近代資本主義に備わった価値観そのものであるように思える。コーポラティスト的傾向の国——フランス、イタリア、オランダ、ベルギーなど——は、通常比較される国——アメリカ、カナダ、イギリス——あるいはデンマーク、アイルランド、アイスランドなど小さな海洋国に比べ、これらの価値観が欠如している。しかしこの論文では、本章の焦点でもある達成指数、すなわち職務満足度におよぼす影響については触れていない。そうなると、ここではデータを改めて見直し、経済のパフォーマンスの指針として評価されてきた要素——就業率、相対的生産性、失業——への大きな影響が確認されている態度が、職務満足度にも大きく関わっていることを確認すべきなのかもしれない。ただし、結果には疑いの余地がない。むしろここでは、構造面からのアプローチを採用したいと思う。

本書で語られている歴史からは、職務満足度（広義には経済的満足度全般）にとっての経済文化の重要性が、べつの方法で評価できることがわかる。ここまでは、近代の倫理――想像力や独創性を通じた自己表現への欲望――と近代の道徳――伝統主義（すなわち家族、地域社会、国、宗教への義務）にとらわれずに自己表現を目指す個人の権利――の歴史について取り上げてきた。しかし歴史に関しては、モダニズムと伝統主義の一進一退の攻防という見方もできる。一八〇〇年代はじめから現在に至るまで西側諸国では激しい戦いが際限なく続いている。モダニズムが優勢な場所では伝統主義が退却し、イギリスやアメリカでは近代経済が発達して社会が花開いた。友愛と平等を掲げるフランスは米英と若干異なり、ドイツでは伝統主義（と社会主義）の勢力が残されたが、どちらの国でも近代的な傾向の経済が形成された。しかし一九〇〇年代になってヨーロッパの大半で伝統主義が復活すると、これらの国の経済は近代とは正反対の方向へ揺れ動いた。

もしもこの歴史が正しければ、モダニズムの文化的価値観の強い社会では職務満足度の平均が広い範囲で向上し、レベルが高くなっているはずだ。そして伝統主義の要素にも役に立つ点はあるかもしれないが、伝統主義の価値観が弱い場所で職務満足度が高いことを知っても特に驚くべきではない。

二〇一二年にライチョ・ボジロフと本著者が手がけたワーキングペーパーでは、モダニストの価値観が一国の職務満足度の平均に貢献しているかどうかを調べた。WVSのなかでモダニストの文化の徴候あるいは欠如のしるしとして評価された価値について、研究対象の各国がどれだけ強い傾向を示しているかという点に焦点が当てられた[20]。そして以下の質問へのイエス・ノーの回答に基づいて計算が行なわれ、数値が割り出された。生産性の高い労働者への報酬を増やすのは正当だと思いますか（c059）。

20　Bojilov and Phelps, "Job Satisfaction: The Effects of Two Economic Cultures," 2012.

会社の経営は所有者の管理下に置くべきだと思いますか（c060）。競争は良いことだという意見に賛成ですか（e039）。ほかには、一から一〇の段階で評価する以下のような質問もあった。人生の大きな変化には慎重であるべきでしょうか（e045）。新しいアイデアに不安を感じますか。長年にわたって評価されてきたアイデアのほうが全般的に優れていると思いますか、それとも新しいアイデアは考案して試す価値があると思いますか（e046）。変化に伴う困難について不安を感じますか、それとも新しいものの登場に付随する可能性はいかなるものでも歓迎するでしょうか（e047）。これらの質問への回答を国ごとに数量化し、それぞれの価値の平均を割り出した。そのうえで六つの測定値の平均を割り出すと、モダニズム指数が得られた。

伝統主義の指数も大体同じように割り出される。調査で使われる質問は、家族や地域社会にとって大きな不安材料になりそうなものが選ばれた。不安があまりにも強く、子どもを家族や地域社会から引き離す形の経済的発展が好意的に受け入れられないようなケースだ。伝統的な価値観の一部は、WVSの以下の四つの質問で取り上げられている。他人への奉仕は人生で大切だと思いますか（a007）。子どもは両親から尊敬され愛されるべきだと思いますか（a025）。親は子どもに責任を持つべきだと思いますか（a026）。子どもにとって、自分本位ではない性格は大事な資質だと思いますか（a041）。これらの設問では、両親や隣人に対してモンスターのようにふるまう経済主体がイノベーションに大いに役立つことは仄めかされていない。家族や地域社会とのしがらみによって個人が排斥されてしまうと、イノベーションは抑圧されてしまうことだけが示唆されている。

では、どんな結果が導かれるだろう。伝統的な価値観は社会を結びつける貴重な接着剤であり、経済への参加から得られる職務満足度などの報奨が間接的に押し上げられる可能性は考えられる。あるいは、

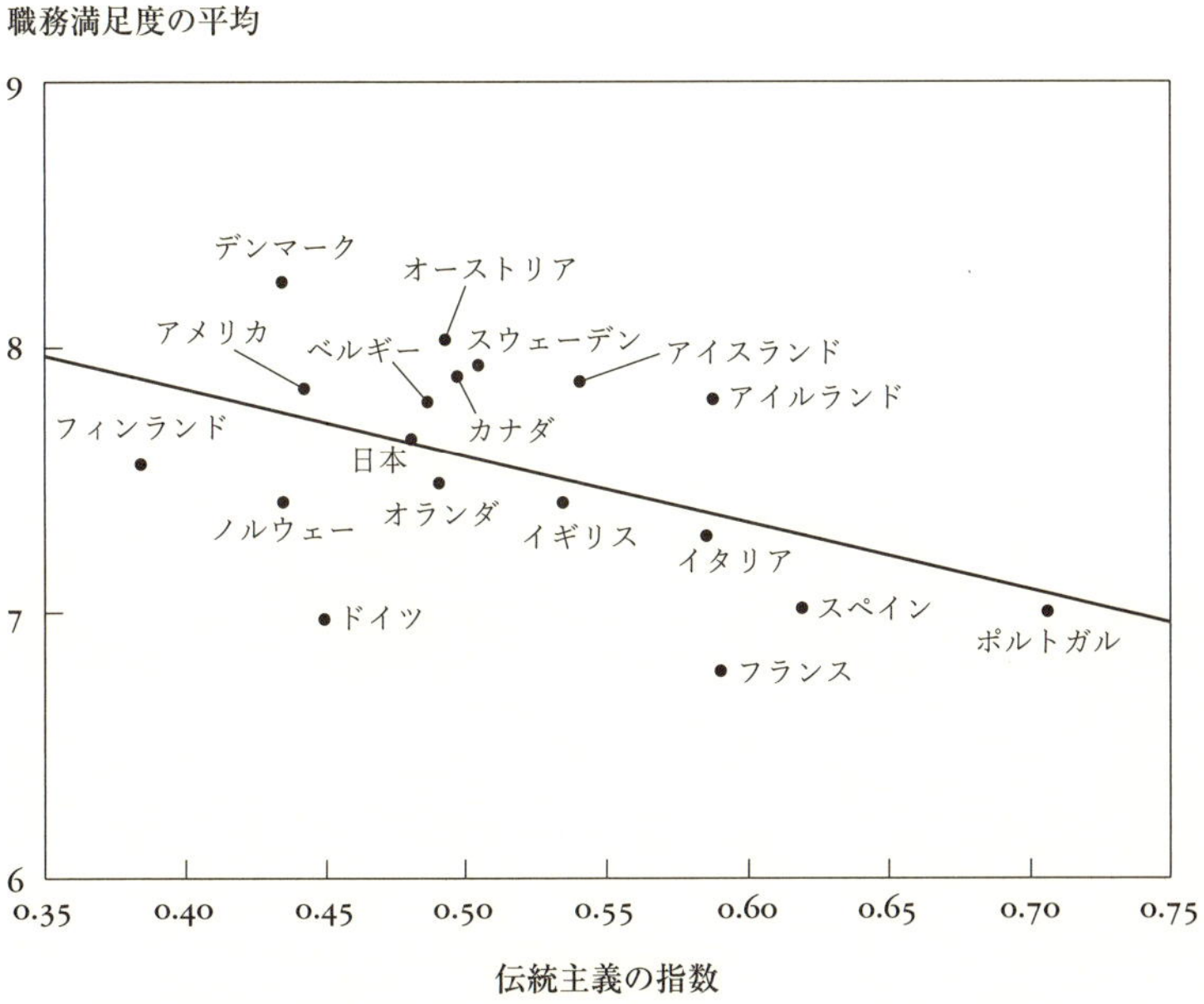

図8-4　伝統主義と職務満足度、1991 年

モダニズムの要素は多少存在している程度のほうが役に立ち、あまりにも多すぎると経済の調整機能が弱まり、昔の職人の事例のように不安が引き起こされ、職務満足度が大幅に損なわれてしまうという考え方もある。大陸ヨーロッパの政治家は、このお気に入りの信念にあらゆる演説で敬意を表している。しかしここでの研究の結果は、どちらの偏見も正しくないことを強く示唆している。

　結果は図8―4と8―5に示されており、そこでは表8―2に記されているモダニズムと伝統主義の指数が使われている。最初のグラフでは、伝統主義は職務満足度の高さにとって障害のように思える。フィンランド、デンマーク、アメリカの三カ国は伝統主義の数値がきわめて低い反面、職務満足度

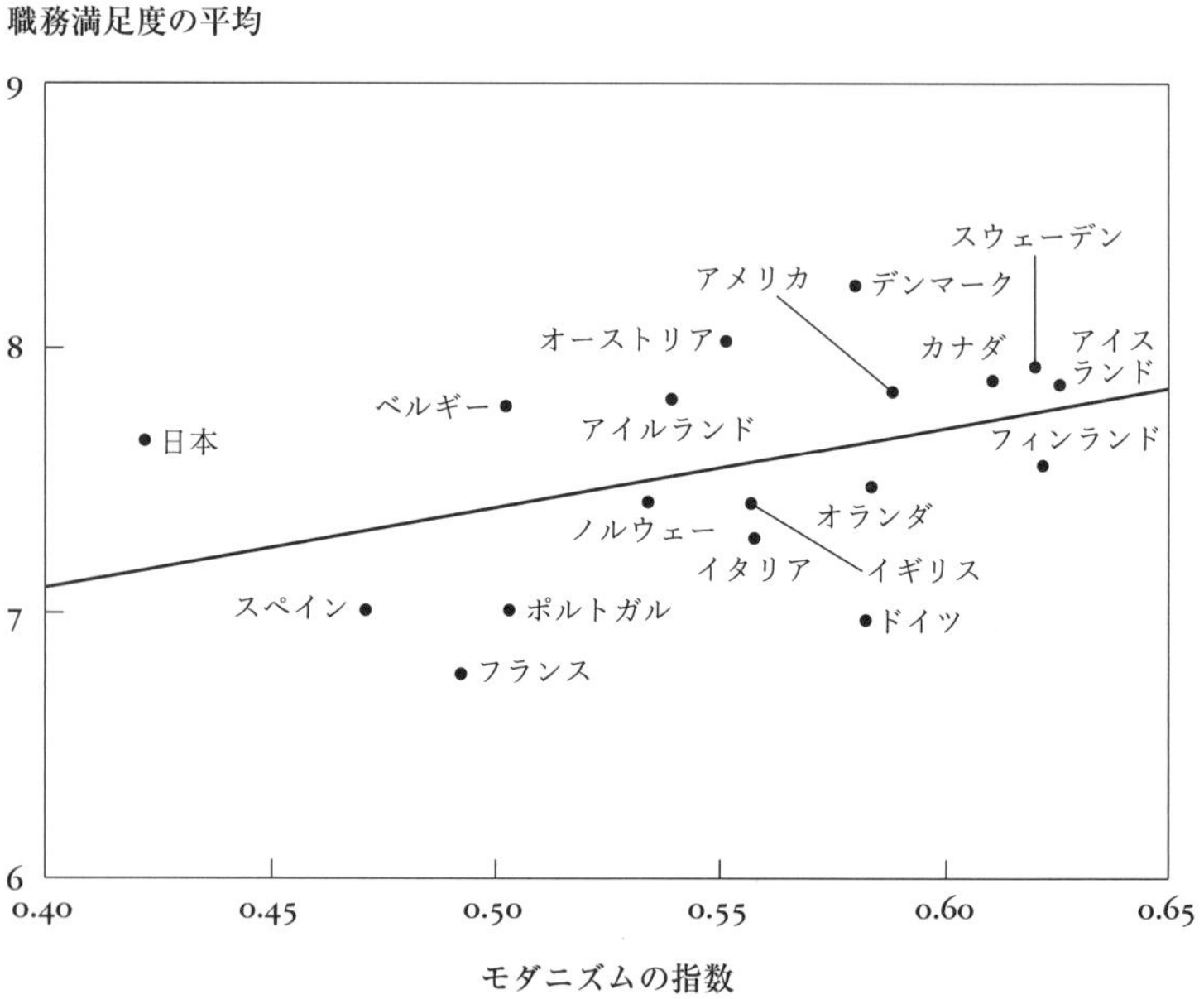

図8-5　モダニズムと職務満足度、1991 年

の平均がかなり高く、しかもダイナミズムの強さをしばしば指摘されている。逆にポルトガル、スペイン、フランスは伝統主義の数値がきわめて高いが、職務満足度の平均は非常に低い。さらに、このサンプル全体では（負の）統計的相関が目立つ。スウェーデン、カナダ、アイルランド、デンマークは伝統主義の数値が中間もしくは下位にランクされているが、それに反比例して職務満足度が高い。なぜならいずれの国も、ほとんどの国にはないものを持っているからだ。それは図8―5からわかる。

　図8―5は、モダニズムが職務満足度を大きく押し上げることを示している。モダニズムの得点が高い国は、職務満足度の得点も高い。最も近代的な文化を持つ国――アイスランド、フィ

表8-2　モダニズムと伝統主義の指数

国／地域	モダニズムの指数	伝統主義の指数
オーストリア	0.55	0.49
ベルギー	0.50	0.49
カナダ	0.61	0.50
デンマーク	0.58	0.44
フィンランド	0.62	0.38
フランス	0.49	0.59
ドイツ	0.58	0.45
アイスランド	0.63	0.54
アイルランド	0.54	0.59
イタリア	0.56	0.58
日本	0.42	0.48
オランダ	0.58	0.49
ノルウェー	0.53	0.44
ポルトガル	0.50	0.71
スペイン	0.47	0.62
スウェーデン	0.62	0.51
イギリス	0.56	0.54
アメリカ	0.59	0.44
平均	0.58	0.51

ンランド、スウェーデン、カナダ、アメリカ——は、職務満足度でも非常に良い成績を残している（ただし二〇〇一年、スウェーデンの職務満足度は大きく落ち込んだ）。

ふたつの図からは、イタリアの平凡な職務満足度が伝統主義の強さによって説明できることがわかる。モダニズムの数値は平均を上回っているが、その程度では相殺できない。ただし、満足度がドイツの労働者のあいだで低く、オーストリアの労働者のあいだで高いのは理解不能だ。結局のところ、価値観がすべてというわけではない。

アメリカは一九世紀から二〇世紀の大半においてモダニズムで最高にランクされてきたが、驚くことに最近の調査では、多くの国がアメリカの数値を上回っている。何かが少しずつ発生したのだろうか。一〇年程度で国の文化に大きな変化が生じるケースは稀で、それは図8—2からもわかる。しかし数十年のスパンでは、それほど珍しいわけではない。アメリカ経済はこの数十年間でダイナミズムを失ったのだろうか。その場合、モダニズムの衰退や伝統主義の台頭が背景にあったのだろうか。その疑問については次章で取り上げる。

第III部

衰退と復活

一部のダイナミズムはどのように失われ、
それを取り戻すためになぜ努力すべきなのか

暗黒の中で、真の独創性と真の創造力を伴う新鮮な波が岸に押し寄せるときにこそ、西洋の再発見はなされるだろう。

——ジャック・バーザン

第9章　一九六〇年代以後の衰退を示す徴候

ある朝、私はシルバーマンにコレクトコールをかけた。……ラリってた。……それで出てきたのが、この「アメリカン・ドリームの死」だ。私はそう、これをうまくやるのに一番いいのは政治を見ることだと思った。

——ハンター・S・トンプソン『アメリカン・ドリームの終焉』

現在のアメリカ経済は、一九世紀の大半から二〇世紀にわたって輝いた近代経済から様変わりした。経済の業績を評価するうえで重要な側面——職務満足度、失業、相対的生産性——は、これを如実に示している。データからは、三つのすべての分野で一九七〇年代半ばには早くも衰退が始まっていることがわかる。インターネットブームが最後の輝きを放ったとき、職務満足度が一時的に上向いた程度だ。同様の衰退は遅かれ早かれ、ほかの西側諸国にも訪れた。ドイツでは一九八〇年代、イタリアとフランスでは一九九〇年代末から衰えが始まる。いずれの国も地域イノベーションに欠けるので、頼りにしているアメリカ経済のイノベーションがふるわなければ、もはや繁栄など不可能だった。

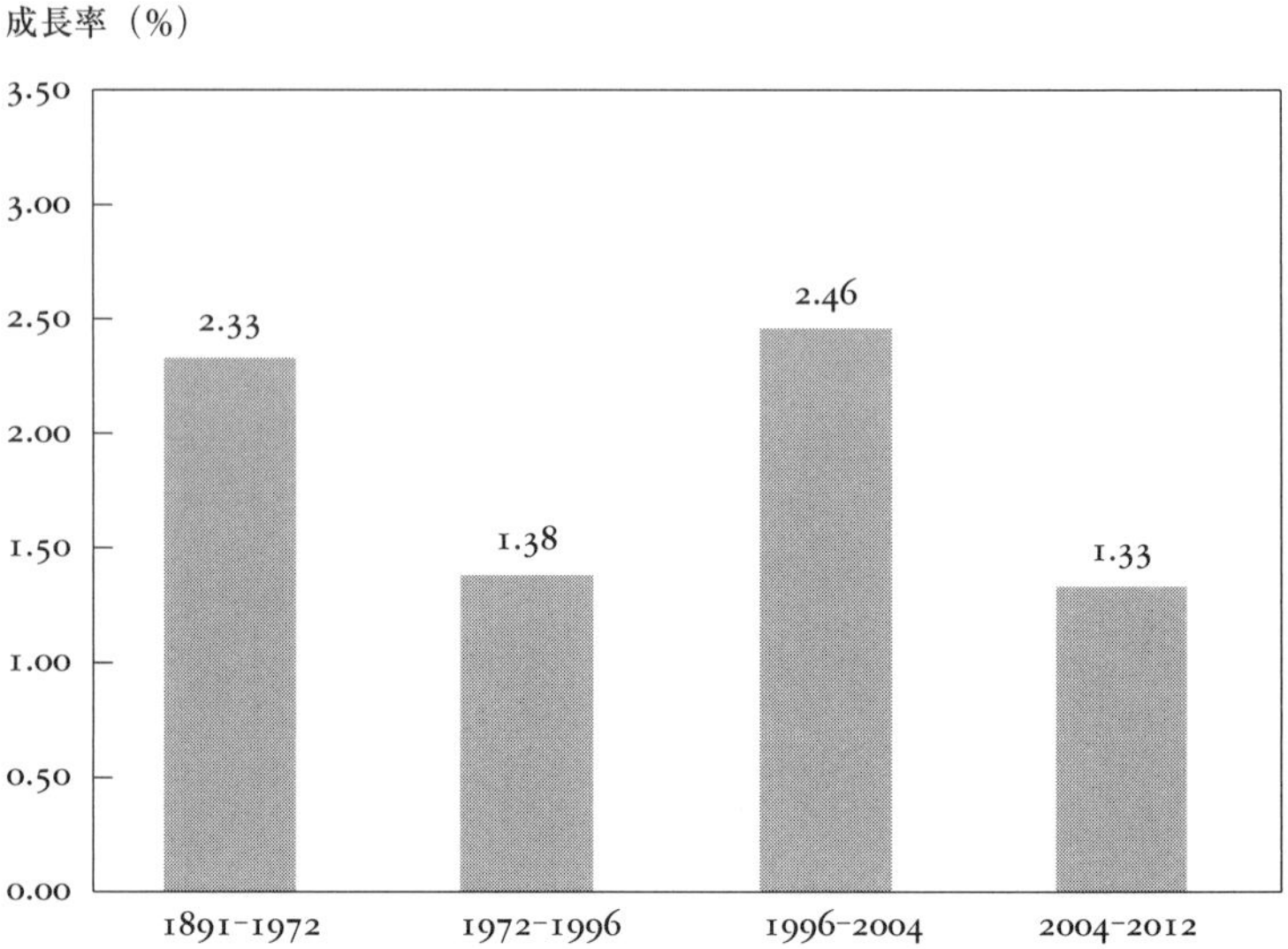

図9-1　**アメリカの労働生産性の平均成長率、1891年－2010年の主要期間**　出所：ロバート・J・ゴードン

アメリカ経済の長期停滞は、当初不可解だった。一九六〇年代末から一九八〇年代末にかけて女性や若者が労働市場に押し寄せたため、失業率の若干の上昇と賃金の若干の減少につながったのは事実だが、このような人口動態的なショックが生産性の成長に及ぼす影響は間違いなく一過性にすぎない。衰退が長引いているのは、経済が構造プレートの変動、すなわち質の全面的な変化を経験している証拠だと考えられる。

業績の縮小に関する早期のデータ

アメリカ経済の生産性が深刻に落ち込んでいる証拠は、一九七〇年代はじめには確実に現れていた。しかし実際には、その数年前から徴候が始まっており、順調な雇用の陰に隠れて見えなかっただけだ。一九六二年の秋、ジョン・F・ケネディは大統領選のキャンペーンで「アメリカを再び動かそう」というスローガンを掲げた。皮肉にも、生産性の落ち込みが認識できるようになったのは一九六四年頃で、それは断続的に勢いを増し、一九七〇年代半ばまで続いたことが現在のデータからは明らかにされている。生産性の伸びは一九九三年まで非常に遅く、インターネットが構築された時期に大きく回復したものの、ほどなく一九七〇年代の遅々たるペースに戻ってしまった。

生産性の減速について理解するため、ここで分析を行なっておこう。生産性にはふたつのタイプがある。よく知られているのは生産高と労働時間の関係で、労働生産性と呼ばれる。図9—1には、労働生産性の成長率を示した。[1] 何十年ものあいだ、労働生産性の成長率の平均は年間二・三三パーセントを記録していたが、一九七二年以降の平均は一・五七パーセントに落ち込んだ。そこからは、一九七〇年代はじめから一九八〇年代はじめにかけて労働時間が急激に増加した結果として、労働の収益が縮小したと推測することができるかもしれない。しかしこの労働生産性の落ち込みと共に、資本単位当たりの生産高の成長率はさらに大きく落ち込んでいるのだから、労働投入量の拡大に責任を押し付けるのは難しい。したがってここは、融合的な尺度であるもうひとつの生産性に目を向けるほうがよいだろう。第7章ですでに紹介した全要素生産性で、資本や労働を含むすべての要素を投入量として算出される、おおよその生産高である。こちらの生産性の成長率は、図9—2に紹介されている。このデータからは、全要素生産性の成長率が一九七二年まではおよそ二・二六パーセントで、それ以後は一・一七パーセントになったことがわかる。全要素生産性の落ち込みは、労働生産性の場合よりも深刻である。図9—1と

1　図9—1の計測は米国商務省の標準データに基づいている。この非常に効果的な作図はロバート・J・ゴードンによるものだ。図9—1は以下より。Gordon, "Is U.S. Economic Growth Over?" Figure 4, p. 13. ゴードンが快諾してくれたおかげで、同じデータを使って図9—2としてまとめることができた。

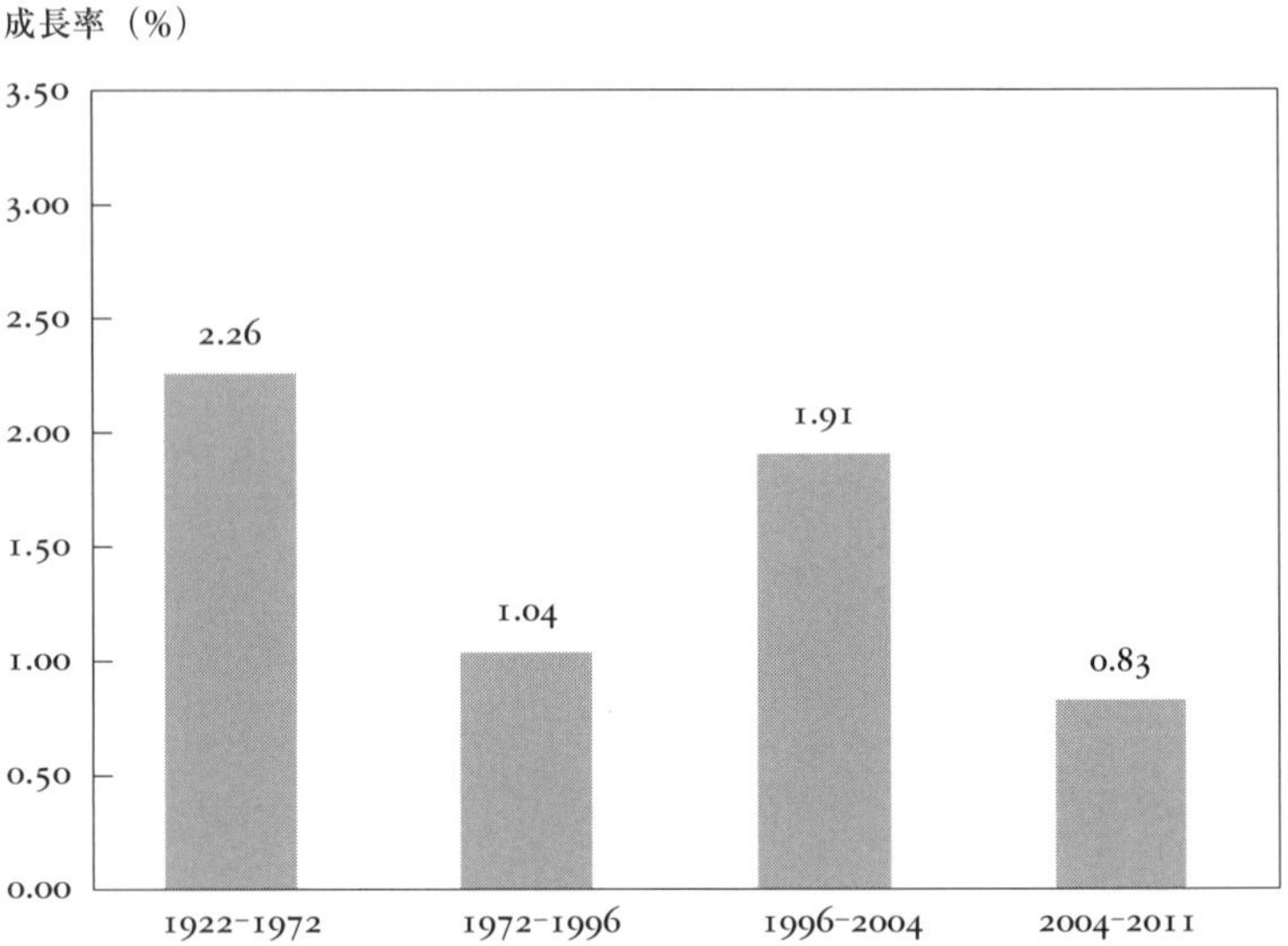

図9-2　アメリカの全要素生産性の平均成長率、1922年－2011年の主要期間　出所：ロバート・J・ゴードン

9―2からわかるように、インターネットが構築された時期は生産性が加速しているので、減速と言われてもピンとこないかもしれない。しかしそのあとは、インターネットブーム以前よりもさらに成長率が落ち込んでいる。

一九七三年になると成長率の低下はすでに顕著だ（しかも悪化の一途をたどった）。一方この頃には、失業率が急激に増加し始める。一九六八年の大半から一九六九年にかけては三・四パーセントだったが、一九七五年五月には九・〇パーセントという高水準に達した。一九七二年から一九八一年までは平均すると六・六パーセントを記録したが、それ以前の二〇年間の平均は四・六パーセント、戦争のなかった一九〇〇年から一九二九年までは四・九五パーセントだった。失業率が急増した時期は、都市部で社会不安が目立った。一九七三年と一九七九年には原油価格の高騰が状況をさらに悪化させるが、これは（インフレ調整後の数字では）一時的なものに終わった。つぎの三〇年間、失業率の平均は六・三パーセントで、一九八二年から一九九一年までが七・〇パーセント、一九九二年から二〇〇一年までが五・四パーセント、二〇〇二年から二〇一一年までが六・五パーセントである。この時期はヨーロッパ諸国の失業率も同じように増加した。西側世界全体を通じて、高い失業率は生産性の成長の減速と共に時代の象徴になった。

成長率の落ち込みが原因となり、失業率の増加という結果が生じるのだろうか。いまでも近代的な経済や、もはや近代的とは言えなくなった経済など、様々な経済を二〇年間にわたって観察した結果からは、成長の減速と失業とのあいだに体系的な関連性があると推測できる。『ＯＥＣＤ雇用研究』（ＯＥＣＤ、一九九四年）によれば、当初はアメリカよりも低いレベルだったイギリスの失業率は、一九八〇年代はじめにはアメリカのレベルを上回った。フランスの失業率は一九八〇年代はじめにアメリカのレベルをイギリスよりも上回り、ドイツの失業率は一九九〇年代半ばになると、アメリカのレベルをさらに大きく上回った。そしてそれに合わせるかのように、イギリスでは生産性の成長率の落ち込みがアメリカよりも大きく、フランスの落ち込みはイギリスを上回り、ドイツは最も大きく落ち込んだ。つまり成長の減速のあとには失業の増加がかならずやって来るわけで、この事実は一九九七年、フーンと本著者の共同執筆による論文で明らかにされた。[2]（当初ジャーナリストは、「成長」を高い就業率の同意語として迷わず使っていた。二〇一〇年から二〇一一年にかけて「雇用拡大を伴わない景気回復」が発生すると、ようやくその習慣は断ち切られる）。ヨーロッパでの成長の減速はアメリカと原因を異にするが、それでも成長率と失業率

2　一九五〇年―一九七〇年から一九七〇年―一九九〇年にかけての成長率の減少によって国家の減速を測定した簡便な分析。以下を参照。Hoon and Phelps, “Growth, Wealth and the Natural Rate” (1997).

のあいだの密接な関連性は注目に値する。たしかに一九三〇年代の大恐慌の時代、アメリカでは雇用の落ち込みと生産性の目覚ましい成長が同時発生している（イノベーションの進歩が摩擦的失業を発生させることは経済学者によって指摘されている）。しかし、大量の失業が生産性の急成長によってもたらされたとは考えられない。金融やそれ以外の力が働いて、失業率を押し上げたのである。生産性の成長がなければ――国土全体に電線を張り巡らすために労働者が動員されなければ――失業はさらに悪化していたかもしれない。

雇用とイノベーションの割合は三つのメカニズムを通じて結びついている。ひとつめは直接的なメカニズムだ。たとえば、新旧を問わず競合相手が新しい製品や方法を開発する恐れがなさそうなら、企業は安心して製品の価格引き上げと雇用削減に踏み切るだろう。

二番目のメカニズムでは、企業自らのイノベーションが雇用に影響をおよぼす。生産性の伸び率が落ち込むことが予測されるときには、追加雇用する労働者への評価は低下するものだ（成長率の落ち込みは金利の上昇のように負担になる）。その結果、企業は雇用を削減するだろう。

三番目のメカニズムは賃金と資産を通じて機能する。最も単純な設定の経済においては、物的資本をいっさい使わない労働によって産出が行なわれる。ここでの資本は、新入社員を戦力として育てるための投資にかぎられ、それについてはフーンとフェルプスの論文にも記されている。この場合、労働生産性の向上は労働需要の増加につながり、経営者が既定の従業員にすすんで支払う賃金が上昇する。雇用も現行市場賃金も引き上げられるだろう。では、変化のない時期が長く続いたのちに技術がいきなり改善され、一人当たり生産高が急に上昇傾向を示し始めたらどうか。先程と同様に賃金も上昇を始め、少なくともしばらくは雇用も増加する。それはどこまで続くのだろう。この場合の雇用には、資産、すなわち世帯が保有する財産と賃金との相対的な比較が大きく関わってくる。生産性、ひいては所得のレベルが向上すれば、年間貯蓄額もそれに合わせて上昇し、資産は増加していく。そして家庭の資産が増加し続けると、しまいに労働供給量は縮小するだろう。すると労働者に支払うべき賃金が上昇するので、雇用の引き下げを通じて賃金が押し上げられる。ただし資産の増加が賃金の増加に追い付かないかぎり、資産の拡大が雇用の減少につながる展開にはならない。しかも、生産性と賃金が着実に増加し続ければ、資産は決して賃金に追い付くことがないのだ。(やがて、資産が上昇を続けながらも、相対的には賃金に比べて下落する段階がやってくる。この段階が終わるのは、資産に対する賃金の比率がきわめて大きくなったときだ。賃金との比較で小さくなった資産は、ようやく賃金と同じ割合で成長するようになる[3])。

したがって、アメリカや他の国の経済における生産性の成長の衰退は、雇用と失業にふたつの有害な影響をもたらすと考えられる。先ず、生産性の成長ペースが遅くなっても、貯蓄が落ち込むわけではないから当初は資産が減少しない。その結果、資産に対する賃金の比率は小さくなっていく。実際、一九

3　この議論は、フーンとフェルプスの以下に従っている。Hoon and Phelps, "Growth, Wealth and the Natural Rate." 賃金が上昇すれば家計の利益も上昇するが、結論は変わらない。貯蓄が急激に増えるわけではないから、資産の増加は賃金の上昇に遅れをとってしまう。現在の収入の増加が将来まで続くと家計が推定する場合には、話がややこしい。この場合には消費が急増して貯蓄が落ち込み、それが資産にとって足かせとなるので、資産のなかで賃金の占める比率が大きくなる。そして将来の資産――「期待資産」の増加――が見込めれば、そのことだけで「期待資産」は上昇し、消費が増加して労働力は減少する。しかしそれでも、本文での分析に間違いはないだろう。

一方、労働力と同様に物的資本も生産活動に使用する経済にまで議論の範囲を拡大すると、事態は真に複雑になってくる。労働の必要量の落ち込みと資本の必要量の落ち込みでは、異なった結果がもたらされるからだ。資本財を生産するための労働必要量が落ち込めば、資本財の相対的価格は押し下げられ、関連業界が支払う賃金が減少するだけでなく、家計にもたらされる賃金も減少する。一方、消費財を製造する際の資本必要量が落ち込むと、資本財産業の受け取る相対価格が上昇し、労働集約型産業の実質賃金を上昇させるだけでなく、資産の増加にもつながる。

六八年には戦後最高の〇・三八を記録したが、一九七〇年代には低下し続け、一九八〇年代には〇・三二、一九九〇年代には〇・二九となった。そのため大勢の人が賃金に不満を持ち、賃上げを要求し、無理なら退職するか、ほかで職場を見つけようとした（やがて資産に対する賃金の比率が大きくなり始めると、人々は賃上げを要求するだけでなく、所得に対する消費の割合を増やしていった。消費が国内生産高に占める割合は一九七〇年にはおよそ六二パーセントを記録したが、二〇〇一年にはおよそ六九パーセントまで上昇した）。第10章の図10―2を参考にしてほしい。第二に、収益の増加への期待が低くなると企業資産――従業員と顧客も含む――の評価が下がり、一九六八年には株価が大幅に下がった。ふるわない結果によって期待はしぼみ、一九七四年まで株価は安定しなかった。その影響を受けて雇用は減少する。消費財産業の労働者は、経営者から企業投資としての評価を下げられた。このまま悪い状態が続けば、仕事を失わないためには実質賃金の大幅な減少を受け入れざるを得ないにもかかわらず、それを拒む労働者が多数発生していただろう。なぜなら実質資産はほとんど変わらず、大幅に落ち込んでいるわけではなかったからだ。同様に資本財産業の労働者は産出の市場価値が下がって悪い状態が長引けば、職を失わないために実質賃金の大幅な削減を受け入れざるを得なかっただろう。しかし、構造の変化を経て賃金と雇用が完全に回復することは期待できないものの、企業の資産が落ちこんだあとには、普通はある程度の緩やかな回復が訪れるものだ(4)。結局のところ一九九二年には、株価は一九六八年のレベルを取り戻した。そして、資本ストックの追加を生産するために必要な労働力に提供される機会は、一九九二年の時点で改善されていた。そのため資本財を生産するために必要な労働にとっての機会費用が増加した結果、一九九二年の労働者は一九六八年の労働者よりもはるかに大きな資産を所有するようになった。労働力を失わないためには、彼らに支払う賃金を増やす必要が生じたのである。

これはつまり、貯蓄は悪だという逆説を意味しているのだろうか。そうではない。貯蓄という行為は、イノベーションを目指す投資やプロジェクトに資金を供給するために欠かせない。現在の資本ストックや知識は、人々の貯蓄のおかげで獲得された素晴らしい成果だ。ただし十分な資産を所有すると、将来貯蓄したり働いたりする必要がなくなり、さらなる投資やイノベーションが難しくなってしまう。通常、貯蓄によってもたらされた生産性の成長は、貯蓄がもたらす資産から経済が「抜け出し発展していく」ために役立つ。ところがイノベーションがゼロやそれに近い状態のときには、貯蓄が生産性の成長に結びつかず、貯蓄がもたらした資産から経済が脱却して発展していくことができない[5]。つまり、不景気やそれに伴う経済の低迷の原因は、全要素生産性の落ち込みがいつまでも解消されないことなのだ。そしてこの低迷の責任は地域イノベーションの収縮としか考えられない。科学の進歩とは無関係な草の根イノベーションは、一八三〇年代から一九六〇年代にかけてアメリカで進行したイノベーションの最大の要因だったのである。

4　経済の従来の考え方の一部では、資本財にせよ消費財にせよ、すべての製品が同じ方法や手順で生産される。工場や設備などの資本財に対する評価が何らかの用途に関して下がっても、総雇用や実質賃金が長期的に減少するわけではない。無駄になった資本や労働は、相対価格が落ち込んでいない分野で最終的に使われ、賃貸料や賃金も回復するからだ。しかし実際のところ、概して消費財の生産は資本集約的な傾向が強く、社員に投資するベンチャーキャピタルはむろん、資本財の生産とも異なっている。たとえばふたつの部門から成る経済で、消費財部門の生産性の鈍化や資本財部門の労働生産性の鈍化（あるいは加速）によって、相対価格や実質価格が資本財部門の広い範囲で落ち込んだとしよう。そうなると資本財部門の労働者は、消費財を製造する部門のほとんどが資本集約的で、しかもその傾向が顕著なケースが多いという問題に直面するだろう。ヒチコックはそれを映画『北北西に進路を取れ』で印象的に描いている。映画に登場する広大なトウモロコシ畑には労働者がひとりも見えず、ケーリー・グラントが演じる登場人物が場違いな印象を受ける。つまり労働者は、資産のレベルが高い一部の労働者であれば受け入れないような、賃金を大幅に下げられた仕事しか見つけられない。このモデル（顧客市場モデル）と熟練被雇用者モデルが、従来のモデルからの逃げ道を提供している。Phelps, *Structural Slumps* (1994).

イノベーションの衰退に伴い、イノベーションがもたらした包摂の逆転現象という影響が表れた。繁栄が地域にもたらされたとき、最大の恩恵をこうむるのは辺縁の労働者や資産で、ゼロからいきなり高いレベルに跳ね上がるときもある。同様に、不景気から最大のダメージをこうむるのは社会の隅に追いやられている人たちで、有利な立場の人たちや裕福な人たちではない。この展開はその後、議論で取り上げられる機会が増えるようになった。

要するに、あらゆる種類の投資活動——新しい機会や従業員などへの投資——ならびに投資を支えるイノベーションは、順調な雇用と労働生産性の成長にとって欠かせない力なのである。一九七二年以降に際立った失業の増加や賃金への下方圧力をもたらした犯人は、イノベーションの衰退だったのだ。

ここで、政策による対応などのフィードバックについて触れておこう。成長の衰えと失業の増加への対応として採用された政策は結局のところ失敗に終わり、その後の出来事に大きな影響をおよぼした。一九八〇年代に入っても生産性の成長は相変わらず遅く、急成長が再開する徴候はまるで見られなかった。実業家は、かつてのような生産性の急成長を当てにするのをやめた（今日の社員は、将来スーパー社員になれるわけではない）。全要素生産性の落ち込みを以前のレベルまで徐々に回復させるためには、山を動かさなければならないことを経済学者も政治家も理解していた。しかし山はいくつもあり、どれを動かせばよいのかわからなかった。ただし、回復の前兆を期待させるような手段を考えるのは可能だった。膨れ上がった失業と、不利な立場の人たちの深刻な欠乏状態への治療薬だ。

一九八一年、大統領に選出されたばかりのロナルド・レーガンは、サプライサイドの経済学という処方箋に注目し、所得税率の一律カットを考えた。減税によって手取りの収入が増える見込みが生まれれば、労働市場に参入して真面目に働く気持ちになり、雇用が上昇すると信じたのである。さらにレーガンは、投資支出への税額控除も提案する（工場や設備への投資が増えれば、全要素生産性が上昇しなくても、労働の単位当たり生産高は増加する）。当時、議会の財政責任は二〇〇〇年代ほどの弾力性に欠けていた。ケネディの減税法案は、彼の暗殺を議会が嘆いたことでようやく法律として制定された。同様に、レーガンの減税法案が議会で可決されたのも、暗殺未遂事件のあとの話だ（減税によって税収が落ち込んでも、税金の抜け穴を閉じてしまえば失われた分と同じだけの収入が確保され、いわゆる税の中立性が達成されると期待された）。レーガン政権が減税を実施すると失業率はさらに上昇し、一九八二年には一〇・四パーセントに達したが、それをピークに下降し始め、一九八九年には五・四パーセントまで落ちた。

一九八九年、大統領に選出されたばかりのジョージ・H・W・ブッシュは、サプライサイド経済学の成果について懐疑的で、ブードゥー（呪術）経済学と揶揄するほどだった。そしてレーガンとは一線を画し、執拗な財政赤字の解消に取り組みたいと考えた。一九九〇年に民主党が歳出削減への同意を拒むと、一九九〇年代に税率を上げるための法案が議会で投票にかけられ、ブッシュの署名によって法律と

5　労働生産性の落ち込みと、資本生産性の稀な低下のどちらのほうが深刻なダメージをおよぼしたのか、答えるのは難しい。新たな情報通信技術（ICT）の分野ではイノベーションが加速され、その結果、トランジスタ、半導体チップなど消費財の製造に使われる資本財の労働生産性が向上し、それが実質賃金や雇用の引き上げに貢献したことは一部の計測によって指摘されており、判断が一層困難になっている。もちろん集計されたデータのなかで、雇用ブームが明らかにされているわけではないが、資本の製造に関わる労働の物的生産性の向上は、実際に発生していた可能性が大きい。しかし資本財を製造する労働の生産性が実際に上昇していたとしても、「総産出量」や実質賃金の上昇をかりにも促す力になったとは考えられない。半導体チップなどの資本財を製造する際の生産性の向上は、製造される資本財の価格を十分に低下させてしまう可能性があり、そうなると実質賃金や雇用を減少させる力として働く。その結果、資本財産業での生産性の向上は（逆に）、実質賃金の減少と失業の増加に貢献することになる！　ただし一九六八年から一九七八年にかけて総合的な技術の進歩はほとんど止まってしまった。したがって、経済低迷の原因を技術の進歩に押し付けるのは無理がある（以下の論文は、これらの洞察の一部を冒頭のページで探求している。Phelps, "Effects of Technological Improvement in the ICT-Producing Sector on Business Activity."）

して成立する。その年の半ばには失業率が上昇し始め、一九九二年には七・五パーセントに達するが、一九九四年には六・一パーセントまで落ち込んだ。そして一九九三年にビル・クリントンが大統領に就任すると、再び発想は変わった。財政黒字は当座こそ雇用に悪影響をおよぼすが、数年以内には新たな雇用が創出されると顧問たちは主張した。いずれにせよ、一九九〇年代の後半にはインターネット革命とドットコムブームが起きた。やがて二〇〇一年、失業率はふたたび上昇し始める。大統領に選出されたジョージ・W・ブッシュはサプライサイドモデルに注目し、二〇〇二年には所得減税を実施した。イラクに侵攻した二〇〇三年には社会給付金を拡充し、最後は住宅ブームを過熱させるための措置を講じた。しかしブームは長続きせず、失業は以前よりもさらに増加する（大量のベビーブーマーが経済に吸収され、人口に対する雇用の比率は一九七〇年代に五八パーセントから六〇パーセントに、一九八〇年代には六〇パーセントから六三パーセントに増加して、一九九〇年代にはほぼ六四パーセントに達した。これは労働市場の制度が有効に機能した証拠である[6]）。

まだ公的債務が少なかった時期においてさえ、消費者の需要の喚起を目指したケインジアン的な手法によっても、労働力の供給増加を目指したサプライサイドの手法によっても、成長の鈍化と失業の拡大という潮流を押し戻すことはできなかった。もちろん、すべての努力が無駄だったわけではない。対策によって一時的な回復はもたらされたが、恩恵が長続きするケースはほとんどなかった。かりに恩恵があったとしても、コストがそれを上回ってしまった。

降下——包摂、格差、職務満足度

一九七〇年代の終わりごろには、べつの種類の停滞が始まっていて、一九九〇年代はじめには深刻化していた。経済的包摂の衰退だ。概して「包摂」には、恵まれない人たちの相対的な失業率や相対的な賃金が含まれる。経験則によれば、恵まれない層の失業率はほかの層の二倍ちかくになる。この時期、相対的な失業率はそれほど目立つものではなかった。しかし賃金に関しては、労働力の底辺と中間層の間のギャップが広がっており、それは一〇パーセントの層と五〇パーセントの層の比較によっても明らかだ。賃金分布のなかで、下層労働者は全体の一〇パーセントの場所に、中間労働者は五〇パーセントの場所に位置する（すなわち中央値の賃金）。低賃金の男性の賃金の減少はとりわけ深刻だった。一九四〇年代、中央値の賃金労働者と比較した低所得者の地位は、男性を含めて大きく改善された。ところが、下層労働者の賃金が改善される時代は、二〇世紀最後の四半期に終わりを迎える。一九七〇年代、フルタイムで働く男性低賃金労働者が失業するケースは中央値の労働者よりも九パーセント多く、一九八〇年代にはその数字が一九パーセントに拡大した。一九九〇年代はじめも失業率に変化はなく、一九九五年にはそれで安定してしまった。その結果として一九九〇年代半ばには、男性低賃金労働者の相対賃金は一九七五年のレベルよりおよそ二〇パーセントも低くなってしまった。

一九七〇年代末、すなわち景気の減速が定着してから僅か数年後に賃金のギャップが広がっている点に注目すれば、ギャップが拡大した背景に生産性の減速があったと考えたくなるのも無理はない。たしかにこの関連性はあり得なくなさそうだが、それでもやはり簡単に結論するのは危険だ。イノベーショ

6　これらの財政的実験から、公共財政についてのひとつの基本的定理が生まれた。所得税の減税によって税引き後の賃金が増加すれば、通常のケースでは仕事の魅力が増し、（消費だけでなく）貯蓄も増える。こうして資産は急速に膨らんでいくが、結局のところ、税引き後の賃金の増加が相殺された時点で仕事の魅力は失われる、というものだ。失われた歳入を取り戻すための政府の政策がどのような効果をもたらすにせよ、一律減税は失業に対して長続きする効果を持たない。財政赤字への影響だけが長続きする。以下を参照。Hoon and Phelps, "Payroll Taxes and VAT in a Labor-Turnover Model of the 'Natural Rate.'"

ンの活動は資本財の価値向上を促し、生産性や賃金や雇用を上昇軌道に乗せていくが、雇用を直接的に生み出す能力も備えており、その点については本書でもこれまでたびたび指摘してきた。製品の開発やマーケティングや評価は、労働集約的な傾向が強いからだ。しかしここでは、低賃金労働者の受け取る賃金が中央値の賃金に比べて大きく落ち込んでいる現象について論じなければならない。その疑問への回答としては、ハイテク・システム——ICTシステム——の登場が考えられる。ほとんどのビジネス・イノベーションにおいて、必要とされるスキルのレベルが向上している現実だ。たとえばスティーブ・ジョブズは、新製品が実現可能かどうか正確に判断するためには、技術を正しく理解しなければならなかった。あるいは新しいハイテク・システムは、稼働させるために以前よりも熟練した労働者を必要とした。そこからは、急激なイノベーションが問題だったとも考えられる。ただし、生産性の減速に関するデータからは、経済全体のなかではイノベーションの割合が一九六〇年代半ばから落ち込み始め、一九九六年から二〇〇七年にかけて一時的に回復している程度だったことが読み取れる。イノベーションが急激なペースを保っていたら、恐ろしい災難がもたらされたというのか！　それよりはむしろ、つぎのように仮定するほうが現実的だろう。イノベーションを手がけて採用する企業は、製造コストを常に下げようとする。そしてイノベーションが終わると価格の下落も止まるが、そのためには恵まれない立場の労働者や労働階級の大半が犠牲になってしまう[7]。

格差の拡大を縮小もしくは食い止めるため、アメリカ政府は一九七〇年代から努力を続けてきた。後の展開を予言するかのように、一九七〇年代はジョン・ロールズの『正義論』で幕を開けた。彼は経済的正義という概念を論じ、政府は補助金などの手段を使って介入を行ない、最低賃金率をできる限り引き上げるべきだと主張した。その数年後の一九七五年には、下院でウィルバー・ミルズ主導のもと勤労所得税額控除（ＥＩＴＣ）が可決され、低賃金労働者は将来支払うべき税額が控除されることになった。その結果、手取り額は七〇〇ドルから一〇〇〇ドルに増える可能性が生じたが、この措置は絶好のタイミングだった。底辺の一〇分の一に属する労働者の賃金は一九七〇年代末から落ち込み、一九九〇年代はじめまでこの傾向は続いたからだ。一九八五年には、レーガンの税法によってＥＩＴＣが修正され、被扶養児童のいる労働者世帯を優遇する傾向が当初よりも強くなり、労働関連というよりは子育て関連の補助金の性格を帯びた。ただし、年間支出はＧＤＰの一パーセントにも満たなかった。

格差縮小のための努力においては、所得の増加が中心に据えられたわけではない。したがって、仕事を継続して自分で問題解決を図ること、アダム・スミスの指摘した「自助努力」は目標にされなかった。それよりは、雇用されているか否かを問わず低所得者に経済的支援を提供することを目指した。低所得者にはフードスタンプ、メディケイド、低所得者住宅プロジェクト、被扶養児童を持つ母親への支援、障害給付、ほかにも多くのプログラムによってたくさんの金銭的支援が行なわれ、それに比べれば、ＥＩＴＣから所得に提供される金額など大海の一滴でしかなかった。すべてを合計した収入は、稼ぐ賃金を上回るほどだった。ＯＥＣＤのデータによれば、アメリカでは「社会保障給付のための移転支出」が一九六〇年にはＧＤＰの七・二六パーセントだったが、一九七〇年には一〇・二一パーセントにまで増

7　つぎのような可能性も考えられる。消費財産業で生産性が落ち込むと、資本財価格に比べて消費財価格の落ち込むペースが遅くなる。一方、資本財産業の生産性は実際に向上するので、消費財価格に比べて資本財価格の上昇はペースが遅くなる（あるいは下落する）。このふたつの展開において、低賃金労働者が大きく関わっている財、すなわち資本財の価格は、過去の傾向と比較して低下するようになっていく。同様に、ＩＣＴ製造産業では技術の改善によってＩＣＴ設備の実質価格が引き下げられ、経営者が支払う「要求賃金」が減少し、実質賃金も雇用も低下することが、最近の論文では示されている。以下を参照。Hoon and Phelps, "Effects of Technological Improvement in the ICT-Producing Sector on Business Activity."

加した。しかも一九七〇年代が進むとその割合は一五・〇三パーセントにまで拡大し、イギリスとほぼ肩を並べるまでになるが、一九八〇年代には二一・三六パーセントに膨らみ、イギリスの割合をはるかにしのいだ。そして経済の減速傾向が続くのと同じで、社会福祉の傾向も持続する。アメリカ国勢調査局のデータによれば、政府から何らかの給付金を支払われている世帯の人たちが全人口に占める割合は、一九八三年の二九パーセントから二〇一一年の四八パーセントまでほぼ直線的に増加している。賃金は低いレベルで停滞していても、働かないことによって得られる収入が跳ね上がっているのだ。

底辺の一〇分の一の層が労働によって獲得した所得の総額は、一九九〇年には一五〇億ドルにすぎない。一人当たりおよそ一二〇〇ドルの計算になる（同じ年、労働者一人が経済活動を通じて獲得した所得は、平均するとおよそ二万五〇〇〇ドルだった……）。これほど少ない金額で、一二〇〇万人の労働者はどうやって生き残れたのか。大部分は社会給付金のおかげで、現在または将来の労働者には特別の［ただしそれがすべてではない］給付資格が与えられている。……メディケイド、フードスタンプ、住宅手当、生活補助金など、被雇用者に支払われるすべての給付金を合計すると、この年には一五〇〇億ドルにも達した。したがって、現行の給付プログラムによって得られる収入に比べて低所得者の賃金収入が低くても、問題はないのだ。これでは給付金を当てにする構図が出来上がるのも無理はない。全収入のなかで賃金収入（現金ならびに現物所得）が占める割合は、たとえ僅かでも十分にやっていける。そして給付金制度による支援を廃止しても、自立が促されるわけではない。……依存体質は変わらず、今度は親族や慈善活動に頼る対象が移るだけだ。(8)

こうして仕事の価値は大きく損なわれた。フルタイムにかぎらず、働くことを評価する低賃金労働者が僅かしかいなくなったのも当然だろう。

この数十年のあいだにはもうひとつ、政策立案者のあいだで顕著な対応が見られた。所得の下層四〇パーセント——基本的には下半分——への課税がほとんど廃止されたのだ。そして働くことを選んだ人たち、つまり大半は賃金レベルが高い人たちも、課税の割合が西側世界のほかのどの国よりも低く抑えられた。所得税率は非常に低く、居住用財産の所有には課税されず、連邦付加価値税もなく、大きく優遇された。下半分の所得層を救済するために巨額の財政赤字を垂れ流した結果、税引き後の賃金や資産や消費は大きく回復し、相対賃金の低下がなければ達成されていたと予測されるレベルをクリアした。しかしこの政策は、下半分の人たちの社会への統合を回復させたわけでも、自らの努力で得られた収入を通じた自助努力を復活させたわけでもない。結局、彼らはキャリアの追求を断念し、政府の活動を金銭的に支えるわけでもなかったが、皮肉にも、自らは犠牲を分かち合うことなく、政府の活動に介入する結果になった。

このようにして国は、ダメージが確認された場所ではその是正に努め、ある程度の処置を施したものの、成果は表面的なものにすぎなかった。経済は根本的に変化していたのである。さらに、税額控除や社会保障関連支出や減税によって失業や格差が以前のレベルまで回復されたとしても、ひとつ問題が残っていた。経済がイノベーションの縮小によって抑圧されているとすれば、経済活動から得られる満足度も低下している可能性が高い。そして経済活動の構造や経験から満足感が得られなくなったときは、政策で対応することができない。

8 Phelps, *Rewarding Work* (1997, p. 23). 本書は仕事の価値の低下をいかに逆転できるかについて論じている。

ではここからは、職務満足度の喪失と雇用の安定という問題に取り組んでいこう。実際のところ職務満足度は、新しい景気低迷の時代に著しく低下している。一九七〇年代はじめ以降、新しい製品や方法の登場する速度が大きく鈍り、なかでも地域の草の根の想像力を結集した新しい製品や方法が枯渇した。そうなると理論上は、民間部門の仕事が以前ほど報われなくなる展開は十分に予想できる。したがって職務満足度の傾向に関するデータは、深刻な景気低迷について分析するうえで重要な手がかりになるはずだ。職務満足度については複数の世帯調査機関が多くの質問を行なっているが、一部の回答からは満足度が減少している傾向が見られない。これはべつに意外な結果ではない。むしろ調査結果では、市場の衰退を示すような回答が圧倒的に多い。ギャラップ社とイプソス・リード社による調査では、「あなたは仕事が面白くて、中断するのに苦労しますか」という質問があり、「イエス」と回答した人の割合は一九五五年が五一パーセント、一九八八年が三三パーセント、二〇〇一年が二三パーセントだった。一方、ローパー・センターによる調査では、「仕事は最も重要な事柄で、余暇の目的は充電ですか……それとも重要なのは余暇のほうですか」という質問があり、「仕事」という回答は一九七五年に四八パーセント、一九八五年に四六パーセント、一九九五年に三七パーセント、二〇〇〇年に三四パーセントとなった。最後に、あなたは「現在の職務／仕事に満足ですか、それとも不満ですか」という質問に対しては、「満足している」という回答の平均は一九六六年前後には八六パーセント、一九七三年には七七パーセント、一九八四年には七〇パーセント、一九九五年には七三パーセント、二〇〇一年には七〇パーセントとなった。(9)

職務満足度のデータ研究ではパイオニア的な経済学者のデイヴィッド・ブランチフラワーとアンドルー・オズワルドによって行なわれた「総合社会調査」でも、職務満足度に関するデータは集められている。そしてその結果からも、同じ時期を通じて「小さいけれども系統的な」低下傾向が確認されている。この時期には物理的な労働条件が着実に改善されていることを考えれば、結果には驚かされるとブランチフラワーとオズワルドは指摘している。この傾向は男女のあいだで大差がない[10]。

職務満足度の低下傾向は、士気に対するある程度の悪影響を反映しているだけなのだろうか。それとも、経済が大きく減速して失業率が高くなり、労使の対立が激しくなった結果、それが職務満足度に反映されたのだろうか。結局、一九八二年の一一月と一二月に失業率は一〇・八パーセントにまで跳ね上がっている——インフレというドラゴン退治の最中のことだ。しかし失業率が一九七〇年はじめと同程度に低い（稀な）年に注目を限れば、職務満足度は急激に落ち込んでいるわけではない[11]。

9　以下は複数の調査結果がまとめられている貴重な資料なので、参考にしてほしい。AEI Public Opinion Studies, *The State of the American Worker 2009: Attitudes about Work in America*, updated August 21, 2009. http://www.aei.org/publicopinion17. そのなかでも二社の結果からは、一九七〇年代はじめから一九九〇年代はじめにかけて職務満足度の落ち込みが見られない。全国世論調査センターによる「仕事から達成感が得られますか」という質問では、「イエス」という回答の割合が一九七〇年代半ばから一九九〇年代はじめの傾向を示していない。二〇〇〇年代になってイエスの割合は落ち込んだ。一方、ハリス・インタラクティブ社による「あなたは仕事にどのくらい満足していますか——非常に、あるいは……」という質問には、一九七四年に五九パーセントが「非常に満足している」と回答し、一九八四年もその割合は同じだった（一九七八年には四五パーセントまで下がっているが）。その後は割合が低くなり、一九九四年は五九パーセント、二〇〇二年は四九パーセントだった。

10　Blanchflower and Oswald, "Well-Being, Insecurity and the Decline of American Job Satisfaction." 両著者はこの結果について、「この数十年で性差別が解消されてきたことを考えれば意外だ」とコメントしている。

11　総合社会調査で三〇歳以上の回答を見ると、「あなたは仕事にどれだけ満足していますか」という質問に対し、「非常に満足している」という回答は一九七二年に五四パーセント（年間失業率が五・六パーセントだった）、一九八八年に五一パーセント（失業率が五・五パーセントまで回復した）、一九九六年に四七パーセント（失業率が五・四パーセントと、この時代の標準だった）になっている。以下を参照。Blanchflower and Oswald, "Well-Being, Insecurity and the Decline of American Job Satisfaction" (table 1B). この展開については、図9—3に示されている。

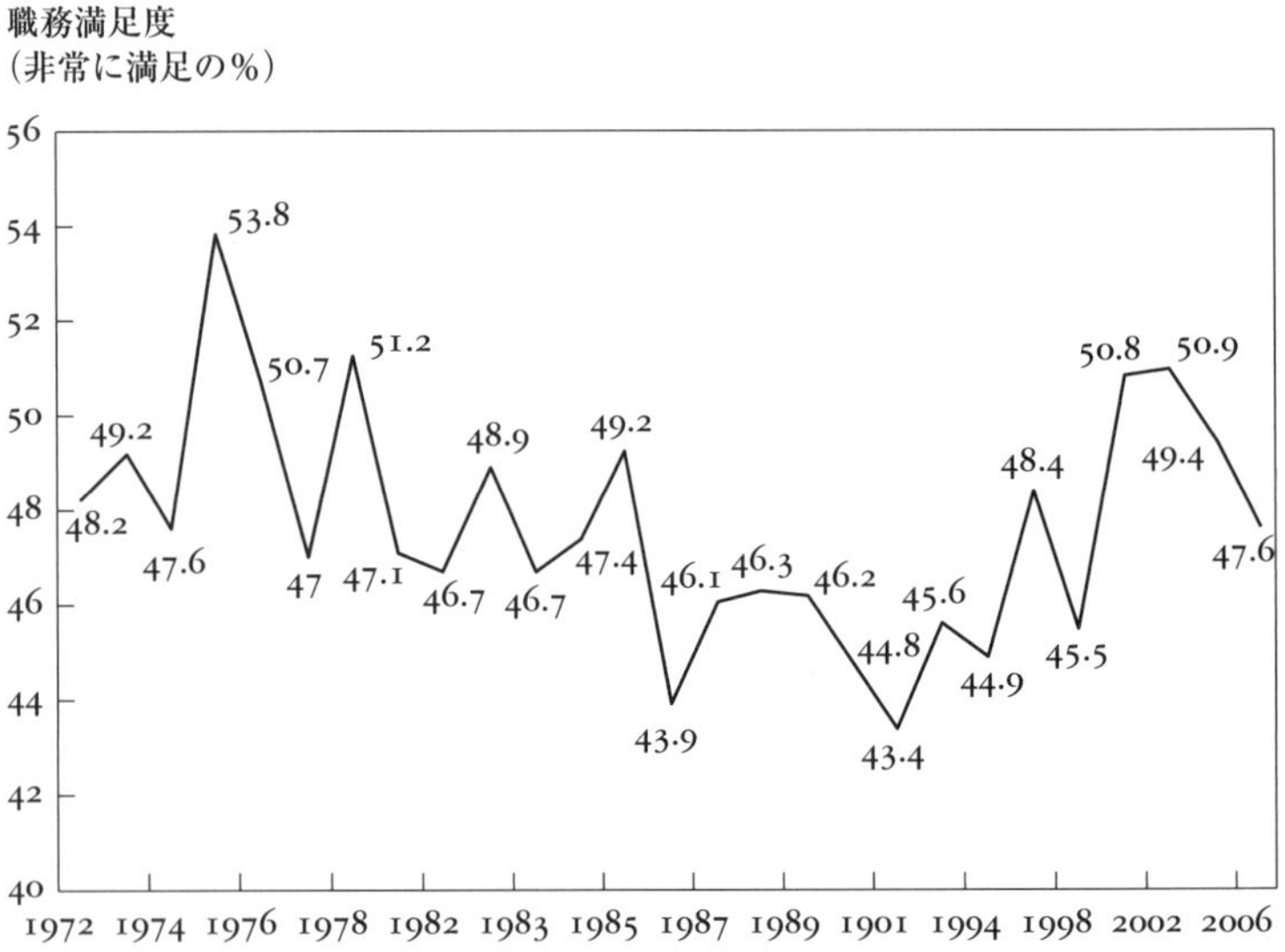

図9-3　アメリカの職務満足度、1972年－2006年　出所：デイヴィッド・ブランチフラワー、アンドルー・オズワルド

職務満足度の低下はアメリカに限られた現象ではない。西欧では当初、内部で生み出されたイノベーションが職務満足度の大きな原動力になっていたが、一九四〇年代に入ると流れが止まり、一九五〇年代末にはついに途絶えてしまった。ただし、新しい製品のデザインや新しい方法の青写真がアメリカをはじめ海外から入ってきてギャップを埋めるようになり、一九五〇年代末から一九七〇年代末までほとんど枯渇することがなかった。したがって、この時期に定職に就いていた人たちの職務満足度はある程度維持された。しかし一九七〇年代に入ってアメリカ経済が減速し、大陸ヨーロッパに海外から入ってくるアイデアが少なくなると、大陸ヨーロッパでは就労の機会だけでなく、職務満足度を得られる機会が大幅に減少した。したがってヨーロッパでは、一九八〇年代に雇用満足度が穏やかに

低下したのではないかと考えられる。穏やかにというのは、失うものがアメリカよりも少ないからだ。そして実際、一九八〇年という早い時期にＷＶＳが集めた数少ないデータを見るかぎり、イギリスでは一九八〇年から一九九一年にかけて職務満足度が大きく減少し、一九九一年から二〇〇一年にかけても同程度に減少している。イタリアも一九八〇年から一九九一年にかけて減少しており、ドイツはそれよりも落ち込みが少ない。結局この時期には、ヨーロッパ自体の生産性が減速している。イタリアは一九九七年頃に生産性が大きく落ち込み、一九九八年にはフランスがそれに続いた（フランスでは一九九一年から二〇〇一年にかけて職務満足度が上向くが、二〇〇〇年代になって落ち込んだ）。ドイツでは一九八四年以来、低成長の時期が周期的に訪れている。

　職務満足度が失われたのは、雇用の確保が危うくなったからだと考える人は多い。安定についてしか考えない人は、そのように推測するだろう。いや、広い視野を持つ人も同じだ。世帯調査の専門家の一部は、雇用の安定は職務満足度の一部だと指摘する。「自分のしている仕事」から大きな満足を引き出したいのに、何かが原因で仕事を失う不安に駆られるような場合には、仕事に不満だという回答が寄せられると考えているようだ！（しかしこの場合には、経済に不満だというほうが正確ではないだろうか）。少なくともひとつの調査では、雇用満足度を構成する三つか四つの要素のひとつとして雇用の安定を位置づけ、雇用の安定について回答者が評価するように仕向けている。では、職務満足度と雇用の安定のあいだに統計的な相関関係は存在しているのだろうか。余分なものを取り去れば結果が見えてくるのだろうが、統計的な関係を見るかぎり、安定から満足へとつながる因果関係は確認できないようだ。職務満足度と雇用の安定の低さは、どちらもレベルの低い仕事の多い経済の特徴だと考えられる。雇用の安定は職務満足度の十分条件ではないのだ。たとえばハンガリーでは雇用の安定は高レベルだが、職務満足度は悲惨だ。いずれにせよ、経済の減速した時代に関する歴史的データを見るかぎり、心もとなさから雇用への不安が著しく増加している傾向は見られない。ギャラップ社によれば、定職に就いているアメリカ人のなかで「仕事の雇用の安定の面において」「完全に満足している」と回答した人の割合は、調査を開始した一九八九年には四五パーセント、二〇〇二年と二〇〇六年には五五パーセントだった（これらのデータは職務満足度のデータをアメリカ企業研究協会から引用したもので、それよりも古いデータは存在しない）。そして総合社会調査の報告によれば、今後一二カ月のあいだに職を失ったり解雇されたりする可能性は「まったくない」あるいは「ほとんどあり得ない」と考えている人の割合は、一九七七年から一九七八年には（最も古いデータが得られた）九一パーセントだったが、その後もそれほど落ち込まず、一九九〇年から一九九一年と一九九四年から一九九六年のどちらの時期も八九・五パーセントだった。報酬の変わらないべつの仕事を「非常に簡単に」あるいは「比較的簡単に」見つけられると考える回答者の割合は、一九七七年から一九七八年にかけて五九パーセントで、一九九〇年から一九九一年には六〇パーセントに上昇し、一九九四年から一九九六年には五七パーセントに下がった[12]。ダイナミズムが失われても、不安はほとんど引き起こされないようだ。

実際のところ、ダイナミズムが失われると雇用への不安が増加するという仮定にはほとんど根拠がない。一方、生産性の成長が減速してくると、「雇用の創出」と同時にシュンペーターの指摘する「雇用の破壊」が訪れるのではないかと考えてみたくなるが、その予測は実際に証拠によって確認される。一九八九年、破壊されたと評価された職は八パーセント、一九九二年から二〇〇〇年にかけては七パーセント、二〇〇二年から二〇〇七年にかけては六パーセントとなっている[13]。これは意外に思えるかもしれないが、現実の数字だ。景気後退期には、雇用への不安が増加するものなのだ。やがて一九九〇年代と二〇〇〇年代にはそれぞれ、景気後退期のあとに回復期が訪れた。このような回復期、あるいは平穏な時期には、雇用は特に破壊の犠牲になるわけではない。たとえ過去の景気後退によって雇用が減少していても、嵐とその破壊行為は過ぎ去っている。ダイナミズムの喪失や解雇の波は逆転しないかもしれないが、当面は新たな波がやって来ない。

経済の業績が縮小した時代の新たな展開は、一九九〇年代に「構造シフト」が始まったことだ。製造業からサービス業、そして金融へと移行していった。重工業——耐久財製造——分野での雇用は一九九〇年代に一貫して一一五〇万人だった。ところが非耐久財部門での雇用はおよそ七二〇万人から、二〇〇〇年には六七〇万人に落ち込んだ。製造業は労働集約型で、特に大学教育を受けていない労働者の集約度が高い。そのためほかの部門に支出が移行すると、以前の労働需要の喪失分を吸収できるだけの新しい労働需要が創造されない。雇用が十分に回復するためには、総生産高がもっと高いレベルで回復しなければならない。生産高の上昇が不十分で雇用が十分に回復されない状態は、「雇用なき回復」として知られる。つぎの一〇年間、すなわち二〇〇〇年代になると、中国からの輸入が増加したこともあり、製造業の衰えはさらに深刻になった。それでもしばらくの間は、建設ブームが牽引役となって成長も見られた（国内投資の増加——建築関連支出——に対する資源が確保できたのは、国内製品から中国製品に購買対象

12　Blanchflower and Oswald, "Well-Being, Insecurity and the Decline of American Job Satisfaction" (1999, table A1, a and b). 安定が失われることを強く感じるのは、仕事がきわめて安定している人たちに限られる。仕事を失ったり解雇されたりする可能性が「まったくない」と回答した人たちの割合は、一九七七年から一九七八年にかけて六八・五パーセント、一九九〇年から一九九一年にかけて六四・五パーセント、一九九四年から一九九六年にかけて六二パーセントだった。

13　これらのデータは以下で報告されている。*Business Dynamics Statistics.* これはアメリカ国勢調査局によるもので、企業規模、年齢、産業部門、国ごとに、事業の開始や閉鎖、起業、雇用創出、雇用破壊について調べている。

を乗り換えたからで、国内貯蓄に変化はない。資源が少なくなってブームが過熱したときには、輸入超過で釣り合いをとりさえすればよい――輸出を減らすか、輸出はそのままで中国からの輸入を増やすかだ）。

最後になるが決して軽んじるべきではない点として、経済の業績がふるわない時代には雇用が大きく変動する。失業の増加傾向はこれまで述べてきたとおりだが、離職とそれに伴う混乱もまた経済的パフォーマンスの側面のひとつだ。一九七〇年代から二〇〇〇年代にかけての三〇年以上のあいだには、五回のダウンサイジングが発生している。景気後退は一九七五年（月間失業率が九・〇パーセント）、一九八二年（月間失業率が六・三パーセント）、一九九二年（月間失業率が七・八パーセント）、二〇〇二年から二〇〇三年（月間失業率が六・三パーセント）、二〇〇八年から二〇〇九年にかけての大きな不況（月間失業率が一〇・一パーセント）での五回、記録されている。一九七二年後の経済は、景気後退を経験しやすくなったと推論してもよいだろう。よく聞くのは、減速しなければならない状況でコースを変えようとする自転車乗りにたとえた説明だ。イノベーションの減速は生産性や雇用の減速の原因と見なされるが、最近の論文の指摘によれば、企業がイノベーションを控えようとするのは、競合相手の製品のほうが好まれて自社製品が失敗しそうなときは言うまでもないが、新たな景気後退によって需要が大きく減少しそうなときでもある。(14)

二〇〇八年から二〇〇九年にかけての大きな景気減速が特別なカテゴリーに分類されるのは、最も深刻だったからではない。長期不況の前奏曲になったからで、景気回復の足取りはいまだにおぼつかない（対照的に大恐慌の場合、一九三三年から一九三七年にかけての景気回復は記録的な速さだった。深い谷はファンダメンタルズではなく行き過ぎの反映なので、回復のスピードが速くなるのだ）。しかし、先ほど紹介した景気後退からの回復はすべて尋常ではなく長引いている。たとえば自転車はスピードが速いほうが本来のコースに戻りやすいが、その発想をあてはめれば、経済が急速に成長しているほうが景気後退への抵抗力は強いことになる。実際に一九四九年の景気後退では、アメリカはかつての急成長を迅速に取り戻した、ピーク時は七・九パーセントだった失業率（前年から三・七パーセント上昇）は、わずか一年で四・二パーセントにまで回復した。それに比べて一九七五年の景気後退では、ピーク時に九・〇パーセントだった失業率（前年から五・一パーセント上昇）が六・〇パーセントに落ち着くまで三年を要した。下降局面からのアメリカの回復は、一九五〇年から一九七二年にかけての黄金時代よりも長引くようになったと推論してよいだろう。一九二〇年から一九四一年にかけての高度成長期においても、アメリカ経済は景気後退を経験しやすいわけでも慢性的に不安定だったわけでもなかった。一九二〇年代末に大きな下降局面が行き過ぎた投機を招き、それが政策の誤りによって悪化したのである。

二〇〇八年から二〇〇九年にかけての景気後退をあれほど深刻化させた一連の行動については、すでに広く知られている。政府の行動は主に住宅所有の拡大を目指し、住宅価格がいつまでも上昇し続けるという根拠のない臆測に基づき（長く続くほど住宅は売れる）、深く考えもせず利益を上げようとした。しかも住宅ローンの提供者は詐欺行為に手を染め、大銀行は大胆なレバレッジをかけた。巨額の資金を借り入れ、それを使って住宅ローンを買い集めて証券化し、海外の銀行に売り付けたのである。いわゆる「ＯＴＤモデル」で、ほかにもあやしげな行為に色々と手を染めた。[15]

一九七五年ならびに二〇〇八年から二〇〇九年にかけての下降局面、あるいはここで考察している時

14　Aghion and Kharroubi, "Stabilization Policies and Economic Growth" (2013). 景気の減速が見込まれるときにはイノベーションのコストが高いままで、たとえ努力してイノベーションが達成されても利益は少なくなってしまう。対照的に、景気が上向きそうなときにはイノベーションのコストが低いままで、成功に伴う利益は大きくなる。

代のほかの困難な状況の多くで、多くの世帯は貯蓄を大幅に切り崩して収入の減少を乗り切り、国家経済は海外からの大幅な借り入れによって国富の減少を乗り切ろうとした。さらに政府は歳入不足を補うため多額の借り入れを行なったり、巧妙な措置をつぎつぎと講じたりして、投資や生産高や雇用を増やしていこうとしたが、結局はいずれも持続不可能で期待を裏切った。そしてこのような対策をとる一方、景気低迷期に入ったという現実を頑として認めようとせず、国内消費の将来的な展開を冷静に推測しようとしなかった。その結果として社会は病み、政治指導者は選挙民にあえて真実を語らなくなった。大減速のあと、このような成り行きをとる必要はなかった。減速で社会が躁状態に陥り、最終的に行き過ぎに陥るとは誰も予測できなかっただろう（普通なら、社会は鬱状態や麻痺状態に陥ると考えられる）。いずれにしてもここは、なぜ景気の減速が発生したのか、それを終わらせるためには何が最善なのかを理解しておくべきだ。

15　本書のエピローグでは、この数十年間に行なわれてきた金融部門の規制緩和について取り上げ、本書の見解に基づいて新たに必要な政策を提言している。本書は全体として、機能の優れた近代資本主義経済によって提起される問題に焦点を当てている。安定、経済的包摂、そして特に失業と様々な格差の問題である。さらに、経済のダイナミズムの衰えに伴う問題にも注目している。機能不全とは無縁の経済システムでさえ、ダイナミズムの衰えとは無縁でいられない。その現実を考慮したうえで、近代資本主義は政治的に持続可能か、道徳的に正当化できるかという問題に踏み込んでいる。

第10章　一九六〇年代後の衰退について理解する

［人生では］何かをやろうとするものだった。いまでは誰かになろうとするものだ。

――マーガレット・サッチャー
映画『マーガレット・サッチャー　鉄の女の涙』から

アメリカの衰退に関しては、第二次世界大戦後の数十年間は黄金時代だった、と言われることがある。連邦政府は老齢年金や身体障害保険などの社会保障を働く人たちに提供し、州政府は失業補償を提供した。規制によって労働者や消費者の安全は守られ、人々は銀行の破綻を心配することなく貯蓄に専念し、だまされる不安もなく積極的に投資を行なった。多様化した大企業は従業員に事実上の終身雇用資格を与えたので、当然ながら忠誠心は維持された。労働組合は一時解雇に反対し、年功序列の権利のために闘った。そしてこのような経済的保障が広く普及しただけでなく、失業は低レベルで安定し、成長は順調だった。

この見方によれば、いまや黄金時代は過ぎ去った。企業は温情主義のマントを脱ぎすて、効率を重視する経営者資本主義のモデルになった。そしてマキャヴェリさながら社員よりも株主を優先し、株価の上昇を目指した。経営の業績がふるわなければ、乗っ取りやプライベート・エクイティ・バイアウトの標的になった。一部の仕事を残すために、ほかの仕事は容赦なく切り捨てられた。新しい精神に感化された政府は、企業の意欲を高めるために税率を下げ、歳入が減少すると様々なプログラムを打ち切った。組合は民間部門から手を引いた。その結果、失業は増加し、労働者は不安を感じ、企業は先行きが不透明で、投資家が魅力を感じる対象はなくなってしまった。

このストーリーの教訓――安全の喪失と効率性の重視――を生かすためには、アメリカは戦後のコーポラティズムに戻るのが賢明だとも考えられる。しかしなかには同じ話から異なった教訓を引き出す人たちもいて、「黄金時代」に社会を守ってくれた保護政策の数々が持続するためには、アメリカが追い風に押されることが前提条件だと主張する。

左の陣営からは、つぎの点が執拗に強調される。……二〇世紀半ばのモデルは持続できたはずだ。プライベート・エクイティの「ハゲタカども」など寄せ付けずにすんだはずだ。ヨーロッパが廃墟となり、世界の半分がマルクス・レーニン主義の勢力下にあった時代にアメリカで効果を発揮した事柄は、グローバリゼーションの時代においても効果を発揮できたはずだ。(1)

しかし、たとえコーポラティスト・コミュニタリアン（共同体主義）モデルがてこ入れされたとしても、賃金の停滞を回避するのは無理だったとほとんどの経済学者は論じる。グローバルな競争、国内の人口動態、雇用にかかる社会的費用の増加、そしてもちろんイノベーションの減速など、国内外の様々な力が賃金を停滞させているのだ。

ところで、このポピュリストの見方には基本的な欠陥がある。正確に言うと、そもそも戦後は黄金時代ではなかった。成長率は戦間期に遠くおよばないし、失業率や労働参加率にしても、一九二〇年代やそれ以前と比べれば見劣りがする。一九五〇年代の職場の混沌状態は、デイヴィッド・リースマンの『孤独な群衆』の主題にもなっている。つぎに、グローバリゼーションは付随的な被害を引き起こしたかもしれないが、標準的な分析からは、コストのなかに重要な恩恵が確認される。一九八〇年代から一九九〇年代にかけて市場がグローバルな規模に拡大したことで、アメリカのイノベーションは刺激されるしかなかっただろう。中国の借入金利の低さも、イノベーションの追い風になっていたはずだ。ところが当時、アメリカの経済政策の方針は変更され、投機家やサブプライムの借り手による住宅への投資が促されてしまった。そして最後に、利益のために効率を追求すれば雇用の一部は失われ、組合の勢力は衰えるかもしれないが、余計な部分を削れば残された雇用が救われるし、組合の束縛から解放されれば新たな雇用の生まれる可能性が開かれる。戦後アメリカ企業のコーポラティスト精神はダイナミズムの裏付けであり、雇用創出に貢献したと信じる根拠など存在しない。そして、新保守主義の台頭で企業が優先され所有者支配が回復したせいで、民間部門ではダイナミズムや雇用の成長が犠牲になったと信じる根拠も存在しない。

衰退については、つぎのようなストーリーもある。黄金時代は実際にはもっと長くて特徴も異なり、

1　Ross Douthat, "The Benefits of Bain Capitalism," *New York Times*, January 15, 2012.

通説よりも数十年早く始まって一九六〇年代まで続いた。自由企業は大衆からも政府からも支持され、規制はほとんど存在せず、あっても処理しやすかった。アメリカでは税率が、おおむね低く抑えられていた。大学進学率は世界一で、医療業界では民間病院が、教育業界では私立大学が新設されて大きな利益が見込まれた。デュポンやIBMのような大企業でさえイノベーションに取り組んだ。人種的な偏見が取り除かれると、少数民族が様々な職業やビジネスに参入した。成長は順調で、一九三〇年代を除けば失業も少なかった。企業の時代だったと言ってもよいだろう。

そしてこのストーリーも、黄金時代は過ぎ去ってしまったという。規制が大きく膨れ上がったせいで、投資機会が大きく縮小した点を指摘する。しかも公立学校や家庭は機能不全に陥り、最新の技術に適応できる人材を企業に送り出せなくなった。（電話を取り次ぐスタッフさえ見つけづらく、企業は学士の資格を持つ社員に給料を支払って走り使いをさせていると言われた）。貯蓄や投資に対する課税は厳しくなり、小さな企業でさえ限定的に責任を負わされるようになった。法人税を払うと、手元に残る事業所得は六五パーセントにまで縮小し、おまけに配当やキャピタル・ゲインには一五パーセントの割合で課税されるので、最後は五五パーセントになってしまう。その結果、成長は減速して失業が増加したのである。

保守主義者はこのストーリーから、アメリカは模範的な資本主義に戻るのが賢明だという教訓を引き出している。規制はわかりやすさを心がけて数を減らす一方、法人税を大きく引き下げて雇用と成長を回復すべきだという。しかし資本主義に好意的な一部の観測筋は、アメリカの社会環境ではもはやそれが不可能ではないかとあやぶむ。

共和党候補のほとんどは、必要なものはこれしかないといった調子で語る。……すなわち規制の緩和と減税である。……しかし［そのような手段］だけでは役に立たない。……未婚の母から生まれて地域社会の支援を［得られない］四〇パーセントは……社会で競うために必要なスキルを身につけることはできない。……熟練労働者を確保するためには……オバマは異なった政策を擁護する必要がある。(2)

しかし、社会制度や「地域社会の支援」によって必要なスキルが維持されたとしても、賃金の上昇を阻む市場の力——特にイノベーションを締めつけようとする力——は、克服できるかどうかあやしいと経済学者はコメントするだろう。

ここで引き出されている教訓には基本的な欠点がある。失業率を大きく下げて効率を高めるために、低い税率と厳しい競争は必要条件かもしれない。(3) しかし失業率の低下や職務満足度の改善には大きなダイナミズムが必要で、それを実現するためには、健全な経済運営について語るだけでは十分ではないのだ。それについては本書でもすでに触れている。政府の支出を抑え、賃金所得や経営者の賃金支払額に対する税金を減らせば、その分だけ個人の貯蓄が増えて個人の資産が膨らむかもしれないが、これだけでは給与の増加を実感できない。改革が行なわれなかった場合と比べ、雇用は上向かないだろう。

一方、三つ目のストーリーではつぎのようになる。戦後になると企業にも個人にも責任感がなくなり、恵まれないコミュニティや家族のあいだで文化が機能しなくなった。そのため社会問題が発生し、もちこたえられなくなった社会は自由企業を支える能力を失ったのだという。ここからは、左右どちらにも偏らない中立的な教訓が引き出される。たとえば私は一九九七年に刊行された自著『やりがいのある仕

2　David Brooks, "Free-Market Socialism," *New York Times*, January 24, 2012, p. A19.
3　スウェーデンとノルウェーの経験は、これらが必要条件ではないことを証明していると主張する分析もある。

事』のなかで、低賃金労働者の雇用を促すため企業に累進的な助成金を提供することを勧めた。それが刺激となって雇用と給与が増えれば、直ちに包摂に結びつくと考えたからだ。今日でも、次の世代で社会的弱者を大きく減らすため、教育や子育てや地域のサポートの改善を訴える人たちは多い。しかし、恵まれない立場の労働者への支払条件や投資を改善するために補助金を提供しても、雇用率や労働参加率の衰退が始まる以前、すなわち一九六〇年代のレベルに戻らない。なぜなら、自立や教育や子育てなど、かつての社会規範を取り戻しても、経済全体のダイナミズムへの影響は小さい。したがって総合的な失業率が低下するわけでも、生産性や賃金が急上昇するわけでもない。

本書は近代経済の観点から、これらの通説とは立場を異にする。(まだ生き残ってきた)近代経済の中心的な機能の悪化によって、経済のダイナミズムが大きく損なわれ、それに伴って経済的包摂が失われたと考える。人的資本(学歴の年数など)の減少や緩やかな増税は、企業にとっての衰退の原因として見なさない。一部の国で採用されてきた近代資本主義経済は、制度的文化的機能システムの欠点によって弱体化し、そこに政治の対応のまずさが追い打ちをかけたのだ。

ここでは国家による歳入の増加や規制の強化も、リバタリアニズムも、ましてや教育や雇用への介入の強化も教訓として考えない。これらの措置の一部は歓迎されるかもしれないが、解決策になり得ないと判断した。それよりはむしろ、社会の価値観や制度の活性化に役立つダイナミズムを押しとどめている障害を取り払い、近代資本主義を回復させることが肝心だ。

衰退の原因

アメリカの近代資本主義経済のダイナミズム——地域イノベーションの希求とそれを遂行する能力

――の明らかな弱体化は、どのような欠点によってもたらされたのだろうか。進歩主義者がアメリカの資本主義に浴びせる痛烈な批判のなかには、納得できるような主張も多い。たとえばここでは独占の台頭をやり玉に挙げ、静的な資源分配のもたらす悪影響を理由として挙げている。独占によって生産高が抑制されると、コストに比べて価格が高くなり、独占的利益が得られるからだ。初期投資が莫大でも社会全体の利益が大きい公益事業などの場合には、生産効率の最大化を目指して一社による「自然」独占の状態が許され、政府による価格統制が行なわれる。ほかにも進歩主義者は、賃金には補助金がいっさい不要で、利息には課税すべきでないというリバタリアンの主張にも非難の矛先を向けている。しかし本書が注目するのはイノベーションの能力を損なった欠点であり、現在の状況に至ったプロセスのなかからそれを確認していきたい。

大企業、ミューチュアル・ファンド、銀行の構造的欠点　アメリカのビジネスや金融に詳しい学生は、早くも一九三〇年代に深刻な欠点が存在していたことを発見しているが、なかには広く普及した欠点もあった。たとえばかつて企業の組織づくりにおいては、生産効率の改善が重視されたものだが、はたしてこれは適切だったのだろうか。今日では、イノベーションの立場から過去の評価を見直さなければならない。

著名な経営史学者のアルフレッド・チャンドラーは、「階層型組織」で中間管理職と上級管理職の支配のもと、「複数の生産ライン」が実現される「プロフェッショナル・マネジメント」の台頭に注目し、経営革命という言葉で表現した。

二〇世紀半ばには、これらの企業では何百人、いや何千人もの中間管理職や上級管理職を雇い、何万人、いや何十万人もの労働者が所属する何十、いや時には何百もの事業単位の業務監督に当たらせた。……これほど短期間に制度の重要性が注目されて普及した事例は、世界史のなかでも滅多に見られない。(4)

新たな経営方法においては、生産に「最も費用のかからない」方法を見つけ出し、それによって経済の効率を高めることが目標とされた。そしてこの新しい方法そのものが、世界中で管理業務に変化を引き起こす重大なイノベーションになった。さらに、このような形で誕生した大企業は小さな企業と異なり、きわめて斬新なプロジェクトの資金を自己調達することができた。しかし結局、イノベーションへの障害は発生してしまう。従来の規模の企業ならば、何か新しいものや従来と異なるもののアイデアを思いついた社員は、たとえ賃金が最も安い立場でも上級管理職から耳を傾けてもらえるチャンスがあった。そのため、社員は新しいアイデアが頭によぎったときに見逃さなかったもので、それが新しいアイデアの生まれる可能性を高めた。しかし経営陣のあいだに複数の階層が存在する大企業では、そのような展開は期待できない。

ならば、会社の規模を制限してコミュニケーションを改善するべきではないか。そのために経営者が介入しないのはなぜだろう。既存の産業への参入や新たな産業の創造にさえ成功した大企業は、巨大な官僚組織と同じく自己取引の罠に落ちてしまうからだ。最高経営責任者が最大のオーナーであり、取締役会長だったとしても例外ではない。マイクロソフトはまさにそんなケースだった。

私がこの職に就いてまもなく、非常に優秀なグラフィック専門家からなる私たちのグループは、スクリーンにフォントを滑らかに表示できる方法を発明した。クリアタイプである。……そもそも電子書籍の販売に役立てるために開発されたのだが、画面表示を伴うあらゆる装置に大きな恩恵がもたらされる可能性が明らかになった。しかしマイクロソフト内のほかのチームは困惑し、私たちの成功を脅威に感じた。ウィンドウズ・グループのエンジニアは、一部の色を使うと画面表示が混乱すると虚偽の発言を行なった。そして、オフィス関連製品グループの責任者は、これを使っていると頭痛がすると訴えた。ポケットデバイス部門の部長はもっと露骨だった。クリアタイプを支持するし使ってもよいが、プログラムとプログラマーを自分の配下に置くことが条件だというのだ。その結果、クリアタイプは世間から大いに賞賛され、社内で評判が良く特許も取得されたが、十分に使用可能なバージョンのクリアタイプがウィンドウズに搭載されるまでには一〇年を要した。

大企業では社内の競争が日常茶飯事になっている。良い環境でアイデアが競い合って考案されればよいが、競争が制御されず破壊的になると問題が発生する。マイクロソフトでは機能不全の目立つ企業文化が創造され、抵抗勢力が新しいチームを食いものにしている。せっかくの努力を評価せず、不当な競争によって資源を奪い、あげくは叩き潰しても許される。……マイクロソフトに明るい未来があるのかどうか、大いに疑問だ。(5)

4　Chandler, *The Visible Hand* (pp. 3–4)〔邦訳　チャンドラー『経営者の時代――アメリカ産業における近代企業の成立』上下巻、鳥羽欽一郎・小林袈裟治訳、東洋経済新報社、一九七九年〕を参照。デュポンは一九四〇年代にシュンペーターの注目を集めたが、資本主義にもまだ多くの時間が残されていると彼に信じさせるほど強い印象は与えなかった。ゼネラルモーターズはチャンドラーにとって最も魅力的だった。

5　Dick Brass, "Microsoft's Creative Destruction" (p. A27). ブラス氏は一九九七年から二〇〇四年までマイクロソフト社のヴァイス・プレジデントだった。

このような問題は、最高経営責任者が取締役会長として、さらには会社の創業者として強大な力を持っているときにでも発生することが、クリアタイプを巡る論争からはわかる。ビル・ゲイツが組織に君臨していても防げなかった。さらに創業者は、複雑な組織を運営する才能も時間も持っていないケースが多い。フェイスブックの創業者マーク・ザッカーバーグは先見の明の持ち主で、賢明にもシェリル・サンドバーグを最高執行責任者として採用した。しかしそれでも組織が複雑になり、権力を分散して自己本位な中間管理職に委ねる必要が生じると、難問が積み重なっていった。様々な問題でイノベーションが途絶えるほどではないが、勢いが衰えたのは事実だ。

どんなにやる気のあるリーダーにも大企業の経営をあやまる可能性はあるが、創立者でも支配株主でもない人物、すなわちプロの経営者や助っ人が実権を握ると、事態はさらに悪化する傾向が強い。プロの経営者が登場してからほどなく、彼らによって運営される大企業のコーポレートガバナンスは深刻に損なわれたと論じられるようになった。アドルフ・バールとガーディナー・ミーンズの共著で一九三二年に刊行された『近代企業と私有財産』で展開されている批評は、典型的な記述だ。株式所有の形を取る企業が株主に提供するキャピタル・ゲインを生み出すプロジェクトは、彼らの多くがとっくに死んだころに効果を発揮する。この見事な長期戦略は、社会主義にはとても真似できない。ところが大企業の経営者には、株主を裏切りたくなる動機がある。短期的な利益なら、自分の在職中に実現できるのだ。その結果、すぐに利益が見込めるプロジェクトに関心が集中すると、長期的に有望なプロジェクトはおざなりにされてしまう。経営者の報酬を設定する取締役会は、この悪しき慣行を阻止するためには株価の上昇をボーナスに反映させ、場合によっては、株価の低下をマイナスの「ボーナス」として反映させればよいことを理解している。しかしそうなると経営者、特に扶養家族のいる経営者は、悪影響を緩和するために固定給を増やしておきたい。そしてこの良からぬ動機から、自分の職を危険にさらすようなプロジェクト、つまりコストのかかる長期的なプロジェクトをいっさい回避しようとする。これでは長期戦略は、いつまでたっても奨励しにくい。ガバナンスの問題は、大量の株式を保有する攻撃的な株主によって解決されるときもある。ただし機関投資家が経営者と同じく短期的な利益に目を向けてしまうと、やはり問題は悪化する恐れがある。

最近では、大企業の短期志向はミューチュアル・ファンドの台頭によってさらに進行し、それはルイス・ローウェンスタインと息子のロジャー・ローウェンスタインの研究のテーマにもなっている。ヘッジファンドにとっての利益は、投資家があちこち目移りせず、ファンドにじっくり腰を据えてくれることにかかっている。したがってファンドは、手がけている企業の株価が大きく落ち込むリスクが鮮明になる事態を極端に嫌う。そうなると企業はミューチュアル・ファンドから大きな圧力をかけられ、つぎの四半期の利益「目標」を発表し、その達成に努力せざるを得なくなる。その結果、株式が上場されている企業の経営者は四半期ごとに利益目標を設定し、達成努力に多くの時間を費やし、長期的な投資やイノベーションのための戦略を考案する余裕がなくなってしまう。

ミューチュアル・ファンドには他にも欠点がある。様々な銘柄に分散投資するので、ファンドに参加する余裕のある金持ちにとって、特定の企業や産業や技術に関するハイエク並みの専門知識を生かす動機がなくなってしまう。単独または複数のファンドに資産を預けておけば、あとは何も悩む必要がない。たとえばポートフォリオの科学的分散投資は、生粋の新古典派経済学者であるポール・サミュエルソンにとって、経済の繁栄をもたらす素晴らしい手段に見えたかもしれない。しかし実際のところ、これは近代経済を大きく後退させてしまう。それについてはアマル・ビーディーが一九九三年に『株式市場流動性の隠されたコスト』のなかで指摘している。なかでも最も厄介なのは、集めた情報から判断して株価が変動する機会がありそうでも、ほとんど上下動しない可能性があることだ。ミューチュアル・ファンドは、ポートフォリオで組み合わされる金融商品の構成比率を変化させたくないからだ。これでは、未来への投資やイノベーションは遅れてしまう。さらに、投資を専門家に任せっぱなしでは、現場の情報や専門知識を獲得する意欲が薄れてしまう。

そして最も深刻なのは、近代経済の欠点が大型の投資銀行のなかで複合的に発生した点だ。多くの金融市場で不完全性が徐々に取り除かれると、資産の流動性は極めて高くなり、大型の投資銀行は借り入れ余力や金融の専門知識を生かす対象を変えてしまった。企業や業界の状態を細かく評価して将来の行動を決定するためではなく、通貨や国債に投機するために注ぎ込むようになったのだ。しかも、投資する金額が膨らんでいくと、リスクに大胆になって、ついには組織の形態を変えてしまった。従来のパートナーシップの場合には、パートナーが一定の責任を引き受けることが義務付けられていた。ところが上場企業になる道を選んだので、株主の支配がほとんどおよばない組織になってしまった。その結果、状況が悪化すれば株主は損失をこうむるが、もはやパートナーではない経営者には投資の決断に関する責任をいっさい引き受ける義務がなくなった。どんなに途方もない投資であろうとも。（ある意味、これをカジノバンキングと呼ぶのはふさわしくない。カジノはリスクをまったく取らないものだ。皮肉にも、大数の法則に頼ればリスクを科学的かつ正確に管理できると偽証したのは銀行だった）。

銀行による投機は、資産価格の変動幅を広げて暴落の規模を拡大させるリスクもはらんでいる。銀行は金利が低いときに短期の借り入れを好み、長期金利がしばらく下がらないときに長期の貸し出しを好む。これなら楽に金儲けができそうな印象を受ける。たしかにその確率は高いかもしれないが、その一方、これは「ギャンブラーの破産」に恐ろしいほど似通っている。たとえば短期金利が予想外に再上昇すると、長期債の金利が上昇して債券価格は下落する。長い住宅の投機ブームのあと、住宅価格が下落したのと同じだ。そうなると銀行は借り入れで巨額の損失をこうむってしまう。しかし資本主義経済の大半の国々では、投資銀行に長期借入と長期貸出を長いこと義務付けてこなかった――そうすれば銀行には、債券償還前に回復するチャンスが残されるのだが。一方、見境のない投機活動は、資本管理やポピュリスト的な規制の強化へと、国を追い込む効果も持っている。すでに資本を調達済みの企業には影響が少ないが、新興企業は資本を調達しづらくなり、つぎの危機が到来するまでにプロジェクトを完成できる見込みは低くなり、イノベーションが損なわれてしまう。（ただし、個人や企業、さらには銀行によるすべての投機活動を全面的に禁じるべきだというわけではない）。

多くの面でアメリカの商業銀行――家庭や企業が預金をする銀行――は一九三三年に成立したグラス＝スティーガル法によって活動を制限されてきた。この法律は、一九二九年の大恐慌で商業銀行全体の五分の一が破綻した後に作られたものだ。当時、元検察官だったフェルディナンド・ペコラは、銀行が行き過ぎた投機で一定の役割を果たした証拠を議会に提出した。それをきっかけに作られた新しい法律のなかで商業銀行は、新証券の引き受け、顧客に代わって株式や債券を売買するブローカー業務、株式や債券の自己勘定による売買を禁じられた。しかし一九九九年にこの法律が廃止されると、僅か数年でシティバンクやＪＰモルガン・チェースなどの商業銀行が投資銀行の設立や買収に乗り出し、大量の短期借入を通じて財務レバレッジに励むようになった。

銀行業界や航空業界に共通する深刻な欠点は、いわゆる破滅的競争から生じるものだ。航空会社が少しでも多くのルート開発を進め、銀行が無秩序な融資に走ったのは、間接経費を多くのルートや資産に分散するほど、利益の増加につながると考えたからだ。しかしすべての航空会社がいっせいに同じことを始めれば、当然ながら利益の奪い合いになってしまう。一方、二〇〇五年から二〇〇六年にかけてODTモデル〔貸し手が市場を通じて原債権の信用リスクを投資家に分散させるビジネスモデル〕によるローンが過熱したのは、追加資産を獲得しなければ損失をこうむるかもしれないという計算が働いたからである。しかしここでは、競合相手も同じ時期に同じ計算をしている点が考慮されていない。その結果、業界規模は過剰に拡大した。その挙げ句にどちらの業界も周期的な危機に見舞われ、雇用も利益も失われ、経済のほかの部門にまで犠牲をもたらしたのである。

近代経済が十分に機能するために欠かせないビジョンも判断力も持たないまま、銀行業界は膨大な資産を元手に見境なく賭け続けていった。そのような姿勢は、近代経済の概念そのものへの裏切りに他ならない。

「マネー文化」、うぬぼれた行動や思考　死の直前に行なわれたRTLラジオでのインタビューで、ダニエル・ミッテランはフランスの経済文化を激しく非難してつぎのように語った。彼女の夫は一九八〇年代にフランス大統領だったフランソワ・ミッテランである。「今日のシステムの土台がマネーだということは、誰でも知っています。マネーはグルであり、マネーはすべてを決定します」。この発言からは、薄いベールに覆われた本音が感じ取れる。過去に比べて現在はマネー偏重の傾向が強くなったことはむろん、夫のミッテランやペタンやコルベールの時代のコーポラティズムは、資本主義のようにマネーを中心に動いていなかったことを言いたかったと思われる。しかし、レント・シーキング〔企業が政府官庁に働きかけて法制度や政策を変更させ、利益を得ようとする活動〕や利益供与といったコーポラティズムのシステムにも、前近代あるいは近代の資本主義のシステムと同様にマネーは絡んでいる。しかし近代資本主義においてはコーポラティズムと異なり、一般の人々が経済を動かす大きな原動力になっている。人々は利益の確保に熱心である一方、重要な成果を上げたいとも願う。社会への貢献、記録に残る偉業の達成、冒険的な事業との関わりを望み、マネーがすべてとは考えない。

アメリカにおいても、マネーは公的生活と私的生活の双方の分野であまりにも多くの人々を誘惑している。所得者の上位一パーセントが自分たちに課される税率の低減にどれだけ執心しているか、そして報道機関の言葉が正しければ、残りの九九パーセントが国家に対し、高額所得者から搾り取ってくれることをどれだけ望んでいるか、どちらの気持ちの強さにも驚かされる。しかしダイナミズム衰退の原因を探究している我々としては、一九六〇年代や一九二〇年代と比べ、マネーが「物事を決定する」機会が増えているのかどうかという疑問に注目したい。著名な哲学者のジョン・デューイは、一九二〇年代のアメリカでマネーが果たした役割を注意深く観察している（経営者を除き、企業では想像力や知性や感情を伴う活動にほとんどの人たちが関わっていないと考えたデューイは、従業員組合を通じて「新たな個人主義」が育まれることを目指した。しかし彼は、公の議論に想像力や知性や感情といった要素を持ち込んだ点を評価されるべきだ。大切なのはプロセスであり、目的が手段を正当化するわけではない）。一九二九年にデューイはつぎのように書いている。

> 我々はマネー文化のなかに暮らしている。……人々の価値は、自分のマネーを確保する能力、あるいは金儲けのレースで先行する能力によって判断される。……［労働者］階級の両親の主な願いは、子供たちがビジネスの世界に入って（知的職業）階級で成功することだ。……個人の習慣のなかで最も賞賛［される］

のは、個人にとって有利な立場を見逃さない能力と、あらゆる人的損失を払ってもそれを確保しようとする強い意志である。(6)

さらにデューイは、この新しい「マネー文化」がどのように登場したかについても推測している。

金銭的利益を目指す産業や企業は新しい存在ではない。……遠い過去から我々にまで受け継がれてきた。しかし機械の発明によって、過去にはなかったような力と視野がここに備わった。……［我々は］機械とマネーの斬新な組み合わせに頼るようになり、その結果、我々の文明に特有の拝金主義の文化が生まれたのである。……個人主義という考え方全体が曲解され、マネー文化の習慣に順応させられてしまった。

デューイの主張はほかの方面でも通用する。金銭によって評価される市場の規模が拡大し、最上位グループの給与が跳ね上がると、最高の給与を手に入れることへの人々の願望は膨らんだ。そして、トップ経営者や銀行家や投資家の高い税率がレーガン政権によって引き下げられた一九九〇年代には、マネーが熱狂的に支持されるようになり、二〇〇〇年代にはブッシュの減税によってそれが再燃する。(7) デューイの見解に従えば、一九七〇年代から一九八〇年代にかけてのグローバリゼーション、そして一九九〇年代の情報通信革命によって、「拝金主義文化」は世界中でさらに勢いづき、上海からミュンヘン、シリコンバレーへと広がっていったと考えられる。グローバルに展開する企業や何十億ドルも稼ぎ出す人々の姿を見せられて、当然ながら多くの企業や人々が想像力を激しく掻き立てられた。一九六〇年代には株式市場が大きく拡大し、一九八〇年代には投資ファンドが企業の乗っ取りによって莫大な財産を築き、一九九〇年代にはドットコムブームのなかで投機熱が一気に高まった。そこから判断するかぎり、可能性は無限で莫大な利益が期待できそうに見えた。

本章では「強欲は善か」どうかを問いかけているわけではない。何が正しいのかについては次章で扱う。ここで問題なのは、マネーや富に対して膨らんだ欲望が、一九七〇年代はじめにはアメリカで確実に進行していた不況の原因なのかどうかという点だ。当時は成長の減速、高い失業率、低い職務満足度が顕著である一方、大がかりな景気刺激策が採用され、規制が放棄され、投機活動熱に浮かされていた。では質問への答えはといえば、イエスである。富の追求とイノベーションの追求は相容れず、大勢の人たちがイノベーションから目をそらしてしまった。おまけに、投資家も経営者も簡単に収入を得られる道への興味を強めた。そして金融部門は借入金による投資に注目し、以前から知識を持っていた領域──持ち家担保ローンの提供ならびに国債や外国通貨の取引──で大胆な賭けに打って出ただけでなく、知識をまったく持たない分野──資産担保証券やクレジット・デフォルト・スワップ──に進出していった。業務の拡大や業務への投資は圧縮される。能力や才能のある若者は金銭的な報酬に惹かれ、産業部門よりも金融部門の仕事を選ぶようになった。そして大量の資本が産業部門から金融部門へ振り向けられた。この展開はグローバルだったが、すべての資金を海外の貯蓄で調達することには無理があった。

6　Dewey, "The House Divided against Itself." 以下で再版。Dewey, *Individualism Old and New.* この部分は六ページから、あとの部分は九ページからの抜粋である。

7　これらの減税は、以下のテクニカル・ペーパーの意図せざる結果だったとも考えられる。Phelps (1973); Efraim Sadka (1976). このふたつの論文によれば、最高賃金階層の限界税率が正の場合、税率は税効率的ではありえない。最高賃金階層の税率をカットすれば、所得者は所得を増やして高い税金を払う気持ちになるかもしれないが、結局のところ、所得はかつての税率時と変わらなくなってしまう。

必然的に国内の産業へ投資の一部が回されることになった。

よく言われるようにアメリカ社会の訴訟好きの傾向がこの時期に強くなった背景には、マネーへのほとんど病的なこだわりがあったと考えて間違いない。他人の才能をうらやんでも、対抗して何かできる可能性などほとんどない現実を誰でも理解している。しかし他人の富をねたむときには、何か機会があれば逃さず、必要とあれば機会をわざわざ作り出してでも、狙った相手を訴えようとする。そんな訴訟文化がイノベーションに富む社会からダイナミズムの一部を奪ったことは間違いない。訴訟合戦に時間やエネルギーを費やす人たちには、イノベーションにかける時間やエネルギーが残らない。今日の新興企業はエンジニアと同じ人数の弁護士が必要だと、シリコンバレーのある企業家は語っている。

しかし、現代社会の文化に生じた変化については、ほかの原因も指摘されている。それで思い出されるのは、かつての人々が望んだのは何かを実行することで、社会的地位ではなかったというミセス・サッチャーの発言だろう。社会的地位や名声が重視される社会では、人々は他人を出しぬいて昇進するために、すなわち滑りやすいポールを誰よりも早く上るために努力するもので、何かを作り出そうとはしない。したがって、素晴らしい成果を上げても認められない。このような文化が普及すると、優秀な人材に本来備わっている徳性――決断力や判断力や思いやり――が軽んじられ、平凡で他人より劣っていることに厳しい目が向けられ、日常の習慣や些細な過失がクローズアップされる。偉大な人物を描いた最近の伝記の多くでは、主人公の転落や逸脱行為に焦点が当てられるパターンが目立つ。たとえばエドウィン・ハッブル、エドワード・ホッパー〔二〇世紀のアメリカの画家〕、アルフレッド・ヒチコックの伝記はこれに該当する。もっと決定的な証拠もある。トマス・ジェファーソンは最近執筆された伝記のなかで奴隷制に賛成する人物のように描かれているが、実際には、奴隷制に対する嫌悪は公人としての生活で際立った特徴だった。なかには、研究対象の人物が認められ賞賛されるきっかけになった業績ではなく、非難されるべき点のほうに多くのスペースを費やしている批評家もいる。皮肉にも、最近公開されたミセス・サッチャーの伝記映画『マーガレット・サッチャー　鉄の女の涙』は、「彼女の個人的な生活の悲哀」を描いた作品として評価されている。実際のところ、この映画はサッチャーの全キャリアをていねいにたどり、様々な場面やスピーチが登場する。政治や経済や身の回りの社会に関する発言もふんだんに盛り込まれており、「何かを実行したい」という願望の衰えについてのコメントも含まれている。

結局のところ、アメリカ社会の精神は落ちるところまで落ちてしまった。ここ数十年間は、うぬぼれ文化や権利要求文化が目立つ。たとえば、かつての研究者はアイデアの実験に夢中で取り組んだものだが、いまではやたらとプライドが高く、まったく研究を行なわないくせに尊大な態度を崩さない。勧誘の電話や膨大な量の電子メールは、相手の迷惑などかまわず、まるで緊急事態であるかのように押し寄せてくる。十代の少女は赤ん坊を産むとペットのように見せびらかし、自分の存在感を高めるために利用する。一方、セーフティネットへの支出の増加が止まらない現象は、何かを支給されるのは当然の権利だという意識の高まりから説明できる。個人の財産が様々な給付によって人工的に補強された結果、本来なら不可能なほど大きな経済的自立が達成されるようになったのだ。これでは社員の忠誠心や愛着など期待できない。数々の権利を人々が当然視するようになると、新興企業は有能な社員の確保が難しくなる。率先して行動し、他人に手を貸し、成功を目指して集中力や判断力を傾ける人材は簡単に見つからない。そしてうぬぼれを特徴とする文化は、訴訟の増加にも貢献している。

アメリカに注目する観測筋の多くは、いわゆる若者文化の台頭についてコメントしている。ここで観察されているのは、大胆に挑戦する意欲の低下ではない。若者は往々にしてリスクを伴う行動に惹かれるもので、実際のところ、今日では多くの金融企業が「すべてを賭けに注ぎ込もう」としている。現実に観察されているのは、貯蓄意欲の低下である。ただし国の高い貯蓄率は、イノベーションにとって絶対必要な条件というわけではない。ほかの国が代わりに貯金してくれれば問題ないし、ほかの投資活動が必要を満たしてくれるかもしれない。しかし、独創性に富む革新的な製品を開発する企業家は、そのためのプロセスに全身全霊で打ち込まなければならない。プロジェクトに必要な現金を自分のために好き放題に使って満足しているようでは、成功はおぼつかない。たとえば一九世紀には、何かを達成するために一、二年のあいだ質素な生活をおくることが敬遠されず、大人たちは当然のように受け入れていた。しかし今では残念ながら、そのような風潮が衰えたようである。ソーシャルメディアのベンチャーキャピタリストであるピーター・ティールはまだ駆け出しのCEOたちとのインタビューを通じ、若い企業家たちが自らに年間一〇万ドル以上の報酬を支払っている点に注目した。（それはフェイスブックのマーク・ザッカーバーグに出会うまでの話で、彼の報酬は非常に低いものだった）。一方、独創性を発揮するためには、長い期間にわたって大きな集中力を切らさないための能力と意志が必要だが、これもまた最近の数十年間で衰えたように思える。エリ・ヴィーゼル〔ルーマニア出身のアメリカのユダヤ人作家。一九八六年にノーベル平和賞を受賞〕はある教育者から、ニューヨーク州の高校ではもはやシェイクスピアの『ジュリアス・シーザー』が教えられていないと聞かされた。読み通せるほど生徒の注意力が持続しないからだ。そしてもうひとつ、これも広く知られているが、平均すると今日の若者は先行世代ほど孤独を経験していない。一九四〇年代末から一九六〇年代半ばにかけて労働市場に参入した人たちの多くは一人っ子で、空想や考え事をする術を学びながら成長したものだが、その後、一人っ子は少なくなってしまった。さらに今では、ひとりでいる時間を持っている人にはソーシャルメディアという気晴らしが提供される。「インターネットで自己満足を得る経済」が発達したのだ。今日の若い世代は、ブログや電子メールやツイッターを通じて常に誰かとつながっていないと満足できない。そのため思考力が衰え、画一主義が強化された。その結果、自分の立場を自分で切り開いていく代わりに、政党や宗教や友人が提供する立場を受け入れる人たちが増えてしまった。経営のなかでこのような画一主義がイノベーションを抑圧しなかったとすれば、それこそ驚きだ。

アメリカ経済でグループが台頭したと聞かされると、グループによるサポートが安心感を高めるために役立つのではないかと考える人もいるだろう。それが裏付けとなり、イノベーションに挑戦する機運が高まるのではないか。しかし実際には、収入や地位に基づいたグループ内での地位を失いたくないという気持ちのほうが、大きく膨らんでいく可能性が高い。

このような新しい価値に加え、伝統的な価値も復活を遂げ、それがべつの方法でダイナミズムを侵害している。最近では家族の価値が新たに注目されるようになり、その圧力を受けた企業は男女を問わず、社員の在宅勤務を認める方針を採用している。しかし、このように企業の労働力のかなりの部分がオフィスから分離してしまうと、社員同士が交流する頻度が少なくなり、それが遠隔地にいる社員のイノベーション能力だけでなく、オフィスに残っている社員のイノベーション能力まで衰えさせてしまう。ある新聞の一面記事では在宅勤務者の人数が近年では警戒レベルまで増加したことを指摘してから、ある企業、すなわちヤフーとその新しいトップのマリッサ・メイヤーの勇気ある決断を紹介している。彼女は在宅勤務者をオフィスに呼び戻したのである(8)。

こうして見ると、近代の価値はそのままの形で残されるべきだろう。いずれも豊かな生活と個人的な

8　以下を参照。"Yahoo Orders Home Workers Back to the Office," *New York Times*, February 25, 2013.

目標の達成に必要な栄養分のようなものだ。草の根のダイナミズムとそれに伴う地域イノベーションに注目し、あらゆる国家は出来る限りそれを目標にすべきだとする本書の命題にとって、近代の価値は消滅してはならない要素である！　そもそも伝統的な価値がすべて悪いわけではない。悪いのは一部だけだ。しかし社会のなかで伝統的な価値の一部が近代の価値と並存すると、ダイナミズムが妨害される可能性が生じる。

国と経済の結びつきの範囲の拡大　左右どちらの陣営からも国の役割は批判されているが、そこでは国が従来の役割をはるかに超えてしまった点が指摘されている。市場の失敗に介入して修復を行ない、経済の不正を改めるだけでは終わらない。政治家は選挙民の支持を手に入れるため、政府の力を使って利益を誘導する。政党は企業や労働組合、政治基金や裕福な個人からの寄付金を受け取り、その見返りに相手の既得権を保障する。票や運動資金を確保するための競争においては、経済効率の悪さや不正行為はある程度まで見逃がされるものだ。しかし、非効率性や不正行為がそれ以上悪化しなかったとしても、政府が不純な目的で政治を利用するときには、近代経済からダイナミズムの一部がどうしても奪われてしまう。ところが従来、この点は考慮されてこなかった。

コーポラティズムはこれまでも常に、何らかの形である程度存在してきた。従来は国家と労使のあいだの相互関係が中心だったが、この一〇年間で特に、国家と経営経済との結びつきが拡大している。第6章ではアメリカで一九三〇年代にコーポラティズムが発展した経過について詳しく解説したが、当時は組合が大きな権力を握っていた。（戦後数十年のあいだに民間部門での組合の力は縮小した。しかし以後、チャンドラーが指摘した企業の転換で、経営が上級管理職と中間管理職とその補佐中心になったからだ。しかし以後、組合の運動は公共部門で拡大していく)。さらに第6章では、一九五〇年から見られるようになったコーポラティズムの新しい姿について解説したが、当時は強力な企業が政府に対して非常に大きな影響をおよぼすようになった。アメリカにおけるこのような展開をドワイト・アイゼンハワーは見逃さなかった。彼は一九六三年に大統領としての最後の演説で、「軍産複合体」について言及している。

最近では議会と銀行が複合体となり、過去の複合体とは比べものにならないほど巨大になった。銀行が規制や義務をきちんと遵守しているかどうか、政府には監視する義務がある。それを考えれば、政府と銀行は敵対関係にあるように思えるかもしれない。しかし現在、銀行と政治家の利害は、相互利益という新たな局面に入った。そしてこの新しい関係において、銀行はアメリカ政府の債務を保有する機関として見なされている。概して銀行は、資産のなかに自己資本を含めなければいけない。資産価格が僅かに下がっただけで破産する事態を防ぐためで、そもそも国家の債務は例外的に安全というわけではない。政府にも債務不履行の可能性はあるし、しかも厄介なのは、そうなったときに債券所有者の面倒を見てくれる破産裁判所の存在がない点だ。ところがアメリカの銀行は、アメリカの公的債務の保有に関して自己資本規制を免除されている。(さらに国際決済銀行の多国間協定では、すべての銀行はあらゆる公的債務に関する自己資本規制を免除されている)。これが銀行にとって都合よいのは、自己資本コストの節約につながるからだ。一方、政府にとっては、発行する債券の価格が高くなり、金利が低くなる形で恩恵がもたらされる。規制から解放された銀行は債券を保有するコストが減少するので、国の借金を積極的に引き受けようとする。そして政府のほうは、金利の低下に乗じて国債をどんどん発行し、いつまでも減らない財政赤字の縮小に努める。安上がりにたくさん借金ができれば、政治家にとっては明らかに都合がよい。そして二〇一一年から二〇一二年にかけて発生したギリシアの財政危機の際には、銀行が巨額の公的債務を積極的に引き受けられるように環境が整えられた。各国がギリシアに提供した緊急援助は、銀行の手に直接渡ったのである。しかし国の債務を免除しても、社会にとって得るものはない。なぜなら企業は、資本支出やイノベーション関連のプロジェクトへの資金を集めにくくなってしまう。(9) しかもこのような状況では、政府の債務不履行を阻止するために介入しても逆効果で、金融市場は機能しない。国の借金の膨張には歯止めがかからず、自国経済はおろか、商業や金融のパートナーの経済まで安定が損なわれ、世界の経済全体が不安定に陥る。その結果、ただでさえ妨害の多いイノベーションへの試みが、さらに阻まれてしまうのだ。

議会と銀行の密接な関係のもうひとつの事例が住宅抵当証券である。一九七〇年、政府の支援を受けたふたつの企業が銀行業務に参入した。すでに存在していた連邦住宅抵当公庫〔通称ファニー・メイ〕に対して政府は、ほかの機関が扱っていない民間のモーゲージの購入を認めた。それと同時に、ファニー・メイと競わせる存在として、連邦住宅金融抵当公庫〔通称フレディ・マック〕を創設したのである。一九九二年、ジョージ・H・W・ブッシュの署名した法律によって、このふたつの政府系機関（GSE）は、「低中所得世帯」が「入手しやすい価格の住宅」を購入するための融資を行なうことになった。一九九九年になるとクリントン政権は、ファニー・メイにサブプライム・モーゲージを引き受けさせたうえ、サブプライム・モーゲージ・ローンの借り手の審査基準を緩和した。同じ年に議会はどちらのGSEにも、それぞれの市場で新築住宅に対するモーゲージ全体の三〇パーセントを買い取るよう命じ、そのうえで、モーゲージ証券をふたつのGSEから購入するようにと銀行に圧力をかけた。二〇〇六年には、ファニー・メイとフレディ・マックが取得したモーゲージのコストは二兆ドルにふくらみ、年間GDPの七分の一におよんだ。政府がここで果たした役割を紹介するだけでは、当時の投機的な住宅ブームの影響を十分に説明することはできない。低価格住宅と同じような状況で、二〇〇八年には高級住宅も返済不能に陥る。しかしどちらで政府が果たした役割も、住宅価格が六〇パーセントも上昇してから地に落ちた事情を説明できない。投機熱に浮かされていたのは間違いないだろう。住宅建築を三〇パーセント増やすために、価格を六〇パーセント引き上げる必要があるとは思えない。

このような金融面での関係は、政府と民間部門で構成されるコーポラティスト複合体という巨大な氷山の一角にすぎない。どれほど広く普及していたかは、第7章で引用した大量の規制の数々からも想像できるだろう。ユニファイド・アジェンダのデータによれば一九九七年から二〇〇六年にかけて、毎年およそ八〇の「重大な」規則が新たに誕生していたという（ひとつにつき、年間で少なくとも一億ドルの費用がかかった）[10]。一年のうちに新しく誕生する重大な規則の数は二〇〇七年になると急上昇し、二〇一一年には年間で一五〇に達した。これは単に不吉な傾向というだけではない。一九九六年から積み重ねられていった新しい規則は、イノベーションへの投資や関心に対して看過できない影響をおよぼしていた可能性が考えられる。規制が複雑に絡み合ってくれば、それを切り抜けるため新興企業は弁護士の人数

9　以下を参照。Amar Bhidé and Edmund Phelps, "More Harm Than Good: How the IMF's Business Model Sabotages Properly Functioning Capitalism."

10　データは、ユニファイド・アジェンダの規制関連情報サービスセンターによって半年ごとに編纂されている。蓄積されると無視できないレベルに膨れ上がる点に注目してほしい。コストが縮小されないと、一九九六年以降に誕生した規則だけに限っても、年間にかかる総費用は二〇〇六年までに少なくとも八〇〇億ドルにのぼる。そして毎年八〇の規則がこれからも誕生し続ければ、総費用は二〇一六年に少なくとも一六〇〇億ドル、二〇二六年には二四〇〇億ドルになってしまう。二四〇〇億ドルという数字は、GDPを一〇兆ドルとした場合の二パーセント、一五兆ドルと考えた場合の一・五パーセントになる。そして、これからは新しい重要な規則を誕生させるための「費用が増加」する可能性が非常に高い。立法府でほとんど抵抗に遭わないですむような規則は、すでに枯渇している。

を増やさなければならない。

これと並行して、特許と著作権の分野でも新たな展開があった。一七〇四年、王族や貴族による文芸の著作物は、文字の読める大衆の読書への渇望をもはや満足させられなくなっていた。そんなとき、小説家であり経済学者で、何よりもこの時代に知的所有権を率先して提唱していたダニエル・デフォーは、文学作品があっという間に模倣されては誰も執筆で生計を立てられず、これは明らかに市場の失敗だと訴えた。ほどなくイギリスではアン女王統治下の一七〇九年、アン法によって著作権が初めて守られるようになった。一方、議会はジェームズ一世の支配下の一六二三年、独占法によって特許の保護をすでに法律で定めていた。このような早い時期に特許が保護されたおかげで、新しい方法や製品の創造は確実に勢いづいたはずだ。他人に使用料を請求する手間や、使用料を巡って争うときの法定費用を考えて創造を控える気持ちを上回っただろう（当初、特許権は何の妨げにもならなかった）。しかし今日、経済はあちこちで特許の妨害を受けている。ハイテク産業には特許が厚く積み重なっており、新しい方法を考案するために動員したエンジニアと同じ人数だけ弁護士を雇う必要があるほどだ。製薬業界では、特許の行き過ぎた保護によって訴訟が引き起こされ、薬品価格の上昇につながっている[11]。そして著作権も、最近は論争を招くようになった。文学や芸術の作品を生み出す産業は著作権による保護が厄介な障害になっているようには見えず、作家や芸術家やデザイナーが大量にいなくなるような事態も発生していない。しかしイノベーションが大きいほど、使われる範囲は広がる。議会は一九九八年にソニー・ボノ著作権延長法を制定し、著作権による保護期間を二〇年間延長し、著作者の死後七〇年間とした。その結果、ウォルト・ディズニーの作品の多くは広い範囲で使用が禁じられ、レコード会社が著作権を持つ作品も、広い範囲で使用が禁じられるようになった。さらに著作権の期間延長は、ディズニーやＥＭＩの製品を使用しなければならないイノベーションの創造を思いとどまらせるとも考えられる。しかし、連邦議会の議員たちは著作権や特許による保護に個人的な関心を持っている。一般の人たちは使用するたびに僅かなコストを負担しなければならないが、自分たちはと言えば、一握りの関係者と大きな利益を共有できる見込みがあるからだ。

　政府が規制や保護で重要な役割を果たしている産業では両者の癒着が進み、政府から広範にわたって支援を求める傾向が強くなる。ルイジ・ジンガレスも書いているが、企業は「新たな機会に便乗する。政府の影響力を減らすのではなく、自分にとって都合よく作り変えようとするのだ[12]」。この言葉は、官民双方が潤う相互依存的なシステムへとコーポラティズムが転移していく経過を巧みに表現している。パラレル・エコノミーと言ってもよいシステムだ。このシステムを、賛同者は産業政策と呼び、批判者は企業助成と呼ぶ。

　補助金は本質的に悪いわけではない。しかし、産業（農業を含む）への補助金――助成金、融資、保証、税控除――は市場経済の方向転換を装っているが、実際の目的は議員の支援者や取り巻きへの利益誘導だ。そしてそれは、決して小さな金額ではない。二〇〇六年度には、企業助成への支出額が九二〇億ドルに達した。予想通り、鳴り物入りで始められた補助金プログラムの多くは巨額の損失で悪名を馳せた。一九七〇年代の超音速輸送・合成燃料公社、一九九〇年代のエタノール燃料への補助金、そしてこの五

11　新薬の登場が滞っている状況について製薬業界は、規制機関が認可に必要とする期間が長くなった点を原因として指摘したうえで、特許権による新薬の保護期間を延長するのが解決策としてふさわしいと提案している。しかし、規制機関が新薬を認可するまでの期間が長いと、市場に登場する新薬の数は減少するので、それが薬の寿命を延長させる。そんな状況で特許期間を延長すれば、競合するメーカーは価格を下げないので、イノベーターの独占レントは失われてしまう。

12　Zingales, *A Capitalism for the People*.

年間のファニー・メイとフレディ・マックを思い出していただければよい。もちろん、ハリウッドのスタジオをはじめとする多くの企業も悲惨な結果を招いた。補助金の何が問題かと言えば、経済のイノベーションが専門知識を持たない政治家に任されてしまうからだ。本来ならイノベーションは民間の領域に委ねられるべきで、そうすればアイデアマンや企業家、資本家や市場関係者が知恵を絞り、もっと良い構想を開発できないか考慮したうえで判断が下される。

官民の結びつきは広い範囲で見られるが、一握りの重点産業では特に弊害が目立つ。最近では、教育産業と医療産業に対する政府の支配が注目を集めた。もはやその支配は、規制や保護や補助金をひとつひとつ列挙して説明できる程度のものではない。組織的かつ、きめ細かくなってしまった。アーノルド・クリングとニック・シュルツが最近著した論文では、この政府による支配について以下のように述べている。

医療と教育のふたつの産業では、政府による支配がますます大きくなっている。そしてこの支配はふたつの悪影響をもたらし、これらの部門ですでに進行している変化をさらに悪化させている。政府の影響によって医療産業でも教育産業でも（巨額の補助金提供を通じて）需要が人工的に膨らみ、どちらの部門でも（市場の力から守られたせいで）本来あるべき効率が損なわれてしまった。(13)

そして悪影響を受けたのは効率だけではない。イノベーションに通じる道の一部も妨害されてしまった。たとえば二〇世紀には、私立の学校や大学、あるいは民間病院といった業界への参入がアメリカの教育や医療に進歩をもたらしたが、今では参入の余地がほとんど存在しない。そして医師が標準的な治療法から外れることも、教師が新しい方針や教育法を試すことも、ほとんどできなくなってしまった。

政治家の実行する事柄のほぼすべてには良からぬ傾向が簡単に見つかるが、そこでは「潜在的機能」が慈善という偽りの仮面をかぶっている。とかく忘れられるが、規制や保護や国有化にはコストだけでなく利益も伴う。さもなければ、そもそも賛成を得るのは難しい。では、コーポラティスト的な傾向は、ダイナミズムにどれほどの損失をもたらしたのだろう。経済全体にコーポラティスト的な関係が広く深く浸透しているのが事実ならば、様々な証拠が残されているはずだ。たとえばコーポラティスト的な政府にとっては、小さな企業がたくさん存在する業界よりも、一握りの大企業に支配される業界のほうが対処しやすい。実際、政府は大企業の電話番号を控えている。そして、この六〇年間にわたってアメリカ経済で産業の集中が大きく進んだ証拠も存在している。金融部門では大銀行が巨大化し、小さな銀行は規模がますます小さくなった。非金融部門でも、経済活動は（イノベーションの主な拠りどころである）中小企業から大きく離れ、大企業に移った。それは、二〇一一年にジョン・フォスター、ロバート・マクチェズニー、ジャミール・ジョンナの編纂した公式データからも明らかだ[14]。二〇〇の大企業の総利益が経済全体の総利益に占める割合は、一九五〇年代はじめにおよそ一五パーセント、それが一九六〇年代半ばに二六パーセントとなり、一九六六年までそのレベルで推移した後、二〇〇四年から二〇〇八年の時期におよそ三〇パーセントまで急増した（収入に関してもほぼ同じだ）。主要小売産業の四大企業の市場占有率は一九九二年から二〇〇七年にかけておおよそ倍増し、驚異的なレベルに達した。書店では七一パーセント、コンピューター／ソフトウェア販売店と総合スーパーではどちらも七三パーセントであ

13　Kling and Schulz, "The New Commanding Heights," p. 10.
14　Foster et al., "Monopoly and Competition in Twenty-First Century Capitalism."

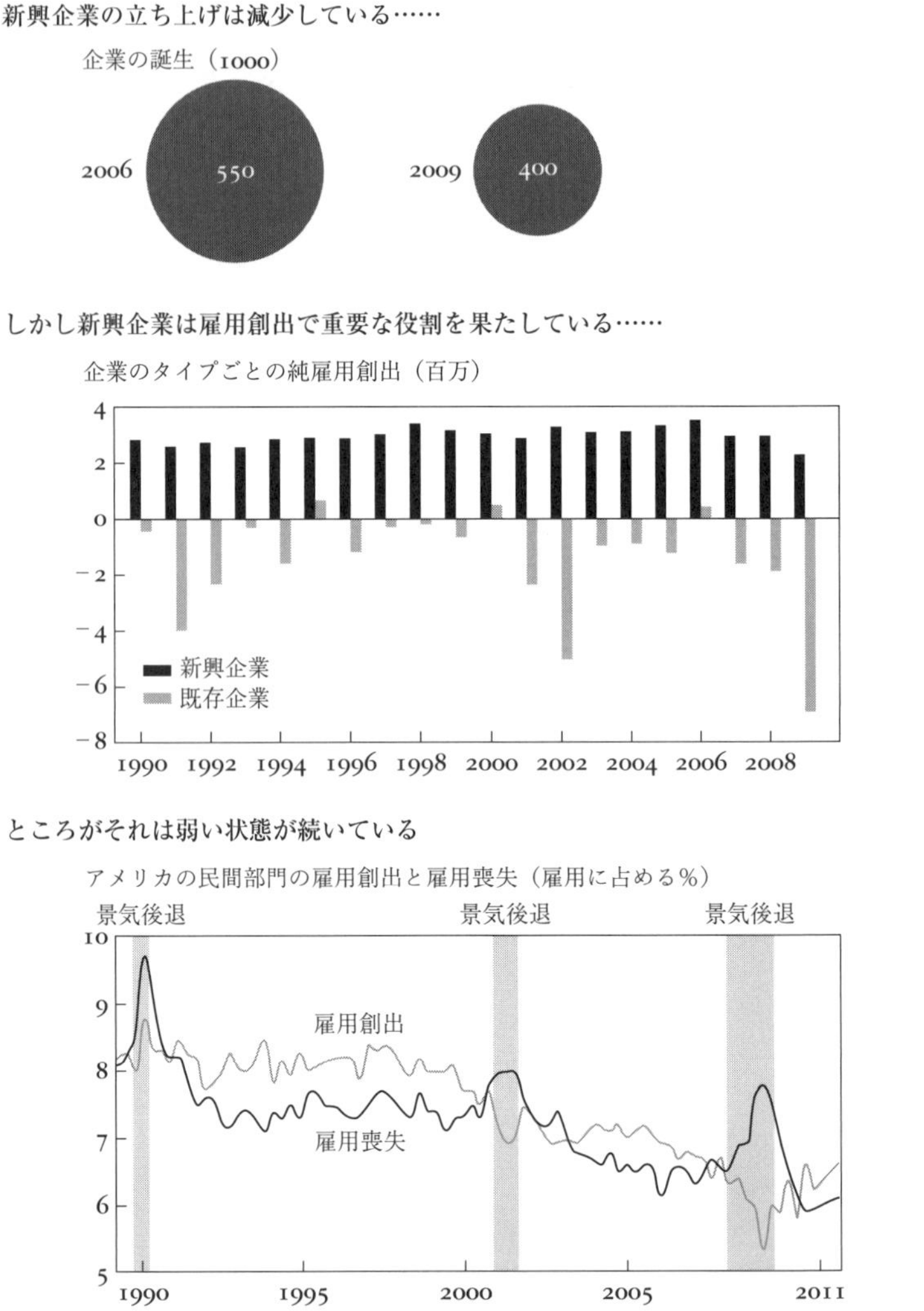

図10-1　**アメリカの新興企業、1990 年 − 2009 年**　出所：フィナンシャル・タイムズ。

る。政府による規制と組合による就業規則の影響で、都市のオフィスビルの建設の開始と完成はしばしば遅れが常態化し、その結果、新しいアイデアの一部は見過ごされてしまった。

さらに、この数十年間で躍進した大企業が予想外の素晴らしい成長を背景に比較的安定しているなら、解雇も新規採用も目立たない安定領域におさまる経済や企業や産業が増加し、発展（スタートアップ企業）や成長（成功企業）や縮小（失敗企業）の領域が少なくなっている証拠が見つかるはずだ。既存の大企業という繭のなかで安全に暮らす労働者が増えてくると、図10―1に示されているように雇用喪失が下降線をたどるのも意外ではない。経済は凍結状態に向かっているように見える！　そして同じ時期には雇用創出も下降線をたどっている。新興企業、成長企業、衰退企業の区別なく、生産年齢人口の参入や離脱が減少しているからだ[15]。要するに、経済のなかで回転率がどんどん低下している証拠が明らかに読み取れるが、それは経済からヴァイタリティが失われていることの確実な徴候である。経済が正しく機能してダイナミズムが生まれていれば、その果実であるヴァイタリティは勢いづくはずである。

ここまで述べてきた政府の活動は、かつては人々に繁栄と成果をもたらすものと見なされてきたが、いまでは国家の役割の堕落を象徴している。一八三〇年から一九三〇年にかけて、連邦政府の取り組み

15　大企業の比較的安定した集合的な領域は経済の圧倒的部分を占めるので、労働者一人当たりの量は少なくても、全体としてはかなりの量の創造的で知的な職が提供されるようになることは補足しておきたい。それ以外の領域は不釣り合いな量の創造的な職を提供するが、経済全体のなかでは小さな部分にすぎない。二〇〇九年の秋、価格と売り上げの落ち込みに驚いた大企業は、積極的なプロジェクトの多くを終了させてしまった。最近の言葉では「組織資本」と呼ばれるものを構築するプロジェクトである。そしてそれに伴い、プロジェクトに従事していた社員の雇用も打ち切られてしまう（国家統計では従業員一人当たりの生産高がかなり上昇しており、ほとんどのコメンテーターはこれを「生産性」の向上と解釈しているが、実際のところ、生産方法の進歩や価格の改善は発生していない）。

と介入は、資源や生産性という伝統的な事柄への関心が大きな原動力だった。その結果、運河の建設、ルイジアナ買収、大陸横断鉄道の敷設、公立学校の新設などが続く。やがて政府の関心はビジネスの世界での職権乱用に広がり、その結果、労働者や債権者や投資家が保護されるようになった。消費を安定した方向に誘導するための取り組みや介入は見られず、民間保険を補う社会保険プログラムも考案されなかった。しかし、ビスマルクの時代に象徴されるコーポラティスト的なアイデアが政府のなかで復活すると、その傾向に変化が生じ始める。一九四〇年代の終わりには、社会保険というカテゴリーの権利がアメリカやイギリスなどで確立された。具体的には、老人や障害者のための保険（アメリカの社会保障制度）、医療保険（アメリカのメディケア）、あるいは失業保険など小さな規模のプログラムなどである。そして一九六〇年代の終わりになると、社会扶助というカテゴリーの範囲は拡大され、貧困層の医療ニーズ（アメリカのメディケイド）、栄養に関するニーズ（フードスタンプ）、住宅のニーズが含まれるようになった。ヨーロッパのいわゆる「ソーシャル・モデル」においては、国立病院や国家職員である医師によって支えられる医療が特徴とされたが、アメリカのモデルは医療を完全に政府の支配下に置いた。その結果として医療サービスは制約され、価格が設定され、民間の医師や病院によるサービスは補助金を支払われた。そしていまや、この仕組みが大きく成長しすぎて失敗したのである。

この社会保障プログラムがどれほどの規模にのぼるのか、把握できる人はまずいない。一九八〇年代、アメリカの社会保障支出がヨーロッパよりもはるかに小さかったのは事実である。そして一九九〇年代には、欧州連合二一カ国の政府による社会保障支出はＧＤＰの二〇・五パーセント。アメリカの数字は一三・五パーセントだった。しかし、アメリカは大陸ヨーロッパ諸国との距離を徐々に縮め、その一方でドイツとスウェーデンは二〇〇三年から二〇〇七年にかけて支出を削減していく。二〇〇〇年、ＥＵ

の支出は二一・五パーセントでアメリカは一四・五パーセント。二〇〇七年はEUが二二・〇パーセントでアメリカは一六・二パーセント（二〇一二年の数字はEUが二四・一パーセント、アメリカが一九・五パーセントと、どちらも上昇している。これは失業救済のためだ）。いまやアメリカの支出はあまりにも大きく、とても無視できるものではない。可処分所得の四分の一に迫っているのだ。実際のところ、可処分所得のなかで賃金以外の所得——配当金、利子所得、所有権による利益、地代——が占める割合にほぼ匹敵する。要するに、アメリカ人がいわゆる社会的富から得られる収入は、個人の富から引き出される収入とほとんど同じになるわけだ。さらに、個人の富から得られる収入はすべて課税対象になるが、社会的富から得られる収入はほとんど課税されない。

フランスと同じくアメリカでも、そしてそれ以外の一、二カ国でも、社会福祉関連支出はまもなく山のように膨れ上がってしまう。システムを支えてきた大勢のベビーブーマーが退職年齢に達すると、社会保障制度やメディケアへの年間の請求金額に、さらに巨額の請求が加わってしまう。しかもベビーブーマーが退職しても、代わりとなる労働力が大量に確保できるわけではない。したがって、どちらの制度を支えるためにもいずれ税収を増やさなければならない。かくして権利が幅を利かせる世界によって、ビジネスの世界は泥沼にはまり込んでしまう。ニューヨークの金融経済学者であるメアリー・ミーカーの試算によれば、アメリカ人が受け取る給付金の割引現在価値は二〇一〇年の終わりに六六兆ドルにまで膨れ上がったが、これはアメリカ人の可処分所得の五六九パーセントにものぼる。これと比べれば、アメリカの公的債務がおよそ一〇兆ドルと言われても小さな数字に見えてしまう。この社会的富のレベルは、アメリカ人の個人的な富を上回る。（公式データによれば、二〇一一年の年央には、家計の正味資産は六〇兆ドルで、可処分所得の五一七パーセントだった。資産が七四兆ドル、負債が一四兆ドルである）。こうしてみると、アメリカの社会保障制度はヨーロッパのソーシャル・モデルを弱々しく反映した姿だと思われてきたが、実際には巨大な存在である。

政府給付金がこれほど膨れ上がったのは、議員たちがつぎのような理論を前提として信じたことが背景になっている。巨額の給付金を支給し続ければ経済が「成長し」、赤字財政が重荷になる事態を防げるというのだ。しかし大減速が進行していくにつれ、それが大きな間違いだったことがようやく理解されるようになった。自治体ならびに州政府の政治改革の最前線で戦っているリチャード・ラヴィッチは、つぎのように語っている。

アメリカの政治では立候補する政治家が常に、選挙民への給付の増加を公約してきた。ところが突然、もはやその余裕がなくなってしまった。……すべての給付を支払うためには……財源が不足している。(16)

しかし給付金の大半は計算のうえで作られたものだ。この一〇年間にも様々な給付が新たに法制化されているが、そのいずれも、コストが膨らむのは時間が経過してからか、当初は小さくて増税が必要なレベルではないか、どちらかだと判断された。そしてこの大きな拡大は、ニクソンからブッシュ政権に至るまで超党派で支持を受けた。二〇〇三年にはブッシュ大統領がメディケアの範囲拡大を定めた法律に署名した結果、病院からの請求だけでなく薬もメディケアの対象として新たに含まれ、新たに数兆ドルの負担が一気に追加された。しかもこれを共和党も民主党も同じように支持した。共和党の議員は給付金提供に嫌悪感を抱いていたが、レーガン政権の時代に労働階級が共和党に参加し始めた事情もあり、不本意ながら新しい法律を受け入れた。そして民主党は、大きな支持層である中間層がヨーロッパ型ソーシャル・モデルの採用をできる限り望んでいたので、まったく反対しなかった。
伝統的な価値もあるなどれない。民主党だけでなく共和党の政策決定にも非常に大きな影響をおよぼしている。従来、共和党は課税による富の再分配に消極的で、アメリカ人の富が外国人へ、利益が賃金へ、高賃金所得者の収入が低賃金所得者へ回されることにためらいを見せてきた。歳入は一般の利益のために確保すべきだという方針で臨んできた。ところが一九七〇年代になると、リチャード・ニクソンからジョージ・W・ブッシュに至るまでの共和党政権は従来の姿勢を改め、社会保障プログラム、抵当貸付への補助金、中間層への教育ローンなど、政府による様々な給付を一般の利益として解釈するようになったのである。

所得が成長すれば自ずと公共の利益も成長するという膨張理論もある。ワグナーの法則である。しかし所得の伸びは一九七三年から二〇〇七年にかけて、戦後の数十年間よりも鈍ってしまった。一方、これとは異なった膨張理論においては、給付金の超構造の拡大は組織の発達プロセスでは当たり前の現象であり、巨大企業の台頭と同じだと見なされる。組織は目標達成のために必要な資源を求め、大きく成長してできるだけ長く生きながらえようとする。だから政府に対する従来の制約が取り除かれれば、公共機関の成長は容赦なく続くのだという。

これだけ大きくなれば、重要な結果がもたらされる。国の老朽化したインフラの修繕、あるいはワーキングプアの職と賃金の問題解決がおろそかにされるのは間違いないが、それだけではない。消費給付金（および公共消費一般）が経済活動参加に影響をおよぼすことは、財政に関する古典派経済学以来、長

16　以下で引用。Jacob Gershman, "Gotham's Savior, Beaten by Albany," *Wall Street Journal*, December 11-12, 2010, p. A13.

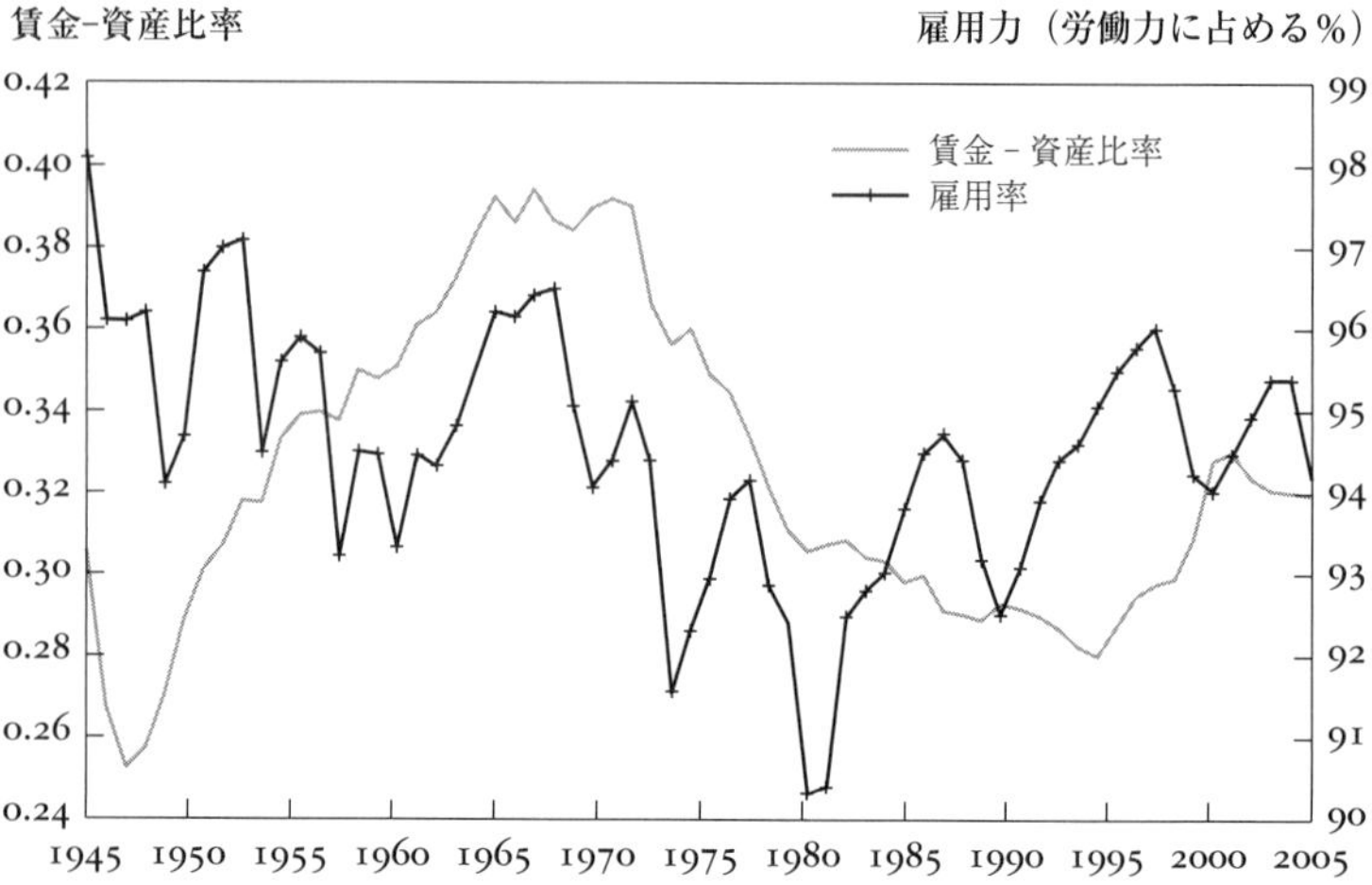

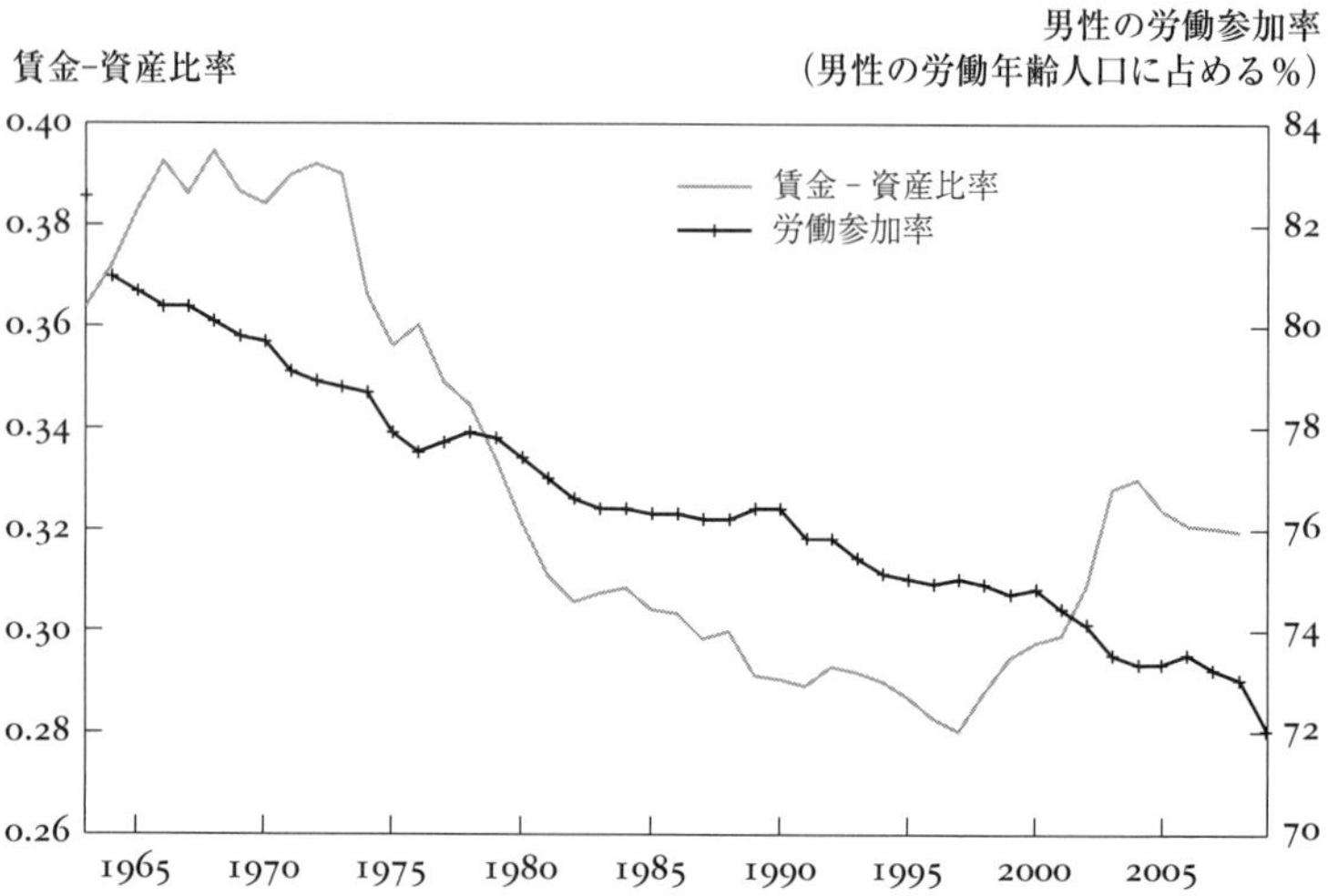

図10-2 (a) **資産－賃金比率ならびに雇用率。(b) 資産－賃金比率ならびに就業率（男性のみ）** 出所：ジフリ・ゾエガ

く確認されている。せっかく獲得した所得に高い税率が課せられれば、仕事をする意欲がなくなるのも無理はないだろう。(国家から無料で提供された給付金を貯蓄しておけば、税金の支払いに充てられる。しかし仕事を減らせば税金も減るのだから、給付金に手を付けずにすむ)。

しかし、給付金と雇用とのあいだには他にもふたつ、税率とは関わりのない結びつきが存在している。資産が増えると「資産効果」が発生することを思い出してほしい。経済への参加者の減少、すなわち労働力の供給が少なくなり、雇用も減少する。もちろん、経営者が税引き後賃金(あるいは「純賃金」)を増やせば逆の効果が発生し、経済への参加が促されて雇用が拡大するだろう。(多くのモデルで)重要視されるのが、資産に対する純賃金の比率である。賃金と資産が同じ割合で増えれば、お互いに影響力は相殺される。一九五〇年代はじめから一九六〇年代にかけて、この比率は大きく跳ね上がった。この時期には生産性が再び急速に伸び始め、それが主な原因となり、一九六〇年代には雇用がピークに達した(図10—2を参照)。やがて生産性の大減速によって賃金の増加が鈍ると、この比率の増加も収まったが、それだけでは、一九七九年から二〇〇八年にかけて雇用が比較的低いレベルで推移した理由を部分的にしか説明できない(一九九五年から一九九六年にかけて雇用は正常なレベルだったが、やはりと言うか、このときには賃金と資産の比率も正常だった。一九九〇年代末から二〇〇〇年代半ばにかけて比率が大きく変動したのは、インターネットブームと建設ブームの影響である)。しかし、賃金と資産の割合の「資産」の部分に社会的富を加えて分母を膨らませると、どうなるだろう。好景気も危機も経験した後の二〇一一年から二〇一二年にかけての雇用率の高さと、一九九五年から一九九六年にかけての正常なレベルの違いを半分程度説明できるようになる。

そして二つ目の結びつきは、労働力需要を通じて機能する。給付金支出が将来的に膨らむことを政府が見越し、その大半を国債の大量発行で賄い、その穴埋めとして（戦時財政のように）あとから増税を行なえば、その影響から、将来（場合によっては現在）の金利の上昇が見込まれるだけでなく、ある時点で法人税率が引き上げられることも見込まれる。今後は消費の爆発的な増加がもはや期待できないと現時点で判断した貯蓄家は低い金利でも積極的に貸し出そうとする。暗い将来予想によって、株価には下げ圧力がかかり、企業が生産のために必要とする資産——工場、社員、海外の顧客——の価値も確実に圧迫されるはずだ[17]。

このように新しい給付金が雇用におよぼす影響は、いわゆるギリシア病だけでなく、同様にアメリカ病にも左右される。財政政策において「健全な」対応がなされれば、歳入増によって公的債務が減少する時期を明示することになる。そうすれば、公的債務が民間の資産を減らすのと同じ量だけ、新たな給付金の増加が社会的富を増やす事態は回避されるだろう。政府の新しいプログラムが雇用や貯蓄にもたらす資産効果は「無効になる」わけで、これはフェルプスの『経済成長をもたらす財政の中立性』（一九六五年）で初めて提案された。ところがジョージ・W・ブッシュ大統領の政府は反対の道を選び、二〇〇一年と二〇〇三年に減税を実行する。二〇〇一年二月の署名入り記事「減税の非実証事例」のなかで本著者は、以下のように抗議した。

減税は将来にとって重荷となり、公益事業の縮小または公的債務のさらなる増加という形で影響が現れるだろう。この重荷を考えれば……減税にいくつかの反論が上がるのも無理はない。［先ず］ブッシュの減税の重荷はいつまでも続くが、［労働力の供給を刺激する］効果は続かない。時間の経過と共にインセンティブ効果は薄れ、雇用を構造面から拡大させる効果も消滅する。税引き後の賃金が増えれば、それに応じて労働者も経営者も資産が膨らむからだ。……公益事業を削減しないためには、膨れ上がってしまった公的債務を相殺するため、いずれ税率を大きく引き上げなければならない。［そして］現状から判断するかぎり、未来が良くなる可能性と悪くなる可能性は五分五分だろう。……伝統的にアメリカ人は、少しでも良い状態の国を将来に残したいと願ってきたが、ブッシュの減税はそんな伝統から目を背けた。［一九五〇年代と］一九九〇年代には、改善を願う精神が高い税率という政策で表現された。十分な税収によって政府の債務が縮小され、それと共に……将来の減税も可能性として考えられた。しかしワシントンの政府が大型減税と支出拡大の方向に傾斜したため、経済哲学は大きく——実際のところ気がかりなほど——転換してしまった。

もちろん議員が自分たちで作った給付金を優先し、増税を後回しにしても意外ではない。新給付を法律で定めるとき、同時にかなりの増税を断行しなければならないとしたら、法案可決のために必要な票を集められない。逆に減税をしておけば、将来の増税はまったく不要であると専門家からアドバイスされたような印象を与えられる。これでは税制の不備が改善されない。

ここでようやくイノベーションの話になってくる。福祉関連の支出が大きく膨らむと人々の勤労意欲

17　Edmund Phelps and Gylfi Zoega in "Portents of a Darkening Outlook: Falling Equities and a Weaker Dollar Herald Economic Slowdown," *Financial Times*, July 31, 2002. これには「国家の経済活動の大きな振れの原動力は……非貨幣性のファンダメンタルズであり」、なかでも真っ先に挙げられるのが「労働者の資産と給付」だと書かれている。Phelps, "The Way We Live Now," *Wall Street Journal*, December 28, 2004. 以上では、将来の給付金支出に焦点が絞られている。一五年から二〇年後に人口という時限爆弾が爆発すると、その結果として社会保障やメディケアの支出が膨れ上がり、それを賄うために国債が債券市場にあふれかえる。どちらの論文においても、将来の給付金支出が増加することを見込んで株価や実質為替レートが圧迫され、現在の雇用が縮小する点が強調されている。

が減退し、市場の役割が縮小することはもうおわかりだろう。これは、税率の上昇（資産の増加無し）か資産の上昇（増税がほぼ無しか、無し）を引き起こすことによってなされる。そうなると、イノベーション関連の活動に企業が力を入れる意欲はそがれてしまうだろう。アダム・スミスも述べているが、イノベーションの規模は市場規模によって制約を受ける。たとえばすべての人の労働時間が四〇時間ではなくて三〇時間ならば、資本のストックに歩調を合わせてイノベーションのストックは少なくなり、蓄積されるスピードが遅くなるだろう。

アメリカでは政府が大きくなって活動範囲が広がったため、その副産物として増税が必要になった。そして上位半分の所得者は貧困層に対し、つぎのような誘い文句で政治協定を持ちかけているようにも見える。「教育や公共プロジェクトなどの形できみたちが何を受け取るか、こちらで決めさせてもらうよ。それに異論がなければ、きみたちの税金は負担してあげよう」。これでは、教育やインフラに対する国の支出は不当に偏ってしまう。納税者が自分の二人の子どもだけでなく、税金を払わない家庭の子どもの教育費も負担しなければならないとしたら、音楽の授業など望まないだろう。実際、不平等は改められるかもしれないが、その見返りに公共部門で受けられるサービスが減少するのだから、不平等の解消はまやかしにすぎない。

このように制度や価値や経済政策が間違った方向に発展してきたのだから、アメリカではダイナミズムとそれに伴うイノベーションにおいて衰退の兆候が顕著に見られるのも当然だろう。イノベーションの割合は変動するものだが、一九七〇年代はじめ以来、民間部門の大半でほとんど沈滞している。そして、反近代的な価値観や政策の台頭が下層労働人口に悪影響をおよぼしたのも無理はない。そもそも下層の人々のあいだでは近代的な価値観が比較的脆弱であり、しかも不利な立場は簡単に解消されない。

ほかの階層に比べて報奨は大きく減少し、社会的地位の向上も妨げられてしまう。

本書もここからクライマックスに入るので、これまでの主な観察結果を総括して推論を引き出しておくべきだろう。

第二の変容

一九七〇年代から二〇〇〇年代にかけて、アメリカ経済の機能には変化が訪れた。それはイギリス、フランス、ドイツなど、近代資本主義の象徴と評されるほかの国よりも時期が早く、非常に重要な意味を持っている。アメリカ経済の再編は第二の変容とも呼べるもので、一八二〇年から一九三〇年にかけて進行した大変革が近代資本主義をもたらしてから一世紀半後、再び大きな変化を引き起こしている。かつて近代資本主義が最初に登場したとき、政府の役割がゼロになったわけではない。政府は積極的に活動を続け、新しい土地を購入すべきか、インフラ資本の使用料を請求するべきか否か、必要な歳入を増やすためにはどこで課税したらよいか、決断を下し続け、それと並行して近代資本主義が機能していった。近代資本主義は包摂を拡大するため、低賃金労働を対象にして企業に補助金を提供することもできたし、それでも近代の精神は損なわれなかっただろう。しかし、政府は政治の面でこそ必要に迫られて重要な判断を下したが、民間の領域では個人が最終的な決断を下した。富の所有者——資本家——は、資産をどのように投資するのが最善か判断したうえで、独創的な実業家の新しいアイデアや機知に富んだ企業家の熱意を生かす道を選んだ。そして一八〇〇年代に入ると近代資本主義は、地域イノベーションを進めるために欠かせない独特の能力を獲得し、世界でずば抜けた存在となった。近代資本主義を受け入れる意欲や能力のある一部の社会は比類なき繁栄を謳歌し、職務満足度は拡大し、高い生産性は世界の賞賛の的となり、人類史上初めて大衆の困窮は終わった。

ところが第二の変容をきっかけに、アメリカ経済には目立たない形でコーポラティズムが巧妙に取り入れられた。近代資本主義は立ち入り禁止にされ（医療や教育はある意味、制限された分野だ）、まだ存在している場所では制約下に置かれた。この制度はビスマルクやムッソリーニの制度ほど原始的でも露骨でもないが、政治的な性質は変わらない。国と市場の境界線がないので市場経済と競合する経済が並行して存在し、それがイノベーションを遠ざけてしまうリスクをはらんでいる。コーポラティズムを採用する国家は、中間層の収入から大企業の利益や産業の進歩まで、あらゆるものを自分の手で管理する責任を引き受けようとする。かつての共産主義者と同じく、自分の願うゴールはコストをかけずに到達できると考えている。

つい最近まで近代資本主義の典型と評されてきた経済の業績は、いまでは悲惨な状態に陥っている。しかしそれは、よく管理された近代資本主義に回避できない欠点があるからではないし、「規制の不足している」近代経済の活動が「無謀だから」でもない。原因は新たなコーポラティズムなのだ。

新たなコーポラティズムがダイナミズムを窒息させた結果、仕事の魅力は薄れ、経済の成長は減速し、大きな機会も包摂も実現しなくなる。無気力で無駄が多く、生産性に乏しいが人脈だけは豊富な企業が維持され、新参者や部外者が入り込む余地が残されない。しかも消費、社会保険、企業や産業の救済といった目標が重視され、創造的でやりがいに富み、充実した生活の実現は顧みられない。今日では、航空機や自動車のメーカー、農業関連企業、メディア、投資銀行をはじめ多くの企業が、厳しい自由市場を自分たちだけで乗り切るにはあまりにも重要な存在と見なされ、「公共の利益」の名のもとに支援を提供されている。

コーポラティズムのコストは身の周りのあちこちに見られる。機能不全に陥って顧客にサービスをまるで提供できない企業が、平気で生き残っている。経済は硬直的で、生産高の伸びが滞っている。やりがいのある仕事は不足気味で、若者にはチャンスが与えられない。そして、このような問題を緩和しようと努力するうちに政府は破綻し、コーポラティズムと深く結びついた一部の人たちの手に富はますます集中していく。[18]

残念なことに、世界の一部、特に北アフリカでは、このシステムが一般的に「資本主義」と呼ばれている。なぜなら資本が主に私有制になっているからだが、実際のところこれは政治権力によって支配されるシステムで、国の指導者と国の支援を受けた企業の指導者がエリート同士で同盟を結んでいる。顔がなく、友人を持たない資本家が他に先んじて利益を確保するために熾烈な競争を展開する状況が「資本」主義だとマルクスは考えたが、そのような意味で民間資本が使われていない。そして皮肉にも、本家本元のアメリカやイギリスや大陸西ヨーロッパでは、コーポラティストの制度を擁護する人や恩恵にあずかっている人たちが、最近の失敗の責任をすべて「無謀な振る舞い」と「規制の欠如」に押し付け、「資本主義の未来」は管理や規制の強化にかかっていると提言している。しかし実際のところ、これはコーポラティズムの強化に他ならない。

政府と社会——国と個人——の結びつきの拡大を示す大量の数字データを見ても、企業や銀行や個人が新しい制度でどれだけの原動力になっており、それを政治家がどれだけ後押ししているのか明らかに

18　Ammous and Phelps, "Blaming Capitalism for the Ills of Corporatism," *Project Syndicate*, January 31, 2012.

してくれるような証拠は見られない。二〇一二年のドキュメンタリー映画『強盗——誰がアメリカンドリームを盗んだのか』では、企業と銀行を扇動者として特定している。

一九七八年に最高裁のルイス・パウウェル判事は……政治や法律に影響力を行使するうえで、アメリカ企業がもっと積極的な役割を果たすよう強力に勧めた。……こうして最高裁でパウウェル判事は、企業が政治的貢献を行なう権利の擁護に成功した。……一九九四年には北米自由協定（NAFTA）が発効し、低賃金労働のアウトソーシングが奨励された。一九九九年には、商業銀行と投資銀行のあいだに垣根を設けていたグラス゠スティーガル法が部分的に廃止される。そして二〇〇〇年には商品先物近代化法が制定され、店頭デリバティブ取引に対する規制が緩和された結果、金融機関は野放し状態になった。かくして企業も銀行も規制緩和の片棒を担いだのである。(19)

これらの指摘は状況を正しく言い表してはいない。最高裁は企業だけでなく労働組合にもかつてコーポラティズムの精神のもとで同じものを与えているが、その点についてここでは触れられていない。しかも当時、不満の声はほとんどなかった。一方、NAFTAは自由貿易に向けた第一歩であり、アメリカやヨーロッパの社会の多くで広く評価されている。そして店頭デリバティブ取引の合法化に関しては、イタリアで発明されフランス人数学者によって分析された「仕組み金融商品」が、アメリカで採用されたものである点について触れられていない。さらに、アメリカ政府が銀行業界を操ってサブプライム住宅ローンに目を向けさせたせいで、イノベーションへの投資や政府の赤字対策がおろそかにされたことも指摘されていない。分不相応な消費やレジャーへと人々をそそのかしたのは政府なのだ。

しかし、大事なのは犯人捜しではない。株主や貸手や富の所有者が、ガルブレイスが活躍した一九五〇年代から一九六〇年に比べて大きな政治権力を持つようになったのは事実である。ガルブレイスによれば、当時の大企業は主導権を握っていたものの、その行動は向社会的で、議会は関連法案を作成する意思も能力もなかったという。それにひきかえ今日では、企業福祉、利己的な規制や規制緩和、様々な社会保険が爆発的に増加している。これはすべて、政府関係者や議員が利害関係者の既得権を守るため、企業や労働組合の要求に応えたからであり、その見返りに選挙での支援や金銭的援助を求めたからである。このシステムでは様々な部分ががっちり組み合わされている。要するに、コーポラティストのシステムは政府、組織化された企業、労働組合から成る三者構成原則と、労働者を除いた政府と企業が密接に結びついた二者構成原則のあいだを揺れ動いている。そして結局のところ、このシステムを動かしているのは、自分の立場や利益を優先する姿勢の際立つ経済や政治の文化なのだ。そのなかで時には労働組合が優勢になって企業の力が衰え、時にはその逆の展開が発生する。

一八〇〇年代半ばから一九七〇年代はじめにかけて近代経済が成功すると、人間の精神は過去一〇〇〇年間で見られなかったレベルにまで引き上げられた。近代の道徳観やヴァイタリズムの精神に古代の物質主義が若干混じり合い、大きな勝利がもたらされたのである。しかし時間が経過すると、政治での略奪行為、文化の衰退、経営者による裏切りが目立つようになった。ケインズが指摘したように世界は「アイデアで支配されている」かもしれないが、近代資本主義は新しいアイデアであり、まだ十分に理解されていない。倫理的な拠りどころも道徳的な土台も発達していない。むしろ古くから存在している

19　この要約はスティーブン・ホールデンによる以下の映画のレビュー記事に掲載されている。Stephen Holden, "Tracing the Great Recession to a Memo 40 Years Ago," *New York Times*, March 1, 2012.

コーポラティズムに居心地の良さを感じる人は多い。そうなると今世紀には、アイデア同士の競争がかならずしも以前と同じように展開されるわけではない。一〇〇年以上も見事な成果を収め続けてきた後、近代資本主義が弱体化して危険にさらされる可能性を現実として受け止めるべきだろう。

これから改革に乗り出すためには、自分の目指す価値や目標をここで明確にしておく必要がある。どんなキャリアや経済的生活から最も大きな満足感が得られるのだろうか。そして、どんな種類の経済が善き生を促し、すべての人々に正義を提供できるのか、解明しておかなければならない。

第11章　善き生――アリストテレスと近代

独創的な力の行使、すなわち自由で創造的な活動が、人間らしい真の働きであることに疑いはない。そのような活動に従事しているとき、人間は幸福を見出すものだ。しかし、人間は文学や芸術で素晴らしい作品を創作する以外の方法においても、自由で独創的な活動への関わりを間違いなく実感できる。さもなければ僅かな例外を除き、人間にとって真の幸福への道から誰もが締め出されてしまう。

――マシュー・アーノルド『批判の機能』

いつか、今からそう遠くない将来、きみたちは少しずつ年を重ねてこの世から消えていく。……きみたちの時間は限られている。だから、他人の人生を生きて時間を無駄にしてはいけない。そしてドグマに陥ってはならない。それでは他人が考えた結果に基づいて生きることになる。他人の意見の騒々しさで、内なる声や本心や直感が隠されてはならない。きみが本当はどんな人間になりたいのか、これらの内面はすでにわかっているのだから。

――スティーブ・ジョブズ、スタンフォード大学の卒業式にてコーポラティズムや新コーポラティズムの擁護者は、誰もが物質主義的な観点から物事を考える。生産効率の悪さ、失業に伴う無駄、変動のコストなどに注目する。それは伝統的に資本主義を擁護してきた人たちも変わらない。そしてコーポラティストたちは、これらの点においては近代資本主義のシステムと比べ、自分たちのほうが優れていると主張する。コーポラティストのシステムのほうが生産性は高く、失業に伴う無駄が少なく、しかも仕事が保証されるので、個人の富や賃金や雇用がはるかに安定するのだという。しかし実際のところ二〇世紀最後の数十年間を見るかぎり、よく機能するコーポラティスト経済はこれらの点において、よく機能する近代資本主義経済とほぼ同程度であることが証明されている。ふたつのシステムのどちらかを選ぶためには、古典的な政治経済の物質主義的な見方から離れなければならない。この場合、近代資本主義を賞賛する言葉の多くは、非物質主義的な報奨を強調する傾向が強い。挑戦に伴う興奮、実験や探究から得られる満足、成功のスリルなどだ。近代資本主義がうまく機能していれば、十分な富と自己表現と個人の成長に彩られた人生を見つけるチャンスが参加者には提供される。対照的にコーポラティズムは冷たいドクトリンとしか見なされない。人々を他人の影響から守ろうとするあまり、創造力が抑えられ、イニシアチブが阻止され、体制に従わなければ罰せられてしまう。

素晴らしい報奨を提供してくれるのは、正しく機能する近代経済から生み出される強力なダイナミズムのほうだ。そこに関わっていること自体が貴重な経験であり、精神が刺激され、新たに解決すべき問題に取り組み、新しい物事に挑戦し、未知の領域に踏み込んでいく興奮を味わえる。もちろん副作用は存在している。仕事は不安定で、利益は約束されず、挑戦してもうまくいかず最終的に失敗する可能性も残されている。さらに、だまされて財産を奪われる可能性も否定できない。これらの報奨と危険が近代経済のプラスマイナス両面を形成しているのだ。

これに対して今日のコーポラティストは、自分たちのシステムも良い感情や経験を提供していると応じ、連帯、安定、労使協調といった要素を具体例として挙げる。そして、これらは良い社会の基本だという点を常に指摘する。したがって、近代経済が望ましい魅力を持つためには、その報奨や危険が人間にとってどのような意味を持っているのか、コーポラティスト経済やほかの経済と比較しながら理解し、評価していかなければならない（一部の人たち――マルクス本人は含まないが多くのマルクス主義者など――は、非物質的な事柄はほとんど重要ではないと主張する）。近代資本主義経済が提供する優れた要素を人々が望まないかぎり、たとえ近代資本主義が正しく機能していても正当化されない。そうなると、先ずは基本的な問題に取り組まなければならない。ダイナミズム衰退の流れは職務満足度の衰えなど、最近目立つ機能不全と間違いなく関わっており、その流れを逆転させるためにはアメリカで何ができるか、何を実行する価値があるか明らかにしていかなければならない。しかしその前に、もっと根本的な問題に論理的に取り組む必要があり、銀行改革や所得税率といった微調整よりも優先させるべきである。

本章ではつぎの疑問を取り上げていく。ふたつの経済システムのうち、人々が自分のために望むのはどちらのほうか。連帯などが重視される協調的なシステムか、それとも意欲的な活動が好まれる個人主義的なシステムだろうか。言い換えれば、保護を特徴とするシステムとダイナミズムとを特徴とするシステムのどちらなのだろう。人々はモダニティの夜明けからずっと、いやそれ以前から、近代的な生活を望んできたのだろうか（多様性と公平さに関する基本的な疑問は、次章のテーマになっている）。行動には高い次元――善き生という次元――があって、経済の行動でも善き経済を目指すことが求められるのだろうか。

「善き経済」やそれが奉仕する対象の「善き生」は、政治経済にとって慣れ親しんだ分野ではない。部外者からは不満が出ているが、社会主義思想（左派）においては、望ましい経済生活——社会主義者が追求するシステムが最も整合的だと考えられている生——という概念は取り上げられない。あらゆる経済をソーセージ製造機のように見なし、労働者がソーセージの製造に費やした時間に基づいて、生産高を労働者のあいだで平等に分配することにだけ細かい注意を払っている。そしてコーポラティストの思想も、個人にとっての善き生という概念とは何の関わりもない。その代わりに国民産出高、「協議」を通じた社会的調和、富を分散させるための社会保険、連帯精神の育成に焦点が当てられている。

しかし経済のシステムをこのような見方でとらえると、厄介な問題が発生する。表向きの目的を達成するための手段——すなわち、経済のシステムのもとで毎日製品が作られ雇用が創出されるプロセスや特徴——の重要性が見過ごされ否定されてしまう。しかし手段は、物質主義的な結果では測りきれない影響を及ぼす。近代的傾向の経済には何種類かあるが、結果に至る道はそのひとつひとつで異なり、経験も違う。だから近代経済には様々な報奨や危険が存在しているのだ。

では、国や世代間の違いに注目しながら、善き生に十分考慮したうえで、広く受け入れられる概念を導き出すためには、どんな希望に目を向ければよいのだろうか。一九世紀のアメリカに海の向こうから引き寄せられてきた大勢の人たちは、新しい冒険や試みを通じて「成功して一旗揚げる」希望に燃えていた。その一方、ヨーロッパにとどまる道を選んだ人たちもいる。一九世紀末になると、移民たちの関心はコーポラティストや社会主義的な活動へと移り、組合の結成や利益の収奪に熱心に取り組んだ。やがて二〇世紀後半には、社会の「真の問題」を解決するために資源を集結させるべきだと、世界各地の人々が主張するようになった。ただし選ぶ目標が変わっても、かならずしも価値観が一緒に変化するわけではない。一見すると新しい希望は、富の増加や民主主義の拡大など、新しい状況や新しい能力を裏付けとして生み出されたケースがほとんどのような印象を受ける。たとえばこの数十年間のうちに、一世紀前には夢想できなかったほど高レベルの経済的安定を手に入れたいと願う人が増えている。しかしこのように願う人たちは、変化を減速させるシステムが社会で――意図的か否かはともかく――採用されている点を考慮していない。二一世紀の「経済先進」国のあいだで経済制度を比較する際には、人々が考え抜いたすえに抱く基本的な希望が正しい判断基準になるのだ。

人文科学――特に哲学と文学、そして最近では心理学も含まれる――は、奥底の欲求や報奨について色々なことを教えてくれる。この一〇〇〇年間、最も深く最も長続きする満足を与えてくれる生活様式について、人間主義者はあれこれ考えを巡らせ、いくつかの注目すべき洞察を積み重ねてきた。国に余裕が生まれると進取の気性とイノベーションに富んだ経済がどのように誕生してくるのか理解するうえで、彼らの善き生への洞察は役に立つはずだ（社会的制約の消滅を指摘するだけでは十分ではない）。企業家精神とイノベーションに富む経済に対する社会的支援を正当化するために、人間主義者の洞察は大いに参考になる。実際、人文科学が教えてくれる事柄を政治経済が学ばなければ、中身が貧弱になってしまう。近代経済に関して再燃した論争に臨んだとしても、不十分な議論にならざるを得ないだろう。

善き生についての人間主義者の概念

善き生という概念――つまり考え方――は、アリストテレスと共に始まった[1]。善き生においては、食べものや住みかなど生きるために欠かせないものを手に入れた後に熟慮のすえ、実現可能な範囲で選択が行なわれる。今日でも多くの読者を持つ『ニコマコス倫理学』のなかでアリストテレスは、単に目的のための手段にすぎない生と善き生を対比させている。善き生とは何らかの目的のための手段ではなく、それ自体が目的であり、生きる目標になる。(2) 彼の主張を言い換えるとこうなる。人々はエネルギーを確保する手段として食糧を必要とする（そのため食糧を生産したり、国内製品と取引して海外の食品を手に入れたりする）。エネルギーは住みかを建設するために必要とされ、住みかは雨や寒さなどから自分の身や持ち物を守るために必要とされる。最終財――高級料理、オートクチュール、ベルカント・オペラ――はすべて、ある計画や活動の終点に当たる。アリストテレスは様々な「活動」の序列づけに興味を抱き、すべては何らかの最終財に行き当たると考え、思慮深い人を「最高善」の体現者と見なした。そのうえで彼はこの序列――少なくとも、思慮深く真面目な人たちが人生のなかで行なう選択にみられる序列――の説明や解釈を目指した。

アリストテレスはある程度の「金儲け」が社会には「強制」されることを認識している（一〇九六a）。この認識から判断するかぎり、善き生の実現はエリートに限られると彼は考えているようだ。当時、運の悪い人たちの手には届かなかったと暗に語っている。しかしその一方、善き生が社会の底辺の人たちの手に入らないとは語っていないし、実際のところ、そう信じる理由も存在しない。奴隷という身分は概して強制されるもので（師匠のプラトンも奴隷として売り飛ばされるところであった）、したがって、奴隷は最高善を獲得する意欲も能力も生まれながらに持ち合わせないと推論できるような根拠は存在しないと書いている。

さらにアリストテレスは、全生涯を無人島で過ごす人が善を追求する場合には、たとえ豊かな島であったとしても、「都市」すなわち社会で善を追求する人には概してかなわないものだと暗に述べている。つまり、社会のなかで大勢の人たちがアイデアのレベルで交流して補足し合うことの重要性を認識している。そうなると社会は、土台を支える経済制度や学校で教える文化を選ぶ際、善き生が何から構成されるかという点を予め決めておかなければならない。「少なくとも大枠だけでも、善とは何かを把握しておくべき」なのだ（一〇九四b）。この洞察を踏まえてみると、自由こそ善き生だというリバタリアンのアイデアの弱点が見えてくる。完全な自由が存在する社会も不可能ではないが、犯罪や乱交や薬物のはびこる文化には、ほとんどすべての人が幸せを感じられない。

アリストテレスの特に素晴らしい一節のなかには、何が善き生に該当しないのかを説明している部分もある。たとえば、政治的に正しい事柄を行なっても善き生は手に入らない。彼いわく、それは政治家にとって目的になるかもしれないが、「あまりにも表面的な事柄で、真剣に追求するには値しない。なぜなら褒めたたえられる人よりも、褒めたたえる人次第のように思われるからだ。一方、私たちは直観的に、善は自分自身の一部であり、容易に奪い取れないものであると考える」。さらにアリストテレスは、善は徳で成り立つわけでもないと論じている。善き生を手に入れるために必要な徳もあるが、徳だけでは十分とは言えない。正しい道、すなわち幸せへの道を歩んでいると実感できなければ、いくら美徳を備えていても惨めでしかない。

つまり、人には善き生への道があるのだ。国や人々が善についてどのような概念を持っていようとも、善き生は常に人が生きるなかで求める内面の状態であり、心のありようや感情である。（この状態に言及

1　つぎの四つの節は、二〇〇七年にコロンビア大学で行なわれた公開講座がたたき台になっている。この公開講座に基づいて後日、私の以下の論文は執筆された。*Arguments for a Better World: Essays in Honor of Amartya Sen*, K. Basu and R. Kanbur (eds.), Oxford: Oxford University Press, 2009. 本章は論文とは異なった形で講座を発展させたもので、部分的に展開、修正、削除されている。

2　ページ番号については従来の方法に従い、イマヌエル・ベッカーの校訂により標準的な底本として普及した『アリストテレス全集』（一八三一年）を採用している。アリストテレスの『ニコマコス倫理学』（一九九九年）も役に立つ。

するとき、アリストテレスはギリシア語のエウダイモニアという言葉を使っている（一〇九五b）。その正確な意味については後に説明する）。善き生という考え方は人間主義的な精神を伴うものであり、敬虔な生という考え方ではない。たとえば、人間は男女を問わず生き残り繁殖するために資源を活用する機能を備えており、それがつぎの世代の生き残りと繁殖を支え、そのプロセスがいつまでも続くと一部の宗教は教えるが、そのような考え方とは異なる。ふたつの概念の違いは、神への義務から成り立つ人生と、自分自身を尊ぶ人生の違いなのだ。この点に関してアリストテレスは紀元前四世紀の著作において、紀元前一三〇〇年のユダヤ教の学者や後の聖職者とは異なった立場をとっている。

快楽主義者として見られるのを避けるため、アリストテレスは急いでつぎのように補足している。善き生とは人間が追求して満足を見出すべきものだが、決して「娯楽の」生ではない。「もしも［我々の］目的が楽しみで、生涯にわたって努力や苦労を続けることの目標が楽しみだとしたら、馬鹿げている。……我々が気晴らしをするのは解放感を味わうためであり……そのあとは再び、物事に真剣に取り組めるからだ」と書いている（一一七六b）。おそらくアリストテレスにとって、弟子の年代の聴衆と過ごす時間はちょっとした楽しみだったのだろう。もちろん私たちは、善き生の奴隷になる必要はない。オペラや映画を観賞して夜を過ごしても人生のプロジェクトが進むわけではないが、そのくらいの楽しみは許されるべきだ。そもそも、将来のことはわからない。仕事がどんどん展開していくうちに、役に立つものについて何か素晴らしい洞察を得る可能性は否定できない。

人々にとって正しい道とはいかなる性質のものか、その探究がアリストテレスの主題であることがわかる。彼の考える善き生は、自由な生活と同じではないし、与えられた自由で何をしようがかまわないというわけではない。あるいは、社会が個人のために開放してくれた道だけに、善き道を限定しているわけでもない。自由の範囲が狭いか広いか、こだわっていないようだ（おそらくアリストテレスは、拡大された自由を全員が共有できるのであれば――他人の自由が制約されないかぎり――間違いなく承認していただろう。いずれにせよ、それについてはジョン・ロールズの著書で取り上げられている）。

善き生についてのアリストテレスの概念

では、アリストテレス本人は、善き生についてどのような考え方を持っていたのだろうか。本質的に彼は、善き生は知識の追求を特徴とすると見なした。「最も素晴らしい［もの］は理解力である。……これは崇高な行為である。理解力は、我々に備わった崇高な要素である」と記している（一一七七a）。さらに、「エウダイモニア」は「一種の学問に［由来する］」と指摘してから、学問は「最高善」だと論じている。なぜなら、学問には「理性」が必要とされるが、理性は人間を他の動物と区別する主要な能力だからだ。そのうえで、この考え方は自分の観察結果ともぴったり一致する、なぜなら他の動物はエウダイモニアを感じない、と補足している(3)。

動物の部分を除けば、アリストテレスの主張はつぎのようにまとめられる。理解力が向上し、それを実行に移すための富が増えていくにしたがい、人間は満足のレベルが高くなり、同じことを単純に繰り返しているときとは異なった経験ができる。知識を追求して蓄積することから得られる満足は、最終財

3　最後の部分には疑問符がつく。犬やイルカなどは、理性を持っていると考えられている。それはグスタフ・マーラーの「さすらう若人の歌」からも想像できる。ただしそれでも、知識は「最高［善］」であり、その追求は「至高の活動」だという命題を否定することにはならない。エウダイモニアは人間にのみ感じられるとアリストテレスは信じていたようだが、彼の議論にとってこの主張は明らかに不必要である。

のヒエラルキーの最上層に位置する。そして所得のレベルが高くなれば、これらの要素の追求にかける支出も割合も大きくなっていく。その意味で、これは最高善だと言える。

アリストテレスが「最高善」と見なす知識の範囲は狭いもので、その追求を「崇高な行為」とする発想は、近代の価値観と相容れない。人々は知識を手段ではなく、専ら目的として追求すると彼は考えた。そのうえで、実のところ知識の追求は禁欲的な行動であり、時おり開かれる研究会や友人との会話など、世間とはかけ離れた環境で行なわれるべきだと考えたようだ。数学者や理論物理学者、そして哲学者や歴史家などの学者が行なうような活動だ。アリストテレスの見解が狭いのは、間違いなく彼自身の限られた経歴に由来している。彼の世界は実践的な知識ではなく古典的な知識に限定され、それを獲得するのも研究という古典的な手段だった。

アリストテレスのオリジナルの主張にはもうひとつ問題がある。もしも最高善が利用価値のない知識に限られているならば、社会が生産的で豊かになるにつれ、知識の追求という余暇活動に費やす時間が増えてくる。このような知識は、市場での商品価値を伴わない。つまりこの理論にしたがえば、国の時間当たり生産性が増え続けていくと、ある時点で商品の製造や販売はほとんど頭打ちとなり、知識を追求する余暇活動だけが着実に増えていく。これはまさに、ジョン・メイナード・ケインズが『わが孫たちの経済的可能性』（一九六三年）で予測した展開に他ならない。この論文には賛否両論があるが、結局のところ、ケインズの予測どおりの結果は観察されていない。(4) しかしここで知識の範囲を広げ、他にひとつかふたつ、人々が追求する事柄を加えれば、パズルは明らかに解決される。

ではつぎに、アリストテレスからそう遠い時代ではないが、後世の思想家に話を移そう。

プラグマティスト（現実主義者）と善き生

後世の哲学者や著述家の見解は、アリストテレスと大きく異なっていたわけではない。彼らは、欲望の階層性という洞察に共感しつつ、他の種類の知識と、それらの知識を追求する際の行動に焦点を合わせた。知識への欲求と知識の地位を最も手に入りにくいが最も望ましい善と考えた点は変わらない。ただし、アリストテレスの後に登場した人間主義の著述家や哲学者は実用的な知識を導入した。それ自体の価値だけで評価されない善であり、多くはインフォーマルな知識で、本の主題として取り上げられる類のものではない。さらにこれらの人間主義者たちは、それらの知識の獲得の際になされるきわめて異なる種類の行動と文脈を導入した。

そんな人間主義者のなかには、プラグマティストと呼ばれるグループがある。目的を追求する方法と、その方法のなかの価値を見出そうとするグループだ（彼らの目的を追求する姿勢が「実際的（プラグマティック）」だったわけではない）。何らかの形で生産や行動に役立つ知識を獲得し、実際に活用することをプラグマティストは重視する。もちろん、社会に出て働き始めるときには予め一定量の知識を獲得しているが、途中でかならず問題は発生するもので、それを解決するために新たな知識をどんどん増やしていかなければならない。仕事や事業で成功するためには、技術的な要求に応えられる能力が欠かせない。つまり、問題解決は成功を導く要因のひとつなのだ。たとえ知識欲を満たすこと自体が目的ではないとしても、問題解決のプロセスで獲得された大量の知識はおおむね満足のいく結果をもたらす。達成感が得られ、自立心が育まれるだろう。

4　幸福に関する最近の研究結果には、アリストテレスは満足できなかっただろう。ある時点を超えると、生産性が向上しても幸せは膨らんでいかないのだ。この逆説について、私はべつの場所で論じている。たとえば以下を参照。Layard, *Happiness* (2007).

このグループの初期の代表的人物のひとりが詩人のウェルギリウスだ。紀元前七〇年（アリストテレスの誕生からおよそ三〇〇年後）にポー平原の農家に生まれ、アウグストゥス帝の時代のローマに定住した。彼の代表作のひとつである『農耕詩』はなぜか、つい最近まで農業に関する入門書として評価されてきた。しかし深いレベルでは、これは人間性やローマ文化に捧げる頌歌である。[5] 詩のなかでは、農民が畑を耕し、樹木を植え、牛やミツバチの世話をしながら手に入れて活用する広範な知識について詳しく描写され、賞賛されている。そのうえで、仕事に打ち込む農民の姿や、収穫時の満足感についても表現されている。「事物の原因を認識し得た者は幸いである Felix qui potuit rerum cognoscere causas」という一節は、ウェルギリウスの名言として知られる。

ヴォルテールもこのグループに当てはまる。彼が作家として活躍した一八世紀末のフランスでは荘園領主の勢力が衰え、事業でキャリアを築くチャンスが開かれるようになった。そんな時代に彼は行動の人生、すなわち働くことの重要性を作品によって伝えた。不朽の名作となった『カンディード』のなかでヴォルテールは、社会的大義のためや間違いを正すために行動する必要はないと情熱的に訴え、そんなことはきれいさっぱり忘れ去るようにと忠告している。そのうえで、仕事に打ち込む人生は意義深く報われると示唆している。レナード・バーンスタインが作曲したミュージカル『キャンディード』の興奮と感動に包まれたフィナーレでは、美しい六重唱が歌われる。歌詞はスティーブン・ソンドハイムがヴォルテールの作品から引用したもので、ヴォルテールの思想の多くが四行に見事に凝縮されている。

私たちは純潔ではないし、賢人でも善人でもない。
それでもできるかぎり最善を尽くす。

家を建て、薪を割り。
そうして庭を育てていく。

ヴォルテールによれば、最高の経済を設計して機能させ、後世に残すためには知恵や専門知識や博愛心といった要素が必要で、そのどれもが社会には欠けている。しかし、私たちは多くの重要な事柄をほとんど知らなくても、社会から許されるかぎりキャリアを築くことができる。誰もがキャリアや事業を構築しながら善き生を手に入れれば、それが最終的に善き経済の実現につながる。知識や経験を存分に活用し、そのプロセスで新たな知識や経験を積み重ねていけば、興味深く充実した人生が実現する可能性は広がるのだと、ヴォルテールは強く訴えている。（そう考えると、企業家の重要な役割に初めて注目したのがフランス人経済学者だったのも意外ではない）。

二〇世紀半ばの数十年間には、職場からどんな満足が引き出されるかという点が注目されただけでなく、個人が獲得して利用できる個人的な知識が、そこでどんな役割を果たすかという点にも焦点が当てられた。ここでパイオニア的存在になったのがジョン・デューイだ。プラグマティズムを代表するアメリカ人哲学者で、何十年にもわたってコロンビア大学の猛者のひとりと見なされてきた。ハイエクに先んじてデューイは、普通の労働者が仕事を通じてかなりの専門知識を手に入れることを理解していた。そのうえで、この知識を人間は問題解決のための活動に役立てるべきだと強調している。[6] たとえば彼は、

5　解釈の変更はロジャー・マイナーズによる。以下を参照。Roger Mynors, *Georgics by Virgil* (1990). 引用は『農耕詩』第二巻四九〇節。

6　この分野での彼の著作には以下のものが含まれる。*Human Nature and Conduct* (1922); *Experience and Education* (1938).

平凡な教育しか受けていない労働者でも、スキルを磨いていくうちに知的成長を遂げていくものだと説明している。職場で問題に直面するとき、あるいは職場の状態が望ましいときには、解決すべき問題が発生してくるからだ。さらにデューイは、どの労働者も他人にはない知識を持っている点を理解していたようで、みんなが一堂に会して話し合えば、大きな社会問題の解決につながることを認識していた。[7]

心理学者のアブラハム・マズローは一九四三年に発表されてから読み継がれてきた論文のなかで人間の欲求を階層分けした。底辺には最も基本的な欲求が位置する。[8] このヒエラルキーのなかで彼は、徒弟として修業するなど何らかの経験を積んだ後、商売やスキルに「熟達すること」の必要性にも言及している。底辺の生理的欲求が満たされたうえで何かに熟達すれば、安全の欲求というつぎの段階に進める。さらにマズローは問題解決のプロセスの必要性も認識しており、それを「自己実現」の欲求として最上層に位置付けている。

一方、ジョン・ロールズは経済的正義に関する研究の集大成として、善き生の明確な定義に取り組み、「アリストテレス的視点」に立つべきだという結論を導き出した。[9] 彼によれば、人間はキャリアを重ねるうちに「才能」や「能力」を発達させ、それを通じて獲得した知識が自己実現に不可欠な要素として定着するのだという。この自己実現が十分に、あるいはおおむね達成されると、すべての人にとって行動を支える大きな原動力になるのだ。ロールズの力強くも明快な発想は、以下の記述のなかで見事に表現されている。

人間は手に入れた能力（生来の能力や訓練で獲得された能力）を発揮することを楽しむ。そしてその喜びは、手に入れた能力が多いほど、あるいは複雑であるほど膨らんでいく。……［これは］モチベーションの原則であり、我々が抱く大きな欲求の多くはこれで説明できる。……さらに、我々の欲望のパターンの変化を司る心理的法則も、これによって説明が可能だ。すなわち、時間の経過と共に能力が向上し……能力を磨いて発揮する方法を学んでいくうちに、新たに実現した能力が求められる複雑な活動に従事するほうが満足できるようになる。かつて楽しんでいた単純な事柄からは、もはや十分な喜びも魅力も感じられない。……このような前提でアリストテレス的原理を受け入れるならば、成熟した能力を獲得したうえで洗練させる行為は概して合理的だと言えるだろう。……合理的な計画のもとで……状況が許すかぎり人間は繁栄し、実現した能力を存分に発揮できる。[10]

比較的最近になってこの話題に言及したのがアマルティア・センで、一九九二年ならびに一九九九年に刊行された本で取り上げている。[11] このなかでセンは、アリストテレスの立場から見ると、今日考える善き生には何か根本的なものが欠けていると指摘している。いまだに教えられている新古典派の経済理論（それだけであるかは別にして）では、「効用」すなわち幸福が、選ばれた消費財や余暇の集合の関数ととらえられている。そしてこの幸福は、所有する資源の間接的な関数と見なされる。これではまるで、

7　デューイはフォード式の大量生産を受け入れず、職場がふたたび改善され、本来得られるはずの知的満足が提供されるよう願った。もちろん今日、市場の力は組み立てラインの大半を取り除き――多くのケースでは広東省に移してしまった。

8　Maslow, "A Theory of Motivation."

9　Rawls, *A Theory of Justice* (1971, pp. 424–433).

10　Rawls, *A Theory of Justice* (1971, pp. 428–429).

11　Sen, *Inequality Reexamined*〔邦訳　セン『不平等の再検討――潜在能力と自由』池本幸生・野上裕生・佐藤仁訳、岩波書店、一九九九年〕および *Commodities and Capabilities*〔邦訳　セン『福祉の経済学――財と潜在能力』鈴村興太郎訳、岩波書店、一九八八年〕。

経済の舞台に登場する俳優たちが全員、一度かぎりの包括的なオークションに参加して未来のすべてを契約するような印象を受ける。センはこれに反対した。彼の「潜在能力アプローチ」によれば、人生から達成感を得るためには「ケイパビリティ」――「物事を実行する」能力――の獲得が求められる。そして、どの能力を獲得するか選択することが、満足感の一部なのだ。つまりセンは、日々の仕事が精神を形成するというマーシャルやミュルダールの主張（第3章で引用）に同意していることになる。

「間接的なもの以外にも」ケイパビリティと幸福のあいだには結びつきが存在している。……幸せに……なれるかどうかは……ケイパビリティがいかに機能するかに「直接」関わっている。選ぶという行為そのものが生きるうえで貴重な要素になるのだ。重要な選択肢のなかから本当に素晴らしいものを選べば――それだけで――心は満たされる。……少なくとも一部のタイプのケイパビリティは幸福に直接貢献しており、熟慮のすえに選択するチャンスに恵まれれば、その分だけ人生は豊かになるだろう。[12]

ただしセンは、選択する行為のなかに何らかの楽しみを想像しているわけではない。状況が変化したときに新しいルートを選ぶ能力が優れていれば、それだけ深い満足感が得られることを指摘している（「宝くじが当たったら、さっさと仕事などやめてボイスレッスンを始める」という具合に）。

そしてセンは心の奥にもうひとつ、大事な見解を抱いていたと考えられる。ロールズは新古典派の世界を暗黙のうちに前提としており、偶発的事象は存在するかもしれないが、その確率は知られていると考えた。したがって偶発的事象は、「自己実現」の見込みが明確な意味を持っているという事実の障害にはならない。あなたなり、彼なり彼女なりが自分の成長を期待したとして、その実現の程度は平均すれば、既知のサイコロを何回も振るのと変わらないということだ。しかし近代経済においては一世代のうちに、経済の形態がほぼ確実に基本的な変化に見舞われ、しかもそれがどのようなものか事前にはわからない。結果としてそのような経済では、人々が発達させていく「自己」や進化の形がどうしてもシナリオごとに異なってしまう。人生を通じて何が「実現される」かは、どれだけの距離を進歩できるかだけでなく、それがどのような方向に進むかによっても決定されるわけだ。こうした世界では「自己」は固定されないし、規則的な運動の法則に影響されるわけでもない。したがって、自己の概念には説明できるような価値が備わってはいない。シェイクスピアの史劇『ヘンリー五世』のなかでハル皇太子（ヘンリー五世）は、個人の成長のなかで大きな変動が起こり得る可能性について言及している。即位してから二年後にフランスとの大きな戦いを前にして、「私は以前の自分とは変わった」と語っているのだ。

ヴァイタリストの考える善き生

アリストテレス後のプラグマティストの文献では、善き生に関する最も重要な事柄の一部について触れていない。これらの文献では、現実的な方法で問題解決にじっくり取り組む姿勢こそが最高の生き方であり、そうすれば熟達から満足を獲得し成長させることができる、と無味乾燥に記している。このような善き生の考え方にも長所があるのは事実だが、新しい可能性や新しい挑戦でスリルを味わい、「夢」が実現すれば満足を味わい、実現しなくても（多少しぼんだ）夢を経験する余地が与えられない。全力

12　Sen, *Inequality Reexamined* (1992, p. 41)〔邦訳　セン『不平等の再検討』〕。結果とは関係なく自由を尊んだ先駆者として、センは数人の名まえを引用しているが、そこにはマルクスとハイエクが含まれている。

で生きる人生は、プラグマティストが描き出す人生よりも常に豊かさに満ちている。ところが、かつてなかったほど大勢の人たちが以前には考えられないような華やかな人生をおくった一九二〇年から一九七〇年にかけて、アリストテレスの提唱した善き生の限定版が注目されるようになったのだから不思議だ。いまさら繰り返す必要もないが当時の近代経済において、人々は新製品を考案するために創造力を働かせ、それがエンドユーザーにどんな利益をもたらすか予測するために想像力を発揮した。チームはリスクを覚悟のうえで、新製品の開発と採用に挑戦したものだ[13]。このような展開になったのは、善き生に関してべつの視点があったからだろうか。近代経済やその形成プロセスに参加する人たちは、それを実感したうえで、自分にとって大切な価値を積極的に表現しようとしたのだろうか。

善き生に関しては、プラグマティストとはまったく異なる概念が古代から平行して育まれてきた。コロンビア大学のジャック・バーザンやイェール大学のハロルド・ブルームがヴァイタリズムと名づけた概念である。重要な人物や考え方の一部についてはすでに第4章で触れたが、ここで詳しく解説しておかなければならない。ヨーロッパの高校生やアメリカの大学生は比較的最近まで、西洋の古典として評価されるヴァイタリストの文学をコアカリキュラムとして学んだ。最も古いヴァイタリストはホメロス。紀元前一二世紀のギリシアの詩人で、『イーリアス』と『オデュッセイア』の作者である。このふたつの叙事詩が描き出すギリシアの英雄は、決断力と勇気と忍耐を兼ね備えている。

初期のヴァイタリストとしてはもうひとり、彫刻家のベンヴェヌート・チェッリーニが挙げられる。ルネサンス期の英雄的な人物だ（彼の名まえがタイトルにつけられたベルリオーズのオペラの主人公でもある）。『チェッリーニ自伝』のなかで彼は、自らの独創性を率直に賞賛するだけでなく、成功を大いに楽しんでいる。今日でさえ、若い読者は並々ならぬ野心に驚かされるはずだ。

少し時代が下がると、セルバンテスとシェイクスピアが個人の探求心を劇的に描き出した。セルバンテスは小説『ドン・キホーテ』――「見果てぬ夢」を抱く「ラマンチャの男」――で人間が達成感を得るためには挑戦と冒険の人生が必要だと訴えている。そしてスペインの砂漠という不毛の経済からその機会が提供されなければ、自分でチャンスを創り出し、必要とあれば想像するべきだと勧めている。一方、シェイクスピアの『ハムレット』に登場する王子は、ひとかどの人物になるためには王に歯向かわなければならず、失敗して命を失う危険を冒してでも行動すべきだという結論に達する。劇では、王の責任に対して当初は不確実性が示唆される。（コラムニストのデイヴィッド・ブルックスが述べているように、自分の話が正しくないかもしれないのはわかっていると打ち明けるような展開は、今日では滅多に見られない）。さらに劇のなかでハムレットは、自分のすべて――地位もオフィーリアも――を失うリスクのある行動をとることに、当初は迷っているように見える。ハロルド・ブルームは『シェイクスピア――人間の発明』のなかでシェイクスピアを完全なヴァイタリストとして描き、私たち自身の姿を映し出す「大きな鏡」だと評している。

一八世紀の啓蒙主義の時代には、このような見解が重要人物のすべてとは言わないが、一部によって考察された。フランス人の理性主義について取り上げたデイヴィッド・ヒュームは、意思決定においては「情熱」が、社会の知識の発達においては「想像力」が重要な役割を果たすと考えた（ヒュームは近

13　重商主義の時代から近代への移行は、ひとりの人物によって実現した。一七一九年に出版されたデフォーの小説の主人公、ロビンソン・クルーソーである。ジャン＝ジャック・ルソーは一七六二年に出版された『エミール』のなかでクルーソーについて、「必要なこと」のみに取り組む人物と評した。しかしクルーソーは食べものや住みかを確保すると、予め決められた道の延長線上で問題解決することに満足できなくなった。陶器の製作に成功しただけでなく、オウムをペットとして飼い始める。どちらも必需品ではないが、このふたつのために独創性と想像力を発揮したのである。

代で最初の哲学者と言ってもよい）。そしてすでに紹介したようにヴォルテールは、自己の追求に満足を見出し、「自分の庭を育てる」ようにと強調している。さらにジェファーソンは「幸福の追求」について記し、人々がアメリカにやって来るのは「富を築くためだ」とコメントしている。富の探求は富の所有よりも価値があるのだというメッセージを、「追求」という言葉は伝えている。目的地までの旅こそが目的なのだ。

最初の近代社会が幕を開けるとロマン主義者たちは、決断力や忍耐を身につけることだけでなく、探査と大きな発見に夢中になった。そう言われると思い出すのは、エルナン・コルテスを題材にしてジョン・キーツが創作した、「太平洋に投げかけた視線……至高の頂ダリエン山の静けさに」という詩の一節だろう。あるいはウィリアム・アーネスト・ヘンリーの『インヴィクトス』に登場する以下の情熱的なスタンザだ。「門がどれだけ狭くてもかまわない／文書にどれだけの罪状が記されようとも／私は自らの運命の主人／私は自分の魂の指揮官だ」。

その後、モダニティの哲学者が登場する。ヴァイタリズムについて、ウィリアム・ジェームズほどエネルギッシュに書いたアメリカ人哲学者はいない。彼は自分の目でヴァイタリティのうねりを観察した。一八四二年にニューヨークで誕生してから生涯にわたり、比較的成長の遅いアメリカ経済が変容を遂げ、イノベーションが爆発的に普及していくプロセスをつぶさに目撃した。彼の道徳律のなかでは、新鮮な問題や新しい経験に伴う興奮こそが、善き生の中心に存在している。(14) ウォルト・ホイットマンがアメリカの精神を描く詩人だとすれば、ジェームズはアメリカの精神を描く哲学者である。

二〇世紀のはじめには、新しい概念が静かに生まれた。それによれば、自己は最初から定まっているが、その自己が何を必要としているのかを知ったうえで、大人の生活を始める者はいない。だから人生の旅路においては、自己実現が繰り返されていくわけではない。むしろ自己発見の旅が進められていく。数々の挑戦や発見を経たすえに「自分は何者なのか」が見つかるのであり、それは当初考えていたものとはかなり違う姿かもしれない。善き生へのこのようなアプローチは、今日大きな成功をおさめたシンガー・ソングライターがまさに語っている内容に他ならない。

この新しいアルバム『ボーン・ディス・ウェイ』〔レディー・ガガのアルバム〕は、あらゆる意味で再生をテーマにしている。……人生では何度でも生まれ変わることができる。……そして最終的に、自分のなかに存在している真のアイデンティティが発見される。そのとき最高の自己は実現し、人生のチャンピオンになった気分を味わえるだろう。[15]

そして（キャリアが終わる前に）自己が発見されても、個人としての進歩は終わらない。マズローの自己実現やロールズの自己認識は続いていくが、自己発見のあとでは、それが良い方向に進んでいく。発

14　ウィリアム・ジェームズはある場所でこう書いている。「私の哲学が流動的なのは、きわめて気短な性質と関係しているのかもしれない。私はモーターなので、変化を必要とし、すぐに退屈してしまう」。（以下からの引用。Barzun, *A Stroll with William James*, 1983, p. 265）「モーター」と言っても、機械の部品のようなものを意味しているわけではないとバルザンは述べている。

15　以下のレディー・ガガへのインタビューから引用。"Lady Gaga Takes Tea with Mr Fry" (2011, p. 12). 俳優のアラン・アルダもこのテーマに関しては雄弁で、娘の卒業式での以下のスピーチはしばしば引用される。「創造的に生きる勇気を持ちなさい。……居心地のよい都会を離れ、直観にしたがって荒野を切り開いていかなければならない。……そこでは素晴らしいものが発見されるだろう。何が発見されるのかと言えば、それはあなた自身だ」。自伝 *Things I Overheard While Talking to Myself* (2007, p. 21) からの引用。

見の旅においては、自己の固定化を前提にする必要がない。

ドイツ人心理学者の先駆であり哲学者のフリードリヒ・ニーチェの数々の新たな考え方は、モチベーションに、さらには人生そのものについての私たちの考え方を変えてしまった。彼は数々の格言を残しているが、そのなかで、未知の領域に踏み込んで障害を克服していくことの大切さを訴えている。たとえ失敗しても逆境を耐え抜けば、「生き残ったときは以前よりも強くなれる」のだという。そして彼は、善き生へのプラグマティストのアプローチの弱点を具体的に指摘している。たとえば今度の映画の撮影の前にダイエットをするとき、あるいは大きな事業プロジェクトの資金捻出のために耐乏生活をおくるとき、私たちは将来の利益のために犠牲を払っているわけではない。たしかに多くを要求されるプロジェクトかもしれないが、苦労のすえに得られるものも大きいから、参加すること自体が幸せなのだ。ニーチェの指摘によれば、こうしたプロジェクトに取り組むだけで、お金では測ることのできない内面のニーズが満たされるのだ。プロジェクトで遭遇する障害は、物質的な見返りを縮小させるコストにはならない。むしろ、障害を克服する行為そのものが満足の源になり得る。プロジェクトは報酬そのもの、しかも最高の報酬である[16]。

フランス人哲学者アンリ・ベルクソンはジェームズの友人であり、彼と同じく一九世紀のモダニティの発達を目撃し、やはりヴァイタリズムの擁護者になった[17]。人間には挑戦が必要だというニーチェの概念を取り入れたベルクソンは、人間は生の飛躍（エラン・ヴィタール）からエネルギーを受け取り、「創造的進化」――一九〇七年に出版された本のタイトルにもなった――を目指して頭を働かせるものだと考えた。彼が取り組むテーマによれば、困難なプロジェクトに深く没頭することで人間は変容を遂げていくので、生まれ変わるプロセスが何度も繰り返されていく。『創造的進化』のなかでも、「生まれ変わること」は「存在すること」よりもはるかに重視されている。ただし、どんな場合にも先駆者は存在するものだ。ニーチェだけでなく、モンテーニュ、ヘンリック・イプセン、セーレン・キルケゴールも、存在するためには自己創造が必要だと主張している。

哲学のなかでは、個人の創造力に関してほとんど扱われていない。ニーチェは、人間は自分自身の価値を創り出していくもので、それによって善悪の区別が明確にされると書いているが、交響曲や本などの創造に伴う大きな満足については語っていない（もっともニーチェはワーグナーのオペラの愛好家で、アマチュアの作曲家でもあった）。あるいはベルクソンは、決定論の世界に到達してしまうと創造力はもはや存在しなくなることを明確に理解していたがその一方、創造的な生活について述べていないし、内面的な報奨を何らかの形で評価しているわけでもない。

一部の文芸批評家や伝記作家にとって創造力は、文芸批評の中心的な主題だった。ライオネル・トリリングは、文学が「多様性、可能性、複雑さ、困難といった要素をきわめて正確かつ十分に取り入れ

16　ニーチェの見解では、プロジェクトの日々の進歩は「あらゆる瞬間に正当化されているように見えなければならない。さもないと評価することができず、結局は進歩しないのと同じことになってしまう」。これは死後に発表されたノート『力への意志』に記されている。ここで書かれている力とは、他人におよぼす力でない。ゲームに勝つための意志の力に似ている。リチャード・ロッブは二〇〇九年の論文“Nietzsche and the Economics of Becoming”でニーチェを印象的に取り上げているので、参照してほしい。

17　ベルクソンは一九〇七年にパリで『創造的進化』が出版されると脚光を浴び、一九一一年に英語版が出版されると、名声はさらに高まった。コレージュ・ド・フランスの教授にも任命され、一九二七年にはノーベル文学賞を受賞する（ちなみにヘンリック・イプセンは劇詩『ペール・ギュント』のなかで、ベルクソンのテーマの表現を試みている。詩のなかでボタン職人を名乗る男はこう語っている。「自分に徹するとは自分を殺すこと／世間ではそう言われているが、それはおまえには確実に当てはまらない／むしろ、人生を進化させるためには／何もかも主人の言いなりになるのをやめなければいけない」。以上はロルフ・フィエレによる英訳の一九五頁からの引用である）。

た」活動だと書いている。そして本章の冒頭で引用したマシュー・アーノルドは、「文学や芸術の優れた作品を創作すること以外での、自由で創造的な活動を行なう感覚」について語っている。[18] なかには創造的な生について作品で取り上げる作家も何人かいて、程度の差こそあれ、独創的な登場人物の心のうちを鋭く描き出している。たとえばアーサー・ケストラーの本ではたびたび創造力が主題になっており、近代物理学の発達をテーマとした『創造という行為』（一九六四年）や『ヨハネス・ケプラー――近代宇宙観の夜明け』（一九六八年）などがある。ほかにはアーヴィング・ストーンの『情熱の旅路』（一九三七年）とジョイス・ケアリーの『馬の口』（一九四四年）にも注目すべきで、どちらも映画化されている。そしてマイケル・リーが脚本を担当した音楽ドラマ『トプシー＝ターヴィ』では、ギルバートとサリバンが歌劇『ミカド』を完成させるまでの創作生活が描かれている。

ただし、私たちは個人がどのような力に突き動かされているのかを知ろうとしてフィクションを読むことが多い。新しい力が台頭して古い力を駆逐しているように感じられるときには、特にその傾向が強い。戦間期の数十年は激動の時代で、大きな変動や混乱があちこちで見られた。一八七〇年から第一次世界大戦前夜の一九一三年にかけてアメリカは歴史的勝利の時期であり、その勢いはまったく衰えを知らず、一九二〇年代には目覚ましいイノベーションが再開される。一九三〇年代になっても大恐慌の影響とは無縁で、イノベーションは記録的な割合で進行していった。こうした創造と発見のプロセスのなかで人々が経験した高揚感や興奮状態については、数人の作家が作品での再現を試みている。当時の先端をゆく作家たちは、探求に伴う神秘や興奮を表現しようとした。

夕日に赤く染まる街路にも、古い瓦屋根が連なるあいだから覗く神秘的な丘陵にも、カーターの思いは募るばかりで、ついに寝ても覚めても、その情景が頭から離れなくなった。そこで大胆に行動を起こし、人跡未踏の地を目指す決心をした。漆黒の闇のなか、凍てつく荒野を越えて、誰も知らないカダスを目指すのだ。雲に覆われ、夥しい数の星が夜空を埋め尽くすカダスには、偉大なる者たちのオニキスの城がひっそりとそびえている。[19]

それから三〇年後、おそらくこの文章が由来になっていると思われるが、「大胆に進む」という表現は月探査計画の初期、NASAのキャッチフレーズになった。

プラグマティストとヴァイタリストでは、善き生のとらえ方が対照的だ。「障害」という言葉はどちらの学派の語彙にも含まれるが、正反対の意味で使われている。ヴァイタリストの見解では、克服すべき存在や解決すべき問題として障害を探し求める。見つからなければ、出会うことができるよう生活を改める。一方、プラグマティストの見解では、現実的に行動する過程で——成功の見込みが最も高そうな産業や職業で働くうちに——遭遇するのが障害ということになる。プラグマティストは、人類はどんな成功を望むのかを特定しない。彼らが主張するのは、キャリアで何を目指そうとも——よほど不幸でないかぎり——様々な問題に直面してその多くを解決する、ということだけだ。こうして問題解決に打ち込むことが、善き生の知的側面なのだ。努力の結果として熟練の域に達することが善き生の一部であり、達成とも呼ばれる。問題解決に打ち込んで熟達することに備わった価値は、アリストテレスの思考

18　それぞれ、Trilling, *The Liberal Imagination* (1950, p. xxi)、および Arnold in his 1865 "The Function of Criticism at the Present Time," reprinted in Arnold, *The Function of Criticism* (1895, p. 9).

19　Lovecraft, *The Dream-Quest of Unknown Kadath* (1964, p. 291). 執筆は一九二七年。

の一部だとも見なせるだろう――ニーチェの克服、ベルクソンの生成は、いずれもルーツはアリストテレスまで遡ると見なすことができる。

ヴァイタリズム――近年の近代経済においてどの程度の強さを持っているかは別にして、ヴァイタリズムの原理とも言えるもの――はプラグマティズムが数十年間優勢だった後に復活しつつある。アリストテレスの『倫理学』の英訳では当初、エウダイモニアという言葉は「幸せ」と訳されており、それは正しい訳語のように思われた。なぜなら、アリストテレスの指摘するとおり「研究」に没頭すれば、世界についての知識が増えることに喜びを感じ、多くを知ることに楽しみをおぼえると考えられるからだ。そのため、人間のプロジェクトが「可笑しさや笑い」の手段だと考えられることは少なくなった――実際には冗談や微笑を引き起こすことがあったとしてもだ。しかし、ジョン・クーパーなど後世の学者の一部は、エウダイモニアのよりよい訳語は「繁栄」だと判断し、あとからトマス・ネーゲルもそれに賛同した。ただしその後も引き続き、「幸せ」という訳語は使われ続けている。エウダイモニアの訳語として「繁栄」を採用すると、『ニコマコス倫理学』は以下のように、善き生とはある種の繁栄であると論じながら、一方で繁栄は曖昧な概念だとしぶしぶ認めることになる。

行動のすべての要素のなかの最高善は何か。その名称に関しては、教育の有無にかかわらず、ほぼ全員の意見が一致している。それは繁栄と呼ばれる要素で、善き生や成功した生き方と同義に見なされる。ところが繁栄の具体的内容となると、みんなの意見は統一されない。(20)

もしもエウダイモニアに「繁栄」という訳語を当てはめるなら、アリストテレスの意味する「研究」

は範囲が大きく広がる。アリストテレスは、人々は激しい論争について読んで興奮し、物議を醸すアイデアについて賛否双方の新たな証拠が明らかにされていくと、大きなスリルを体験する、と考えたに違いない。あるいは、知識を探求する人生は大きな達成感を伴う、とも考えただろう（堅物のトマス・ジェファーソンは「幸福追求」の権利を宣言したとき、やはり同じように考えていたかもしれない）。そうなると、アリストテレスに対する解釈は見直さなければならない。彼は物理的世界の研究の提唱者というより、あらゆる分野での探求や探索、研究や実験を紀元前四世紀という時代に可能な範囲で擁護した人物になる。人類の願いは繁栄だ、という点に注目した、独創的な思想家という新たな人物像が浮かび上がってくる。

ヴァイタリストの文学の一部には、登山家や探検家が登場する。彼らは新しい物事に挑戦し、その成果を大衆に証明することに興味を抱く人物として描かれている。もちろん、成功したイノベーションは公に共有されなければならない（隠者の発明をイノベーションとは呼べない）。しかしヴァイタリストにはほかのモデルもある。たとえばセンは「事をなす」ことを強調しているが、これにはヴァイタリストの雰囲気が感じられる。あるいは、アメリカ人社会学者のリチャード・セネットは、最近の研究でべつの点を強調している。多くのアメリカ人は「社会のなかで目立つ」任務に取り組んでいることを実感したがっており、その証拠がインタビューを通じて見つかったという。たとえばある看護師は、准看護師として良い給料をもらうより、大都市の病院の手術室といった最前線で働くほうがよいと語っている。これらの人々は「主体感」を経験したいと切実に願い、「職業」はそれを経験するための近道になっている。[21]

20　*Nicomachean Ethics*, I.4 1095a14–20.

この主題に最近取り組んだのが、マーティン・セリグマンの『繁栄』だ。[22] このなかで彼は、人間は「ウェルビーイング」を求めるものだと仮定している。しかし自由と同じくウェルビーイングは複数の要素から成り立つものであり、やはり自由と同じく測定することができない。測定できるのは各要素だけだ。(世帯調査で報告される人生満足度からは調査時における回答者の気分が把握できるが、人生には「どれだけの意味があるか」、あるいは「仕事にどれだけ打ち込んでいるか」という点はほとんど反映されていないとセリグマンはコメントしている)。セリグマンは、ウェルビーイングが以下の要素から構成されると考えた。人生への満足、エンゲージメント、個人的関係、有意味感、達成感のある生活(すなわち自分のための成果)である。どの要素もウェルビーイングに貢献しているが、べつべつに取り組んでよいし、しかも測定可能だという。善き生の材料がこのように幅広い分野から集められたのは、熟慮のすえの結果に間違いない。しかしここでは、「ウェルビーイング」をはじめとする人間の欲求へのヴァイタリズムの貢献が見落とされている。セリグマンは繁栄という言葉を熱心に使っているにもかかわらず、実験、創造、探求など、ヴァイタリズムに付随する高レベルの繁栄を認識していない。

では実際のところヴァイタリズムは、今日普及している倫理の一部になっているのだろうか。身近な人たちの行動から推論しても、当てになる回答は得られない。そこで、民族誌学者のロナルド・イングルハートとミシガン大学の同僚が行なった世界価値観調査に注目したい。一九九一年から一九九三年にかけて多くの国の世帯の態度を調査対象として行なわれ、質問への回答結果がまとめられた。たとえば「仕事を探すときには、イニシアチブを発揮する機会に注目しますか」という質問に対してイエスと答えた割合は、アメリカで五二パーセント、カナダで五四パーセントだった。「責任を引き受ける機会に注目しますか」という質問へのイエスの回答はアメリカが六一パーセントでカナダが六五パーセント

（フランスではイニシアチブに注目する割合が三八パーセント、面白さに注目する割合が五九パーセント、責任に注目する割合が五八パーセントとなった）。そして、アリストテレスの倫理に対するプラグマティスト的な見方が、この調査結果にも見られる。「面白い仕事に注目する」回答者の割合はアメリカが六九パーセント、カナダが七二パーセントだった。

しかし、大きな国は例外なのではないか。小さな国はどうなっているのだろう。もっと共同体意識が強く、成功への意欲が少ないのかもしれない。一九九〇年代半ば、アイスランドで新たに台頭した企業家たちに大衆はどのような態度を示しているのか、経済学者のギュルヴィ・セーガに尋ねたところ、つぎのような回答があった。「悪くは思っていないよ。みんな自分が成功する方法についてしか考えていない」。そうなると、ヴァイタリズムにはかなりの勢いがあり、そのモチベーションが私たちの経験だけでなく、ひいては社会における成果を形作っているという仮定が有力になってくる。

すでに記したように、アリストテレスは自らの名まえを冠した倫理学を人間本性の普遍的特質だと考えていた。では、アリストテレスの倫理学はヴァイタリストとプラグマティストのどちらのバージョンも含め、本当に普及しているのだろうか。ライバルには事欠かない。イタリア人経済学者のパスクァーレ・ルシオ・スカンディッツォは明らかに自国について言及し、意義のある人生は奉仕によっても実現すると発言している。国境なき医師団など、集団や社会に貢献したいという願いが原動力になっている人々は常に存在するし、バッハはカンタータによって信仰心を表現している。あるいは、フローレン

21　Sennett, *The Culture of the New Capitalism* (2006, p. 36). この二〇年間に近代資本主義は残念な形で変化を遂げ、人々は何かに打ち込んでいる実感が得られず、将来の方向性も定まらないことが論点になっている。

22　Seligman, *Flourish* (2011). ヴァイタリストの文学の入門編としてはもうひとつ、Jamison, *Exuberance* (2004) が挙げられる。

ス・ナイチンゲールのような社会企業家の人生もあるし、マルキ・ド・サドやカサノヴァのように性の探求や征服に捧げる人生もあるだろう。ただし実際のところ、このような人生はヴァイタリズムの力の反例ではなく、進む方向が異なるだけだ。ところがほとんどの人の心のなかでは、善き生に関する物質主義者の概念はアリストテレスの見解と大きく対立するものであり、一部の国ではこちらのほうが普及しているようでもある。

物質主義者の見解では、ほとんどの人は富や権力の蓄積を望み、所得や利益を確保することへの欲望が原動力になっている。高レベルの消費や高レベルの余暇、あるいはその両方が維持できるまで富は蓄積されていく。中国の改革の立役者だった鄧小平は、「金持ちになるのは名誉だ」と宣言している。カルヴァン主義の教義においては、資産の獲得は神からの恵みと見なされ、富が手に入るのは神に祝福されているからだと考えられる。富が増えれば増えるほど、神の恵みは大きい。こうした富の蓄積はアメリカでは、一種の向社会的行動と思われてきた。しかし、以下に紹介するふたつの事例は、アリストテレス的解釈に基づいた知識欲に動かされている。先ずビル・ゲイツはマイクロソフトで巨万の富を築いた後、大きな慈善団体を設立し、貧困国の経済発展を進めるための新しいツールの活用を目指している。一方、ドイツ人実業家のハインリヒ・シュリーマンもひと財産を築いたが、それは明らかに古代都市トロイの発掘調査が目的だった。あるいは多くの企業家が築き上げた財産は、奇抜なアイデアの実験へのこだわりが生み出した副産物にすぎない。たとえばレイ・クロックが築いたマクドナルド帝国では、各フランチャイズ店は独自にイニシアチブを発揮するわけではない。開放的な環境は現場での判断につながり、ひいては草の根の独創性につながるというハイエクのアイデアとは正反対だ（クロックの後継者たちは、彼の奇妙な考えを後退させた）。一方、ジョージ・ソロスやウォレン・バフェットのキャリアは、資産市場や投資に関するずば抜けた理解力を誇示したいという欲望に動かされているのだろう。結局、ほとんどの人の資産形成は規模の大きな場合も含め、アリストテレスとは異なったゴールを目指していると考えられる。安全、安楽、美、プライド、尊敬などだ。フロイトの心理学では、目に余るほど過激な行動や大きな野望に彩られたキャリアの背景には深い心の傷があり、犠牲者は目覚ましい成果によってそれを癒すことを願うのだという。巨万の富を築いてもそれを有効に利用する術がわからないケースは、最も始末が悪い。今日の中国で、新たに台頭した大富豪の自殺率が高いのはその一例だろう。[23]

このように金儲けや学習、創造や蓄積など人々の行動のなかでは、様々な動機が入り混じっているものだ。しかしそこからどんな結果が得られようとも、金儲けや蓄財だけの人生は、創造やイノベーションで豊かに彩られた人生ほどの満足やプライドを与えてくれない。それを否定する人はまずいないだろう。アリストテレス、ウェルギリウス、ニーチェ、ジェームズ、ベルクソンらが提唱した「最高善」という素晴らしい概念――すなわち繁栄の経験――は、私たちが賞賛し目標にする人生について、経済の進歩を激賞したヴェーバーやその後の経済学者たちの倫理よりもうまくとらえている。

今日の西側世界では物質主義などの倫理が幅を利かせているが、それでも繁栄の倫理はいまだに生きている。一六七五年頃に科学革命が始まり、一六八九年にはイギリスで権利章典が制定され、やがてそれは国王に対抗する権利の拡大につながった。一七〇〇年代半ばには、ヒューム、ジェファーソン、ヴォルテールによって啓蒙主義の誕生が促される。そして最初の引き金だったのか、それともさらなる引き金だったのかはともかく、アリストテレスの倫理学の普及は、一九世紀の近代経済誕生にとって欠か

23　"Suicide: Wealth Leaves Many Unhappy," *China Daily News*, September 11, 2011, p. 1.

せなかった（逆に世界のなかには、アリストテレスの倫理学の生き残りにとって、近代経済の継続が必要だった地域もある）。このように繁栄の流れは途絶えずに継続してきたのである。

本章では、一九世紀に近代経済が誕生した背景には繁栄への欲望があって、二〇世紀に入ってこの繁栄の倫理が各国でつぎつぎと後退した結果、近代経済や経済のダイナミズムが衰えたことを暗に示唆しているのではない。繁栄への願望は人間本性の普遍的特質だと、アリストテレスは固く信じていた。ただし繁栄の機会は、すべての人やすべての国に常に開かれたわけではなかった。第9章と第10章では、経済文化を構成する要素がこの数十年で弱体化した可能性について考察したが、どちらの章でも、繁栄の人生への願望がこの時期に失われたとは指摘していない。経済のダイナミズムにとって不可欠で役に立つ態度が職場から奪われた可能性について示唆しているにすぎない。集産主義、あるいはコーポラティストの倫理や家族観など、競合する価値観が息を吹き返した証拠を提示しているだけだ。近代の特徴である願望が失われたわけではない。

結局のところ、時代や場所を問わず同じ文化や倫理が普及することはない。「善き」欲望を満たすためにふさわしい態度は消滅したわけではないが、社会から圧力を受けたりすると、成果を発揮する場が失われてしまうのである。

善き経済の持つ意味

ロールズと同じく私たちも、市民がお互いに利益を得られるような経済の構築こそが、社会の役割だと考えるべきだろう。したがって、最高の善や利益が追求される人生をアリストテレスは「善き生」と表現したことに倣い、人々が最高善を追求し合えるような経済は善き経済と呼ぶのがふさわしい。善き生が認められ、追求される環境が整っていなければ、善き経済という評価は与えられない。

善き生の中心的な概念として繁栄が定着している場所では、人々が想像力を発揮して新たなものを創造できるよう、善き経済が後押ししていく。ヘーゲルの思い描くイメージのように人々が「世界に影響をおよぼし」、イノベーションを進め、新たな習慣を切り開いていく。

もちろん、このような形の善き経済にも不正がはびこっているかもしれない。そして最近では多くのコメンテーターや学者が、「善き」経済も結局は格差を生みだし、ほかの人生を望む人たちの権利を奪い取っていると指摘している。そうなると、この「善き」経済は不公平ということになってしまう。次章ではこの問題に取り組み、見解を示していきたい。

第12章　善と正義

法とは善と衡平の術なり。

——プブリウス・ユウェンティウス・ケルスス

社会とは、相互利益を目指す協力事業である。……そこには共通の利害が存在している。なぜなら社会が協力し合うほうが、ひとりで独力で努力するよりも良い人生が実現するからだ。そこには利害の対立が存在している。協力から得られる利益の配分をいかに増やすかという問題に、誰でも無関心ではいられないし、目的を追求するときには誰でも、分け前は少ないよりも多いほうがよいと思うからだ。利益の配分を決定する様々な社会制度のなかから適切なものを選び、正しい配分に関する合意を取り交わすためには、いくつかの原理が必要とされる。それは……社会的正義の原理である。

——ジョン・ロールズ『正義論』

資本主義の伝統的擁護者は重商主義の時代から、彼らが資本主義の善として考える「自由」と「成長」に「干渉」しない経済を追求してきたが、その一方、公平な経済とはどのようなものかについて考えることはなかった。これでは、経済への参加者が国民生産への貢献に対する報酬を受け取る際には、誰もが孤立状態で働いているかのようであり、ある参加者がほかの参加者の支払いに対してどのような道徳的主張をするのか、まったくではないにせよ、わかりにくい。このような前提は支持できない。（資本を所有する）高所得者が低所得者と一緒に働くときには、サービスの交換を通じて双方に利益がもたらされるものだ。一九〇〇年代はじめの進歩主義者たちは、国家の経済に人々が協力的な形で参加することから得られる「社会的余剰」について語った。異種の投入——労働、土地、資本——によって生産性は向上し、市場経済を支えるあらゆる職種の才能、あらゆる種類の土壌、あらゆる種類の資本に金銭的な報奨が加えられる。さらに近代経済においては、多様性に富み大きく統合された経済のなかに各分野の人々が組み込まれるので、イノベーションが頻繁に生まれるようになり、平均的な分け前も大きく膨らんでいく。何百万人ものエンドユーザーがいなければ、ビル・ゲイツも新製品で五〇〇億ドルを稼ぎ出せなかっただろう。高所得者は他人との協力によって利益を増やし、そのおかげで赤字を発生させず他人に資金援助することができる。ところが平等主義に徹する社会主義者などは、この社会的余剰の発想を受け入れられず、誰もが同じ時間給を支払われるべきだと結論を下す。しかし平等な賃金率は機能しない（将来のイノベーターは、ガレージで過ごした時間に対して報酬を支払われるのだろうか）。かりにこの平等主義的な発想が機能したら、将来のイノベーターが安全な場所を離れ、イノベーションのために多大な努力をする気になるような金銭的な配当が失われてしまう。

一方、資本主義の伝統的擁護者のなかからは、つぎのように飛躍した発想も聞かれる。低所得者が高所得者の利益を支えているのは事実だが、高所得者のほうも資本投資やイノベーションを通じ、低所得者の利益を支えている。そのおかげで賃金も雇用も上昇するはずだから、低所得者にさらなる恩恵をほどこすため、高所得者が資産の一部で金銭的な支援を行なう必要はない。しかし、先ほどのケースと同じく、市場経済についてのこの見解も間違っている。自由市場が――間に合わせではあるが、とにかく――設定する賃金は、シグナルを送ることによって効率性の誘因に働きかけるのであり、公平という考え方にはまったく働きかけない。補助金や税金を通じて市場メカニズムを修正し、市場賃金や雇用を望ましい方向に進めることが社会的にも経済的にも考慮されるときも必要だろう。しかしこの数十年は、あまりにも多くの考慮と、あまりにも多くの社会的利益についての概念が存在することが厄介な状況を引き起こしている。ジェレミー・ベンサムの功利主義（最大多数の最大幸福）から、社会主義による国富と没収を財源とした社会的配当という考え方まで、さらにはコーポラティストが言うところの、特別利益団体が議員に成立させた法律による補助金まで、様々だ。

一九七一年にジョン・ロールズの『正義論』が出版されると、突破口が開かれた。道徳哲学者として教育を受けた彼は、「公正」の概念が従来の発想には欠けている点に注目し、曖昧さも大きな欠点も伴わない形で「公正」の意味を定義しようと努めた。この本が書かれた一九六〇年代は激動の時代で、アメリカの大学のキャンパスは抗議運動で分裂していた。このような状況では、公正とは何かという点を正しく理解したうえで、意見を統一しておくことが何よりも必要で、それをロールズが見逃すはずはなかった。[1] ロールズが活動した一九六〇年代は黒人活動家による抗議運動が特に目立ち、本書が執筆された現在の状況と多少似通っている。たとえば二〇一一年には、ウォール街でオキュパイ運動が発生した。どちらの抗議集団もビジョンは極めて曖昧で、運動から実効性のある解決策を引き出す方法についてはまったくわからなかった。そこでロールズは分配の公正というビジョンを明確に打ち出し、それが実現可能であることを説明するために言葉を尽くした（黒人活動家もロールズも、アメリカの思想が仕事や所得や機会におよぼす影響はリンカーンやトマス・ペインの時代にまで遡ることを明らかにしたと言えるだろう。黒人として誇りを持つべきだと訴える声も、あるいはロールズの主張も、他人からの施しについては触れていない）。

最初にロールズは、ロックやルソーやカントが唱えた「社会契約」のアイデアに基づいて正義の一般的な原理をいくつか素描したうえで、「これ以上明らかな反対にさらされないように」再構築した。それによれば、公正とは何かを決定する際、ある社会の市民は、利害関係を取り払い、原初状態を想像しなければならない。原初状態においては、所属する社会や経済が機能し始めたとき、自分がどのような立場に置かれるかわからないだけでなく、社会や経済にはいくつの立場があって、それらがどのような状態なのかわからない。このように、自分や他者に関する知識をまったく持たないまま、熟考していかなければならない。ジェレミー・ベンサムの「最大多数の最大幸福」というアイデアは特に経済学者に大きな影響をおよぼしたが、ロールズはそれを断ち切った。冒頭のページで、彼は以下のように格調高く書いている。

各人は正義に基づく不可侵性を所有しており、社会全体の幸福ですら正義に優先できない。したがって、人々が大きな善を共有することによって誰かの自由が失われるのが正当化されるのを、正義は否定する。多数の人たちの利益のより大きな総計が、一握りの人たちの犠牲より勝ることを、正義は許さない。……公正な社会では、正義に保障された諸権利は、政治交渉や、社会的利益の計算に従属しない。（三頁）

この理論から、仕事からの報酬の分配における公正についての明確な概念――本書の用語で言えば経済的正義の要素——が導き出される、とロールズは論じる。福祉国家における給付の正当性を導き出すのではなく、それについて彼は沈黙を守った。この発想のもとで経済的正義は、実行可能な場所で経済的非効率の回避を要求する。たとえばすべての人の賃金が不必要に抑制されるような著しく非効率な経済が存在するならば、正義のためには何らかの形の市場経済が必要とされる。さらに、才能も経歴も異なる人たちで構成される社会では、ある程度の賃金格差は仕方がない。賃金が平等なシステムは非効率で、高い賃金率にかぎらず、すべての賃金率が引き下げられてしまうからだ（経営者は適材適所という考え方にこだわらなくなるだろう。労働者は労働時間を減らし、賃金の高い仕事ではなく生産性の低い仕事に就くようになるだろう。そうなれば、賃金への補助金として支払われる税収は失われる）。そこでロールズの議論は、有名な結論を導き出す。税引き後、補助金給付後の賃金の格差は、ワーキングプア、すなわち経済における最も恵まれない労働者の便益になるかぎり、公正だというのだ。賃金の格差——賃金のギャップ——は、底辺の所得者が最大の報酬を得られる範囲ならば公正だと判断される。

ロールズの本で紹介された新しいビジョンと概念は大きな興奮を引き起こし、道徳哲学だけでなく経済学の環境も様変わりさせた。たとえば左右どちらの陣営からも、批判の声はあがった。ロールズは自由について、正義に欠かせない要素として強調したにもかかわらず、右派からは自由をおろそかにしていると厳しく指摘された。そして、貧困よりも格差を問題視する左派からも、当然ながら批判された。

1　私は混乱の一部をロールズと共有した。カリフォルニア州パロアルトにある行動科学高等研究センターで一九六九年から一九七〇年にかけて、ふたりはオフィスが隣同士だった。ある冬の日、スタンフォード大学のキャンパスを見下ろすと、エンシナホールから煙が立ち上っている。過激派がセンターを占拠して火をつけたのだ。その後彼らはセンターを攻撃し、オフィスをつぎつぎと燃やしていった。ロールズの原稿も私の原稿も被害を免れたが、近くのオフィスでは資料が完全に失われてしまった。

社会から疎外され暴力を受ける人たちの悲痛な叫びではなく、賃金に注目したロールズの姿勢には心がこもっていないように見えるかもしれない。しかし、彼は適正な賃金を「自尊心」や「自己実現」への入口として位置付けている。そしてわかりやすい事例として、賃金が上昇すれば息子を野球の試合に連れていけるし、学校や自治体の集会に出席できるようにもなるので、社会に参加する機会が増えると説明している。ちなみに、本著者は一九九七年に刊行された『報いのある仕事』のなかで、最低所得者への賃金の再配分というロールズの主張を補っている。すなわち、企業が低賃金労働者を雇用できるように補助金を提供すれば、彼らには仕事の世界が開かれ、貧しい家族や地域でも疎外感が解消されるという発想で、このメッセージはアメリカにもインドにも当てはまる。(2)

しかし、ロールズの本には近代経済に関する根本的な問題の一部への回答が含まれていない。彼がまだ生存していたら、ぜひ取り組んでもらいたかった問題である。たとえば彼は「将来の見込み」や「期待」についてさかんに言及しているが、彼の思い描く市場経済にはダイナミズムが欠けており、したがって、将来の展開が常に予測可能になっている。このような限定的な状況のなかで取り上げられる「善」は、彼自身の言葉を使えば非常に「薄っぺら」にならざるを得ず、古代から近代まで受け継がれてきた善き生の豊かな側面が排除されてしまう。人々が獲得できる善は、賃金で購入できる伝統的なものに限られてしまう。その結果としてロールズは、近代経済のなかで発生した経済的正義に関わる典型的な問題について腰を据えて取り組んでいない。これでは彼の理論的枠組みは、近代経済すなわち近代資本主義を正当化するための役に立たない。

近代経済における正義

アリストテレスやモンテーニュやニーチェの提唱する善き生を社会の全員が熱望し、経済はダイナミズムを目標に構築され、そこですべての若者がキャリアを追求したらどうなるだろう。新しいアイデアを考案し、それに触発され思い描いた新製品を開発し、製品として売り出して市場を切り開く機会が十分に与えられたら、どうなるだろうか。そのような社会にとっての善き経済は、十分に機能する近代経済の要素を何らかの形で備えていなければならない。将来の参加者にこうした機会が提供されない経済では善き生への願望が満たされず、ロールズその他の見方からは不公平になってしまう。では、近代経済が公平になるためには、どのような形になる必要があるのだろう。

ロールズが提唱する経済的正義という問題の答えに近代経済の枠組みで到達するためには、ロールズの提唱する原初状態の立場から市民が問題に取り組まなければならない。要するに、自分が善き生を追求していることはわかっているが、そのなかで想像力や好奇心、直観、パイオニア精神などの能力を発揮できるチャンスがあるかどうかは見当がつかない状態を受け入れるのだ。こうした原初状態に置かれ

2　以下の最近のオピニオンコラムは、ウッタル・プラデーシュ州の首席大臣のアクヒレシュ・ヤダフが提案した失業補償計画を非難し、代わりに雇用補助金を以下のように提唱している。Bharat Jhunjhunwala, *Tehelka: India's Independent Weekly Magazine* on May 7, 2012

政府は被雇用者に対して雇用補助金を提供すべきだとフェルプスは提案している。……人々が補助金の恩恵を受けられるのは、それによって生産的な仕事に従事できるときに限られる。……ガンジーもまさにこの点について、Young India of 13 October 1921でつぎのように語っている。「裸者に衣服を提供することなど、私は断固拒否する。本当に必要なのは仕事である」。ヤダフはフェルプス教授やマハトマ・ガンジーの話に耳を傾けるべきだ。労働者の需要を創造し、生産的な仕事を通じて貧困層に支援が提供されるような計画を考案しなければならない。

ると、ビジネスを立ち上げるチャンスが最大限に与えられ、金融部門から最大限の資本を提供され、法律に最大限保護されること、要するに平等な機会が好まれるようになる。不平等な環境では、自分が締め出されてしまう可能性があるからだ（アクセスする機会が他人と同じように与えられない展開を見越し、アファーマティブ・アクションを支持するかもしれない）。

では近代経済における所得配分の正義には、何が伴うのだろう。近代経済では莫大な収入が際立っている。利益は大きく膨らみ、利益を見越して投資された資本の収益も膨らむ。新しいアイデアを考案する人や、企業家として新しい製品を開発して市場に送り出す人は、莫大な収入を手に入れて、市場での立場を盤石にしていく。一方、企業家の監督下で働く人たちはビジネスが成功するチャンスを期待して賃金を支払われるが、賃金や資本が失われる事態への対策も怠らない。これら様々な種類の所得は支出や貯蓄にまわされ、他人の手がけた新製品を使うため、あるいは自分の新しい革新的ベンチャーの資金源にするため、さらには他人の新しいプロジェクトを支援するために利用され、いわゆるフロー循環が生まれる。この流れのなかでは、有形資本は大して重要な存在にならず、所得や富が高い価値を持つようになる。ロールズの原初状態に立たされた市民は当初、敗者の損失を和らげるために勝者の戦利品が税金として取り上げられることに反対するかもしれない。しかしよく考えてみれば、そのような再配分が行なわれるからこそ、民間部門ではリスクへの挑戦が促されるのだという現実が理解できるだろう。政府は利益や損失を共有するパートナーとして、民間のリスクを軽減しているのだ。しかしさらに考えを進めると、原初状態の市民には新たな疑問が浮かんでくる。そう、そもそも社会はなぜリスクへの挑戦を奨励するべきなのか。ダイナミズムの経済への参加を望むとき、リスクの高い投資や純粋なギャンブルを国が奨励する姿勢を歓迎するのはなぜだろう。盲信から来る興奮、未知への探求を求めているのかもしれない。そうなると、善き生について理解していても自分の資質についてわからない市民は、損失を軽減するために政府が利益の一部を使うことに興味が持てないかもしれない。イノベーションとは関係ない誤った投資での損失を補填するためなら、確実に興味が持てないだろう。

利益に対する課税は、失敗したイノベーターの負担を和らげるためではなく、労働者を正当に扱うために必要だと広く考えられている。ロールズの本では公平な賃金について取り上げているが、経常利益の再分配、特に高賃金所得者から低賃金所得者へと賃金所得が再分配されるべき点に注目している。(3) ロールズの本や財政学の基本的な文献のなかで取り上げられる利潤所得は、非近代的な経済、いや古典的な経済にさえ存在しない。あるとすれば独占から発生する利益ぐらいだが、ここで取り上げると話がそれてしまう。ダイナミズムを備えた経済の経済的正義を主題として取り上げるときには、イノベーションから得られた利益に課税して、労働者への補助金にまわしてもよいのかという疑問について考えなければならない。（その結果、税引き後、補助金支給後の賃金所得が経済のなかで増加すれば、今度は、労働所得に対する一般税を増やせるようになり、恵まれない人たちへの雇用補助金の財源が増える点には注目してもらいたい）。しかし、この黄金の壺は荒唐無稽な発想である。利益に課税すれば歳入が増加し、低賃金労働者の所得増加に利用できるとは確定されていない。むしろ利益に課税すれば、最終的に賃金が低下する可能性が理論的にあり得る。国民生産や国民所得から得られる歳入がどのようなレベルであれ、生産性のレベル

3　一九七〇年代、この本に触発されて学術誌には多数の論文が掲載された。一九七一年にジェームズ・マーリーズによって開発された分析手法に基づき、賃金所得に対して課税の構造がおよぼす影響についての理論モデルが創造された。その結果、最低賃金の最大化に関するロールズの基準、いわゆる「マキシミン」基準が理論的に最適となる構造が明らかにされた。フェルプスの以下の論文もそのひとつだ。Phelps, "Taxation of Wage Income for Economic Justice" (1973). べつの論文では、利子収入への課税から得られた収入を労働への補助金にまわすことは、ロールズの正義にとって必要かどうかという問題を研究している。

の落ち込みのほうがそれを上回ってしまうからだ。そうなると、賃金率に関するロールズの立場から考えても、イノベーションへの課税は公正な課税とは呼べないだろう。

もっと根本的に重要なことがある。現在の状況、すなわちすべての人がアリストテレスの提唱する善き生を目指す状況では、すべての税収を雇用奨励金として注ぎ込み、最も恵まれない立場の人たちの賃金の上昇に役立てるべきなのか判断が難しい。受け取る本人たちでさえ、自分たちの雇用を奨励するより、経済のダイナミズムを膨らませるために税収を使ってほしいと考えている可能性もある。たとえ最も恵まれない人たちが自分の賃金のことしか頭にないとしても、支援する方法としては政府のプロジェクトも考えられる。入念な計画に基づいて低賃金労働者の雇用と賃金が引き上げられれば、雇用奨励金よりも大きな成果が得られるだろう。政府のプロジェクトは、効率性やダイナミズムの大きな障害を取り除いてくれるかもしれない。ところが残念ながら、最も恵まれない人たちはマルクスがルンペン・プロレタリアートと呼んだ階層に所属するものと見なされている。何事にもほとんど興味を示さず、正常範囲内から離れずに行動し、問題も機会もありのままに受け入れる人種と考えられている。ロールズの流れを汲む経済政策立案者はこのような見解に基づいて、最も恵まれない人たちは賃金しか評価しないと仮定してしまう。しかし、最も恵まれない立場の人たちも含めて労働者は、賃金以外のものにも興味を抱くものである。そうなると、労働者は原初状態にせよ投票所にいるときにせよ、政府が税収のすべてを補助金に費やす展開を望まないだろう。むしろ、想像力を掻き立てるような国家プロジェクトに興味を抱くかもしれない。過去一年間に効率性やダイナミズムを妨げてきた障害に注目し、そのすべてが取り除かれるように年間予算を組んだうえで、予算に余裕があれば雇用奨励金に当てれば、ロールズの正義は実現するわけではない。そのような見解はあまりにも狭量だ。

才能や能力がすでに形成された人たちの将来の人生に財政面から介入する以外にも、経済的正義には考えなければならない話題がある。典型的な話題のひとつが、社会的状況ゆえ恵まれない子どもたちの教育への早期の介入で、経済学者のジェームズ・ヘックマンが専門に取り組んでいる。近代経済では、最も恵まれない子どもたちの教育を改善するため、国が早い時期から行動を起こすのが正義だと見なされる。さもないと、イノベーションを目指す環境でみんなと競い合う能力が損なわれるからだ。（国が国民所得の五パーセントを恵まれない人たちのために費やす一方、賃金の上昇が見込めない人たちの潜在的賃金を増加させるために一銭も使わないのは普通ではない）。もちろん、ほとんどの市民は自分の子どもが正常もしくはそれ以上だと思い込んでいるが、ロールズの原初状態に身を置いて偏見を取り除けば、最も恵まれない立場の子どもたちにとって公正なレベルはどの程度なのか考えやすくなる。(4)

多様な人間性のなかでの正義

『正義論』は、社会のすべてのメンバーが「基本財」を追求し、賃金はそのための手段であることを全員が理解しているものと見なすことによって、善を簡潔に扱えるようになった。そして本書が取り上げ

4　恵まれない人たちに最高の展望が提供されることが正義だという点で原初状態の市民が合意するなら、国家は恵まれない子どもたちへの歳出も増やさなければならないと考えるかもしれない。しかし一〇億ドルをつぎ込んだとしても、雇用奨励金やダイナミズム促進のために提供される補助金にはかなわない。最も恵まれない人たちの将来を間接的に改善するためには、むしろこちらのほうが役に立つだろう。あるいは正義の原理においては、恵まれた立場の人たちの賃金が恵まれない立場の人たちのレベルまで引き下げられることが許されない。だから同様に国家は、恵まれない人たちに合わせて学校での学習速度を遅くするべきではない。ロールズはこの点を補足してもよかった。近代経済にかぎらず十分に機能している経済では、最も有能な人たちの才能や平均的な人たちの能力は貴重な資源であり、相互の利益のために活用することができる。せっかくの能力が締め付けられたら、ワーキングプアは悲惨な状況に陥ってしまう。

ている近代経済においても、善の扱いは簡潔である。アリストテレスやその後の人間主義者が提唱する善き生を社会のすべての人たちが追求し、挑戦と冒険を伴う面白い仕事が人生に必要であることを全員が理解しているものと見なす。この前提は第一印象ほど突飛ではない。それは一八七〇年代から一九六〇年代にかけて、すなわち近代資本主義の全盛期における、アメリカのエリート校の文化系学部の講義内容からもわかる。西洋の歴史ではどのような人間性や価値や信念が受け継がれてきたか、学んで理解することが重視されるようになった。たとえばコロンビア大学ではニコラス・マレイ・バトラーが総長だったとき、ジョン・アースキンが現代文明を必修科目に設定し、そのなかに歴史と哲学が含められた。そして一九三七年には人文学Aすなわち人権学が、ジャック・バーザンとライオネル・トリリングによって始められる。シカゴ大学では、グレート・ブックスのプログラムがモーティマー・アドラーによって企画され、総長のロバート・ハッチンズによって進められた後、一九四二年から講義がスタートした。アマースト大学では一九四七年から一九六八年にかけて、文科系の一年生は英雄的な指導者、真実の探求者、人間主義者、個人主義者、ヴァイタリスト、プラグマティストについて一通り学んだ。元総長アレクサンダー・ミークルジョンの提唱した「生きがいのある人生」の準備を整えるためだ。イェール大学で人文学と法律を教えたアンソニー・クロンマンは、チャールズ・エリオットがハーヴァードの学長になった一八六九年から「転機となった」一九六八年までを対象に、アメリカの文化系コースについて以下のように記している。

人間にとっては、永続的な魅力を持つ人生のパターンが存在している。……人文学によって、私たちはこれらのパターンに深く関与できる。……［それらを］理解したからといって、［私たちに］要求される問題が解消されるわけではない。……自分の独自性を認識し、尊重し、表現できる人生を生きるのは難しい。……人生の目的は何かという疑問が自然に解決されるわけでもない。……しかし、人文学は私たちを導いてくれる。……［人文学のコースは］……学生ひとりひとりに対し、「偉大なる会話」への参加者として自分を見つめる機会を与えてくれる。……過去の参加者——詩人、哲学者、小説家、歴史学者、芸術家——について考え、彼らと向き合いながら、人生で最も重要な事柄について長い会話を交わし続けることができる。……人間性の本質の妥当性を信じ、かつ、人間としての完成の数少ない模範例が永遠に重要であり続けることを信頼して、［人文学］は長年をかけて、人生の意味に［ついて］の学習計画を形成してきた。(5)

このような人文学は、いかなる人間社会においても才能やキャリア選択の機会が多様であることを歓迎し、その結果として得られる人間の完成にも様々な「形」が存在することを認識しているが、その一方、「人間性」についてひとつのタイプを想定しているように思える。その人間性とは、人間が洞窟でフルートのコンサートを行なっていた時代から変わらない普遍的なものである。この共通の人間性の最高レベルには、独創性を表現する欲求、挑戦への喜び、問題解決から得られる満足、目新しいものへの興味、探求や行動への絶えざる情熱といった要素が含まれる。これらの「最高善」を追求して経験することによって、人間の完成への道が開け、最終的に大きな社会のなかで重要な存在に「成長できる」のだ。このような人間性に支えられた人間としての完成は、たとえば芸術家や科学者、あるいはそこまで目立つ存在ではないが、経営者、エンジニア、医者、議員など様々な分野の優秀な人たちによって表現

5　Kronman, *Education's End* (2007, pp. 78–87).

されてきた。これらの人々は「近代的」だとよく言われるが、それは、新しいアイデアへの取り組みを通じて人間としての完成を目指す生活様式が、近代社会の誕生後に始まったからである。ルネサンス後期、科学革命、啓蒙主義といった時代に新しいアイデアが登場したのをきっかけに、一九世紀に入ると近代経済に支えられた近代社会が到来したのである。しかし、このような生活や成果を達成できる可能性は古くから常に存在していた。たとえば前近代の社会にも際立った人物は見られる。飽くなき探求心を持つソクラテス、賢いクレオパトラ、冒険好きなレイフ・エリクソン、明確なビジョンを持ったエカチェリーナ二世などだ。

しかし、常にべつの見方もあった。そして現在、人文学に反対する人たちは、人間の完成には様々な「形」が存在するだけではないと主張する。人間としての完成にはべつの種類もあって、その多くはまだ発見の途中なのだという。ここで注目されるのは、今日のような近代的傾向の強い社会においてさえ、人文学で指摘されるような人間としての完成が約束されなくても積極的に行動する人たちの存在だ。たとえばイタリア南部のような伝統的な社会の一部では、女性は家庭に落ち着くケースが圧倒的に多く、家庭で子どもや夫の世話に専念する。伝統が強く残る社会では、多くの男性が司祭、牧師、ラビ、イマームなど、教会での職業に就いている。そしてどの社会でも、一部の人たちは男女を問わず、介護施設やホスピスで介護の仕事に従事している。あるいは、環境問題などへの取り組みを目的とした非営利組織で働くほうを好む人たちもいるが、このような仕事は個人の利益を目的とはしない。いま紹介したような仕事では、探求や創造を経験する見込みがあったとしても、ごく限られている。チェッリーニやシャネルのような人物は存在しない。

高度な近代経済においても、家族、コミュニティ、国家、宗教——近年では地球——といった、近代社会が始まる以前の西洋社会の伝統に後戻りする人たちは多い。今日の伝統主義は前近代の伝統への回帰であり、モダニズムとは反対の立場から、プラトンの唱える「存在」と、ニーチェやベルクソンやモンテーニュの唱える「進歩」を対立させる。モンテーニュにとって存在とは、超自然的な存在や神に他ならない。介護など伝統的な職業は比較的刺激が少ないが、それでも一部の人たちがこちらのほうを好むのは、神やコミュニティへの愛情の表れだと考えられる。それが自己愛よりも強く、ひいてはアリストテレス、モンテーニュ、ニーチェ、ベルクソンらが考えた人間としての完成を目指す喜びに勝るのである（伝統的な職業から得られる満足感を「人間の完成」や「繁栄」という言葉で表現すると、本来の意味が損なわれてしまう。人間の完成についての定義をそこまで広げてしまうと、自由で健康で分別のある大人の活動はどれも人間としての完成と結びついてしまう）。

つまりここでは、異なった人間性を備え、状況が許せばべつの人生を選択する人たちが、人文学が重視する性質、すなわちアリストテレスや近代の哲学者が善き生について語るときに思い描いた「人間性」を備えた人たちと共存する経済のなかで、ロールズの唱えた正義をどのように解釈すべきか考えなければならない。人文学の中心的要素である人間性か否かはともかく、人々は独自の人間性に基づいて行動する自由を持っているという点は、ロールズの正義の基本である。しかし、非常に異なった要素を追求する人たちを公平に扱うのは、そう簡単ではない。

キャリアの晩年、ロールズは著書で暗にほのめかしていた事柄についてようやく強調するようになった。分配の公正という定義は、社会の共同事業から収入を得る仕事にも適用されることを認めたのだ。ただしここには、社会から孤立している世捨て人などは含まれない。実際に誤解されないよう、「一日中サーフィンをしている」人は恵まれない立場で社会に貢献しているわけではないと明言している。サーフィン奨励金など受け取らずに「サーファーは何とか自活しなければならない」のだ。[6]

家庭での人々の活動――家事や子育て――は、今日の社会にとって欠かせない。（最近のＯＥＣＤの調査では、オーストラリア人の男性が料理や洗濯や子育てに費やす時間が一日に三時間にまで増えたと報告されている。女性の時間はもっと長い）。しかしシルビア・アン・ヒューレットの印象的な描写によれば、一部の人たちにとってこれが「充実感の乏しい人生」だという事実は見過ごせない。[7] しかもこの活動は、ロールズの主張する所得の再分配の対象外である。ロールズの理論によれば、賃金労働への貢献から得られた経済的剰余が再分配の財源になるのであって、再分配の対象は賃金労働である。たとえば賃金労働に携わらない母親は、この剰余の恩恵にあずかれない。母親としての生産活動では、愛情が原動力になっている（家庭内での非金銭的利益も再分配の対象に含めるべきだと直感的に思えるかもしれないが、いざ実現するとなると容易ではない）。

この論理では、奉仕、献身の心情から、所得の支給元となる収入を持たないヴォランティア部門で職を見つけた人たち――たとえば、非営利機関で環境問題に取り組んだり、貧しい人たちの介護に携わったり、司祭として信者の面倒を見て衣食だけをまかなったりする人々――はロールズ的な補助を受けることを正当に主張できないだろう。なぜなら、再分配しうる所得を生んでいないからであり、生産に携わる人たちのなかの低賃金層に支払えば、彼らに回る「社会的余剰」は残らないからだ。たとえこの部門において、経済における最低の賃金率で従事労働者に支払える収入があったとしても、同じ経済のなかで善き生を追求している人が生産した「社会的余剰」を正当に求めることはできないという事実に変わりはない。これは直観に反するように見えるかもしれない。原初状態で沈思したすえ、自分は異なる本性の持ち主で、異なる人生に奉仕する人々の一人になるかもしれないことを認識した市民は、生産性が原因で低賃金の人と同じく、使命が原因で低賃金の人にも、ロールズ的補助を支払うことが正義だと考えないだろうか。しかしロールズ的補助は、必要性や欲求ではなく、公正の計算に基づいて支払われる。賞金の資格を得るためには、決められたゲームに参加しなくてはならない。参加するゲームが違ってはいけないのだ。

そしてもうひとつ、国家は責任の範囲を超えて分配の正義と効率に関わるべきかという問題がある。ロールズの正義では何が許されるだろう。経済の機能不全がダイナミズムを枯渇させる原因になりそうなときには修復し、効率の悪い部分を改善する機会が国家に許されることはすでに述べた。そうした活動が低賃金労働者に恩恵をもたらすのであれば、ロールズ的な見解では正義に反するとは言えない。しかし今日では、労働年齢の人たちの一部が従来とはまったく異なる人生を追求している。そんな市民は、原初状態の立場からどのように考えるだろう。善き生に役立つダイナミズムを推進する国家の活動を加減して、別の種類の人生に資源を再配分すれば自分の利益になると考えるかもしれない。なぜなら、自分は足並みをそろえることができない人間なのだから。しかし、その考えは改めなければならない。ダイナミズムに貢献する国家のプログラムや機関は、ワーキングプアに恩恵をもたらす一方、ワーキングプアを財源としている。新たに踏み出す人生には未知のリスクが伴い、まるで最も恵まれない人々と同じように見えるからといって、最も恵まれない人たちの報酬の一部を吸い上げ、従来の経済から退場し

6　Rawls, *Justice as Fairness* (p. 179). さらにロールズは、サーファーが最も所得の低い労働者と同程度に悲惨な生活をしているとは推論しないほうがよいとコメントしている。なぜならサーファーは働くことを拒んでおり、最低所得者の純賃金が補助金によって引き上げられたのを見届けて決断を下しているからだ。

7　Hewlett, *A Lesser Life* (1986).

てべつの人生を追い求める人たちに提供するのは、一貫性のある正義とは言えない。彼らは恵まれない立場にいるのではなく、単に違うだけなのだ。しかも再分配可能な社会的剰余を生み出しているわけではない。

不公平ではない自由なシステム

ここまでは、近代経済が大きな機能不全に陥らず有意義に機能するだけでなく、公平に機能するために必要な調整作業や追加部分について取り上げてきた。では、最後の問題に注目しよう。正しく機能する近代経済は、はたして正しいシステムなのだろうか。ロールズの原理によれば正しい経済とは、最も恵まれない人たちの将来がほかのシステムの場合と比べて明るくなる構造を備えた経済になる。本の終わりの部分でロールズは、市場経済や資本や社会主義について述べている。彼は基本的に古典的な立場をとっているが、何が正しい経済なのか明言していない。前近代的な資本主義と前近代的な社会主義のどちらが正しいのか、両者を隔てる違いが彼の目にははっきり映っていない。しかし近代化が徹底している社会、すなわち近代の価値が広く共有されている社会では、近代資本主義とその代わりの存在、たとえば市場社会主義やコーポラティズムはこれ以上ないほど大きくかけ離れている。

本書は代わりになり得る主な存在と比較したすえ、最も優れているのは十分かつ公正に機能している近代経済だという結論に至った。善き生の核を成す繁栄や個人的成長を生み出すために、近代経済はうってつけだと確信できる。普通の人々に善き生を提供することに関して、近代資本主義が際立っている証拠もあちこちで見られる。近代の価値が比較的優勢な一方、伝統的な価値が比較的弱い経済は、善き生のあらゆる測定基準――職務満足度、失業、賃金レベル――において優れた結果を残している。これだけの証拠がそろっていれば、十分に近代的な社会のメンバーがロールズの原初状態に置かれ、自分は最も恵まれない立場のひとりだと仮定したら、公正かつ十分に機能する資本主義経済を選ぶのが正しい選択だと決断するのが当然ではないだろうか（ただし、最も恵まれた立場になりそうなメンバーは、自分が独裁者になることを期待して計画経済を好むかもしれない）。官僚組織の強力な社会主義、あるいは取り巻きや常連が幅を利かせるコーポラティズムよりも、最も立場の弱い人たちにとって善き生が実現する見込みは大きい（価値の多元的共存については、もう少しあとで取り上げる）。

もちろん、色々な形で近代資本主義経済は擁護されるといっても、大勢の人たちが資本主義（近代か前近代かを問わず）に対して強い反感を表現している点を見過ごすべきでない。莫大な富を手に入れた個人が大金持ちになることへの反感は特に強い。ロールズも以下のように補足している。

人間が望むのは他人と自由に関わりながら意義のある仕事をすることで、人々の関係を調整するこの関わりは公正な基本的制度の枠組み内にある。この状態を達成するために大きな富は必要ない。実際、大きな富は明らかな障害になって、よくて意味のない気晴らし、悪ければ放縦や空虚への誘惑になりがちだ。(8)

富が過大に評価されすぎると、余暇や消費の需要が過度に膨らみ、雇用も投資もイノベーションもふるわなくなるのは事実だ。富を蓄積する手段として近代資本主義を正当化するのは無神経きわまりないかもしれないが、悪影響にばかり目を向けるべきではない。新たに取り入れた製品や方法から大きな利

8　*A Theory of Justice* (p. 257).

益を生み出すイノベーションが創造されれば、富は間違いなく爆発的に増える。そしてすでに述べたが、大きな金銭的利益が得られるチャンスが原動力となって、人々は儲かりそうなプロジェクトに取りかかる。そうなると、近代資本主義において富の格差が広がるのは本質的に不公平というわけではない。むしろ伝統的な社会においては、あとから発生した富の大きな格差が不公平を生み出している。さらに、富には良い側面もある。ある人の富が増えて他人の富が増えなければ、その人の生活があらゆる面で向上するのは言うまでもない。しかし全員の富が（同じ量や同じ割合で）増えたらどうか。全員に金銭的余裕が生まれ、利益の追求に励み、個性や価値観を表現するようになるだろう。

しかし多くの社会評論家は、ほかの制度にはなくて近代経済に内在する欠点を「不公平なもの」として指摘する。そして、経済的包摂など経済的正義に関わる要素まで、「不公平」だと言ってやり玉に挙げる。少なくとも広い三次元で見た場合、近代経済はまだ不十分かもしれない。近代経済の変種と言える経済のなかには、近代経済に比べて善き生の実現する見込みが大きく、しかもそれがもっと多くの参加者に提供されるものもあるだろう。あるいは、古典的な意味での善き生よりも、もっと優れた生活が提供される経済もあるだろう。実際、代わりの存在になり得る経済は数多く存在していることを考えれば、近代経済という宇宙のなかでは、明るい星がまだ発見されないだけで、光り輝いているかもしれない。様々な反論のすべてに対応するのは現実的でないが、近代経済がどんなに正しく十分に機能していようとも不公平だという主張は見過ごすべきではないだろう。

とかく近代経済を批判する人たちは、自分たちが思い描いているだけで実際には構築されていない経済システムにくらべ、近代経済をはじめとする経済が不公平だと論じる傾向が強い。たとえば社会主義が誕生する以前の一九世紀の社会主義者は、社会主義のほうが近代資本主義経済よりも雇用創出と賃金上昇をもたらす可能性が高いと仮定した。ところが実際に構築された社会主義経済は、賃金においても雇用においても成績が悪く、社会主義やコーポラティズムによる虐殺を生き残った近代資本主義のほうが優れていた。

あるいは二〇世紀のコーポラティストは、国家主導による経済こそが伝統的な社会の欲望を十分に満たすものと思い描いた。ところがフランスとイタリアでコーポラティストの歩みが始まると、国家の力では有望なダイナミズムが生み出されないことがわかった。一九九〇年代以降、生産性の急成長と低い失業率は維持できなくなってしまう。

そして一九七〇年までには、西側諸国の社会評論家は善き生を実現するための代価の少ない新しい経済を思い描いた。この新しい経済においては、経済の安定性が十分に確保されるものと期待された。ところが、大陸の西欧諸国が不安定な状況の対抗策として打ち出した経済は、はかばかしい結果を残せなかった。雇用を手厚く保護して公共部門を膨らませたが、大した成果は見られず、むしろ大きな代価を払う羽目になった。ダイナミズムがほとんど生み出されなかったので、結果として低開発と低雇用が常態化し、かならずしも雇用が安定したとは評価できなくなったのである。

人間の歴史のなかでは、近代経済よりも安定と平等の面で優れた経済が数多く存在している。しかし近代史を観察するかぎり、不平等や不安定といった要素が少なく、近代経済と同じように善き生が提供されるような、代わりの存在となる経済は見当たらない。

この数十年間、近代経済は新たな批判を受けてきた。資産は分散すべきだ、インターネットブームのように成長が偏ってはいけない、貯蓄や投資の世界的不均衡は是正すべきだ、といった具合だ。しかしこのような批判は、十分に機能する近代経済の特質を理解していないように見える。この経済では、経済活動に従事している人々の洞察や判断が、国全体での最善の投資先を決定しているという特質だ。

ＩＭＦは「経済の不均衡」を解決するための権限を要求している。……世界の安定のためにはそれが役に立つのだという。しかし、民間の国際金融市場は何のために存在しているのだろう。投資ブームにわく国が海外から借り入れ、投資のふるわない国が海外で貸し付けるためではないか。……つぎにＩＭＦは「危機の回避」について語る。このように金融危機をまったく容認できない姿勢からは、十分に機能する近代資本主義経済の理論的根拠をＩＭＦが見落としているとしか思えない。西側の数カ国が近代資本主義を維持しようとするのは、スターリンのゴスプランが必需品の相対価格を正しく設定できなかったからではない。洞察も経験も異なる様々な企業家や投資家が多元的に共存している状態は、新たな未来の創造に伴う不確実さを管理するための優れた方法だからである。[9]

アメリカ経済のような独創性を備えた経済で恐慌が発生する傾向は、少なくともアメリカの歴史の大半において欠点と見なされてきた。しかしそれは、独創性にきわめて優れた人々が躁鬱状態で不安定になる傾向を欠点と見なすのと同じだ。ダイナミズムに支えられた経済においては、新しいアイデアがうまくいかないとき、あるいは新しいアイデアをなかなか考案できないときに景気が悪くなるものであり、それを理解するのは難しいことではない（もちろん、この数十年間で地方や地域の銀行が消滅し、その結果として貸付に関する専門知識が失われたため、近代経済の最前線で戦ってきた経済は新たな機能不全を起こしている。しかしこれらの病状は近代経済に固有の不公正とは言えない。機能不全は修正が可能だ）。

最近では、挑発的な批判も聞かれる。これまで善き生はあまりにも狭い範囲でとらえられてきたが、

「仕事と家庭のバランス」を考慮しなければならない。ところが近代経済は貪欲さが目立つので、家事や子育てに落ち着いて取り組む時間が残されないというのだ。そのうえで、参加者が「すべてを手に入れられる」新しい経済の創造が提案されている。何世紀も前の伝統的な社会の特徴だった平和な家庭生活と献身的な子育てが実現する一方、近代経済の特徴であるダイナミズムとその最大の果実である繁栄が失われない経済だ。しかし「ワーク・ライフ・バランス」について語る内容からは、仕事を人生に欠かせない要素と見なしている印象を受けない。そもそも批評家たちは、善き生やその条件について十分に理解しているのだろうか。仕事の世界で豊かな生活を実現するためには、感情的に深く打ち込まなければならず、仕事に没頭することが肝心だ。週四日制を採用したり、社内に保育所を設置したりしても社員の熱意や成果が減らないのであれば、多くの企業はとっくにこれらの施策を採用しているはずだ。(税金や罰金を通じて)このような習慣を企業に押し付ければ、仕事に対する社員の熱意は失われ、ひいては企業の活気やダイナミズムの一部が失われてしまう。たしかに機械的な作業は在宅勤務でも可能だが、イノベーションを興すためにはオフィスで社員同士が交流することが大切で、それを教訓として学んだ企業は増えている。

もっと肝心なのは、挑戦や困難を伴わない限り、家庭生活は善き生の一部にはなれないという点だ。時には仕事よりも家庭にやりがいを見出すこともあるだろうが、挑戦や困難を避ければより大きな繁栄を手にすることは期待できない。作家のケイティ・ロイフェはつぎのように論じている。

---

9 Edmund Phelps, "IMF Seems to Have Lost Sight of Rationale for Capitalism," *Financial Times*, letter to the editor, April 25, 2000.

なぜバランスが評価されなければならないのだろう。不均衡、無分別、奇抜さ、信じがたい激しさのなかには、スキルや人生の喜びが存在しないというのか。……私はシングルマザーで、三つの仕事を持っている。しかし私は混乱の最中でも気分の高揚や幸せを見出している。……人間の心はあまりにも複雑で混乱しており、とらえどころがない。「バランス」や「健全な環境」や頑固な物理的存在によって問題が解決されるものではない。(10)

近代資本主義に代わる存在として紹介してきたこれらの経済ビジョンはすべて、呪文を唱えれば答えが現れると考えているようだ。価値のあるゴールには、到達するためのひとつの道がかならず存在していると信じている。しかし近代の視点から考えるならば、私たちは複数の目的のなかから必要なものを選ばなければいけない。すべてを手に入れることはできないのだ。

十分かつ公正に機能する経済における正義という問題では、社会を構成する人々の生き方——他人の世話をする人生、黙想の人生、家族の価値に捧げる人生——が様々だという点を考慮しなければならない。こうした価値の多元的共存——モダニストの倫理と伝統的な価値の共存——についてはすでに、最も立場の弱い人たちに提供される補助金に関して論じた箇所で取り上げた。近代経済のシステムのなかで経済的正義について考えるときに、多元的共存を無視することはできなかった。ここでは、正義にどんなシステムが要求されるのだろうか。問題の核心は、どんな近代社会にも交換に基づいた経済が存在しており、近代社会はこの交換を通じて参加者の相互利益を支えるが、その一方、異なった文化的背景を持つ人たちがシステムの外で異なった目的を目指している、という点だ。社会批評家の一部は、伝統的な価値観を信奉する人たちに居場所を与えないのは近代資本主義経済の不正義だ、と信じているようだ。本書の見方——カントやロールズらの見方——によれば、古典的な意味での善き生を望む人が近代的な部門で自由に働き稼がなければならないのと同様、伝統的な生の追求を望む人が伝統的な部門で自由に働き稼ぐことを正義は要求する。これは、(この多様な社会では、ある経済の資源はその経済の生産活動から生まれたもので賄われ、他の経済の資源は他からの補償なしに機能し、慈善的な活動によって賄われる)。近代的な価値観を持った人を、変化や独自性や発見の要素が比較的欠けている非近代的な経済に追いやるのは不正義もはなはだしい行為になってしまう。

もちろん、原初状態で考えた人たちは、様々な伝統、たとえば他人への奉仕といった伝統の理想を守るべきだと、国家に要求するだろう。たしかに正義は、ほかの生活様式や思考への寛大さを要求するが、善き生を追求する人たちが無欲になることや、べつの生活様式に屈することは要求しない。伝統が近代経済を制約し、イノベーションに満ちた活動、ひいては近代的な生活におけるダイナミズムの表現が阻害されるのを、正義は許さない。

このような多元的共存の社会においては、どの船も自分の意思で行動し、異なった経済同士が相互補助しない状態が発生するかもしれないが、それが不正義ではないと判断されるだろう。ロールズ的な正義は、近代的な部門が賃金への補助金などの形で伝統的な部門に金銭を提供することを求めない。なぜなら、近代的な部門でのロールズ的正義とは、この部門で生産された果実の平等な分配についてのものだからだ。ただし近代的な部門への参加者全員が、政府は伝統的な部門に補助金を提供すべきだと考えるなら、そうするのが公正だろう。そして、個人が伝統的な部門に寄付をするのも不正義ではない。ア

10　Katie Roiphe, "There Is No Such Thing as Having It All," *Financial Times*, June 30, 2012.

メリカでは慈善活動のおかげで非営利法人や慈善団体の部門が拡大した。ただし一部の慈善家は、税金を控除されることが動機になっていると認めており、これではワーキングプアのために確保する歳入が少なくなってしまう。

ここまで、近代経済における伝統主義的な要素に対する正義を論じてきた。近代的な価値観が普及しており、近代的な部門が優勢な経済が創造されている社会が対象になってきた。ここでは、伝統的な価値観を重視する人たちはパラレルエコノミーでの活動を許されるので、少数派にも正義が行なわれているると言ってよい。しかもこの状態は近代経済に危害をおよぼさないので、近代的な価値観を重視する人たちにも正義は行なわれる（伝統的な価値観を重視する人たちのためにパラレルエコノミーが存在しなければ、近代経済のなかで足手まといな存在になり、企業では同僚の士気がくじかれることも懸念される）。逆に、近代的な要素に対する正義が非常に伝統的な社会でどのように行なわれているかについても、ここでは触れておくべきだろう。ひとつ厄介なのは、近代的価値観を重視する人たちがごく少数派でないかぎり、近代的な部門での自由な活動を許したら、伝統主義的な多数派にとって好ましくない影響があると思われることだ。結局のところ、近代的な経営経済の出現に対してコーポラティストが反革命を起こしたのは、近代的価値観が原因だと伝統主義者から判断された危害が引き金だった。問題への対応策としてたとえばイタリアや（そこまで深刻ではないが）フランスでは、近代的な部門の活気やダイナミズムを抑えるような罰則や障壁が設立された。地方産業、国営企業、中央政府、教会などが含まれる部門と並行して存在する部門が標的にされたのである。（そしてこの「パラレル」部門は伝統的文化の力に比して小さかったため、企業家精神やイノベーターシップが弱まった）。概してヨーロッパ諸国は近代経済の開花を許さず、非協調的かつ独創的で冒険に富んだ生活を市民が追求するのを奨励しなかった。社会で優勢な態度や信念ゆえ、近代的な人たちは善き生の追求を妨害されるどころか、やめるように仕向けられた。これは非常な不正義だ。

伝統的な価値観の強いヨーロッパ諸国がコーポラティストや社会主義的な経済を導入したのは、一見するとまったく公正な印象を受ける。近代的な価値観を重視する国が近代経済を歓迎したのが正しいのと同じように感じられるかもしれない。しかし実際のところ伝統的な社会では、普通の人々が善き生を追求するチャンスが阻まれている。これに対して近代的な社会では、非政府機関、財団、非営利機関、教会、家庭などで人々が伝統的な生活を見出すチャンスが妨害されない。これでは不公平ではないか。

実際のコーポラティスト経済と同じく、実際の近代資本主義経済にも不当な部分があることは、指摘されるまでもなく理解している。最も目立つのは、最低所得者の雇用と賃金をもっと高いレベルに引き上げるために十分な措置が講じられない点だ。ただしこれについては、コーポラティスト経済を採用している国も同様に失敗している。もうひとつ目立つのは、減税や補助金の創設によって可処分所得が膨らむ点だが、やはりコーポラティスト国家においても、私有財産や社会的富は膨れ上がっている。それが正当化されるものではないと受益者が理解しさえすれば、不正は修正されるだろう。結局、これらの不正は近代資本主義経済に内在しているわけではないし、特有のものでもない。だからこのような不正に注目し、近代資本主義が不当な存在だと決めつけることはできない。傷つけられているだけだ。

本書の言い分が正しいとすれば、近代資本主義経済は正当化されることになる。このシステムが十分かつ正しく機能しており、近代的な価値観がそれを広範囲に支えている国では、少なくとも正当化されるだろう。もちろん将来には何らかのシステムが新たに誕生し、それが正しいシステムとして評価される可能性は大いにあり得る。そのときは、近代資本主義経済も新しいシステムに道を譲らなければならない。

では結論に入ろう。近代経済の誕生は、幸運にもそれが到来した国にとっては天の恵みだった。一八〇〇年代半ばから一九〇〇年代半ばにかけて、最初の近代経済――すべてが多少なりとも近代資本主義を採用した――は西側世界の驚異だった。新たに引き起こされた経済のダイナミズムは、それまで見たことも想像したこともない現象だった。しかも前近代的資本主義で始まったばかりの包摂が、広い範囲に普及したのである。草の根レベルを含めてすべての参加者の想像力やエネルギーが取り込まれた結果、ダイナミズムも包摂も大きく拡大していく。職人、日雇い労働者、農民、商人、工場労働者に至るまで、すべての参加者の知恵と想像力が結集されなければ、イノベーションはこれほどの成果をもたらさなかったはずだ。

近代経済は物質主義、粗野、無教養、俗物根性、強欲といった要素を伴い、善き生の実現を阻むシステムだという指摘もあるが、それが見当違いであることは本書の記述からもわかる。実際のところ近代経済は、広い範囲から寄せられる善き生への欲求を満たしてくれる。そもそも近代経済は、息苦しい封建的な経済に支えられた伝統的な社会、あるいは単調で殺伐とした商業資本主義からの解放を目指す近代運動から始まった。商業資本主義には、アダム・スミスも魅力を感じていない。大衆がイノベーションに取り組み、その結果として近代経済で大衆が繁栄を謳歌する状況では、アリストテレスが提唱した最高善も、ロールズが訴えた正義も見事に体現される。大衆の繁栄に支えられたシステムは近代の宝だと言ってもよい。ピコ・デラ・ミランドラ、ルター、ヴォルテール、ヒューム、ニーチェらの考え出した近代の価値観が美しく開花している。

それでも、経済的成功に関する古くからの神話は消えず、そのなかでは民間企業のダイナミズムの可能性が顧みられない。たとえば国家の経済的成功は、ほかの国と比べた場合の自由度によって決まるという考え方がある。たしかに自由はイノベーションにとって必要だが、それだけでは十分ではない。何かを自由に実行できる状態に置かれたら、自然に行動する気持ちになるわけではない。むしろ思いきって冒険し、自由を創造していいかなければならないときも多い。そしてもうひとつ、経済の成功は科学の発見のおかげで、事業が原動力ではないという考え方もある。しかしそうなると、経済先進国のなかで「テイクオフ」が実現したケースとそうでないケースに分かれた理由も、科学が停滞していた時代にテイクオフが始まった理由も説明できない。さらにもうひとつ、こんな考え方もある。イノベーションが急速に進むのは、民間部門ではなく公共部門の貢献が大きい国だという。現実にそれが達成されている国は存在しない点は重視されない。公共部門の貢献を評価するためには、ビスマルクの時代のドイツ経済が近代資本主義ではなく、国家主導型だったと言い換えなければならない。

ここで私たちの理論を正しく理解しておくことは、洋の東西を問わず、これからの数十年にとって重要な課題だ。たとえばアメリカは、今のままでは一九七〇年代までのようなダイナミズムも繁栄も回復できる見込みがない。自由があれば十分で、その自由は税率を下方修正すれば常に手に入ると信じているが、それは大きな間違いだ。近代的な価値観も伝統的な価値観も、どちらも行動の帰結である。行動の帰結として、かつてダイナミズムを促した近代的な価値観がいまでは衰退し、逆に伝統主義の価値観が確実に復活したのであり、この状況を財政政策で改善することはできない。政治家は伝統的な価値観の復活と同様、経済のダイナミズムの復活も声高に要求する。しかし実際に各政党の主張に耳を傾けてみると、効力のある財政措置について合意が得られれば、繁栄は復活すると信じているようにも思える。

ヨーロッパも状況は厳しい。民間資本を国家が適切に管理するコーポラティスト経済を採用し続ければ、資本主義では不可能な安定と調和が達成され、しかもかつての近代経済で育まれたダイナミズムが損なわれないと信じ続けているが、これでは一九〇〇年代はじめの繁栄はむろん、一九九〇年代の適切な雇用レベルも回復されない。これらの発想は効果を発揮してきたわけではない。ところがヨーロッパは、伝統的な価値観という暴君のもとで無意味なコーポラティスト経済を継続している。

経済の領域で創造や探求や冒険に携わる人にとって近代的な価値がきわめて重要な要素であり、ひいては善き経済にとっても大切な存在だとすれば、社会のほかの領域でも重要だと見なすべきなのだろうか。実際、ド・トクヴィルは重要だと認識している。経済のシステムに広く深く関わる姿勢が目立つアメリカは、政治システムにも広く深く関わっており、その結果、どちらの領域でも繁栄が実現したと考えた。政治の領域で繁栄が実現するためには草の根レベルの民主主義が欠かせず、多くの点でそれは草の根レベルのダイナミズムと対の存在になっていた。

今日の世界に生きる人は誰でも、この点に関してヨーロッパが芳しい結果を残していない点に気づくだろう。経済の領域でも政治の領域でも高く評価できない。アマルティア・センは『ヨーロッパ民主主義の危機』でつぎのように書いている。

ヨーロッパでは、市民による公共的判断やインフォームド・コンセントなしに、専門家の一方的な見方——もしくは善意——が受け入れられない。効果のない様々な政策が指導者たちによって決定される……民主主義も善き政策の創造機会も損なわれてしまう。

同様の点は経済のダイナミズムにも当てはまり、一部については本書でも指摘してきた。事業の方針の多くが経済政策によって設定されるとき、あるいは新しい企業の立ち上げが制限され、エリートから選ばれた経営者が政府やコミュニティと交渉を進める風潮が目立つとき、そして企業の大型化と階層化が進み、普通のスキルを備えた労働者には革新的なアイデアを表現する方法だけでなく、アイデアを考案する誘因も働かない状況が発生したときには、イノベーションも繁栄も損なわれてしまう。

モダニティが可能な社会では、善く公正な政治システムの基準は、善く公正な経済の基準でもある。近代的な社会での善や正義のために必要とされる要素は、政治の領域でも経済の領域でも変わらない。

エピローグ　近代の回復

社会の進路は、考え方の変化によってのみ変更される。
——フリードリヒ・ハイエク

来る世代のリーダーやクリエイターは、リスクの精神に再び火を灯さなければならない。本物のイノベーションは困難で危険を伴うが、それなしで生きるのは不可能だ。

——ガルリ・カスパロフ、ピーター・ティール

西洋では、「夢と希望に彩られた栄光の歴史」が終局に向かっているように感じられる。西側諸国の経済の大半は、ほとんど停滞している。アメリカは一九七〇年代半ば、ヨーロッパでは一九九〇年代末からその状態が継続している。アメリカを中心に始まった情報通信分野での進歩は、このような進歩が一部の分野で爆発的に発生したような印象を多くの人に与えた。しかしアメリカ経済全体の生産性は一九七二年からじわじわ向上し、その延長線上で一九九六年、インターネット・ブームが始まったのであ

る。その後はふたたびゆっくりとした進歩が続き、二〇〇四年にそれは終了する。このときは広範囲でダメージが見られた。従業員の給与はほぼ横ばいとなり、労働年齢の白人男性の就業率は一九六五年の八〇パーセントから一九九五年には七二パーセント、そして二〇〇七年には七〇・五パーセントにまで下がった。黒人男性の落ち込みはさらにひどい。そんななか、総生産高は労働生産性に関しても労働投入量に関しても減少する。官民を問わず企業の投資財の生産高は特に影響が深刻で、一九六〇年代には生産高全体の一六パーセントを占めていた割合が一九九〇年代には一四・七パーセント、二〇〇〇年代には一四・三パーセントまで下がった。消費財の生産はそれよりもましだが、雇用動態は消費財よりも資本財のほうに大きく左右される。

では、夢と希望のシステムを復活させるために何ができるだろうか。この質問はほとんど論じられてこなかった。結局のところ、危機的な状況の解決そのものに注目が集まってしまう。しかしアメリカ、イタリア、フランスなどの国々を見舞っている財政危機は、景気の停滞まで遡って考えなければいけない。銀行の金融危機も同様で、ヨーロッパの放漫な財政に融資を行なっただけでなく、政府からの補助金で水増しされたアメリカの住宅ブームを支えるなど、判断ミスが重なってしまった。

財政危機が発生したのは、数年間加速を続けた経済成長が一〇年ほど前からふたたび鈍り、アメリカでは一九七〇年代から一九八〇年代のペースに逆戻りしたからだ。大量のベビーブーマーに提供しなければならない社会保障費は山のように膨れ上がっており、政府はその財源として税収の増加を当てにしていたが、期待は裏切られた。では政府は増税や歳出削減で穴埋めしたのだろうか。いや、べつの方法で傷口を広げてしまった。二〇〇一年と二〇〇三年にはジョージ・W・ブッシュ大統領のもとで減税が行なわれ、一年に六〇〇〇億ドルの歳入が失われた。これはGDPの五パーセントに匹敵する。さらに

「思いやりのある保守主義」はメディケアの範囲を薬の無料提供にまで拡大し、給付金に費やされる出費に何兆ドルもの金額が追加された。一方、ヨーロッパでは公的財政赤字が膨らみ続け、イタリアとフランスでは一九九九年から二〇〇〇年にかけてGDPのおよそ一・五パーセントだった割合が、二〇〇三年から二〇〇五年にかけておよそ四パーセントにまで増加した。そして本当の赤字、すなわち社会福祉手当が歳入を大きく上回る最後の審判の日が急速に近づいている点を考慮した赤字は、さらに大きくなった。このような状況では、すでに存在している給付金の財源を確保するために、長い時間をかけて歳入を増やしていかなければならない。ところが政府は、有権者受けする手段で歳入を減らしたのだから、これは財政策としてきわめて無責任で、このうえなく愚かな選択だ。理由は失業率の動向だ。すでに深刻な財政赤字を膨らませる理由として、失業率の高さはしばしば引き合いに出される。ところがインターネット・ブームのあとに失業率がやや上昇しているのは事実だが、一九九〇年代の正常値を超えるほどではなかった。政府の無責任な選択のおかげで為替相場は低迷し、(為替切り下げにかかわらず)世界輸出に占めるシェアは縮小し、株式市場は低調で、企業投資もふるわなくなった。その結果、企業は投資を控えて準備金を蓄積する。減税の反動で、将来大型増税が実施される展開を恐れたのだ。

金融危機のほうは低成長とそれに伴う失業、その結果としての財政赤字によって引き起こされた。成長が減速すると、ヨーロッパの数カ国の政府は赤字削減に取り組むどころか、赤字国債を発行し、ヨーロッパの銀行に低金利でそれを購入させようとした。そして銀行は、公的債務が信用格付け機関からAAAとして評価されているかぎり、国債の購入に満足していた。自己資本比率が低く抑えられるからだ。一方、アメリカ政府は自分で借金を続けながら、他人にも借金を奨励する。住宅用モーゲージ市場の政府系機関(GSE)と商業銀行をうまく丸めこみ、金利の低いサブプライムモーゲージを発行させた。

そのうえ、奨学金もどんどん奨励する。その結果、投機家や新たな買い手によるローンの需要が爆発的に増えると、GSEや銀行などの貸手は融資をどんどん増やし続けた。住宅価格がいつまでも上昇し続ければかまわないが、結局のところリスクは発生するものであり、その点を見落としてしまった。

二〇〇八年に危機が到来してパニックが発生すると、失業率は上昇を続け、最終的にピークに達してから下降するが、その足取りはきわめて遅かった。八パーセントちかくまで上昇した失業率がすんなり低下しないのはなぜか、侃々諤々の議論が始まった。何しろ七パーセントを割り込むようには思えなかったが、これでは過去の「正常値」、たとえば一九九五年から一九九六年にかけての五・五パーセントや一九六五年の四・五パーセントよりもかなり高い。経済学者が展開する理論においては概して、束の間の好況期を除いた雇用の弱さについて説明する際に、一九七〇年以降の低迷状態への言及がない。たとえばケインジアンの分析は大雑把で、「総需要の不足」を念仏のように繰り返すが、総需要の減少によるデフレギャップ拡大という彼らの主張が当時は実現していない。一方、サプライサイダーは「高い」税率に注目しながら、ジョージ・W・ブッシュが二〇〇一年と二〇〇三年に大幅減税を実施しても雇用が回復しなかった点には触れていない。住宅ブームの後、雇用はようやく上向き始めたのである。しかし、個人消費の停滞や賃金への税率の高さだけに雇用停滞の原因を押し付けるのはおかしい。実際には、ほかにもたくさんの原因が働いている。テクノロジーの停滞が供給増加の速度を鈍らせ、退職者の増加が供給を減少させている。おまけに国民への社会給付が膨らみ、ただでさえ大きな税額控除が今後も増加すれば、国が供給できるものはさらに減少するだろう。そのため将来的に財政の逼迫が予想されれば、金利は急上昇する。これだけの要素が景気動向への圧力として作用した結果、機械から顧客、従業員に至るまで、様々な事業資産の評価が下がってしまった。これだけ多くの条件がそろっていれば、不況に陥るのも無理はない。イノベーションが停滞するだけでも、失業率は上昇していくのだ。

ケインジアンは支出拡大にこだわり、サプライサイダーは減税にこだわるが、これでは生産性と賃金の停滞が解消されず、財政赤字が際限なく膨らみ、（給付金にかかる支出だけでなく）公的債務が膨らんでいく。ところがどちらのモデルにおいても、その可能性は考慮されない。公的債務のレベルが高すぎるために、経済の「成長が発生しない」展開などあり得ないと思われている。どちらにとっても成長は永遠に続く。たとえ止まっても、過去にはかならず再開しているというのだ。要するに、停滞が発生する可能性を理解していない（同様に、停滞の対極、すなわちダイナミズムが引き起こす繁栄が不可能ではないことも理解していない）。

従来の理論は、生産性や賃金の停滞、ひいてはそれが雇用におよぼす負担をどんな政策で解決すべきか、まったくヒントを与えていない。どちらのモデルにおいても、新たに観察される傾向の短いサイクルに注目し、サイクルの山や谷の深さを短期的な財政的介入で減らす方法の考案に専念している。ダイナミズムの潮目が変わって停滞が引き起こされたのに、その解決には取り組まない。

要するに、アメリカなど各国の政府による対応策は、効果のない薬で症状の改善に取り組み、給付金や減税を苦痛緩和剤として提供しているだけにすぎない。二〇一一年三月、ソニーの最高責任者だったハワード・ストリンガーは、ファリード・ザカリアとのインタビューでつぎのように訴えた。「乗客やクルーの世話をするのは結構だ。でも、誰かが船を救わなければならない！」。アメリカの対応策には、ブッシュの一期目と二期目にも、あるいはオバマの一期目にも効果的なものが何も存在していない。あるいはヨーロッパでは、イノベーションひいては生産性の衰退を逆転させるような大きな変化が見られない。賃金が下がり、雇用が失われ、経済への取り込みが実感できなくなった背景には、イノベーションの減速があるという事実は顧みられない。政策立案関係者は、西洋の最盛期に最高の経済を生み出したと思われる「夢と希望の」精神を回復させるために、何の措置も取らないのだ。

西側諸国が停滞以前のレベルに雇用や包摂や職務満足度のレベルを回復させたければ、停滞を終わらせる方法を見つけなければならない。その解決法が「イノベーション」の促進であることは、一部の経済学者たちから指摘されてきた。しかしイノベーションという言葉には様々な意味があり、各国がイノベーションを（適切な意味で）促していく方法については、ようやく検討が始まったばかりだ。イノベーションを加速させるための政策を各国が見つけるためには、近代史におけるイノベーションのルーツについての基本を理解しておかなければならない。

本書が独自の視点に立っていることは間違いない。なぜなら草の根のイノベーションやその背景にある社会的価値観に注目し、イノベーションに支えられた就労生活にもたらされる報奨を重視しているからだ。そのため、私たちがどうして現在のような状況に陥ったのか、解明することができる。あるいは、発見やイノベーションが日常的に行なわれ、冒険や挑戦や自由な表現が許される状況が回復し、西洋の最も素晴らしい成果が再現されるためにはどうすればよいか、効果的な方法も紹介できる。

本書はある意味、近代経済の歩みについて解説している。一九世紀に誕生して二〇世紀に苦難の道を歩んだ近代経済は、地域イノベーションを生み出す草の根のダイナミズムを備えていた。私は当初、近代のシステムの中核を理解するための一助として、本書を執筆することを考えた。イノベーションの流れの背景にあるものを理解すれば、まだ機能しているイノベーションを守ることができると期待したのである。ところが執筆を進めていくうちに、近代のシステムは大きく悪化して危険な状態に陥り、「栄光の歴史」が損なわれてしまった現実を理解するようになった。そこで考え直したすえ、本書はほぼ二〇〇年前に西洋で誕生した近代経済の歩みについて取り上げ、その特徴である物質的な進歩、経済的包摂、豊かな人間性について紹介するだけでなく、近代経済の衰退についても取り上げることにした。アメリカでは、衰退はおよそ四〇年前に始まった。最初は労働者階級のあいだで、つぎに中間所得者のあいだで成長がじわじわと減速し、包摂が少なくなった。そしてダイナミズム減退の徴候である職務満足度の衰退が進み、平均的なイノベーション率が減少したのである。ヨーロッパでは、地域イノベーションの衰退はアメリカよりも早く始まり深刻化していたが、海外からの技術移転によってその現実が覆い隠された。しかしアメリカのイノベーションが衰えると、最終的にヨーロッパのイノベーションも大きく衰退し、特にイタリアとフランスは深刻な状況に陥った。様々な原因を探るため、本書はダイナミズムを可能（あるいは不可能）にした制度だけでなく、ダイナミズムを促進（あるいは衰退）させた価値の双方に注目している。

近代経済のダイナミズムは、近代の様々な制度を利用している。民間部門では、財産法や会社法が充実したおかげで、人々は社会的見解にとらわれることなくイノベーターとして新しい企業を立ち上げ、速やかに店じまいもできるようになった。株式市場や銀行や特許は長期的なビジョンに開放的で、大小を問わず様々なイノベーションが歓迎された。公共部門においては、数少ない制度や政策が遠い未来を見据えた。数十年にわたる一連の行動の結果、投資やイノベーションを促す資源は拡大していく。明確なビジョンを持ったプロジェクトへの融資、入植者への公有地の供与、奴隷の解放、投資家や債権者を守るための法律の制定などが積み重ねられた。政治による干渉もあったが、企業が足元をすくわれたりイノベーションが抑圧されたりするほどではなかった。しかしすべてが変わった。

今日、かつては近代的だった制度は著しく腐敗している。政府だけでなく、民間企業や金融部門においても短期収益主義がはびこっている。民間部門では、CEOは自分の企業に長期的な関心を持たないし、ミューチュアル・ファンドも株式の所有という短期的な事柄にしか興味がない。その結果、イノベーションを手がけるのは新興企業やエンジェル投資家など、一握りの部外者に限られてしまい、彼らが既存の企業や産業と競い合う状況が生まれた。このような短期収益主義によって、イノベーションの供給は当然ながら減少した。イノベーターシップ、リスクキャピタル、大胆なエンドユーザーなど、イノベーションに必要な要素が少なくなった。そして公共部門では、コーポラティズムがヨーロッパからアメリカに広がり、クライエンテリズム、身びいき、迎合、収賄がはびこった。さらにコーポラティズムのもとでは、規制、助成金、融資、補償、税金、税控除、カーブアウト（事業の切り出し）、特許の延長など、利害関係者や取り巻きや身内の保護を主な目的とする要素が爆発的に増えた。利害関係者が守られれば、新しいアイデアを考案した部外者が市場に参入するための機会は妨げられてしまう。これらの要素によって、イノベーションはさらに衰退していく。まだある。コーポラティストの政府が支援者やロビイストと接触することによっても、市場に残されていたイノベーションのスペースは縮小した。この一〇年間、大銀行と大企業と大きな政府が団結し、アメリカの住宅ローンをかき集めた挙げ句、そこから公的債務を際限なく創造するだけでなく、資金難に苦しむヨーロッパ数カ国の支援に費やしてしまった。こうしてヨーロッパと同じくアメリカにもパラレルエコノミーが誕生し、動機にかかわらず政治的エリートのアイデアが重宝され、商業的価値のあるアイデアが考案されても顧みられなくなった。その結果、イノベーションに対する報奨、すなわちイノベーションへの需要は減少していったのである。

本書では、呆れるほど多くの伝統的な価値観の復活についても取り上げてきた。前近代に生まれた価値観は、社会に制約を押し付けてきた。しかし近代になると、柔軟性に富んだ近代的な価値観が誕生し、一五〇〇年代から草の根のダイナミズムを促してきた。人々は自由な環境で活動しながら足跡を残し、創造や探求に乗り出し、パイオニアになることを目指した。精一杯生きて、善良な生活を実現できるようになったのである。誰もが新しい物事を生み出すために必要な想像力や健全な判断力を身につけた。既存のアイデアが新しいアイデアと競えば、理解は深まっていく。誰もが財産を所有する権利を持てば、経済の機能は向上する。そして社会や配偶者など他人を利するためではなく、自分の利益や財産のために働く権利が獲得される。さらに、既存の企業や就労者が新規参入者と競うことによって、経済の進歩は促される。このように独創性と新たな欲求に満ちた近代世界では、未来は確定されない。要するに近代世界では、「前進する」道が開かれているのだ！　一部の国では、絶対主義、決定論、反物質主義、科学主義、エリート主義、家族の優位性といったものよりも、近代の概念のほうが優先した。このように数少ない幸運な国では一九世紀から近代資本主義経済が支持された。しかし二〇世紀になると近代資本主義経済は衰退し、状況は変わってしまった。

いまでは近代的な価値観と伝統的な価値観のバランスは、概してかつての傾向に大きく戻ったかのように見える。ただし、近代的な価値観を持つことへの熱意は衰えていないのかもしれないし、そうする人の数が大幅に少なくなったわけではないのかもしれない。僅かなデータから提供される証拠によれば、近代的な価値観は一九九〇年代はじめから二〇〇〇年代はじめの一〇年間で多少の進歩や復活を遂げた。これを支えたのはインターネット・ブームだと考えられる。しかし調査からは、伝統的な価値観が大きく増加している傾向も確認される。そこには家族の価値やコミュニティの価値、そしてもちろん、古くからの倫理的ドグマも含まれる。みんなと足並みをそろえ、（競争など）他人を傷つけるかもしれない行動をとらず、失敗すればかならず市場や国家の手で補償が提供される権利がここでは奨励される。

さらに、これらの価値観が西側世界の経済での影響力を強めた証拠も見られる。家族の価値やコミュニティの価値が復活すると、イノベーションの精神が企業から徐々に失われ、収支決算にはこだわらず、コミュニティや家族での生活への貢献を増やすべきだという風潮が生まれた。利害関係者集団が優遇されるようになると、革新的な企業の立ち上げは困難になった。従業員、圧力団体、代弁者、コミュニティの代表者など、様々な関係者に対処するうちに、財産権の効果は薄れてしまうからだ。このような関係者は、自分たちが企業の活動に合法的に「関与」できると信じて疑わない。そして多くの従業員は、職場に居座るのは当然の権利だと考える。自分よりも安い賃金で同じ仕事をする人たちがたくさんいることには無関心で、企業の利益に多少の貢献ができるならば、あるいは自分の招いた損失をほかの部門が補ってくれるかぎりは問題がなかった。やがて連帯主義が台頭してくると、イノベーションの成功から利益を期待する企業家には都合の悪い状況が生まれた。せっかく利益を出しても、法人利潤税によってみんなと分かち合わなければならないのだ。一部の所得階層が突出することは許されない。上位層の所得が跳ね上がれば、高所得者には高い税率が課せられ、中間層と利益を分かち合うことが求められた。税率が高すぎると収入は減少するという事実は顧みられなかった。こうして富の固定化という前近代的な習慣が復活していく。ヨーロッパのコーポラティスト社会では、そもそも税率が高すぎて富裕層が誕生しなかったため、深刻な事態に至らなかった。しかしアメリカは影響をもろに受けてしまう。新しい世代は先祖のように創造や発見の航海に乗り出すのをやめて、銀行やコンサルティングでのキャリアを目指すようになってしまった。中世さながらの権利の付与、うぬぼれ、体制順応主義、集団への依存など、前近代的な文化が復活してくると、ヴァイタリズムは目に見えて衰え、サッチャーやセンが「ことをなす」と呼ぶような要素が衰退した。要するに、近代的な価値観はそのまま残されていたのだが、前近代的な概念が企業や政府におよぼす影響力を復活させてしまった。これがすべてとは言わないが原因の一部になって、アメリカや（それよりも早く）ヨーロッパではダイナミズムが徐々に失われ、地域イノベーションもふるわなくなったのである。

では何ができるだろう。西側社会が雇用や生産性や就労体験の成果を大きく改善したければ、制度の面でも文化の面でもダイナミズムの回復に向けて努力しなければならない。たしかに大学や報道機関も役に立つが、改革の実行や新しい形態の誕生には政府の関与が様々なレベル——中央、州、地方——で要求されるだろう。たとえばハイエクは、経済の効率改善を目指して国家がシステムを創造することはできないと語っている。もっとも、レーニンがその段階までかなり近づいた点は指摘しておくべきだが、活力ある地域イノベーションを支えるダイナミズムの源として、制度や価値が国家の手でゼロから作り出されないことも事実だ。概して私たちの制度や価値は、企業家や資本家や採用者（アダプター）による試行錯誤を通じて進化から衰退への道をたどっていく。過去には政府が、制度や価値の形成に積極的に参加したときもあった。しかし基本的な知識が不完全だったため、介入が成果を上げなかった。ダイナミズムを回復させるために、政府の関与を拡大する必要はない。政府は新しいやり方で介入し、従来の方法を放棄しなければならない。

近代資本主義社会でダイナミズムが果たす役割の重要性を理解しないかぎり、政府はダイナミズムの回復に向けて行動しないだろう。現在のところ各国政府は、この数十年間に復活した前近代的な概念に未だにとらわれている。アメリカでは民主党が、フランクリン・ルーズヴェルトのニューディールやリンドン・ジョンソンの偉大なる社会を上回るような、新たなコーポラティズムを提唱している。一九八四年の副大統領候補だったジェラルディン・フェラーロの以下の発言は、民主党の方針を端的に要約している。「我が国では、ルールが公平であることが約束される。真面目に働いてルールを守れば、アメリカから与えられる恩恵にあずかることができる」。この発言からは、大衆の繁栄に支えられたアメリカの世紀が前近代的で単調な経済の所産だったかのような印象を受ける。国民全員の賃金が一律に上昇するものと見なされ、賃金を獲得するために働けば十分だと思われているようだ。これでは一部の個人や企業や産業が突出する展開は期待できず、鋭い洞察力やビジョンや幸運によって自分の賃金が上昇し、イノベーションから法外な利益を獲得する可能性は考えられない。そして万が一、賃金の上昇が鈍った産業や職種があれば、政府の特別プロジェクトによって賃金が引き上げられる。伝統的な価値観の影響を大きく受けている点では、共和党も変わらない。ブッシュの「情け深い保守主義」においては、商業資本主義に社会保護と社会保険を加えた形が善き経済と見なされた。共和党にとって経済は、衝撃を受けると働く自動制御装置のようなものでしかない。だから、経済のダイナミズムを守るわけでも育むわけでもなく、地域イノベーションにふさわしい経済を形成する意思もなかった。かつてリンカーンが所属していた政党の政策とは思えない。一方、連帯や安全といった概念の誕生の地であるヨーロッパでは、イノベーションが成功するためには地域に根差さなければならず、ヨーロッパでもアメリカでも事情は変わらないという現実が理解されていない。過去をきちんと振り返らないので、シュンペーターのように神や国家からイノベーションは恵まれると考えているようだ。イノベーションに関してアメリカへの依存体質を改めれば、経済がもっと活性化する可能性にも気づいていない。

西側世界の現在の危機は、ダイナミズムの重要性に指導者たちが気づかなかったことが原因だと判断してよいだろう。ダイナミズムの普及は、イノベーションに満ちた活動の大きな供給源である。魅力的な仕事に打ち込み、洞察力を働かせながら広範囲の活動に従事すれば、時には幸運に恵まれ、生産性や収入が大きく膨らむときもある。このような草の根のダイナミズムは、過去の善き経済にとって重要な要素だった。物質的な進歩、包摂、職務満足度に良い結果をもたらした。したがって、ダイナミズムの復活は、善き経済の再生にとって欠かせない要素となる。今日、西側世界の政府のほとんどは財政が不安定な状態なのだから、ダイナミズムの回復は喫緊の課題だ。

　行動を起こすためには――優れた判断に基づいて行動を起こすためには――政府は将来の展開に対する感性を磨かなければならない。そのためには十分に機能する近代経済において、ビジネスの領域がどのようにダイナミズムを生み出しているのか、少なくとも初歩的な理解が必要だ。近代経済は機械的ではない。ベルクソンやバーザンの表現をかりれば有機的な組織であり、秩序正しいシステムではない。地域イノベーションによって、あるいはイノベーションの創造を巡る激しい競争によって、混乱状態が引き起こされる。そんなとき、経験を頼りに直感を働かせながら介入していけば良い結果につながるが、さもなければ危険を招いてしまう。ところが現在のアメリカ政府には、ビジネスの分野での経験が豊かな人材がほとんどいない。規制関係者がビジネスの世界で働いていたケースは稀で、なかには企業のオフィスに足を踏み入れた経験がない人たちもいると言われる！　立法府の議員にしても、自分の法律事務所以外のところでビジネスのキャリアを積んだケースはまず見られない。これではアメリカ政府が世間にうといのも無理はないが、二〇一二年にその事実が図らずも露呈した。このとき議会は、ブッシュの減税（年間およそ五〇〇〇億ドル）が満了した時点で代わりの減税を実施しないと、国内生産高が八〇〇〇億ドルの損失をこうむると予測したのだ。ブッシュの減税によって膨れ上がった赤字が、過去にイノベーションや投資をどれだけ大きく損なったのか、あるいは逆に、赤字を減らせば将来どれだけイノベーションが促されるか、考慮されることはなかった。これでは、減税の終了と共に雇用が悪影響を受けるのか、それとも企業家が自信を回復して雇用が上昇に向かうのか、どちらになるのかわからない。同様の問題についてケインズは「そんなの知らないね」とコメントしているが、それと大差ない。

そうなると国家をダイナミズムの方向へと進めていくためには、様々な産業——製造業、銀行、医療、教育など——でイノベーションがどのようにして生まれ、どのように阻止されているかについて、ある程度の実際的な知識を持った人材が政府のなかで必要になる。そもそもアメリカの建国者たちが思い描いた議会は、民間での活動を一時休止した人たちによって主に構成された。大農場、都市の工場、オフィス、店舗など、様々な職場から集まってきた。彼らは上院や下院で議員としての任期を終了すると、再びビジネスの世界へと戻っていった。

しかし今日このやり方を復活させるのは現実的ではないから、べつのアプローチが必要になる。たとえば規制関係者について考えてほしい。彼らがひとつかふたつの業界や専門分野でインターンを経験するのはどうか。このような規制関係者には、ビジネス専門家や会計士など、同じような職業分野の人たちに匹敵する訓練費をかけて、匹敵する収入が見込めるようにしておくべきだ。さもないと、希望者がほとんどいなくなる。インターンとして訓練を積めば、経験と洞察力が得られるだろう。ダイナミズムの本質を理解するまでには至らないかもしれないが、様々な規制がもたらすコストや利益について把握できるようにはなるだろう。

議員もインターンから学ぶものは多いだろうが、彼らにはもっと一般的なバックグラウンドが必要だ。経済を修正してダイナミズムを復活させるうえで議員が指導的な役割を果たすためには、洞察力と判断力を備えなければならない。それにはある程度の教育が必要だ。かつてケインズは、経済学についてつぎのように述べた。経済学を勉強するのは、従来の学問に何か特別の理論を加えて評価を高めるためではない。むしろ目的は、経済を実践する人たちが的確に質問できるようになることである。そう言われて思い浮かぶのは、政治学や経済学を専門に教えるフランスのグランゼコール、すなわちパリ政治学院のような教育機関だろう。あるいは中国の大学院教育課程のシステムも、アメリカなどほかの国で応用できる。ただし、洞察力に関して未知数の精神的指導者の雄弁に議員たちが魅了される可能性には一抹の不安が残る。むしろ、自分たちで読書したり話し合ったりできるシステムを奨励するほうがよいだろう。たとえば手始めとして、過去にイノベーションがどのように機能したかを様々な文献から学ぶことはできるし、それをきっかけに将来の展開を理解できるようにもなるだろう。壮大なイノベーションの歴史に関しては、ハロルド・エヴァンスの『彼らがアメリカを作った』やチャールズ・モリスの『イノベーションの夜明け』を読めばよい。イノベーションのシステムに関しては、ハイエクの古典『発見の手続きとしての競争』、リチャード・ネルソンの『医学のノウハウはいかに進歩したか』、アマル・ビーディーの『危険を伴う経済』がある。コーポラティズムに関しては、マンサー・オルソンの『国家興亡論』が入門書としてよいだろう。私の本もこれらの面について取り上げているが、ダイナミズムの背景にある文化的価値やダイナミズムを妨げる力について指摘している点が評価できるだろう。

　イノベーションに関する予備知識が手に入れば、議員も規制関係者も頭のなかでダイナミズムについて考えを巡らせ、あらゆる法案や規制の指導に取り組む際、「それは我々の経済のダイナミズムにどのような影響をおよぼすか」と賢明に考えるようになるだろう。そうなれば、この一〇年間に西側世界を見舞ったような巨額の赤字を前にしたとき、赤字減らしを主張すれば議員生命にかかわるといった誤解に陥らない。むしろ長年にわたって巨額の赤字が積み重なると、それが信用コストの増加や企業の資産価値の低下につながり、その結果としてイノベーションや投資に良からぬ状況が発生し、ひいては雇用や生産性や職務満足度も悪影響をこうむるプロセスを理解できるはずだ。

さらにイノベーションの予備知識が手に入れば、経済ガバナンスの改善にも貢献するだろう。アメリカならびにヨーロッパの多くの国では、製造業に携わる労働者の割合が落ち込んでしまった。その結果、一部の製造業を刺激するような産業政策が多くの議員から支持され、補助金、権限付与、官民提携、ＧＳＥに関して経済のほかの分野よりも優遇された結果、政治経済学の分野で経済ガバナンスを巡る争いが再開されている。過去にはコルベール、ハミルトン、リスト、ケインズ、プレビッシュらが取り組んだ問題だ。彼らの主張によれば、問題を抱えた分野に補助金が提供されると経済成長が促され、その結果として税収が増えるので、政府にとって安全なやり方だというが、素直には信じられない。あるフランス人ビジネスマンは最近、フランス人政治家の現実離れした発言に言及し、「官庁で価値を創造できると思っている！」と感想を漏らした。それよりは、市場での競争が促される方向に経済を誘導するほうがはるかに効果的だろう。市場での投資配分の効率を改善させると言っても、国家はそのための知識や判断力を持っていない。実際のところ、補助金や給付金やＧＳＥは、農業、建設、エネルギー、財務の分野で予想外の悲惨な結果をもたらした。バイオ燃料用の大豆栽培、ソーラーパネルの購入、利益の出ないグリーンエネルギー関連企業、ファニー・メイとフレディ・マックによるベンチャーへの補助金は、ことごとく失敗している。イノベーションに乏しく独自に存在できない企業や産業を支援した挙げ句、燃料、土地、労働力、金融資本を使い果たしてしまった。このような愚策を控えれば、もっと多くの新興企業が誕生して成功を収めるはずだ。

一般論としては、公共政策は当然ながら、コーポラティスト経済を支えるすべての政府機関や慣習を縮小するべきで、なかには完全に消滅させるべきものもある。もちろん、近代経済が十分に機能するために政府の存在は欠かせず、状況によっては大きな政府が必要とされるときもあるだろう。ここで肝心なのは、特別利益集団に有利な法律の縮小だ。そのためには、特別利益集団への提供を目的として設立された特別基金から資金を提供する形を採用すべきで、一般の利益になる公共支出の財源には、一般歳入の一部をまわせばよい。特別基金が設立されれば、受益者はどこまでの自己負担を厭わないのか、そこから判断してどれだけの金額を給付すればよいか、具体的な数字として提示することができる。現在、特別利益集団への支援は現状を把握しにくい税控除やカーブアウトの形で行なわれるか、あるいは一般歳入が割り当てられている。本書でも論じてきたが、私的便益を特別利益集団のために費やすと、その悪影響は効率の低下だけではすまない。冒険や発見を尊ぶ精神が軽んじられる文化の誕生につながるが、どちらの精神も経済のダイナミズムにとって欠かせない存在だ。特別利益集団の支援にかかる高いコストが理由もなく見過ごされている状況を改めるのは、持続的なダイナミズムを実現するための必要条件である。たしかにスウェーデンやノルウェーは経済が比較的順調だが、だからと言ってこの命題の正しさが損なわれるわけではない。ほとんどの証拠からは、どちらの国でもダイナミズムがふるわないだけでなく、満足度も低いことがわかる。そして誤解のないように補足しておくが、このようにして政府の活動を「制限」することが、経済のダイナミズムにとっての十分条件だと本書は示唆しているわけではない。

国家がダイナミズムへの回帰を目標として定めたら、民間部門でも多くの改革に取り組まなければならない。かつてダイナミズムを備えていた経済を、新たな制度で再装備させなければならない。ごく短期間だけCEOに法外な報酬を支払う企業の慣習は、真っ先に改められるべきだ。利益を上げるまでに時間のかかる革新的なプロジェクトが顧みられなくなってしまう。CEOが会社をやめるたびに多額の退職金が大事な資本から支払われる仕組みは、会社法の修正によって禁じられなければならない。CEOが短期的な利益を優先するよう後押ししていては、イノベーションがもたらす長期的な利益は後回しにされる。これは株主にとってありがたくない展開だろう。なぜなら、株価は企業の将来の可能性を反映するが、そこにはイノベーションによる利益も含まれるのだ（取締役会の役員をCEOが好き勝手に選べないようにすれば、CEOが正しい努力をするので質の低下を食い止められそうに思えるかもしれない。しかし、解雇されないうちにやめたほうが得だと考えて、ただでさえ短い在職期間がさらに短縮される可能性もある）。

優先的に取り組むべき課題としてはもうひとつ、ミューチュアル・ファンドの改革がある。つぎの四半期の利益目標達成に専念しなければ企業の株を投げ売りするといってCEOを脅す習慣は、やめさせなければならない。このような恐喝行為が現在のところは法に違反しないが、金銭的なダメージを武器にミューチュアル・ファンド経営者が企業の役員を脅すのは、きわめて悪質である。そしてその事実をCEOが報告しなければ、やはり悪質だろう（誘拐への身代金の支払いが法律違反と見なされる国もあるのだ）。もうひとつ問題なのは、最小限のリスクを強調して個人投資家を引き寄せるミューチュアル・ファンドの台頭である。リスクを減らすために、原則として株式ポートフォリオを構成する銘柄は分散されるが、これが厄介な事態を引き起こす。利益の出ない企業拡張への資金提供を目指した新株発行も、利益の出る企業拡張への資金提供を目指した新株発行も、ポートフォリオでは同列に扱われるからだ(1)。

そして草の根のイノベーションを回復するためには、銀行業界の全面的な見直しが求められる。斬新なアイデアを持つ新興企業が数多く存在していても、適切な融資が行なわれなければ成功はおぼつかない。銀行関係者は融資に先立ち注意深く観察して熟慮を重ね、相手に対する知識を充実させておかなければならない。そうなるとダイナミズムの回復には、昔ながらの融資の復活が必要なことになる。つまり「リレーショナル・バンキング」〔顧客と長期継続的な関係を築き、顧客の経営情報を蓄積し、それに基づいた金融サービスを実施する地域密着型の銀行モデル〕の復活で、貸手や投資家は蓄積された経験を通じ、融資を検討する企業のチャンスを現実的に判断していくのだ。イノベーションに関心を持つ政府がこのような形で金融機関の地図を書き換えていけば、革新的なプロジェクトや新興企業への資金融資も増えていくだろう。

この目的のためには、ヨーロッパやアメリカの政府は現存する銀行の一部を編成し直せばよい。目下、二〇〇八年の危機以降の銀行業界について話し合うときには、不安定性、すなわち支払い不能状態が話題の中心になっている。そして議会が制定してきた規制は、危険な慣行、たとえば過度の短期借入の抑制が主な目的だった。しかし銀行は規制関係者を出しぬき、経済を再び金融危機のリスクにさらすのではないかと不安視する向きもある。したがって、不安定性へのアプローチとしてもっと信頼できるのは、銀行を再編成することだろう。業務の範囲を狭め、危険な資産は専門知識を持つ金融市場に任せるべきだ。そうすれば、新興企業や革新的なプロジェクト全般にリスクキャピタルやエンジェル融資が決定的に不足している問題の解決にもなるだろう。ヨーロッパやアメリカが今日の巨大銀行の再構築に取り組み、自由裁量の少ない小さな部門に組織が分割されれば、ダイナミズムの必要性を理解している政府に

1　これに対し、ヘッジファンド経営者は株式の価値を判断するのだから、まずまず良い仕事をしているという指摘がある。ヘッジファンドが行き過ぎないように政府が目を光らせていれば、ポートフォリオの銘柄の分散が経済のダイナミズムを損なう恐れはないだろうという。しかし、それだけの作業をこなせる才能ある人材が、ヘッジファンド経営者のなかに十分存在しているとは思えない。

とって有利な状況が生まれる。活動範囲の狭くなった銀行は企業への貸し出し、特にイノベーションを目指す企業への貸し出しに専念できるようになるからだ。

さらに、イノベーションへの関心が高い政府は免許制を導入し、リレーショナル・バンキングを目指す新たな金融機関の設立を後押ししなければならない。（持ち株比率が大きくなければ「銀行」、大きければ「商業銀行」になる）。政府は経済という風景に地元密着型の投資家や貸手をちりばめていかなければならない。（ジョージ・ベイリーを見倣っては困る。フランク・キャプラ監督の映画『素晴らしき哉、人生！』に登場する小さな町の住宅ローンブローカーで、彼は住宅購入者のみに貸付をする）。ただし容易に想像できるように、このようなシステムは限定され、開発には長い時間を要する。そこでレオ・ティルマンと私は二〇一〇年、新興企業への信用供与と自己資本の提供に特化した国立銀行の設立を提案した。私たちのモデルは、大きな成功を収めた農業信用制度を見倣っている。ここではアメリカ政府による投資が占める割合は限定され、そのほかは、政府保証付き借り入れによって資本調達が行なわれる。このようなGSEで大きな気がかりとなるのはモラルハザードで、関係者が政治家からの圧力に屈し、後援者に金銭的支援をするための手段として組織が利用される事態が憂慮される。目下、一部の公的債務管理機関が政治家の影響を受けずに運営されている事実には勇気づけられる。一方、資源を活用して救済に乗り出す動きは市場そのものにも見られ、小規模ながら非常に評価は高い。カリフォルニアでは、スーパーエンジェル基金が設立されている。

そして、民間部門のほかの制度も見直しが必要とされる。革新的なベンチャーを考える人にとって、労働組合や職業団体は不安材料になっている。ヨーロッパでは医師会と弁護士会の力が大きく、組合の「示威行動」や無謀な行動はいまだに目に余る。フランスでは二〇一二年一一月、フランソワ・オランド大統領がラクシュミー・ミッタル〔ミッタル・スチールのCEO〕に対し、フランスのロランジュに所有する製鉄所で雇用を長期間保証するよう要求した。これに先立ち製鉄所では、工場長らが労働者の集団によって人質にとられた。ボスナッピングと呼ばれる慣行だ。アメリカでは、いまでは組合の力は民間部門よりも公共部門のほうで強く、イノベーションを損なう存在とは見られていない。しかし、組合員労働者によってニューヨークに建設されたオフィスビルは完成までに一年かかったが、同じものが上海では数カ月で完成するのだから、素直に信じることはできない。労働権〔労組加盟・未加盟にかかわらず就労する権利〕が確立されている州で工場を開設したボーイング社を相手取り、アメリカ政府は訴訟を起こしたが、これではイノベーションが中断してしまう。ゼネラルモーターズの金融再編では、労働組合の信託ファンドが債券保有者の債権よりも優先された。これもまた、イノベーションへの貸付を中断させる可能性がある。たしかに弁護士会や医師会は質の向上に貢献しているという考え方もある。しかし全体的にどれだけの効果がもたらされるにせよ、新規参入の制限はイノベーションを確実に弱めてしまう。労働組合や職業団体の影響力が公開討論で取り上げられるようになれば、イノベーターも企業家も大いに心強いだろう。

　民間部門の制度の改革はダイナミズムの復活にとってきわめて重要だが、近代的な価値観を強化することの重要性もおろそかにはできない。新しい挑戦や自由な表現への欲求は、独創性や好奇心やヴァイタリティなど、ダイナミズムに必要な人的資源を育み充実させるために欠かせない要素なのだ。世界で最初の近代経済を誕生させ発達させたのは、様々な近代的な価値観が混在し、刺激し合いながら作用したおかげだ。このような経済では生産性が見事なテイクオフを果たし、結果として賃金や資産が上昇し、そのプロセスを通じて仕事は単なる収入の手段から、精神的な刺激や挑戦や冒険を大勢の人たちに与える源へと姿を変えた。近代に生きた人々は、そんな近代的な人生を望んだ。近代経済が近代の価値観を源泉とするならば、ここで近代的な価値観を再確認して広く普及させるべきではないか。それが近代経済の復活を促すのではないだろうか。かつて企業家は、自分の会社を理想の形に成長させる作業に夢中で取り組んだ。今日のCEOが夢の家の建設よりも会社の構築に関心を持つとしたら、短期的な視点しか持てないのではないか。近代を表現する素晴らしい価値の数々に西側世界が繰り返し立ち戻り、その表現に努めようとしなければ、近代の精神が生き残れると仮定できるような説得力のある理由は見当たらない。

クリスチャン・スミスは『変遷のなかでの喪失』のなかで、インタビューを行なった若者たちが生きるための道を見つけられないことを知り、その理由について考察している。彼らが苦労しているのは自分のせいではない。大人になって成長するまでの旅路を支えてくれるはずの文化的資源が、社会から提供されないからだ。たとえば身の回りに氾濫している消費主義について尋ねると、ほとんどの若者は前向きに答えた。なかには、消費主義は経済に役立つといって正当化する回答者もいたほどだ。どんな人生を望むかという質問には、お金のために働きたい、そうすれば「良いもの」や家族の幸せや経済的な安定が得られるからという回答が得られた。自分がどんな特徴を備えた仕事に従事したいのか語る若者はほとんどいなかった。「挑戦」「探求」「冒険」「情熱」といった言葉は彼らの語彙に含まれない。いずれも失われてしまった。

私たちは個人主義やヴァイタリズムといった近代思想を支える中心的なアイデアを中等教育や高等教育に改めて導入し、経済のなかで草の根のダイナミズムをふたたび活性化させると同時に、近代そのものを守っていかなければならない。アメリカでは今日、全米共通学習内容が話題にのぼっている。ほとんどの州のK12〔幼稚園から高校を卒業するまでの一三年間の教育期間〕に最近導入されたもので、たとえば英語に関しては、解説文やエッセイや伝記など「情報を含む」テキストが重視されている。いずれも一時は、相手に対する感情や思いやりを伝えるために役立つフィクションに場所を奪われていた。これからの若者はキャリアのなかで解説文の能力が必要とされ、経済活動で欠かせない要素だという点がしきりに強調される。しかし、近代経済には解説文を作成する能力を持つ人材よりも、挑戦しがいのある新たな環境で独創性や冒険精神を発揮できる人材のほうが必要とされる。だから若いときには、想像力を掻き立て気分を高揚させてくれるような作品を読まなければならない。ジャック・ロンドン、H・ライダー・ハガード、ジュール・ヴェルヌ、ウィラ・キャザー、ローラ・インガルス・ワイルダー、アーサー・コナン・ドイルらの作品を読んでほしい。

西側世界の国々は、最盛期の大きなダイナミズムを取り戻せるだろうか。企業や金融機関が改革されれば、かつてのようにイノベーションのプロセスで重要な役割を演じられるようになるだろう。社会を靄のように覆う規制や人気取りのための契約が抑制されれば、経済全体で企業が息を吹き返し、自由な精神でイノベーションを意欲的に推し進めていくだろう。財政の仕組みを見直せば、イノベーションから得られた利益が税金で消えてしまう不安が和らげられるだろう。しかし下から支えてくれる文化がなければ、これらの対策も十分ではない。いや、そもそも対策がとられないだろう。大きなダイナミズムの素晴らしい点は、何かを考案して試し、探求する精神が経済全体で絶えずうごめき、そこに底辺から頂点まですべての階層が巻き込まれることだ。そして鋭い洞察力を備え幸運に恵まれれば、イノベーションが誕生する。この草の根の精神は、近代を定義づけた新しい心構えや信念を原動力としている。だから大きなダイナミズムを十分に取り戻すためには、近代的な価値観がふたたび伝統的な価値観より優勢にならなければいけない。この数十年間というもの、伝統的な価値観が復活して人々を締め付けてきた。しかしどの国家もその流れを逆転させ、近代的な価値観を復活させなければならない。そうすれば人々は大胆に行動し、豊かな人生を求めるようになる。実行しようとする意思があれば、国家にとって過去の栄光の再現は夢ではない。大衆が繁栄を謳歌する未来の実現は、国家の強い意志にかかっている。

謝辞

私はキャリアのなかで多くの幸運に恵まれてきた。父親になり教師になり、同僚に囲まれ、妻のヴィヴィアナと幸せな結婚生活を続けた。この数十年間、私は四人の巨人に感化され影響されてきた。ポール・サミュエルソン、ウィリアム・フェルナー、ジョン・ロールズ、ロバート・マートン。彼らに本書を捧げる。

本書はいくつかのアイデアから生まれたが、国家の態度や信念の重要性について認識したことは、大事なきっかけのひとつだった。一九八〇年代、私と一緒に旅行に出かけたヴィヴィアナは、旅先で時々つぎのように語った。「よその国の人たちの行動様式は、あなたの祖国アメリカや私の祖国アルゼンチンと同じではないけれど、べつに驚かないわ。態度や信念は国ごとに異なるのが当然じゃないかしら」。この言葉は、旅行や仕事で海外に出かけるとき、常に頭から離れなかった。さらに私は一九九〇年代だったと思うが、社会学者のシーモア・マーティン・リップセットと素晴らしいディナーを共にした。このとき彼は、研究テーマであるアメリカの価値観について会話で取り上げ、ほかの国とは傾向が異なる点を指摘した。彼の指摘に私は刺激を受けた。一九九二年から二〇〇六年にかけて、私はコロンビア大学で世界経済が抱える問題について講義を行なったが、途中から内容を変更することにした。価値観の違いが経済の制度の違いにつながり、それが西洋において各国間の景気動向の違いとして表れているのだと教えるようになったのだ。この仮説の正しさを裏付けるための調査は二〇〇六年五月から始まった。このとき幸い、私は二人の優秀な大学院生に恵まれた。ルミニタ・スティーブンスとライチョ・ボジロフで、どちらも仮説をデータと照らし合わせる作業に熱心に取り組んでくれた。そのプロセスのなかで二人は世界価値観調査（WVS）のデータを探り当てたが、これは二〇〇六年のレポート作成に役立つ金の鉱脈となった。（二〇一〇年には、世界価値観調査の設立者であるロナルド・イングルハートに統計の分析結果の一部を紹介することもできた）。

前述の講義ならびにその後のセミナーでは、二人の研究助手が広範な資料を読み込んでまとめてくれた。そのおかげで、本書の多くの箇所が改善された。エレノア・ディロンとヴァレリア・ザヴォロンキナである。そして非公式な場所では、三人の学生、オレン・ジヴ、エドワード・フォックス、ジョナサン・クルーガーが私とのディスカッションに参加してくれた。本書の第1章にはジョナサンの学期レポートが引用されている。（私のテキストに関する彼のコメントの鋭さは、ハリウッド・スタジオの脚本を読んで培われたことを後に知った。彼のような才能ある若者が夭折したのは実に残念だ）。

本書のように従来の基準からかけ離れた著書は、グループを結成すれば書けるものではない。しかし多くの人たちとの継続的な交流がなければ、完成は不可能だっただろう。執筆に携わった四年間、私は様々な問題に関して以下の方々から大きく助けてもらった。リチャード・ロブ、ギュルヴィ・ゾーガ、ライチョ・ボジロフ、アマル・ビーディー、ロマン・フライドマン、サイフ・アモウス、ジュアン・ヴィセンテ・ソラ。全員がコロンビア大学の「資本主義と社会のための研究所」の同僚である。リチャードとサイフは、時間をかけて本文に目を通してくれた。ジェフ・サックスとアマルティア・センは、私が必要とするときそばにいてくれた。最近では、ピーター・ジュンゲンが私の素晴らしいサポーターになってくれた。そしてルイギ・

パガネットは、国立研究審議会に所属していた頃からのサポーターである。エサ・サリネンは、共感と情熱を込めて執筆することがいかに貴重な体験か教えてくれた。そして、テンプルトン財団のバーナビー・マーシュとマーク・C・バーナー、プリンストン大学出版局のセス・ディトチックとの会話にも触発された。ロバート・J・ゴードンも忘れてはいけない。第9章のグラフでは彼が労働生産性の計算値の採用を許可してくれたおかげで、全要素生産性に比べてそれほど落ち込んでいない実態を紹介することができた。

カウフマン財団には、この場をかりて深い謝意を表する。特にカール・シュラム、ロバート・リタン、ロバート・ストロムは、近代資本主義に関する私の研究を資金的にも学問的にも一貫して支えてくれた。さらにアンドルー・ワイルが本書に目を通してくれたのも幸運だった。彼の助言のおかげで本書の完成度は高くなった。

私はハーヴァード大学の文学や古典専攻から出た素晴らしい才能から多くの支援を受ける幸運にも恵まれた。彼らは完璧で、私の知らない事柄をたくさん知っている。ライターのミランダ・フェザーストーンは、二〇〇八年から二〇〇九年にかけて各章の編集に取り組んでくれた。二〇一〇年からは、やはりライターのフランセスカ・マリが仕事を引き継いでくれた。そして二〇一二年からは、詩人のジェフ・ナギーが加わった。彼らは仕事のレベルが高く、しかも仕事に心から打ち込んでくれた。彼らの素晴らしい精神に啓発されたおかげで、長年にわたるプロジェクトの日々は私にとって格別の喜びになった。

エドマンド・S・フェルプス
なぜ近代は繁栄したのか
草の根が生みだすイノベーション
小坂恵理訳

2016年 6月 1日 印刷
2016年 6月10日 発行

発行所 株式会社 みすず書房
〒113-0033 東京都文京区本郷5丁目32-21
電話 03-3814-0131(営業) 03-3815-9181(編集)
http://www.msz.co.jp

本文組版 キャップス
印刷所 萩原印刷
製本所 誠製本

ISBN 978-4-622-07961-3
[なぜきんだいははんえいしたのか]

著者略歴

(Edmund S. Phelps)

1933年生まれ．コロンビア大学「資本主義と社会研究センター」所長．2006年ノーベル経済学賞を受賞．1955年にアマースト大学で学士号を，1959年にイェール大学で博士号を取得．2010年から新華都商学院（福州，上海，北京，チューリッヒ）学長．著書『マクロ経済思想』（1991，新世社）ほか．

訳者略歴

小坂恵理〈こさか・えり〉翻訳家．訳書 セガール『貨幣の「新」世界史』（2016，早川書房）バーバー『食の未来のためのフィールドノート』（2015，NTT出版）ステイル『ブレトンウッズの闘い』（2014，日本経済新聞社）ほか．

人名索引

＊原注中の人名は含まない。

【ア行】

アイゼンハワー，ドワイド　367
アインシュタイン，アルバート　169
アーヴィング，ワシントン　103
アークライト，リチャード　20
アースキン，ジョン　436
アドラー，モーティマー　436
アーノルド，マシュー　391, 414
アーベルスハウザー，ヴェルナー　221
アリストテレス　3, 18, 132, 395-401, 404, 405, 415-17, 419-422, 431, 434, 439, 452
アングル，ドミニク　104
アン女王　370
イプセン，ヘンリック　413
イベール，ジャック　114
イングルハート，ロナルド　418
ヴァルガス，ジェトゥリオ　225
ヴァロワ，ジョルジュ　201
ヴィーゼル，エリ　364
ヴィットーリオ・エマヌエーレ３世　213
ウィリアム２世　131
ウィルソン，ウッドロー　229
ヴィルヘルム１世　221
ヴィンセンティ，ウォルター　48
ウェッジウッド，エーリ　135
ヴェーバー，マックス　118-120, 125, 163, 164, 287, 421
ヴェブレン，ソースティン　101, 287
ウェルギリウス　402, 421
ウェルズ，デイヴィッド　74, 76
ヴェルディ，ジュゼッペ　113, 204
ヴォルシュレガー，ジャッキー　83
ヴォルテール　152, 402, 403, 410, 421, 452
ウルストンクラフト，メアリー　101
エアハルト，ルートヴィヒ　235
エイナウディ，ルイージ　234
エヴァンス，オリバー　50
エヴァンス，ハロルド　50
エジソン，トマス　51
エスペーホ，エウジェニオ　18
エラスムス，デジデリウス　150
エリオット，チャールズ　436
エリクソン，レイフ　89
エンゲルス，フリードリヒ　164, 175
オーウェル，ジョージ　99
オースティン，ジェーン　100
オズワルド，アンドルー　290, 336, 337
オバマ，バラク　349
オミダイア，ピエール　301
オランド，フランソワ　476

【カ行】

カストロ，フィデル　197
カスパロフ，ガルリ　457
カーライル，トマス　101
カルヴァン，ジャン　151
ガルブレイス，ジョン・ケネス　52
カンティロン，リチャード　159
カント，イマヌエル　259, 428, 449
ギッフェン，ロバート　72, 73
キャザー，ウィラ　27
キャメロン，デイヴィッド　302
キルケゴール，セーレン　153, 413

ギルシュ，ヘルベルト　234
キルビー，ジャック　41
キルヒナー，エルンスト・ルートヴィヒ　108
キング，ラリー　51
クチンスキー，ユルゲン　11
クーパー，ジョン　416
クライン，フェリックス　29
クラーク，グレゴリー　6
グラッドストーン，ウィリアム　71
クラフト，ロバート　46
クーリッジ，カルヴィン　203
クリング，アーノルド　372
クリントン，ビル　330
クルーガー，フランツ　108
グレイ，ヘンリー　36
グロス，ジョージ　108
クロック，レイ　420
クロフォード，ヘンリー　101
クロンマン，アンソニー　436
ケアリー，ジョイス　414
ゲイツ，ビル　285, 354, 420, 426
ケインズ，ジョン・メイナード　xi, 57, 58, 212, 218, 400, 470
ケストラー，アーサー　414
ゲーテ，ヨハン・ヴォルフガング・フォン　102
ケネディ，メイヴ　77
ケネディ，ジョン・F　320
ケルスス，プブリウス・ユウェンティウス　425
ゲーンズボロ，トマス　104
ココシュカ，オスカー　108
ゴッホ，ヴィンセント・ファン　107
コルテス，エルナン　410
コルベール，ジャン＝バティスト　240
コールリッジ，サミュエル　101
コンドルセ，ニコラ・ド　151
ゴンブリッチ，E・H　105

【サ行】

ザイペル，イグナーツ　224
ザカリア，ファリード　461
ザッカーバーグ，マーク　354, 364
サッチャー，マーガレット　243, 288, 345, 466
サミュエルソン，ポール　122
サラザール，アントニオ　224
サーリネン，エサ　60
サルガード，プリニオ　225
サン＝シモン，アンリ・ド　174
サンドバーグ，シェリル　354
シェイクスピア，ウィリアム　151, 409
ジェイコブズ，ジェイン　160
ジェファーソン，トマス　152, 153, 203, 410, 417, 421
ジェームズ1世　370
ジェームズ，ウィリアム　410, 421
シェリー，パーシー　96
シェリー，メアリー　96
ジェリコー，テオドール　104
ジェンティーレ，ジョヴァンニ　214
ジュダ，セオドア　50
シュトラウス，リヒャルト　112
シュピートホフ，アルトゥール　x
シューマン，ロベルト　111
シュリーマン，ハインリヒ　420
シュルツ，ニック　372
シュレーダー，ゲアハルト　239
シュンペーター，ヨーゼフ　x, xiii, 16, 17, 19, 31, 41, 53, 212, 305
ショー，バーナード　218
ジョブズ，スティーブ　391
ジョン王　130
ジョンソン，サミュエル　161
ジョンソン，ポール　3, 21, 148
ジョンソン，リンドン　467
ジンガレス，ルイジ　371
スカンディッツォ，パスクァーレ・ルシオ

419
スターリン，ヨシフ　79
スタンヘール，ジーヴ　223
ストラヴィンスキー，イーゴリ　46, 111, 115
ストリンガー，ハワード　461
ストーン，アーヴィング　414
スピーゲルマン，ウィラード　104
スミス，アダム　xiii, 15, 123, 136, 146, 147, 177, 333, 384
セイ，ジャン゠バティスト　152, 303
セネット，リチャード　417
セリグマン，マーティン　418
セルバンテス，ミゲル・デ　95, 151, 409
セン，アマルティア　405, 406, 417, 454, 466
ゾエガ，ジルフィ　299, 300, 303
ゾラ，エミール　102
ソレル，ジョルジュ　224
ソロス，ジョージ　420

【タ行】

ダヴィッド，ジャック゠ルイ　104
ターナー，J・M・W　105
チェッリーニ，ベンヴェヌート　150, 408
チャイコフスキー，ピョートル・イリイチ　114
チャーチル，ウィンストン　218
チャップリン，チャーリー　79
ディケンズ，チャールズ　70, 98, 99
ディズニー，ウォルト　370
ティトマス，リチャード　306
テイラー，マーク・C　109
ティール，ピーター　364, 457
デフォー，ダニエル　60, 95, 370
デューイ，ジョン　359, 360, 403, 404
デュルケーム，エミール　218
テンニース，フェルディナント　204, 218
トインビー，アーノルド　120
鄧小平　79
トクヴィル，アレクシ・ド　120, 143, 155, 454
ド・ゴール，シャルル　225
ドーミエ，オノレ　70
ドラクロワ，ウジェーヌ　104
トリリング，ライオネル　413, 436
ドルフース，エンゲルベルト　224
トンプソン，ハンター・S　319

【ナ行】

ナイト，フランク　xi, 56
ニーチェ，フリードリヒ　153, 412, 416, 421, 431, 439, 452
ニッケル，スティーヴン　266
ニュートン，アイザック　18, 40
ネーゲル，トマス　306, 416
ネルソン，リチャード　210
ノイス，ロバート　41
ノッケン，ウルリッヒ　221

【ハ行】

ハイエク，フリードリヒ　xi, 46, 48, 52, 58, 152, 181, 187–89, 191–96, 198, 221, 403, 420, 457, 467
ハイドン，ヨーゼフ　111
ハーヴェー，ウィリアム　18, 151
パウンド，エズラ　115
ハーグリーブズ，ジェームズ　20
バーザン，ジャック　148, 317, 436, 469
ハッチンズ，ロバート　436
バッハ，ヨハン・セバスティアン　22
ハッブル，エドウィン　362
バッラ，ジャコモ　108
バトラー，ニコラ・マレイ　436
バーナーズ゠リー，ティム　41
バフェット，ウォレン　420
バベッジ，チャールズ　41

バランシン，ジョージ　114
バール，アドルフ　354
バール，レイモン　234
バレス，モーリス　224
バーンスタイン，レナード　402
ピウス 11 世　207
ピコ・デラ・ミランドラ，ジョヴァンニ　150, 452
ビスマルク，オットー・フォン　221, 222, 233, 251, 376, 386, 453
ヒチコック，アルフレッド　362
ビーディー，アマル　355
ヒトラー，アドルフ　219, 222, 224, 230, 232, 251
ヒューム，デイヴィッド　146, 147, 152, 409, 421, 452
ファインマン，リチャード　169
フィリップス，A・W　78
フーヴァー，ハーバート　231, 258
フェラーロ，ジェラルディン　468
フォーゲル，ロバート　23
フォスター，E・M　202
フォード，ヘンリー　50
プッサン，ニコラ　104
ブッシュ，ジョージ・H・W　329, 368
ブッシュ，ジョージ・W　330, 379, 458, 460
プッチーニ，ジャコモ　114
プティパ，マリウス　114
ブラッドレー，オーウェン　49
ブラッドレー，ハロルド　49
プラトン　439
フランコ，フランシスコ　224
ブランチフラワー，デイヴィッド　290, 336, 337
ブルギニョン，フィリップ　306
ブルクハルト，ヤーコブ　167
ブルックス，デイヴィッド　409
ブルーム，ハロルド　408
ブレイク，ウィリアム　79, 101
フレミング，アレキサンダー　51
フロイト，ジークムント　206, 207, 421
ブローデル，フェルナン　3, 67
フロム，エーリヒ　287
ブロンテ，エミリー　97
ブロンテ，シャーロット　100
ペイン，トマス　202, 203, 428
ヘーゲル，ゲオルク・ヴィルヘルム・フリードリヒ　423
ペコラ，フェルディナンド　357
ベーコン，フランシス　18
ヘックマン，ジェームズ　435
ベートーヴェン，ルートヴィヒ・ヴァン　111
ベネディクト，ルース　287
ベラスケス，ディエゴ　104
ベルクソン，アンリ　412, 413, 416, 421, 439, 469
ペロン，ファン　225
ベンサム，ジェレミー　427, 428
ヘンリー，ウィリアム・アーネスト　410
ホイットマン，ウォルト　410
ボジロフ，ライチョ　311
ホックニー，デイヴィッド　vii
ホッパー，エドワード　362
ホッブズ，トマス　58
ポパー，カール　15
ボールトン，マシュー　22, 134

【マ行】

マイヨール，アリステッド　206
マクロスキー，ディアドラ　14
マーシャル，アルフレッド　84-86, 88
マスカーニ，ピエトロ　114
マズロー，アブラハム　404
マディソン，アンガス　6
マーティン，ピーター　136
マートン，ロバート　248
マルクス，カール　15, 58, 63, 163, 164,

171, 175, 182, 204, 434
マルコ・ポーロ　89
マルサス，トマス・ロバート　15
マン，トマス　102
ミークルジョン，アレクサンダー　436
ミーゼス，ルートヴィヒ・フォン　181–87, 189, 190, 195, 198
ミッテラン，フランソワ　358
ミュルダール，グンナー　85, 86, 88
ミヨー，ダリウス　114
ミラノヴィッチ，ブランコ　252
ミル，ジョン・スチュアート　136, 287
ミーンズ，ガーディナー　354
ムッソリーニ，ベニート　210, 212–19, 224, 251, 386
メイヤー，マリッサ　365
メルヴィル，ハーマン　102, 103
モキア，ジョエル　19
モーラス，シャルル　224
モンテーニュ，ミシェル・ド　151, 413, 431, 439

【ヤ行】

ユーゴー，ヴィクトル　69

【ラ行】

ライシュ，ロバート　94
ラヴェル，モーリス　114
ラプラス，ピエール＝シモン　18
ラマルティーヌ，アルフォンス・ド　112
ランゲ，オスカル　186
リー，マイケル　414
リカード，デイヴィッド　287
リーフェンシュタール，レニ　206
リョサ，バルガス　94
リンカーン，エイブラハム　83, 428
ルイ 14 世　240
ルイ＝フィリップ　69, 144, 175
ルーズヴェルト，セオドア　229
ルーズヴェルト，フランクリン　226, 227, 230, 467
ルソー，ジャン＝ジャック　428
ルター，マルティン　150, 452
レヴィ＝ストロース，クロード　287
レーウェンフック，アントニ・ファン　18
レオ 13 世　206, 224
レーガン，ロナルド　328, 329, 333
レーニン，V・I　169, 197, 467
レノルズ，ジュシュア　104
ローウェンスタイン，ルイス　355
ローウェンスタイン，ロジャー　355
ロストウ，ウォルト・W　10, 11, 15, 119, 236
ロダン，オーギュスト　109
ロック，ジョン　428
ロラン，クロード　104
ロールズ，ジョン　123, 259, 332, 404–06, 425, 427–35, 439–43, 449

【ワ行】

ワイルド，オスカー　202
ワーグナー，リヒャルト　111, 113, 178, 204, 209
ワット，ジェイムズ　22, 134

年表　モダニズムとモダニティ

古代

50万年前　住居の建設が広がる。調理や暖をとるために火の使用。

前35000　ハゲワシの骨からフルートが作られる（南ドイツの洞窟）。

前10000　石英の刃を持つ木製のナイフの使用（パレスチナ）。

前7500　ジェリコで機織り、築城、穀物栽培が行なわれる。

前6000　農業がマケドニア全域に広がる。

前3300　執筆、帆船、車輪つきの乗り物、家畜が動かす農機具（鋤）がシュメールで使われ始める。

前2400　シュメール王が王国内での債務救済を宣言し、政治的な立場から初めて「自由」に言及する。

前1760　バビロニアのハンムラビ法典が私有財産に言及。

前1500頃　エジプトでガラスの技術と産業が発達する。エジプトのガラス玉が主要な交易品になる。

前450頃　ソクラテスの西洋哲学誕生。弟子のプラトンと共に、哲学や政治や経営に関する疑問を探究する手段として対話を導入する。

前385　プラトンがアテネにアカデミーを設立。西洋で最初の高等教育機関となる。

前350頃　アリストテレスが、倫理学、美学、論理学、科学、政治学、形而上学から成る包括的な哲学体系を創造する。

前105　古代中国で紙が発明される。

中世初期　500-800 頃

後 500 頃　ギリシアの数学者、トラレスのアンテミオスがカメラ・オブスクラを使う。

800 頃　中国で火薬が発明されるが、イノベーションには結びつかず。

中世中期　800-1300 頃

1088 頃　活字印刷が使われていたことが『夢渓筆談』に書かれている。

1215　イングランドのジョン王がマグナ・カルタ（大憲章）を制定し、国王の専制に対抗する権利が初めて認められる。

1282　製紙の機械化（アラゴン王国シャティバ）。

中世後期　1300-1500 頃

1400 頃　ハンザ同盟の交易路やシルクロードを通じて貿易の範囲が広がる。

1444 頃　グーテンベルクの印刷機の誕生。

1445　グーテンベルクの印刷機によるグーテンベルク聖書の大量生産。多数が聖書を初めて読めるようになる。

1480 頃　ポルトガルによる天体観測用のアストロラーベを使ったアフリカ周航。

1486　ジョヴァンニ・ピコ・デッラ・ミランドラがルネサンスの宣言書と評価される『人間の尊厳について』を著し、人間の創造性を主張。

1492　コロンブスが西周り航路を開拓。

近代初期　1500-1815 頃

1400 年代後期-1500 年代　ピコが人間の創造性を、エラスムスが無限の可能性を、ルターがキリスト教徒による聖書の自由な読解を主張。近代（1500-2000 年）が幕開け。

1500　ハンザ同盟の交易路やシルクロードや遠洋航路を通じて外国貿易が拡大。

1509　エラスムス『愚神礼賛』がパリで初版。

1517　ルター、「95カ条の論題」を提示し、宗教実践における個人の役割の拡大を要求。

1540年代　カルヴァン主義が、世俗的職業に宗教的価値があると見なし、神性の拡大を認める。

1553　自由思想への反動。血液の循環について語った最初のヨーロッパ人、ミシェル・セルベトゥスが、ジョン・カルヴァンとジュネーブ市政府委員会によって異端として焚刑に処される。

1580　ミシェル・ド・モンテーニュ『エセー』、パリで初版。内面生活をたどり、「生成」すなわち個人的成長を語る。

1600　ジョルダーノ・ブルーノ（天文学の先駆）がやはり異端として焚刑に処される。

1600–1760　バロックの作曲家が調性音楽の土台を築く。

1603　シェイクスピア、『ハムレット』の草稿を出版。

1614　ミゲル・デ・セルバンテス『ドン・キホーテ』出版。

1620　フランシス・ベーコン『ノヴム・オルガヌム』が新論理を展開、近代科学的手法の発展。

1628　ウィリアム・ハーヴェーが血液循環を推論、西洋医学の幕開け。

1688　イングランドで名誉革命。議会とオラニエ公ウィレムが国王ジェームズ二世を追放。

1689　権利の章典によって、マグナ・カルタの権利が初めて発効。

1698　ジョン・キャステイング（ロンドンのコーヒーハウスを拠点にするブローカー）が、株式や商品の価格表を初めて掲示。ここからロンドン証券取引所が始まる。

1719　ダニエル・デフォー『ロビンソン・クルーソー』、ロンドンで出版。

1740　デイヴィッド・ヒューム『人間本性論』出版。

1748　デイヴィッド・ヒューム『人間悟性論』出版。知識増大を論じる。

1750年代　ジャック＝ルイ・ダヴィッド、トマス・ゲインズバラ、ジョシュア・レイノルズの新古典主義芸術。

1750–1810　英国で賃金が低下。

1759　アダム・スミス『道徳情操論』、ロンドンで初版。

1759　ヴォルテールの『カンディード』、フランスで初版。個人の進取の気性を賛美。

1760年代　アダム・スミス『法学講義』となる講義を行なう。

1776　ジェームズ・ワット、英国の工場に初めて蒸気エンジンを導入。

1776　トマス・ペイン『コモン・センス』、英国支配は米国の繁栄の障害と主張。

1776　米国独立宣言が、自治権、「幸福追求」権を主張。

1776　アダム・スミス『国富論』、ロンドンで初版。

1781　イマヌエル・カント『純粋理性批判』、理性と経験の密な関係を論じる。

1785　イマヌエル・カント『道徳形而上学原論』、人間を目的ではなく手段とするホッブスやスミスの自由概念を拒絶。

1780年代　鋳物がコート・アンド・ジェリコ製鉄所で銑鉄が改良される。

1787　米国合衆国憲法に契約条項が追加される。

1788　米国合衆国憲法に基づき上下両院が創設、財産要件を満たす全男性に連邦投票権を付与。

1789　フランス革命が始まる。

1791　ポーランド・リトアニア共和国憲法、市民と貴族の政治的平等を求める。

1792　ウォールストリートで最初の危機が発生。

1792　メアリー・ウルストンクラフト、『女性の権利の擁護』執筆。

1796–1797　英国と米国で金融パニックが発生する。

1803　ベートーヴェンの交響曲第二番、試練の連続を表現。

1803　ジャン゠バティスト・セイ、『経済学概論』をパリで出版し、企業家とレントシーカーを対比。

1804　ウィリアム・ブレイクが「暗い悪魔のような工場」について記す。当時はまだ少数。

1812　米国の投票権が無財産白人男性にも拡大。

1814　ナポレオン第一帝政の後、ブルボン家による王政復古。

近代中期　1815-1940頃

1815　ナポレオン戦争、1812年戦争（英米戦争）終結。英国で近代経済誕生。

1815　英国で労働者一人当たりの生産量が「テイクオフ」、世界初の近代経済国家となる。

1818　メアリー・シェリー『フランケンシュタイン、あるいは現代のプロメテウス』、ロンドンで出版。

1819　米国最高裁、ダートマス大学事件で全法人の権利を認め、新州法による特許状書き換えを認めず。

1819　米国で金融パニック。

1820　米国で労働者一人当たりの生産量が「テイクオフ」、第二の近代経済国家となる。

1820　パーシー・ビッシュ・シェリー、『鎖を解かれたプロメテウス』出版。

1820-1840年代　ドイツで賃金低下。

1821　ヘーゲル、『法哲学講義』をベルリンで出版。自己実現のための創造的活動――「世界に影響をおよぼす」――にはルールが必要と説く。

1820年代　英国でイノベーションが席巻、賃金がテイクオフ。ドイツの賃金低下は1848年まで続く。

1820年代　フランス絵画のロマン派活動が始まる。

1823　サミュエル・ブラウンが、初の実用的内燃機関の特許取得。

1824　ベートーヴェンの交響曲第9番、ウィーンで初演。狂乱や混沌を劇的に表現。

1830年代　英国に続きフランスとベルギーで一人当たり生産高が持続的成長を始める。

1830-1860年代　英国の一人当たり生産高が大きく増加。

1830　マサチューセッツ州議会、運河、大学等の公共事業以外にまで許認可範囲を拡大。
1830　フランス七月革命。ブルボン朝シャルル十世に代わりルイ・フィリップが即位。
1830　ベルギー革命によって議会制民主主義が確立。
1830　フランスとベルギーで一人当たり生産高が「テイクオフ」。
1832　英国選挙制度改正法により、下院投票権が財産資格のない男性に拡大、都市部にも議席配分。
1833　奴隷制度廃止法、英帝国内の奴隷を解放。
1833　債務者の連邦刑務所への収監が廃止（米国）。
1835　アレクシス・ド・トクヴィル『米国の民主政治』、フランスで初版。
1836　ニューヨークのリバティ・ストリートを描いたリトグラフ（描かれた9社のうち4社が5年以内に破産）。
1836　サミュエル・コルトがリボルバーを導入。
1836　サミュエル・モールスが電信システムとモールス信号を開発。
1837　コネチカット州、法的措置なしの会社法人化を認める。
1837　米国で金融パニック。
1839　ディケンズ『オリバー・ツイスト』、ロンドンで出版。
1841　米国1841年破産法、債務不履行の罰則を緩和、1843年に廃止。
1842　ウィーン楽友協会設立。ウィーン交響楽団を支援。
1842　ニューヨーク・フィルハーモニー交響楽団が創設。
1843　セーレン・キルケゴール、『あれか、これか』をコペンハーゲンで仮名で出版、大きな決断の必要性を語る。
1844　英国ジョイント・ストック・カンパニー法が法人組織化を認める（有限責任はなし）。
1844　画家J・M・W・ターナー『雨、蒸気、速度』を発表。
1846　ヨーロッパで金融パニック。
1847　エミリー・ブロンテ、『嵐が丘』をエリス・ベル名義で出版。
1847　シャーロット・ブロンテ『ジェーン・エア』、ロンドンで出版。

1848　フランス王ルイ・フィリップ、王位を奪われ、全土で民衆蜂起。
1848　カール・マルクス、フリードリヒ・エンゲルス『共産党宣言』出版。
1851　ハーマン・メルヴィル『白鯨』、ニューヨークで出版。
1852　ロベルト・シューマン『マンフレッド』、ライプチヒで初演。
1854　フランツ・リスト『前奏曲』、ワイマールで初演。
1854　チャールズ・ディケンズ『ハード・タイムズ』、ロンドンで出版。
1856　1856年ジョイント・ストック・カンパニー法（英国)、法人に有限責任を与える。
1857　ハーマン・メルヴィル『詐欺師』、ニューヨークで出版。
1857　ヨーロッパと米国で金融パニック。
1858　チャールズ・ディケンズ『デイヴィッド・コパフィールド』、ロンドンで出版。
1859　サミュエル・スマイルズ『自助論』、ロンドンで出版。
1863　チャールズ・ダーウィン『種の起源』、遺伝的変異種は「偶然」の自然淘汰によると主張。
1863　エイブラハム・リンカーン、奴隷解放宣言。
1863　フランス、有限責任会社の設立を認める。
1864　フョードル・ドストエフスキー『地下室の手記』、ロシアで出版。
1866　ドイツ国家連合、オーストリア帝国下での連合を失う。
1867　米国1867年破産法、債務不履行の罰則を緩和。同法は1878年に廃止。
1869　債務者法が債務者の拘禁を禁止（英国)。
1870　芸術の「ハイモダニズム」が始まり、1940年まで続く。
1870　米国で投票権が白人以外の男性にも拡大。
1870　有限責任会社の設立がドイツで認められる。
1870　西欧諸国の一人当たり生産高が1820年レベルより63%上昇。米国では95%上昇。
1870–1940年代　絵画のハイモダニズム時代。
1871　ビスマルクがヴィルヘルム一世のもとでドイツ諸邦とプロイセンを

統一。

1872　ニーチェ、『悲劇の誕生』を出版。

1873　ヨーロッパと米国で金融パニック。

1876　マーク・トウェイン、『トム・ソーヤーの冒険』を米国で出版。

1876　リヒャルト・ワーグナー、『ニーベルングの指環』をバイロイト音楽祭で初演。

1880　フョードル・ドストエフスキー、『カラマーゾフの兄弟』を出版。

1887　社会学者フェルディナント・テンニース、『ゲマインシャフトとゲゼルシャフト』をドイツで出版。

1888　ヴィンセント・ファン・ゴッホ、『夕日と種まく人』『タラスコンへの道を行く画家』『夜のカフェテラス』を発表。

1893　ヨーロッパと米国で金融パニック。米国の失業率は1893-1898年で12%以上。

1894　エドワード・マイブリッジの連続写真実験に触発され、エジソンがキネトスコープ・パーラーで最初の映画上映。

1898　米国1898年破産法、会社更生手続の申請を可能とする。

1900　ドイツの50の町が都市の資格を認められる（1800年には4都市）。

1901　トーマス・マン、『ブッデンブローク家の人々』をドイツで出版。

1902　ランサム・オールズのオールズモビル社、組立ラインによる自動車の大量生産を開始。

1902　アルノルト・シェーンベルク、『浄夜』をウィーンで初演。

1907　アンリ・ベルクソン、『創造的進化』をパリで出版。4年後の英訳版は大きな反響を呼ぶ。

1910年代　フランツ・カフカ、『審判』『流刑地にて』『城』を執筆。全体主義と階層社会の息苦しさを描く。

1912　未来派のジャコモ・バッラ、『鎖につながれた犬のダイナミズム』を発表。

1912　ヨーゼフ・シュンペーターの代表作『経済発展の理論』がライプチヒで出版（英版は1934年）。

1913–1915　画家のエルンスト・ルートヴィヒ・キルヒナー、連作『ベルリンの通りの眺め』を発表。
1913　イーゴリ・ストラヴィンスキー、『春の祭典』をパリで初演。
1914　ヘンリー・フォードの組立ライン、T型を1時間33分で製造。
1919　ヴァルター・グロピウス、ワイマールにバウハウスを創立。
1919　ルートヴィヒ・フォン・ミーゼス、『Nations, State and Economy』をウィーンで出版。
1920　ほとんどの米国人が都市で暮らすようになる。
1920　米国で女性に投票権。
1921　ジョン・メイナード・ケインズ、『確率論』を出版。
1921　フランク・ナイト、『危険・不確実性および利潤』を出版。
1922　ル・コルビュジエ、「現代都市」プランを発表。
1922　マックス・ヴェーバー『経済と社会』が没後に出版。
1922　ルートヴィヒ・フォン・ミーゼス、『社会主義——経済学的・社会学的分析』を出版。
1923　C・S・パース、『偶然・愛・論理』を出版。
1927　ヴェルナー・ハイゼンベルクの論文『量子論的運動学および力学の知覚的内容について』が不確定性原理の端緒となる。
1927　世界初のトーキー『ジャズ・シンガー』上映。
1930　ジークムント・フロイト、『文明への不満』をドイツで出版。
1930　P・T・ファーンズワースがテレビの特許を取得。第二次世界大戦の影響で米国では1948年まで普及せず。
1931　フリッツ・ラング監督『M』上映。
1933　ジョージ・バランシンとリンカーン・カースティン、ニューヨークシティ・バレエを結成。
1935　フランク・ロイド・ライト、落水荘を完成。
1935–38　アルフレッド・ヒチコック『三十九階段』『バルカン超特急』、人間の世界への無知を表現。
1935　フリードリヒ・ハイエク編集の『集散主義的経済計画』がロンドン

で出版。

1935　オスカー・モルゲンシュテルン、『完全予見と経済均衡』を『経済学ジャーナル』に発表。

1936　ジョン・メイナード・ケインズ、『一般理論』初版。

1937　チャーリー・チャップリンの『モダン・タイムス』が組立ラインを風刺。

1938　ジャン＝ポール・サルトル、『嘔吐』をパリで出版。

1939　レイモンド・チャンドラー、『大いなる眠り』を出版。

1940年代　ロバート・マートン、「意図せざる結果」、および規範の「潜在的機能」という概念を導入。

1940　チャールズ・アイヴズによる1906年作曲の『答のない質問』が発表、演奏。

近代後期　1941頃–現在

1944　フリードリヒ・ハイエク、『隷属への道』をロンドンで出版。

1945　カール・ポパー、『開かれた社会とその敵』をロンドンで出版。

1951　ルートヴィヒ・ミース・ファン・デル・ローエ、ファーンズワース邸竣工。

1953　サミュエル・ベケット、『ゴドーを待ちながら』を執筆。近代の不安を超現実的に描く。

1955　陸運会社のオーナーだったマルコム・マクリーンが、エンジニアのキース・タントリンガーとコンテナ設計を完成、設計特許を産業界に提供。

1957　カール・ポパー、『歴史主義の貧困』をロンドンで出版。

1958　マイケル・ポランニー、『個人的知識』（1951–52年の講義）を出版。

1960年代　ハロルド・ピンターの劇『かすかな痛み』、人間の社会への無知を描く。

1961　フリードリヒ・ハイエク、『「依存効果」の無内容』を出版。

1961　ジェイン・ジェイコブズ、『アメリカ大都市の死と生』を出版。

1966　トム・ストッパードの戯曲『ローゼンクランツとギルデンスターンは死んだ』が、人は誰も地位の制約を受けることを示唆する。
1968　フリードリヒ・ハイエク、『発見の手続としての競争過程』を出版。
1969　ジェイン・ジェイコブズ、『都市の原理』を出版。
1970　『雇用とインフレーションのマクロ経済的基礎』(エドマンド・フェルプス企画の会が基)、雇用の決定に賃金や価格予想を導入。
1989　トーマス・ネーゲル、『どこからでもないところからの眺め』を出版。
1991　ポール・ジョンソン、『近代の誕生』を出版。
1992　1990年代初めにプロトコルを開発した後、ネットスケープ社が新規株式公開を行なう。インターネットの普及開始。
2006　エドマンド・フェルプスがノーベル賞受賞講演（ダイナミズムの経済について）。
2006　研究会議「大陸経済のパフォーマンスの見通し」でエドマンド・フェルプスが報告。経済的価値観の国家間の相違が生産性や雇用の相違を説明すると論じる。
2007　ロマン・フライドマンとマイケル・ゴールドバーグ、『不完全知識の経済学』を出版。
2008　アマル・ビーディー、『大胆な経済』を出版。
2009　マーク・C・テイラー、『よそからの野帳』が近代の生を考察。
2011　マーティン・セリグマン、『ポジティブ心理学の挑戦』を出版。

参考文献

Abelshauser, Werner. "The First Post-Liberal Nation: Stages in the Development of Modern Corporatism in Germany." *European History Quarterly* 14, no. 3 (1984): 285–318.

Abramovitz, Moses. "Resource and Output Trends in the United States since 1870." *American Economic Review* 46 (1956): 1–23.

Aghion, Philippe, and Enisse Kharroubi. "Stabilization Policies and Economic Growth," in Roman Frydman and Edmund Phelps (eds.), *Rethinking Expectations: The Way Forward for Macroeconomics*. Princeton, N.J.: Princeton University Press, 2013.

Alda, Alan. *Things I Overheard While Talking to Myself*. New York: Random House, 2007.

Allen, Robert C. "The Great Divergence in European Wages and Prices." *Explorations in Economic History* 38 (2001): 411–447.

Ammous, Saifedean, and Edmund Phelps. "Climate Change, the Knowledge Problem and the Good Life." Working Paper 42, Center on Capitalism and Society, Columbia University, New York, September 2009.

———. "Blaming Capitalism for the Ills of Corporatism," *Project Syndicate*, January 31, 2012. http://www.project-syndicate.org/commentary/blaming-capitalism-for-corporatism.

Andrews, Malcolm. *Dickens on England and the English*. Hassocks, Sussex: Harvester, 1979.

Aristotle. *Aristotle: Nicomachean Ethics*, edited by Terence Irwin. Indianapolis, Ind.: Hackett Publishing, 2nd edition, 1999.

Arnold, Matthew. *The Function of Criticism*. London: Macmillan, 1895.

Austen, Jane. *Sense and Sensibility*. London: Thomas Egerton, 1811.

———. *Mansfield Park*. London: Thomas Egerton, 1814.

Bairoch, Paul. "Wages as an Indicator of Gross National Product," in Peter Scholliers (ed.), *Real Wages in 19th and 20th Century Europe: Historical and Comparative Perspectives*. New York: Berg, 1989.

Balas, Aron, Rafael La Porta, Florencio Lopez-de-Silanes, and Andre Shleifer. "The Divergence of Legal Procedures." *American Economic Journal: Economic Policy* 1, no. 2 (2009): 138–162.

Balleisen, Edward J. *Navigating Failure: Bankruptcy and Commercial Society in Antebellum America*. Chapel Hill: University of North Carolina, 2001.

Banfield, Edward C. *The Moral Basis of a Backward Society*. New York: Basic Books, 1958.

Barzun, Jacques. "From the Nineteenth Century to the Twentieth," in Contemporary Civilization Staff of Columbia College (eds.), *Chapters in Western Civilization*, vol. II. New York: Columbia University Press, 3rd edition, 1962.

———. *A Stroll with William James*. New York: Harper, 1983.

———. *From Dawn to Decadence: 500 Years of Western Cultural Life*. New York: Harper Perennial, 2001.

Bekker, Immanuel. *Aristotelis Opera edidit Academia Regia Borussica*. Berlin, 1831–1870.

Bentolila, Samuel, and Giuseppe Bertola. "Firing Costs and Labour Demand: How Bad Is Eurosclerosis?" *Review of Economic Studies* 57, no. 3 (1990): 381–402.

Berghahn, V. R. "Corporatism in Germany in Historical Perspective," in Andrew W. Cox and Noel O'Sullivan (eds.), *The Corporate State: Corporatism and the State Tradition in Western Europe*. Aldershot, U.K.: Edward Elgar, 1988.

Bergson, Henri. *Creative Evolution*. New York: Henry Holt, 1911.

Berle, Adolf, and Gardiner Means. *The Modern Corporation and Private Property*. New York: Transaction Publishers, 1932.

Bhidé, Amar. "The Hidden Costs of Stock Market Liquidity." *Journal of Financial Economics* 34 (1993): 31–51.

———. *The Venturesome Economy*. Princeton, N.J.: Princeton University Press, 2008.

Bhidé, Amar, and Edmund S. Phelps. "More Harm Than Good: How the IMF's Business Model Sabotages Properly Functioning Capitalism," *Newsweek International*, July 11, 2011, p. 18.

Blanchflower, David, and Andrew J. Oswald. "Well-Being, Insecurity and the Decline of American Job Satisfaction." Working Paper, National Bureau of Economic Research, Cambridge, Mass., 1999.

Bloom, Harold. *The Visionary Company: A Reading of English Romantic Poetry*. New York: Doubleday, 1961.

———. *The Western Canon: The Books and Schools of the Ages*. New York: Penguin Putnam, 1994.

———. *Shakespeare: The Invention of the Human*. New York: Riverhead Books, 1998.

Bodenhorn, Howard. *A History of Banking in Antebellum America: Financial Markets and Economic Development in an Era of Nation-Building*. Cambridge: Cambridge University Press, 2000.

Bojilov, Raicho, and Edmund S. Phelps. "Job Satisfaction: The Effects of Two Economic Cultures." Working Paper 78, Center on Capitalism and Society, Columbia University, New York, September 2012.

Boulding, Kenneth. *Beyond Economics: Essays on Society, Religion, and Ethics*. Ann Arbor: University of Michigan Press, 1968.

Bourguignon, Philippe. "Deux éducations, deux cultures," in Jean-Marie Chevalier and Jacques Mistral (eds.), *Le Cercle des economistes: L'Europe et les États-Unis*. Paris: Descartes et Cie, 2006.

Bradshaw, David J., and Suzanne Ozment. *The Voices of Toil: Nineteenth-Century British Writings about Work*. Athens, Ohio: Ohio University Press, 2000.

Brands, H. W. *American Colossus: The Triumph of Capitalism, 1865–1900*. New York: Doubleday, 2010.

Brass, Dick. "Microsoft's Creative Destruction." *New York Times*, February 4, 2010, p. A27.

Braudel, Fernand. *The Mediterranean and the Mediterranean World in the Age of Philip II*, vol. 2. New York: Harper and Row, 1972.

Brontë, Charlotte. *Jane Eyre*. London: Smith, Elder, and Company, 1847.

Brontë, Emily. *Wuthering Heights*. London: Thomas Cautley Newby, 1847.

Caldwell, Christopher. "The New Battle for the Old Soul of the Republican Party." *Financial Times*, February 24, 2012, p. 9.

Calvin, John. *Institutio Christianae Religionis* (Institutes of Christian Religion). Geneva: Robert Estienne, 1559.

Cantillon, Richard. *Essai sur la Nature du Commerce en Général*. London: Fletcher Gyles, 1755.

Caron, François. *An Economic History of Modern France*, translated by Barbara Bray. London: Methuen, 1979.

Cary, Joyce. *The Horse's Mouth*. New York: Harper, 1944.

Cassirer, Ernst. "Giovanni Pico della Mirandola: A Study in the History of Renaissance Ideas." *Journal of the History of Ideas* 3, no. 3 (1942): 319–346.

Casson, Mark. "Entrepreneurship," in Mark Casson (ed.), *International Library of Critical*

Writings in Economics, vol. 13. Aldershot, U.K.: Edward Elgar, 1990.

Cather, Willa. *Death Comes for the Archbishop*. New York: Alfred A. Knopf, 1927.

Cellini, Benvenuto. *The Autobiography of Benvenuto Cellini*. New York: Alfred A. Knopf, 2010.

Cervantes, Miguel de. *Don Quixote*. Madrid: Juan de la Cuesta, 1605–1620.

Chandler, Alfred D., Jr. *Strategy and Structure: Chapters in the History of the American Industrial Enterprise*. Cambridge, Mass.: MIT Press, 1962.

——. *The Visible Hand: The Managerial Revolution in American Business*. Cambridge, Mass.: Harvard University Press, 1977.

——. *The Coming of Managerial Capitalism*. New York: Richard D. Irwin, 1985.

——. *Scale and Scope: The Dynamics of Industrial Capitalism*. Cambridge, Mass.: Harvard University Press, 1990.

Christiansen, G. B., and R. H. Haveman. "Government Regulations and Their Impact on the Economy." *Annals of the American Academy of Political and Social Science* 459, no. 1 (1982): 112–122.

Clark, Gregory. "The Long March of History: Population and Economic Growth." Working Paper 05-40, University of California, Davis, 2005.

——. *A Farewell to Alms: A Brief Economic History of the World*. Princeton, N.J.: Princeton University Press, 2007.

Coke, Edward. *The Second [Third and Fourth] Part[s] of the Institutes of the Laws of England*. London: Printed for E. and R. Brooke, 1797 (first written 1641).

Conard, Nicholas J., Maria Malina, and Susanne C. Münzel. "New Flutes Document the Earliest Musical Tradition in Southwestern Germany." *Nature* 460 (2009): 737–740.

Coolidge, Calvin. "Address to the American Society of Newspaper Editors, Washington, D.C.," January 17, 1925. Online by Gerhard Peters and John T. Woolley, The American Presidency Project. http://www.presidency.ucsb.edu/ws/?pid=24180.

Cooper, John M. *Reason and the Human Good in Aristotle*. Cambridge, Mass.: Harvard University Press, 1975.

Crafts, N.F.R. "British Economic Growth, 1700–1831: A Review of the Evidence." *Economic History Review* 36, no. 2 (1983): 177–199.

Crooks, Ed. "US 'Creative Destruction' out of Steam." *Financial Times*, December 12, 2011.

Dahlhaus, Carl. *Nineteenth-Century Music*. Berkeley: University of California, 1989.

David, Paul A. "The Growth of Real Product in the United States before 1840: New

Evidence, Controlled Conjectures." *Journal of Economic History* 27, no. 2 (1967): 151–197.

Defoe, Daniel. *Robinson Crusoe*. London: W. Taylor, 1719.

———. *Moll Flanders*. London: W. Taylor, 1721.

Demsetz, Harold. "Toward a Theory of Property Rights II: The Competition between Private and Collective Ownership." *Journal of Legal Studies* (June 2002): 668.

Denning, Peter J., and Robert Dunham. *The Innovator's Way: Essential Practices for Successful Innovation*. Cambridge, Mass.: MIT Press, 2010.

Dewey, John. *Human Nature and Conduct*. New York: Holt, 1922.

———. "The House Divided against Itself." *New Republic*, April 24, 1929, pp. 270–271.

———. *Individualism Old and New*. New York: Minton, Balch, and Company, 1930.

———. *Experience and Education*. New York: Simon and Schuster, 1938.

Diamond, Jared M. *Guns, Germs, and Steel: The Fates of Human Societies*. New York: W. W. Norton, 1997.

Dickens, Charles. *Sketches by Boz*. London: John Macrone, 1836.

———. *Oliver Twist*. London: Richard Bentley, 1837.

———. *David Copperfield*. London: Bradbury and Evans, 1850.

———. *Hard Times*. London: Bradbury and Evans, 1854.

———. *Speeches, Letters and Sayings*. New York: Harper, 1870.

———. *The Uncommercial Traveler and Reprinted Pieces*. Philadelphia: John D. Morris, 1900.

Dods, Marcus. *Erasmus, and Other Essays*. London: Hodder and Stoughton, 1891.

DuBois, Armand Budington. *The English Business Company after the Bubble Act, 1720–1800*. New York: Octagon, 1971.

Edlund, Lena. "Big Ideas." *Milken Institute Review* 13, no. 1 (2011): 89–94.

Eggertsson, Thrainn. *Imperfect Institutions: Possibilities and Limits for Reform*. Ann Arbor: University of Michigan Press, 2006.

Erhard, Ludwig. *Wohlstand für Alle*. Dusseldorf: Econ-Verlag, 1957.

———. *Prosperity through Competition*. New York: Praeger, 1958.

Evans, Harold. *They Made America*. New York: Little Brown, 2004.

———. "Eureka: A Lecture on Innovation." Lecture given at the Royal Society of Arts, London, March 2011.

Ferguson, Adam. *Essay on the History of Civil Society*. Dublin: Grierson, 1767.

Ferraro, Geraldine. "Inspiration from the Land Where Dreams Come True." Speech, San

Francisco, July 19, 1984. Available at http://www.cnn.com/ALLPOLITICS/1996/conventions/chicago/facts/famous.speeches/ferraro.84.shtml.

Finley, M. I. *The Ancient Economy*. Berkeley: University of California Press, 1999.

Fitoussi, Jean-Paul, and Edmund S. Phelps. *The Slump in Europe*. Oxford: Blackwell, 1988.

Fogel, Robert William. *Railroads and American Economic Growth: Essays in Econometric History*. Baltimore: Johns Hopkins University Press, 1964.

Foster, John Bellamy, Robert W. McChesney, and Jamil Jonna. "Monopoly and Competition in Twenty-First Century Capitalism." *Monthly Review* 62, no. 11 (2011): 1–23.

Foster-Hahn, Francoise, Claude Keisch, Peter-Klaus Schuster, and Angelika Wesenberg. *Spirit of an Age: Nineteenth-Century Paintings from the Nationalgalerie*, Berlin. London: National Gallery, 2001.

Freud, Sigmund. *Das Unbehagen in der Kultur*. Vienna: Internationaler Psychoanalytischer Verlag, 1930.

———. *Civilization and Its Discontents*, translated by James Strachey. New York: W. W. Norton, 1989.

Fry, Stephen. "Lady Gaga Takes Tea with Mr Fry." *Financial Times* (London), May 27, 2011, p. 12.

Frydman, Roman, and Michael Goldberg. *Imperfect Knowledge Economics: Exchange Rates and Risk*. Princeton: Princeton University Press, 2007.

Frydman, Roman, Marek Hessel, and Andrzej Rapaczynski. "When Does Privatization Work?" *Quarterly Journal of Economics* (1999): 1153–1191.

Geddes, Rick, and Dean Lueck. "Gains from Self-Ownership and the Expansion of Women's Rights." *American Economic Review* 92, no. 4 (2002): 63–83.

Gibbon, Edward. *The History of the Decline and Fall of the Roman Empire*. London: Strahan and Cadell, 1776–1789.

Giffen, Robert. "The Material Progress of Great Britain." Address before the Economic Sector of the British Association, London, 1887.

Gombrich, E. H. *The Story of Art*. London: Phaidon, 4th edition, 1951.

Gordon, Robert J. "U.S. Productivity Growth over the Past Century with a View to the Future." Working Paper 15834, National Bureau of Economic Research, Cambridge, Mass., March 2010.

———. "Is U.S. Economic Growth Over? Faltering Innovation Confronts the Six Headwinds." Working Paper 18315, National Bureau of Economic Research,

Cambridge, Mass., August 2012.

Gray, Henry. *Anatomy, Descriptive and Surgical*. Philadelphia: Blanchard and Lea, 2nd American edition, 1862.

Greenwald, Bruce C. N., and Judd Kahn. *Globalization: The Irrational Fear That Someone in China Will Take Your Job*. Hoboken, N.J.: John Wiley and Sons, 2009.

Groom, Brian. "War Hero Who Became Captain of British Industry." *Financial Times*, October 2–3, 2010, p. 7.

———. "Gloom and Boom." Books Section, *Financial Times*, October 2–3, 2010, p. 16.

Gwartney, James, Robert Lawson, and Joshua Hall. *Economic Freedom of the World: 2011 Annual Report*. Vancouver: Fraser Institute, 2011.

Hall, Robert, and Charles I. Jones. "Why Do Some Countries Produce So Much More Output per Worker Than Others?" *Quarterly Journal of Economics* 114, no. 1 (1999): 83–116.

Hansard, Thomas C. (ed.). *Hansard's Parliamentary Debates*. Third series, second volume of the session. London: Cornelius Buck, 1863.

Hayek, Friedrich. "The Trend of Economic Thinking." *Economica* 13 (1933): 127–137.

———. "Socialist Calculation: The State of the Debate," in Friedrich Hayek (ed.), *Collectivist Economic Planning; Critical Studies on the Possibilities of Socialism*. London: Routledge, 1935.

———. *The Road to Serfdom*. London: Routledge, 1944.

———. *Individualism and Economic Order*. Chicago: University of Chicago Press, 1948.

———. *The Counter-Revolution of Science; Studies on the Abuse of Reason*. Glencoe, Ill.: Free Press, 1952.

———. "The Non-Sequitur of the 'Dependence Effect.'" *Southern Economic Journal* 27 (1961): 346.

———. "Competition as a Discovery Procedure," in *New Studies in Philosophy, Politics, Economics and the History of Ideas*. Chicago: University of Chicago Press, 1978.

Heckman, James J., and Dimitriy V. Masterov. "The Productivity Argument for Investing in Young Children." *Applied Economic Perspectives and Policy* 29, no. 3 (2007): 446–493.

Henley, William Ernest. *Poems*. New York: Charles Scribner's Sons, 1898.

Hewlett, Sylvia Ann. *A Lesser Life: The Myth of Women's Liberation in America*. New York: Morrow, 1986.

Hicks, John. *A Theory of Economic History*. Oxford: Oxford University Press, 1969.

Hoon, Hian Teck, and Edmund Phelps. "Payroll Taxes and VAT in a Labor-Turnover

Model of the 'Natural Rate.'" *International Tax and Public Finance* 3 (June 1996): 185–201.

———. "Growth, Wealth and the Natural Rate: Is Europe's Jobs Crisis a Growth Crisis?" *European Economic Review* 41 (April 1997): 549–557.

———. "Effects of Technological Improvement in the ICT-Producing Sector on Business Activity." Columbia University Department of Economics Discussion Paper 0506-21, February 2006.

Howard, Philip K. *The Death of Common Sense: How Law Is Suffocating America*. New York: Random House, 1995.

———. *The Collapse of the Common Good: How America's Lawsuit Culture Undermines Our Freedom*. New York: Ballantine, 2001.

Hume, David. *A Treatise on Human Nature*. London: John Noon, 1739–1740.

———. *Philosophical Essays Concerning Human Understanding*. London: A. Millar, 1748. Subsequently republished as *An Enquiry Concerning Human Understanding*.

Huppert, Felicia A., and Timothy T. C. So. "What Percentage of People in Europe Are Flourishing and What Characterises Them?" Retrieved January 4, 2013, from www.isqols2009.istitutodeglinnocenti.it/Content_en/Huppert.pdf.

Ibison, David. "The Monday Interview: Carl-Henric Svanberg." *Financial Times*, October 1, 2006, p. 11.

Ibsen, Henrik. *Peer Gynt*, translated by Rolf Fjelde. Minneapolis: University of Minnesota Press, 1980.

Inglehart, Ronald, and Christian Welzel. *Modernization, Cultural Change, and Democracy: The Human Development Sequence*. Cambridge: Cambridge University Press, 2005.

Irving, Washington. *The Sketch Book of Geoffrey Crayon*, Gent. London: John Murray, 1820.

Jackman, Richard, Richard Layard, and Stephen Nickell. *Unemployment: Macroeconomic Performance and the Labour Market*. Oxford: Oxford University Press, 1991.

Jackson, R. V. "The Structure of Pay in Nineteenth-Century Britain." *Economic History Review* 40, no. 4 (1987): 561–570.

Jacobs, Jane. *The Death and Life of Great American Cities*. New York: Random House, 1961.

———. *The Economy of Cities*. New York: Random House, 1969.

James, Harold. *Europe Reborn*. Princeton, N.J.: Princeton University Press, 2009.

Jamison, Kay Redfield. *Exuberance: The Passion for Life*. New York: Alfred A. Knopf, 2004.

Jefferson, Thomas. *The Works of Thomas Jefferson*, vol. 2. New York: G. P. Putnam and Sons, 1904.

Johnson, Paul. *The Birth of the Modern: World Society 1815–1830*. New York: Harper Collins, 1991.

Jones, Jonathan. "Other Artists Paint Pictures, Turner Brings Them to Life." *Guardian*, May 6, 2009. Available at www.guardian.co.uk.

Karakacili, E. "English Agrarian Labour Productivity Rates before the Black Death: A Case Study." *Journal of Economic History* 64 (March 2004): 24–60.

Keats, John. *The Poems of John Keats*, edited by Jack Stillinger. Cambridge, Mass.: Belknap Press of Harvard University Press, 1978.

Kellaway, Lucy. "Jobs, Motherhood and Varieties of Wrong." *Financial Times*, July 29, 2012, p. 16.

Kennedy, Maev. "British Library Publishes Online Archive of 19th Century Newspapers." *Guardian*, June 18, 2009, p. 18.

Keynes, John Maynard. *A Treatise on Probability*. London: Macmillan, 1921.

———. *General Theory of Employment, Interest and Money*. London: Palgrave Macmillan, 1936.

———. "Economic Possibilities for Our Grandchildren," in *Essays in Persuasion*. New York: W. W. Norton, 1963.

Kindleberger, Charles Poor. *A Financial History of Western Europe*. New York: Oxford University Press, 1993.

Kirby, William C. "China Unincorporated: Company Law and Business Enterprise in 20th Century China." *Journal of Asian Studies* 54 (February 1995): 43–46.

Kling, Arnold, and Nick Schulz. "The New Commanding Heights." *National Affairs* 8 (Summer 2011): 3–19.

Knight, Frank. *Risk, Uncertainty and Profit*. Boston: Hart, Schaffner and Marx; Houghton Mifflin, 1921.

Koestler, Arthur. *The Act of Creation*. New York: Macmillan, 1964.

———. *The Sleepwalkers*. New York: Macmillan, 1968.

Kronman, Anthony T. *Education's End: Why Our Colleges and Universities Have Given Up on the Meaning of Life*. New Haven, Conn.: Yale University Press, 2007.

Krugman, Paul R. *Geography and Trade*. Cambridge, Mass.: MIT Press, 1992.

Kuczynski, Jürgen. *Labour Conditions in Western Europe*. London: F. Muller, 1937.

———. *A Short History of Labour Conditions under Industrial Capitalism*. London: F.

Muller, 1942–1945.

Kuznets, Simon. “Population Change and Aggregate Output,” in *Demographic and Economic Change in Developed Countries, a Conference of the Universities–National Bureau Committee for Economic Research*. Princeton, N.J.: Princeton University Press, 1960.

Lange, Oskar. “On the Economic Theory of Socialism,” in Oskar Lange, Benjamin E. Lippincott, and Frederick M. Taylor (eds.), *On the Economic Theory of Socialism*. Minneapolis: University of Minnesota Press, 1938.

Layard, Richard. *Happiness: Lessons from a New Science*. London: Penguin, 2007.

Layard, Richard, and Stephen Nickell. *Handbook of Labor Economics*. Amsterdam: North-Holland, 1999.

Leroux, Pierre. *De l'é galité ; pré cé dé de l'individualisme et du socialisme*. Paris: Slatkine, 1996.

Lincoln, Abraham. “Second Lecture on Discoveries and Inventions” (1859). In *Collected Works of Abraham Lincoln*, vol. 3. New Brunswick, N.J: Rutgers University Press, 1953, 356–363.

Lindert, Peter H., and Jeffrey G. Williamson. “English Workers' Living Standards during the Industrial Revolution: A New Look.” *Economic History Review* 36, no. 1 (1983): 1–25.

Lippmann, Walter. *The Good Society*. New York: Little Brown, 1936.

Litan, Robert E., and Carl J. Schramm. *Better Capitalism: Renewing the Entrepreneurial Strength of the American Economy*. New Haven, Conn.: Yale University Press, 2012.

Loasby, Brian J. *The Mind and Method of the Economist: A Critical Appraisal of Major Economists in the 20th Century*. Aldershot, U.K.: Edward Elgar, 1989.

Lovecraft, H. P. *The Dream-Quest of Unknown Kadath* (1926), in *At the Mountains of Madness and Other Novels*. Sauk City, Wisc.: Arkham House, 1964.

Lowenstein, Louis. *The Investor's Dilemma: How Mutual Funds Are Betraying Your Trust and What to Do about It*. Hoboken, N.J.: John Wiley and Sons, 2008.

Lubasz, Heinz. *Fascism: Three Major Regimes*. New York: John Wiley and Sons, 1973.

Maddison, Angus. *The World Economy: Historical Statistics*. Paris: OECD, 2006: table 1b, p. 439, and table 8c, p. 642.

Mann, Thomas. *Buddenbrooks*. Berlin: S. Fischer Verlag, 1901.

Marr, Andrew. *The Making of Modern Britain*. London: Macmillan, 2009.

Marshall, Alfred. *Elements of Economics*. London: Macmillan, 1892.

———. *Principles of Economics: An Introductory Volume*. London: Macmillan, 1938.

Marx, Karl. *Grundrisse der Kritik der politischen Ökonomie* (1858). Frankfurt: Europäische Verlagsanstalt, 1939–1941.

———. *Critique of the Gotha Program* (1875). Moscow: Moscow Foreign Languages Publishing House, 1947.

Marx, Karl, and Friedrich Engels. *The Communist Manifesto*. London: 1848.

Maslow, Abraham. "A Theory of Motivation." *Psychological Review* 50 (1943): 370–396.

Maugham, W. Somerset. "The Man Who Made His Mark." *Cosmopolitan*, June 1929.

Melville, Herman. *Moby-Dick*. New York: Harper and Brothers, 1851.

———. *The Confidence-Man*. New York: Dix, Edwards, 1857.

Mickelthwait, John, and Adrian Wooldridge. *The Company: A Short History of a Revolutionary Idea*. New York: Modern Library, 2003.

Milanović, Branko. *Liberalization and Entrepreneurship: Dynamics of Reform in Socialism and Capitalism*. Armonk, N.Y.: M. E. Sharpe, 1989.

Mill, John Stuart. "The Law of Partnership" (1851), in John M. Robson (ed.), *Essays on Economics and Society* Part II. London: Routledge and Kegan Paul, 1967.

Mises, Ludwig von. "Die Wirtschaftsrechnung im sozialistischen Gemeinwesen." *Archiv für Sozialwissenschaften und Socialpolitik* 47 (1920): 86–121.

———. *Die Gemeinwirtschaft: Untersuchungen über den Sozialismus*. Jena: Gustav Fischer Verlag, 1922.

———. "Economic Calculation in the Socialist Commonwealth," in Friedrich Hayek (ed.), *Collectivist Economic Planning; Critical Studies on the Possibilities of Socialism*. London: G. Routledge, 1935.

———. *Socialism: An Economic and Sociological Analysis*, translated by J. Kahane. London: Jonathan Cape, 1936.

Mokyr, Joel. "The Industrial Revolution and Modern Economic Growth." Max Weber Lecture given at the European University, San Domenico di Fiesole, Italy, March 2007. Revised June 2007.

———. "Intellectual Property Rights, the Industrial Revolution, and the Beginnings of Modern Economic Growth." *American Economic Review* 99, no. 2 (2009): 349–355.

Montaigne, Michel de. *Essais*. Paris: Garnier, 1962.

Morris, Charles. *The Dawn of Innovation: The First American Industrial Revolution*. New York: Public Affairs, 2012.

Muller, Jerry Z. *The Mind and the Market: Capitalism in Modern European Thought*. New

York: Alfred A. Knopf, 2002.

Mussolini, Benito. *Quatro Discorsi sullo Stato Corporativo*. Rome: Laboremus, 1935.

———. *Four Speeches on the Corporate State*. Rome: Laboremus, 1935.

Mynors, R.A.B. *Georgics by Virgil*. Oxford: Clarendon Press, 1990.

Myrdal, Gunnar. *The Political Element in the Development of Economic Theory*. London: Routledge and Kegan Paul, 1953.

Nagel, Thomas. "Aristotle on Eudaimonia." *Phronesis* 17, no. 3 (1972): 252–259.

———. "What Is It Like to Be a Bat?" *Philosophical Review* 83, no. 4 (1974): 435–450.

———. *The Possibility of Altruism*. Oxford: Oxford University Press, 1978.

Nelson, Richard. "How Medical Know-How Progresses." Working Paper 23, Center on Capitalism and Society, Columbia University, New York, January 2008.

Nicholls, A. J. "Hitler's Success and Weimar's Failure," in *Weimar and the Rise of Hitler*. Houndmills, Basingstoke, U.K.: Palgrave Macmillan, 1968.

Nickell, Stephen. "Fundamental Changes in the UK Labour Market." *Oxford Bulletin of Economics and Statistics* 63 (2001): 715–736.

Nietzsche, Friedrich. *Der Wille zur Macht*, edited by Heinrich Köselitz, Ernst Horneffer, and August Horneffer. Leipzig: Naumann, 1901.

———. *The Will to Power*, translated by Walter Kaufmann. New York: Vintage, 1968.

Nocken, Ulrich. "Corporatism and Pluralism in Modern German History," in Dirk Stegmann et al. (eds.), *Industrielle Gesellschaft und politisches System*. Bonn: Verlag Neue Gesellschaft, 1978.

OECD (Organisation for Economic Co-operation and Development). *Historical Statistics* 1960–81. Paris, 1983.

———. *The OECD Jobs Study: Facts, Analysis, Strategies*. Paris, 1994.

OECD (Organisation for Economic Co-operation and Development) and Jean-Philippe Cotis. *Going for Growth*: 2007. Paris, 2007.

Olson, Mancur. *The Rise and Decline of Nations*. New Haven, Conn.: Yale University Press, 1982.

Paganetto, Luigi, and Edmund S. Phelps. *Finance, Research, Education, and Growth*. Houndmills, Basingstoke, U.K.: Palgrave Macmillan, 2005.

Paine, Thomas. *Common Sense*. London: H. D. Symonds, 1792.

Paxton, Robert. *The Anatomy of Fascism*. New York: Alfred A. Knopf, 2004.

PBS. "The Planning Debate in New York, 1955–1975." *American Experience: New York Disc 7; People & Events. Television*.

Phelps, Edmund S. *Fiscal Neutrality toward Economic Growth*. New York: McGraw-Hill, 1965.

———. "Population Increase." *Canadian Journal of Economics* 1 (1968): 497–518.

———. "Taxation of Wage Income for Economic Justice." *Quarterly Journal of Economics* 87 (August 1973): 331–354.

———(ed.). *Altruism, Morality and Economic Theory*. New York: Basic Books, 1975.

———. "Arguments for Private Ownership," in *Annual Economic Outlook*. London: European Bank for Reconstruction and Development, 1993.

———. *Structural Slumps: The Modern Equilibrium Theory of Employment, Interest and Assets*. Cambridge, Mass.: Harvard University Press, 1994.

———. *Rewarding Work: How to Restore Participation and Self-Support to Free Enterprise*. Cambridge, Mass.: Harvard University Press, 1997 (2nd printing 2007).

———. "Behind This Structural Boom: The Role of Asset Valuations." *American Economic Review* (Papers and Proceedings) 89, no. 2 (1999): 63–68.

———. "The Importance of Inclusion and the Power of Job Subsidies to Increase It." *OECD Economic Studies* 31 (2000/2): 86–113.

———. "The Unproven Case for Tax Cuts." *Financial Times*, February 2, 2001, p. 13.

———. "Reflections on Parts III and IV," in Philippe Aghion, Joseph Stiglitz, Michael Woodford, and Roman Frydman (eds.), *Knowledge, Information, and Expectations in Modern Macroeconomics: In Honor of Edmund S. Phelps*. Princeton, N.J.: Princeton University Press, 2003.

———. "The Good Life and the Good Economy: The Humanist Perspective of Aristotle, the Pragmatists and Vitalists; And the Economic Justice of John Rawls," in Kaushik Basu and Ravi Kanbur (eds.), *Arguments for a Better World: Essays in Honor of Amartya Sen*. Oxford: Oxford University Press, 2008.

———. "Economic Culture and Economic Performance," in Hans-Werner Sinn and Edmund S. Phelps (eds.), *Perspectives on the Performance of the Continental Economies*. Cambridge, Mass.: MIT Press, 2011.

Phelps, Edmund S., and Richard R. Nelson. "Investment in Humans, Technological Diffusion, and Economic Growth." *American Economic Review* 56, no. 1–2 (1966): 69–75.

Phelps, Edmund S., and Robert Reich. Radio interview, National Public Radio, October 17, 2006.

Phelps, Edmund S., and Gylfi Zoega. "The Search for Routes to Better Economic

Performance in Continental Europe: The European Labour Markets." *CESifo Forum* 5, no. 1 (2004): 3–11.

———. "Entrepreneurship, Culture and Openness," in D. B. Audretsch, Robert J. Strom, and Robert Litan (eds.), *Entrepreneurship and Openness*. Cheltenham, U.K.: Edward Elgar, 2009.

———. "Job Satisfaction: The Effect of Modern-Capitalist and Corporatist Institutions." Working Paper 77, Center on Capitalism and Society, Columbia University, New York, December 2012.

Phillips, A. W. "The Relationship between Unemployment and the Rate of Change of Money Wage Rates in the United Kingdom, 1861–1957." *Economica* 25 (1958): 283–299.

Polanyí, Karl. *The Great Transformation*. New York: Farrar and Rinehart, 1944.

Polanyí, Michael. *Personal Knowledge: Towards a Post-Critical Philosophy*. Chicago: University of Chicago Press, 1958.

Popper, Karl R. *The Poverty of Historicism*. London: Routledge and Kegan Paul, 1957.

Prescott, Edward, and Stephen Parente. *Barriers to Riches*. Cambridge, Mass.: MIT Press, 2000.

Rapaczynski, Andrzej. *Nature and Politics: Liberalism in the Philosophies of Hobbes, Locke and Rousseau*. Ithaca, N.Y.: Cornell University Press, 1987.

Rawls, John. *A Theory of Justice*. Cambridge, Mass.: Harvard University Press, 1971.

———. *Justice as Fairness: A Restatement*, edited by Erin Kelly. Cambridge, Mass.: Harvard University Press, 2001.

Razzell, Peter, and Christine Spence. "The History of Infant, Child and Adult Mortality in London, 1550–1850." *London Journal* 32, no. 3 (2007): 271–292.

Robb, Richard. "Nietzsche and the Economics of Becoming." *Capitalism and Society* 4, no. 1 (2009).

Roh, Franz. "After Expressionism: Magic Realism," in Lois Parkinson Zamora and Wendy B. Faris (eds.), *Magical Realism: Theory, History, Community*. Durham, N.C.: Duke University Press, 1995.

Roland, Gérard. "Understanding Institutional Change: Fast-Moving and Slow-Moving Institutions." *Studies in Comparative International Development* 38, no. 4 (2004): 109–131.

Rosenberg, Nathan, and L. E. Birdzell. *How the West Grew Rich: The Economic Transformation of the Industrial World*. New York: Basic Books, 1986.

Rostow, W. W. *The Process of Economic Growth*. Oxford: Clarendon, 1953.

———. *The Stages of Economic Growth, a Non-Communist Manifesto*. Cambridge: Cambridge University Press, 1960.

Rothschild, Emma. *Economic Sentiments: Adam Smith, Condorcet, and the Enlightenment*. Cambridge, Mass.: Harvard University Press, 2001.

Rousseau, Jean-Jacques. *Émile, ou de l'Education*. Paris: Garnier-Flammarion, 1966.

Rylance, Rick. "Getting on," in Heather Glen (ed.), *The Cambridge Companion to the Brontës*. Cambridge: Cambridge University Press, 2002.

Sadka, Efraim. "On Progressive Income Taxation." *American Economic Review* 66, no. 5 (1976): 931–935.

Saint-Simon, Henri de. *Lettres d'un habitant de Genève à ses contemporains*. Paris: Librairie Saint-Simonienne, 1803.

———. *Nouveau Christianisme*. Paris: Bossange, 1825.

Sassoon, Donald. "All Shout Together." *Times Literary Supplement*, December 6, 2002, p. 5.

Say, Jean-Baptiste. *Traité d'économie politique*. Paris: Rapilly, 1803.

Schlesinger, Arthur Meier. *The Coming of the New Deal: 1933–1935*. Boston: Houghton Mifflin, 2003.

Schlicke, Paul. *Oxford Reader's Companion to Dickens*. Oxford: Oxford University Press, 1999.

Schmitter, Philippe C. "Still the Century of Corporatism?" *Review of Politics* 36, no. 1, The New Corporatism: Social and Political Structures in the Iberian World (1974): 85–131.

Schumpeter, Joseph A. *Theorie der wirtschaftlichen Entwicklung*. Leipzig: Duncker and Humblot, 1912.

———. *The Theory of Economic Development*. Cambridge, Mass.: Harvard University Press, 1934.

———. *Capitalism, Socialism and Democracy*. New York: Harper and Brothers, 1942.

Seligman, Martin. *Flourish: A Visionary New Understanding of Happiness and Well-Being*. New York: Free Press, 2011.

Sen, Amartya. *Inequality Reexamined*. New York: W. W. Norton, 1992.

———. *Commodities and Capabilities*. New York: Oxford University Press, 1999.

———. "The Crisis of European Democracy." *New York Times*, May 22, 2012.

Sennett, Richard. *The Culture of the New Capitalism*. New Haven, Conn.: Yale University Press, 2006.

Shelley, Mary Wollstonecraft. *Frankenstein; or, The Modern Prometheus*. London: Lackington, Hughes, Harding, Mavor and Jones, 1818.

Shelley, Percy Bysshe. *Prometheus Unbound: A Lyrical Drama with Other Poems*. London: C. and J. Ollier: 1820.

Sidorsky, David. "Modernism and the Emancipation of Literature from Morality." *New Literary History* 15 (1983): 137–153.

———. "The Uses of the Philosophy of G. E. Moore in the Works of E. M. Forster." *New Literary History* 38 (2007): 245–271.

Silver, Kenneth E. *Esprit de Corps: The Art of the Parisian Avant-Garde and the First World War, 1914–1925*. Princeton, N.J.: Princeton University Press, 1992.

———. *Chaos & Classicism: Art in France, Italy, and Germany 1918–1936 [published on the Occasion of the Exhibition Chaos and Classicism: Art in France, Italy, and Germany, 1918–1936]*. New York: Guggenheim Museum, 2010.

Slaughter, Anne-Marie. "Why Women Still Can't Have It All." *Atlantic Monthly*, July/August 2012, pp. 85–90, 92–94, 96–98, 100–102.

Smiles, Samuel. *Self-Help with Illustrations of Character and Conduct*. London: John Murray, 1859.

Smith, Adam. *Inquiry into the Nature and Causes of the Wealth of Nations*. London: W. Strahan and T. Cadell, 1776.

———. *Lectures on Jurisprudence* (1762–1763). Oxford: Clarendon Press, 1978.

———. *The Theory of Moral Sentiments* (1759). New York: Penguin, 2009.

Smith, Christian (with Kari Christoffersen, Hilary Davidson, and Patricia Snell Herzog). *Lost in Transition: The Dark Side of Emerging Adulthood*. New York: Oxford University Press, 2011.

Snow, C. P. *The Two Cultures and the Scientific Revolution*. New York: Cambridge University Press, 1959.

Spengler, Oswald. *The Decline of the West*. New York: Alfred A. Knopf, 1926.

Spiegelman, Willard. "Revolutionary Romanticism: The Raft of the Medusa." *Wall Street Journal*, August 15, 2009, p. W14.

Starr, Frederick S. "Rediscovering Central Asia." *Wilson Quarterly*, Summer 2009, pp. 33–43.

Stewart, Barbara. "Recall of the Wild: Fighting Boredom, Zoos Play to the Inmates' Instincts." *New York Times*, April 6, 2002, p. B1.

Stone, Irving. *Lust for Life*. New York: Doubleday, 1937.

Tanzi, Vito. *Government versus Markets: The Changing Economic Role of the State*. New York: Cambridge University Press, 2011.

Taylor, Mark C. *Field Notes from Elsewhere: Reflections on Dying and Living*. New York: Columbia University Press, 2009.

Theil, Stefan. "Europe's Philosophy of Failure." *Foreign Policy*, January–February 2008, pp. 55–60.

Thurm, Scott. "Companies Struggle to Pass on Knowledge That Workers Acquire." *Wall Street Journal*, January 23, 2006, p. B1.

Titmuss, Richard. *The Gift Relationship: From Human Blood to Social Policy*. New York: Pantheon Books, 1971.

Tocqueville, Alexis de. *Democracy in America*. London: Saunders and Otley, 1835.

———. "Letters from America," translated by Frederick Brown. Hudson Review 62, no. 3 (2009): 375–376.

Tönnies, Ferdinand. *Community and Civil Society*, translated by Jose Harris. Cambridge: Cambridge University Press, 2001.

Tooze, J. Adam. *The Wages of Destruction: The Making and Breaking of the Nazi Economy*. New York: Viking, 2007.

Toynbee, Arnold. *A Study of History*. New York: Oxford University Press, 1947–1957.

Trilling, Lionel. *The Liberal Imagination*. New York: Doubleday, 1950.

Twain, Mark. *The Adventures of Tom Sawyer*. Hartford, Conn.: American Publishing, 1876.

Van Gogh, Vincent. *The Letters: The Complete Illustrated Edition*, edited by Leo Jansen, Hans Luitjen, and Nienke Bakker. London: Thames and Hudson, 2009.

Vincenti, Walter G. "The Retractable Airplane Landing Gear and the Northrop 'Anomaly.'" *Technology and Culture* 35 (January 1994): 1–33.

Volpi, Giulio. "Soya Is Not the Solution to Climate Change." *Guardian*, March 16, 2006.

Voltaire. *Candide, ou l'optimisme*. Paris: Sirène, 1759.

Weber, Adna Ferrin. *The Growth of Cities in the Nineteenth Century: A Study in Statistics*. Ithaca, N.Y.: Cornell University Press, 1899.

Weber, Max. *Wirtschaft und Gesellschaft*. Tübingen, Germany: J.C.B. Mohr (P. Siebeck), 1922.

———. *The Protestant Ethic and the Spirit of Capitalism*, translated by Talcott Parsons. London: Unwin, 1930.

———. *Economy and Society*, edited by Guenther Roth and Claus Wittich. Berkeley: University of California Press, 1978.

Wells, David Ames. *Recent Economic Changes and Their Effect on the Production and Distribution of Wealth and the Well-being of Society*. New York: D. Appleton, 1899.

Wuthering Heights. Dir. William Wyler. Perf. Merle Oberon, Lawrence Olivier. Samuel Goldwyn. Film, 1939.

Zingales, Luigi. *A Capitalism for the People*. New York: Basic Books, 2012.